LAW AND ETHICS

法律与伦理

Vol.6

第 六 辑

侯欣一 ／ 主　编

夏纪森 ／ 执行主编

社会科学文献出版社

SOCIAL SCIENCES ACADEMIC PRESS (CHINA)

目录

目　录

自然法学专题

"共同体"的三个概念之哲学根基和意义刍议

王庆节[*]

摘　要：本文通过对人类共同体概念的主体性特征及其演变的哲学性分析和考察，试图按对"共同体"的哲学理解及其历史发展阶段，区分出三种不同类型的"共同体"概念和形式。前两种分别为基于"绝对概念"之规定的"观念共同体"和基于"诸实践目的"之妥协平衡的"沟通商谈式共同体"。前者以"我"为核心，后者以"我—们"为核心。相形之下，第三种方式是以"自然生命交合"为基础的"互生共在"共同体。这种共同体的组成和组织方式更加原本和原初，它的形式毋宁说是"我—们＋……"。这是一种永远向着"他者"公开和开放的生命生长共同体。如果我们承认人的理性，甚至全部人类理性的有限性质，我们就会在讨论"生命交合共同体"的互生共在时，承认和强调"共同体"的自然性质，即考虑在理性之外的"情绪""习俗""传统""血缘""信仰""运气"等偶然和非理性成分在"共同体"生活中的作用和意义。

关键词：共同体　观念共同体　沟通商谈式共同体　互生共在共同体

一

法国哲学家、当代社会学理论的创始人之一涂尔干（Emile Durkheim，1858～1917）以及社会哲学家和人类学家布迪厄（Pierre Bourdieu，1930～2002）曾提出过"社会事实"和"社会物品"的概念，这些概念可以帮助我们理解"共同体"这个名称。我们现在一般理解的"共同体"又称"社群"，可以大到一个"国家"共同体，一个"民族"共同体，一个"语言"共同体，一个"宗教"共同体，小到一个"家庭"，一个"班级

---

*　王庆节，澳门大学人文学院哲学与宗教研究特聘教授。

小组"，甚至一个兴趣爱好"俱乐部"或者"微信群"。"共同体"明显地与社会事实和社会物品的概念相关联。按照涂尔干的说法，社会事实既不同于科学事实，也不同于心理事实。社会事实是由在个体之外，但又拥有使诸个体服从的具有某种外在强制力的组织方式、行为方式、思维方式和感觉方式构成。① 如此说来，价值理念、宗教教义、知识系统、道德规范、语言文化、政治制度、职业功能、民族国家身份、血缘出身、地域乡情、礼仪习俗，甚至社会潮流、民众激情、公共时尚等等，都属于社会事实的范畴。在现今商业社会事实的基础上，我们理解各种类型的作为经济、社会和文化资本的"物品"，并且通过这些"物品"的生产、交换、分配和使用消费，我们展开各式各样的社会生活，生成、组成和构成各式各样的社会共同体。② 例如，我们从经济现象来描述现代生活中作为"资本"的"物品"。"物品"是从英文"goods"这个词翻译过来的，在现今的经济社会文化生活中，这个词有着广泛的含义。它可释义为各式各样的产品或商品，其中包括服务、友情、快乐、诚实、声望、空气、清洁、幽静，甚至爱人和爱等。这里面包含有形的和无形的物品，有价的和无价的物品，等等。总之，这些社会物品以及它们的制造和创造都离不开人，人的关系和人的活动。所以，当哲学家们说"世界不是物的总和，而是事的总和"（维特根斯坦）或者"人在本质上是一切社会关系的总和"（马克思）时，他们所要表达的几乎是相同的意思。这个世界自从人类产生以来，就是"属人的"，是在和人的关系中被界定和规定、被建构和解构的，在和人的关系中生长出来，发展开来的。这种反映自然属人关系以及人际关系的社会事实和社会物品的总和，就是"共同体"概念，或者用现象学哲学存在论的说法，是"生活世界"。

　　现在的问题是，这般的由众多社会事实以及社会物品构成的社会共同体或者共同的生活世界是如何以及应当以怎样的方式组成和建构起自身。一般说来，我们在哲学上大致可以归纳出三种基本的方式，按照这些方式或"活法"，人类组织或者构成社会生存生活共同体。第一种我们不妨称之为观念论的形成或组成方式。这种形成或组成方式首先将人类的共同体和生活世界视为一种从某个理念或概念视角来进行所谓客观观察和分析研

---

① 参见 Émile Durkheim, *The Rules of Sociological Method*, 8th edition, trans. Sarah A. Solovay and John M. Mueller, ed. George E. G. Catlin (1938, 1964 edition), p. 13。

② 参见 P. Bourdieu, "The Forms of Capital," in J. Richardson, ed. *Handbook of Theory and Research for the Sociology of Education*, New York, Greenwood, 1986, pp. 241–258。

究的对象，并在此基础上对"共同体"或"生活世界"的生活方式进行
"界定"、"规定"甚至"判定"。如此形式的"共同体"我们不妨称为
"界定的共同体"或"观念共同体"。正如在历史上我们曾经一直以为的
那样，先有某些天才或者"圣人"为我们芸芸众生"设计"出某些神圣
的理念，然后这些神圣"理念"被导入人世间，或者冠以神秘天启的炫目
光环，或者名为科学理性的不变铁律。随后，人们在实际生活中将之绝对
化，并通过某种带有强制力的机制企图将之实行和实现。从哲学上讲，这
是以一种主体性和自我独白式的认识论为基础的，是一种"概念先行"的
"界定式"或者"规定式"的"共同体"。因为这种共同体概念的背后是独
尊的"主体性观念"，我们不妨将之称为"观念论"或"理念论"的"共
同体"。这种"共同体"理念在哲学史上的代表为柏拉图哲学，它同时也以
柏拉图哲学为核心的全部西方哲学为正统。中国儒家传统中的董仲舒的"天
不变，道亦不变"和宋明理学中的"天理"概念应该说基本属于同一类型
的思维方式。例如，关于"婚姻共同体"的理解，我们千百年来遵循的是
某种正统观念。这种观念在儒家经典《礼记》中的表述就是"昏礼者，将
合二姓之好，上以事宗庙，而下以继后世也"①。所以，中国古代传统的家
庭组织和组成方式，例如"父母之命，媒妁之言"以及"不孝有三，无后
为大"等形式和观念，均是遵循这一理念以及由这一理念在历史长河中
"锻铸"的传统而来。这就是后来随着中国帝制的结束，新文化运动从家庭
革命开始的一个重要原因。而之后流行的"爱情至上"、"男女平等"和
"婚姻自由"等，实质上就是一个新理念替代旧理念的过程。所以，伴随着
婚姻和家庭"概念"的转变，中国家庭共同体的主流性组织形式也就从
"四世同堂"转变为"一夫一妻"的"核心"家庭。

005

和第一种观念论的"界定式"共同体或生活世界相比，第二种人类共
同体的"形成方式"更多地可以说是以实践性为导向的"沟通商谈式"
共同体。比较前者，我们看到在这里至少有两个本质性的特点显现出来。
第一，共同体生活不是观念或理念建构的对象和产物，相反，共同体的观
念是人类生活践行中产生出来并随着生活以及生活目标本身的变化而变化
的。第二，共同体是人类生活的共同体，所以并不能离开一个个人类主体
来谈共同体和共同生活。所以，一方面这里不再是"观念论的"而是

① 参见《礼记·昏义》，载夏剑钦主编《十三经今注今译》（上册），岳麓书社，1992，第
1001 页。

"实践论的"共同体，另一方面，它依然是"主体性的"，或者说是主体性的延伸。换句话说，实践活动的社会群体性质使得这种共同形成方式中增加了"异他"主体成分，成为"主体间的"或者"交互主体的""我—们式"的合作建构方式。例如，建立在"契约论"思想基础之上的现代"民主化"的政治制度、现代民族国家和各种社会组织化方式都基本属于这种"主体间"的"共同体"类型。从哲学知识论的角度而言，在这种合作建构生活世界"共同体"或"共同生活"的过程中，"我"不仅需要去客观地认识外部世界的"对象"，即批判性地考察"我"对于外部世界的"他"的认知方式和行为方式，而且要在相互交往和沟通交流中，在相互尊重和理性交往的前提下，既强调真理性对象认知的重要性，也强调相互宽容、谅解和情感交流，协调好"我"的认知和行为与作为"他人"的"异他者"的认知与行为之间的关系。在某些哲学家关于这些实际交往关系的讨论中，强调的不再仅仅是"我"和作为第三人称的无差别性的"他"的理性交换关系，而更是"我"和作为第二人称的"你"之间的情感亲近关系。在这种类型的共同体建构和组成过程中，众多主体的特殊意志、利害、价值甚至情感取向都公开出来，放在理解、交谈、谈判甚至争执的平台上，大家互谅互让，取得中道妥协，达成在实践层面的一致或共识。就哲学知识论的层面讲，这里不仅强调"认知"和"理解"的重要作用，还强调"谅解"和"宽容"、"妥协"的品德。所以，这种"共同体"形式，不妨称为"多元实践论"的或"沟通商谈式的"共同体。这种共同体不再以理论中的"我"，哪怕这个"我"是"先验论的"或"超越论的""我"，而是以实践中的"我—们"为核心。

和前两种形式的"共同体"相比，我们现在将第三种方式的"共同体"称为"生命交合共同体"或"互生共在共同体"。这种共同体的形式应该说从古老的"自然共同体"衍生而来。自然共同体是某种人类群体的自然发生，其发生和生长的方式类似于某种自然群落。往往出于各种必然或偶然的因素，大家聚集在一处，相遇在一起，成长在一起。除了各自生命和生存本身的自然目标外，并无什么特别的或绝对的理念或目的笼罩在这种聚集、相遇和生长之上或隐藏在其背后。这种共同体形式与前两种共同体的一个根本性区别就在于前者是"人工的"或者"主体性"的，无论这种主体性是单一主体性还是主体间性，是观念主体性还是实践主体性，而后者则是"自然的"或者"前—主体性"并因而可以称为"非—主体性"的。但是，"自然共同体"由于其"非主体性"和"非—人工性"特质，势必会导致自然生长的盲目性、自然竞争的残酷性以及由此而来的共同体自我毁灭的危险性。"生命交合共同体"虽然在本质上是自然的，但并不等同于"人为"之外的纯粹"自然"，那种"纯粹"自然的想法，和"纯粹"人为的想法一样，只能出于哲学家的玄思和空想。如此理解的"生命交合共同体"就可能在概念上与纯粹的"自然共同体"区分开来，也与上面提及的两种"主体性"形式的共同体区分开来。

"生命交合共同体"和所谓的"自然共同体"的区别在于：第一，它并不排斥"人为"，因为只要是"人类共同体"，就离不开人的观念之主体性和人的实践之目的性的参与；第二，它只是要限制"人为"，无论这种"人为"是出于"单一权威"的暴政还是"多元协商"的建构。当然，如果我们在宽泛的意义上将"人为"也看作"自然"的一部分，那么，"生命交合共同体"也就是"自然共同体"，只是这种"自然共同体"将个体人以及全部人类的行为视为自然的一部分，而且仅仅是其一部分而已。在这个意义上，我们不仅说共同体是"我—们"的共同体，而且还要永远地"多出"一些，这个"多出来"的东西属于任何"生命"和"生长着"的共同体存在论上的规定性。所以，"生命交合共同体"不仅是"我—们"的共同体，而且是"我们＋……"的共同体。

如此说来，"生命交合共同体"和前面所述的两种当代主流的人为共同体形式，即"观念共同体"和"沟通商谈式共同体"的区别就在于：第一，它在本质上是"自然的"，换句话说，无论我们是否意识到或承认，自然都已经以人类可能已经想象（包括意识）到、尚未想象到以及根本想象不到的方式参与了任何"人类共同体"的构建、组织、生存与发展；第二，主体性的"人为"本来就是"自然"的一部分；第三，"生命交合共同体"的实质在于"共—在"，即与"他者"，无论是作为"他人"的"他者"，还是作为周遭"自然界"的"他者""共在"。

二

"共在"概念是当代德国著名哲学家海德格尔提出的一个哲学本体论或存在论的概念。① 首先，他用此区别于建立在主客体分离的现代知识论

① 参见〔德〕海德格尔《存在与时间》，陈嘉映、王庆节译，陈嘉映修订，三联书店，2006，第25～27节。

或心理学哲学基础上的或者通过"真理性认知"或者通过"同感性移情"而达成的"我—与他人—共同—存在"的外在共存概念。这种外在共存概念首先在存在论上假设一个个孤立和独立的个体，无论这个个体是个人，是集体还是民族国家。这些原子性的个体是组成和构成"共同体"的基石和原点，神圣不可动摇。任何形式的共同体，相对于这些原子性的个体而言，都只是第二位的、衍生性的存在。在这一基础上，一个好的社会共同体或政治共同体理论的目的就在于有效和妥帖地说明本来分离和独立的个体如何"和谐地"聚拢、组织以及和合在一起。海德格尔哲学的思路截然不同。因为如果从一开始就假设这些个体独立分离地存在，然后寻思它们如何"聚拢"和"统一"，我们就会在哲学存在论上遇到根本性的困难，就会导致哲学上的"自寻耻辱"。所以，区别于"我—与他人—共同—存在"的外在共存概念，海德格尔提出了"在—世界—之中—与他者—共在"的"共在"世界概念。为什么说海德格尔的"共在"概念是存在论上的概念呢？或者说具有存在论上的"优先性"呢？因为"共在"并不假设"独在"的前提条件。换句话说，只要"共在"，就一定"与他者共同存在"，没有先有个体独在，再和异他的独在"和合"这回事情。所有的所谓"个体独在"以及"个体"与"个体"之间的"和谐"关系或者"冲突"关系，都建立在这个存在论上的"共在"基础之上。

让我们来进一步说明这一"共在"在存在论上的基础地位。一个途径是借用西方思想史中关于"上帝"存在的"本体论证明"所用的方法。"本体论"自海德格尔之后一般被理解和翻译为"存在论"，因为"本体"仅仅是一种关于"存在"的理解。这个论证的基本思路大概是这样的。例如当我们说"山顶"时，同时已经预设了"山脚"的存在。当我们使用"东方"这个概念时，已经预设了"西方"、"南方"和"北方"的存在，当我们说"上帝"时，已经预设了"上帝"的存在。同理，当我们说作为"个体"的"我"时，必然已经预设了有"他者"和"我"共在。尽管"我"有可能离开某一个具体的"他者"而存在，但"我"不可能离开所有的"他者"存在。所以，"共在"不仅是一个人类学的事实，即人类从来就是一种"类"或"群居"的生物，而且是一个哲学存在论的"真理"。这也有点像20世纪另一位世界级哲学家维特根斯坦论辩"私人语言"不存在的道理。按照维特根斯坦的说法，一旦我们说话，使用语言，语言就不可能是"私人"的，这是由语言的存在本质所决定的。我们可以对海德格尔的"共在"概念说同样的话。只要人存在，就首先和一定

"共在"。"共在"的存在论概念让我们明白，即使"独在"，也是以"共在"为前提的。我们每个人，无论是在人群中还是在孤寂中，无论承认还是不承认，总是处在和他人，和他者的共在之中。哪怕是夜深人静，当你感到最最孤独之际，也和他人共在。"孤独"这种感受的存在就预设了人是群居的动物，否则，何来"孤独"？正如英国浪漫派诗哲雪莱所言：我身处闹市人群，熙熙攘攘，却又如此的孤独！

"共在"的概念还包含"共生"或"互生"的含义。"共生"是"共在"在时间上的延伸和扩展，或者说，"共在"从一开始就是一个在具体"时空"中产生和生长的概念。如果说"共在"的存在论证明让我们意识到和他人他者"共存"是一个摆脱不了的存在论事实，那么"共生"的时间论指向则让我们明白，"共在"是如何发生的，或者说是如何"长"出来的。作为生命生长现象，"共生"指向两个维度：一个是过去的维度，一个是未来的维度。"共生"的过去维度说明在日常生活世界中，一个共同体是如何形成的。一个非常重要的因素就是其各组成成分往往同源同种，源出于一。例如同一种语言，同一种信仰，同一个祖先，同一个地域，同一段经历……这些"与生俱来"的"同一个"往往构成一个共同体的自然基础。"共生"的未来维度则说明一个共同体如何融合新的成分以及其整体走向何方未来，或者说和"他者"交缠和合，"生长"成何种全新的"共同体"。在这一成长和创新过程中，不同的理想、价值、利益以及目标之间不乏冲突妥协，但你中有我，我中有你，交缠成长的情形导致最后成为某种新的生命交合共同体。应该说，其中有理性的原则和必然的因素在起作用，但在很多情形下，非理性的、无法预料的、偶然发生的事件往往起着更举足轻重的作用。这是由于在共生共在的时间性过程中，"自然"或"他者"的无限"隐蔽"以及人类生存和认知的有限"开显"同时在起作用。

鉴于这一思考，我们或许可以说，上面讨论过的前两种形式的"共同体"，即"单一观念论"的共同体与"多元实践论"的共同体都只是"生命互生共在共同体"的某种理想形态或纯粹形态，它们或者强调"单一观念"或者"单一权威"的界定、规定作用，或者强调"多元目标"或者"价值"在某种"理性"基础上的沟通协调，但它们的哲学基础都还是"主体性"和"理性"。然而，只要是人类的"主体性"，无论是"单一主体"还是"交互主体"，只要是人类理性，无论是"理论理性"还是"实践理性"，都会有存在论上的局限性，都和现象学哲学所追求的"事情本身"或者"存在本身"有着某种无法逾越的鸿沟。所以,在当今社会和政治生活中,新型共同体的构建和生长过程强调多元价值之间的开放、宽容、尊重、理解和谅解,强调建立在自然生长过程中各方利益的交缠、互补和共享,甚至保留对诸多未知"他者"世界和领域的"畏惧"和"敬重"之心,才是未来世界政治与社会文化共同体保持生命和生长活力的关键所在。

三

最后,让我们来用一个和我们澳门相关的具体例子来说明某个可能的共同体的"互生共在"生命生长过程,并以此来进一步展开关于"生命交合共同体"的思考。不久前笔者碰巧读到澳门大学法学院院长唐晓晴教授关于澳门法制发展,尤其是过去 30 年澳门法律制度和法律文化发展的回顾及当前问题的一篇研究论文。文章的题目是《澳门法制发展之路——在后殖民的困惑中探索澳门一国两制的法治理想》。[①] 文章 2015 年发表在台湾《中研院法学期刊》上,已经有了四年多的时间。笔者相信这四年多来,澳门的法制建设又有了长足的进步,但澳门法制建设以及澳门法治社会这个"生命交合共同体"的生长发展历史,尤其是自 20 世纪 80 年代澳门进入回归过渡期之后的法制建设和法治发展,则给我们提供了一个绝好的例证,用来说明当今我们"互生共在"在其中,并"伴随"其一道成长的澳门法治社会或"共同体"的性质。在一开始讨论如何建构后殖民时代的澳门法律文化和制度时,不少学者注意到,以前在谈澳门本土法律文化和制度时,基本都是在一种殖民化语境中。来自欧洲的葡系律法制度和规条与本土法律文化和生活隔膜,被视为一种外来的、从上到下、从先进到落后的移植。按照唐教授所引的谢耿亮教授的观点,由于语言、人口、经济交往程度、社会发展等众多原因,从澳葡时代遗留下来的法律文化以及条文,许多只能是"高高在上"或"小圈子"的。例如,我们知道澳葡时代法律条文的主要载体是作为官方语言的葡语。而在澳门,使用葡语的人群只占到全部人口的 5%,这就意味着,澳门的司法从业者,法官、检察官、律师,除了外来输入,就只能从这个"小圈子"人群中产生。大

---

① 唐晓晴:《澳门法制发展之路——在后殖民的困惑中探索澳门一国两制的法治理想》,《中研院法学期刊》2015 年第 17 期,第 1~80 页。

概也因为如此，在葡萄牙人管治的时期，大量法律方面的纠纷实际是通过本土民间的机制去协调而不是通过现代司法和法院系统来解决或化解的。所以，随着澳门回归，人们在重新规划未来澳门法律制度架构和法律文化时，曾经就有这样一种观点，认为传统葡制法律，需要全部推倒放弃，因为它们"存之无益，去之无害"。但实际情形不是这样的。从过渡时期一开始，无论是当时的澳葡政府还是中央政府，都在为回归后的澳门特别行政区司法制度的改革和法律文化的重建做大量细致周全的准备工作，一方面，要适应新时代的变更和革新，另一方面，对传统也不能一概否定。关于这些，澳葡政府和中央政府都做了很多有益的工作。例如，立即开始对现存法律法规的双语翻译和解释工作；大学法学院的建立和法律专业人才的大量培养和培训，法律文化的宣传普及和法学研究的出版等。

当然，正如一个鲜活生命体的生成和生长一样，澳门法律社区作为一个"生命共同体"也还在蓬蓬勃勃的成长过程中，还会有曲折、变更和不断的革新。但这些变更和革新，不能是对某种抽象观念或权威规条的实施或照搬，而是根据实际生活的需要发生的。就像一个生命的成长，要从各个层面吸取成分和养分，获得指引和规范，最后熔铸成为一体。例如，在唐教授的文章中我们了解到，在澳门回归之前，将澳门原有法律通过审查修订，纳入和融入新的特别行政区的法律系统，成为当时澳门特别行政区筹备委员会一项特别紧急和重要的任务。当然，香港回归之前也有相似的任务。香港学界有不少朋友参加了这些重要的工作。最后在澳门的结果大家今天都看到了，就是除了有些原有法律或法律条款直接抵触基本法，需要放弃和变更之外，大多原有法律和法律条款，以各种方式纳入或融入了澳门特别行政区的法律系统之中，成为其中的有机成分。这样同时也就在政治上保证了澳门原有法律和社会秩序的平稳过渡。当然，我们知道，澳门法律社区作为生命互生共在的"共同体"，其生命的互生共在并非一劳永逸，而是刚刚开始。

总之，我们在前面从"社会事实""社会物品"讲到"社会共同体"的三种组成和组织方式。前两种我们分别理解为基于"绝对观念""规定"的共同体和基于"诸实践目的"间的沟通商谈式共同体。第三种，也是我们在此强调的"共同体"，是以"自然的""互生共在"为基础的共同体。相形之下，这种共同体的组成和组织方式更加原本和原初。从哲学的观点说，前两种共同体通过它得到解释和理解而不是相反。在共同体的各个成分和要素之间的共在共生的生命过程中，观念的启发和引导是必不可少的，但这并不意味着"观念"，哪怕是被视为"绝对理念"或"真理"的观念可以完全地主导和决定整个共同体的命运。同样，在共在共生过程中，承认和鼓励各个个体之间就价值取向、利益分配、实践目标进行理性对话和沟通是必要和重要的。但是，我们不能预设所有的问题和冲突都可以通过理性对话和沟通顺利解决。如果我们承认人的理性，甚至全部人类理性的有限性质，我们就会在讨论"生命交合共同体"的共在共生时，承认和强调"共同体"的自然性质，即考虑在理性之外的"情绪""习俗""传统""血缘""信仰""运气"等偶然和非理性成分在"共同体"生活中的作用。或者套用哲学家康德的一句名言：限制理性，为"生命共同体"的共在共生留下地盘！

论法律、道德与信仰的张力与共生[*]

王强伟^{**}

摘　要：法律、道德与信仰分别从不同的层面制约、规范和指导着民众生活：法律是人类文明进步的刚性外在约束，道德是社会中人际关系的弹性调和剂与引航灯，信仰是社会中特殊群体的精神助推力。三者是社会健康发展不可或缺的因素与准则，其功能构成一种结构稳定的"三足鼎立"格局。但是，三者自身均有不同的缺陷，而两两之间恰可构成有益的互补关系，最终导向一种"三位一体"的有机结构理想状态。这种状态对当前中国的社会发展有着积极的启示意义。

关键词：法律　道德　信仰　"三足鼎立"　"三位一体"

习近平总书记在党的十九大报告中指出，"社会主义核心价值观是当代中国精神的集中体现，凝结着全体人民共同的价值追求"。① 社会主义核心价值观既是一种凝练的规范指导，同时也给人们提供了一个重新思考人生价值的机会。近年来，在"互联网＋"、全媒体等新时代技术的推动下，一些原来受到忽视的道德价值问题引起人们的关注和思考。反思过去数十年来的经济增长方式，以及对今后持续化发展道路的理性规划，人们开始重新审视法律、道德、信仰等人文社会科学领域的理念以及它们的实际内涵，更加清醒地认识到这些物质繁荣之外的精神追求对于民众生活和社会发展的重要意义。毋庸置疑，这是社会文明化的一大进步。从学理上看，法律、道德与信仰这三个概念并非互相孤立，而是彼此之间有着深刻的历史渊源和现实联系；而从实际功能来看，法律、道德与信仰共同构成社会发展的调节器，分别从不同的层面制约、规范和指导着民众生活的方方面面，是每一个社会健康发展不可或缺的因素与准则。历史发展的经验

---

  * 基金项目：山东省社会科学规划课题（统一战线理论研究专项），项目号：19CTZJ01。
 ** 王强伟，哲学博士，山东大学犹太教与跨宗教研究中心暨哲学与社会发展学院助理研究员。
 ① 习近平：《决胜全面建成小康社会 夺取新时代中国特色社会主义伟大胜利》，《人民日报》2017 年 10 月 19 日，第 2 版。

和教训告诉我们，在助推社会发展的过程中，法律、道德与信仰三者之间首先呈现一种"三足鼎立"的平面架构，从角力、融合达到平衡，最终将实现"三位一体"的有机整合，这是一个辩证发展的过程。本文拟对三者进行理论上的审视，透析各自存在的缺陷，进而辨析三者之间的关系，并联系我国社会发展现状做出一个简单的观察，以期从中得到有益的借鉴和启示。

一 法律、道德与信仰：概念、功能与缺陷

法律是以规定人们权利和义务为内容的社会规范，由国家制定并强制实施，对所有公民具有普遍约束力。社会的发展推动"法律面前人人平等"观念已经深入人心。法律明晰地规定了符合要求的行为规范，并通过两个维度来实现其社会功能：其一是"矫治"，对既有违反法律的犯罪行为作出判决与惩治；其二是"预防"，通过普及宣传法律条文，民众对法律范围内的正确行为有一个基本的认知和判断，从而预防违法行为的发生。相较于后文将讨论的道德与信仰，法律的制定与实施更体现出一种人为因素，即法律是一种人为的"设计"，具有可控性，所以最有可能达到完美；但是，同时也因为法律制定的人为性，难免随意的漏洞而最容易受到指责。首先，法律的制定基于"人性恶"的假设①，从尊严和情感上来说很难被人尤其是中国人所接受。其次，法律因其强制性而缺失人文关怀，法律的刚性执行与人性关爱之间永远存在无法消解的张力，近年来国内学界关于儒家"亲亲相隐"对现代法律构成挑战的激烈争论②说明了人们对这一点的关注。再次，法律体现出相对性，即法律的适用范围是严格限制的，不同的国家、地区根据自身利益设定自己的法律，所谓法律的普遍性仅是指涉法律发生作用的领域与范围之内。

道德是一个社会学概念，它是人们在社会生活中达成的一种认识共

① 西方的法律受到基督教"罪"论影响深远，原罪和本罪设定了人的不完美性，因而需要外在的规范；中国的法律从儒家礼以及由荀子"性恶论"发展而来的法家传统中衍生出来，同样是基于人的不完美性，为复归本性而提供外在的强制性规范。

② 儒家的人性善主张及其重视血亲关系的传统在此与现代法律铁面无私的精神相抵牾，如何理解或调节这个矛盾，引起了学者们持续多年的激烈争论。详参见郭齐勇主编《儒家伦理争鸣集——以"亲亲互隐"为中心》，湖北教育出版社，2004；邓晓芒《儒家伦理新批判》，重庆大学出版社，2010；郭齐勇主编《〈儒家伦理新批判〉之批判》，武汉大学出版社，2011。

识，道德最基本的特点是教人向善，教导人们正确地处理人与人之间、个人与国家之间的关系，引导人们做善良的人、过善的生活。古老的文明中都保存并延续了这种传统。古老文明中倡导"求善"、教人向善的例证不胜枚举。在西方，以苏格拉底、柏拉图为代表的古希腊哲学家以"善"为美德中的最高层次，引导人们思考"善"的本质，教人"走向上的路"（即至善之路）（见柏拉图《理想国》第十卷）；以《圣经》为基础的犹太－基督传统，更是以宗教律例和劝谕的形式引导人们向善而行，如"摩西十诫"和福音书中耶稣的教导，当然这是以宗教信仰的形式来讨论道德，关于道德与信仰之间的关系分析后文我们还将深入展开；在东方，以孔孟为代表的儒学标举"性善论"，认为"善"应该是人类生存的自然状态，人应该生而向善，孟子指出"人性之善也，犹水之就下也；人无有不善，水无有不下"（《孟子·告子上》），也鼓励人们行善，"积善之家，必有余庆；积不善之家，必有余殃"（《易传·文言》）。

从这个层次来看，道德具有普世性，即超越了民族、地域和时代的限制，由古代传承而来的美德仍然为人们所恪守和认可，我们经常听到"世风日下，人心不古"的感慨便是对历史中道德风尚的追思与怀慕。然而，我们也应该清楚地认识到道德缺陷的存在。毋庸置疑，道德本身是一个完满的概念，所包含和期盼的都是人类生活中美好的一面，所谓道德的缺陷主要存在于道德的社会功能的发生机制上。道德背后所隐藏的是一种"非此即彼"的价值判断，在这里善—恶或好—坏已然有一个清楚的评判，从这个意义上来说，道德是单向度的，仅指向美好的、善的生活。道德的作用在于"移风易俗"（《礼记·乐记》），在道德的指引下塑造出整个社会的向善追求。但是，道德缺乏强制的约束力，完全依赖于人心的自然品性，这就导致道德功能的发挥受到很大限制，很难有效地说服道德上的堕落者弃恶从善。寄希望于作为一种舆论压力的"道德谴责"，仅在全社会已然形成道德氛围的前提下有效。现在看来，这种古风时代已经一去不复返了。

相对于法律与道德，"信仰"这一概念的使用范围不是很明晰，因此最有必要厘清与给出界定。广义地说，信仰是"对某人或某种主张、主义、宗教极度相信和尊敬，拿来作为自己行动的榜样或指南"。[①] 从这个定义中我们可以看出，信仰的范围是非常宽泛的，我们平常所说的"共产

---

① 《现代汉语词典》，商务印书馆，1981，第 1273 页。

主义信仰"等都属于这个范畴，其特点是特定的人群对某一特定学说或规范的信奉和遵从，将其作为日常生活中的行为指南，并且坚信按照此一规范去做最终会实现或达到美好的结果。这个群体也因此与社会大众区别开来，享有仅归属该群体的资源。如犹太人因为犹太教信仰而成为上帝独爱的"选民"。而狭义地说，信仰往往与宗教等同起来。考古学证实，世界上各大文明发展早期便有了不同程度的宗教信仰迹象，^① 至大约 4000 年前人类最古老的一神教——犹太教诞生，其与由此衍生的基督教、伊斯兰教等亚伯拉罕系统的宗教，深刻地影响了西方文明和社会的发展，无数人甚至为了这个信仰献出了自己的生命。^② 在这个意义上，宗教是信仰最早、最典型甚至最极端的表现形式，所以人们常常会将二者等同起来。为了确保实现对法律、道德和信仰三者之间关系进行清晰分析的目标，并照顾到法律与宗教、道德与宗教在历史和现实中的密切关系，本文对"信仰"一词的使用，基本采纳其狭义所指，即信仰等同于宗教。需要指出的是，不同于单纯作为名词的法律与道德，信仰还同时具备作为动词的形式，如"信仰某某"，这种独特性也应该引起我们的重视。本文所谈"信仰"即同时具备作为名词（"宗教"）和作为动词的两种主要内涵，而且信仰独具的这种特点将在下文对三者的关系分析中得到展示。在关注信仰引导人们更好地生活的同时，其缺陷也应该受到重视，即信仰只是面向一个有限的群体，没有普遍性的关怀。即便如倡导"博爱"的基督教，在当前中国的处境中，其普世关怀也因信徒的功利主义心态而有所遮蔽。在这种情况下，信仰的资源与功能回报更多地指向信仰者本人或有限的利益相关者，而与这个信仰之信众以外的人没有太多关系。

简单地总结一下，法律是人类文明进步的刚性外在约束，直接关系到经济社会的有序发展；道德是社会中人际关系的弹性调和剂与引航灯，道德的进步与彰显程度直接关系到民众生活的幸福指数；信仰是社会中特殊群体的精神助推力，在对本群体完成应允与许诺的基础上，试图带动并影响周边人群乃至整个社会实现美好生活。在这个意义上，现代文明社会中，法律、道德与信仰共同构成社会发展的调节器，分别从不同的层面制

① 〔英〕约翰·布克主编《剑桥插图宗教史》，王立新等译，山东画报出版社，2005，第 14～20 页。
② 关于信徒殉道的事例在世界上各大宗教史上都有记载。典型的关于基督教殉教的事例，参见〔英〕约翰·福克斯《殉道史》，苏欲晓、梁鲁晋译，生活·读书·新知三联书店，2011。

约、规范和指导着民众生活的方方面面，是每一个社会健康发展不可或缺的因素与准则，在经济发展、物质追求至上的当今社会，这种"软实力"占据更为重要的地位。因此，这三者对社会的影响不愧为一种实实在在的"三足鼎立"格局。当然，在看到三者各自功能的同时，我们也不回避它们自身所存在的缺陷。我们认为，处理好三者之间的关系，恰好能够有效地互相弥补其各自的缺陷。

二 法律、信仰与道德：从"三足鼎立"到"三位一体"

著名法学家伯尔曼有一句名言："法律必须被信仰，否则它将形同虚设。"[1] 此语自20世纪90年代引入汉语法学界以来，至今颇为流行。一般认为，法律作为现代文明社会的主要规范，应该是完全理性、"祛魅"（韦伯语）的，不应该与信仰发生关系，更不会关涉宗教。伯尔曼教授却看出其中的破绽，反其道而行之，在《法律与宗教》一书中极力证成法律与宗教，亦即法律与信仰之间的密切关系，重点探讨了宗教之于法律的重要意义，他的这些论述成为阐释法律与宗教、法律与信仰之间关系的不刊之论。具体说来，宗教（或曰信仰）之于法律的意义主要有二。其一，法律有着悠久的宗教渊源。犹太教的律法（torah）、儒教（学）的礼法、基督教的教会法、伊斯兰教法等，这些不同的宗教法规范都对各自所属文明中法律的衍变产生了重要影响，是罗马法之外法律系统化的另一个重要来源。至今仍有法律径直采用宗教法。[2] 其二便是伯尔曼所说的"法律必须被信仰"，这是从信仰的动词意义来谈论的。唯其被信仰，方可彰显法律之神圣性，这样才能一方面建立起法律在社会中的崇高地位，从而具备威慑力，另一方面为法律注入超越性的理想和法律情感，弥补法律之缺陷。至于法律对信仰的作用，伯尔曼认为，"没有法律的信仰将蜕变成为狂信"[3]，可见法律为信仰提供了理性的警戒，确保信仰不因狂热而变质；同时，法律的正面引导作用还有助于信仰突破本有的信众范围而不断得到

---

[1] 〔美〕哈罗德·伯尔曼：《法律与宗教》，梁治平译，中国政法大学出版社，2003，"导言"第3页。

[2] 人的尊严源自《圣经》，上帝根据自己的形象造人，人的尊严因此历来神圣不可侵犯。现代国家宪法中，有《德国宪法》《波多黎各宪法》等明文规定"人的尊严不可侵犯"，可视为宗教法入宪的直接佐证。

[3] 〔美〕哈罗德·伯尔曼：《法律与宗教》，梁治平译，中国政法大学出版社，2003，第39页。

普及。

法律与道德本是人类社会生活中两种不同的规范形式。但是，"天下同归而殊途，一致而百虑"（《周易》），二者有着相同的价值取向和最终目的，即指导和约束人的行为，以确保社会生活的秩序性和人的生活的幸福。辩证地看，道德是在法律混沌时期带有法律色彩的一种实践，法律则是道德实践不断清晰，最终明确化之后形成的制度化结果，"任何法律都会受到一定社会集团的传统道德的深刻影响，也会受到个人的超过流行道德水平、更开明的道德观点的影响"①。法律是以国家强制力保障强制执行的对人们的行为要求，而道德是一种柔性的、教化影响人们的行为而没有强制力的保障。因此，法律为道德的柔性教化提供了外在保障，道德又为刚性的法律注入了人性关怀。此外，道德代表着"自由"追求，即必须以自由为灵魂，其才成为真正的、令人尊敬的道德；法律则代表着"平等"精神，即法律必须具有平等的精神，才能成为令人信服的、保障民众利益的法律。唯其如此，才能确保道德不会沦为虚伪的说教，而法律不致沦为权力之帮凶。

相较于道德与法律之间因为"泾渭分明"故能"刚柔相济"而言，道德与信仰之间的关系显得更为复杂。按照当前的学科划分，道德与信仰分别属于伦理学和宗教学的研究对象，但是二者之间很难有一个明晰的畛域，因为我们知道，所有宗教信仰都是教人向善的②，信仰使用了道德范畴的概念——"善"，这就将二者紧密地联系到了一起。梳理人类思想史上的相关学说，不难发现，关于道德与信仰关系的讨论更多地划归到宗教神学，亦即信仰领域。我们知道古希腊哲学虽然以探究人间至善为最高追求，但是最终还是要借助于"神"，亦即信仰的力量，霍克海默指出，"至少在西方，任何与道德有关的事物最终都源自神学……若抽离了对圣经的上帝的信仰，过往一千五百年中培养的道德责任感，几乎是不可思议的"③。正如同西方中世纪历史上哲学成为神学婢女一般，道德从属于宗教信仰这一特征，在西方中世纪亦尤为突出，阿奎那曾明言："普遍的善只有在上帝身上才能找到。因为除上帝之外任何东西都不能使人幸福并满

---

① 赵利：《道德与法律关系的理性审视》，《齐鲁学刊》2004年第4期。
② 需要指出的是，这个论断是以"真正的宗教"为前提的，因为一般不认为存在邪恶导引的各类邪教属于"真正的宗教"。
③ 罗秉祥等编《宗教与道德之关系》，清华大学出版社，2003，第37页。

足他的一切愿望。"① 正是在虔诚的宗教徒那里，道德与信仰形成合流，他们是在信仰的动力之下追求至善的。此外，还有一个例证即"黄金法则"（the golden rule）概念可以用来说明道德和信仰之间的"不分彼此"。"黄金法则"是一种普世伦理，基本表述形式来自《新约》："无论何事，你们愿意人怎样待你，你们也要怎样待人。"（《马太福音》7：12）同样的形式见诸世界上其他各大文明。不能否认，黄金法则来自宗教信仰经典，但是其影响已经远远超出了有限的宗教信徒群体，而被接受为普遍的人类伦理观念。综上，道德与信仰的关系可以总结为道德为信仰提供观念范畴，而信仰对这种伦理道德观念的普及化起到极大的推动作用。

基于法律、道德和信仰各自存在的缺陷，以上部分对三者之间的相互关系进行了分析，发现经过互相弥补，三者应该构成一个有机整体，共同对社会的发展起到推动作用。我们把这个有机结构称为"三位一体"。我们认为，法律、道德与信仰之间由"三足鼎立"到"三位一体"的衍变，可以为当前中国社会发展提供诸多有益的借鉴意义。

三　对中国当前社会发展的启示

最近几年来，一系列有关失信乃至违法乱纪的社会热点事件通过媒体引起社会各方关注，其中显现出来的法律监管缺失、道德滑坡、信仰沦丧等现实状况，发人深省。通过前文分析，我们认为，法律、道德与信仰是现代文明社会发展和进步不可或缺的因素，在加强重视和关注的同时，更应该在具体的实践过程中遵循"三位一体"的结构。具体来说，可以通过对榜样人物的宣传，首先在全社会范围普及向"善"的伦理道德风尚，唤醒和修复久遭破坏的社会伦理道德意识，我们也欣喜地看到，"感动中国十大人物"评选等活动已经在恢复社会风气等方面发挥了有益的作用。在道德更新和社会伦理正能量不断积累的基础上，逐渐沉淀出"信仰"的文化心理结构。此处的"信仰"采用宽泛的意义，融合了符合人性的、全人类共同认可的道德观念，所构建出的是一种全新的具有天下情怀的信仰，而非特指某种宗教。在这个过程中，我们应该充分考虑中国传统文化中的精华部分，如张载在《西铭》中提出的"民胞物与"之博大情怀。在道德和信仰的铺垫之下，法律将作为"上层建筑"进行完善的顶层化设计，

---

① 〔意〕托马斯·阿奎那：《阿奎那政治著作选》，马清槐译，商务印书馆，1982，第68页。

在吸收人文理念的同时，为二者提供强力的支持和保障。这样，整个社会在发展经济的同时，有了制度和精神层面的反思与警示，道德水平显著提升，最终必将通向个人的幸福人生，进而助力于实现中华民族伟大复兴的中国梦，为全面建成小康社会提供不竭的动力支持。

在自然法中奠基人权

〔英〕约翰·菲尼斯[*] 著　童海浩^{**} 译

摘　要：在针对《自然法与自然权利》的已出版评论中，最富有持久影响力的是欧内斯特·福尔廷（Ernest Fortin）的《新的权利理论与自然法》（1982），本文抓住该则评论近来重版的时机，回应它对《自然法与自然权利》中阐明的自然权利或人权与自然法理论的主要批评。本文将处理几项根本的，或者说战略上重要的议题：思想的自由与/或智性的自主性（autonomy），以及在一种交织着"信仰传统"的智性传统中工作的完整性；诸基本人类善之间的等级性；在吾书中美德的地位，以及权力与自由、权利与美德之间的关系；施特劳斯式自然正当与自然权利二分法的欠妥当之处；自然法是否只是类比意义上的法，以及道德法与制裁（sanctions）之间的关系；真正无例外的否定式（negative）道德律令（precepts）的可能性。

关键词：自然法　自然权利　阿奎那

一　目的、难点、方法、"写作技艺"（art of writing）

在第八章之前，《自然法与自然权利》^①（总十三章）对权利未置一

---

* 约翰·菲尼斯，美国圣母大学比奥尔西尼家族法学（Biolchini Family Professor of Law）教授，牛津大学法学与法哲学（荣休）教授。电子邮箱：john. finnis@ law. ox. ac. uk。这篇文章缘起于丹尼尔·菲尔波特（Daniel Philpott）与瑞恩·安德森（Ryan Anderson）的邀请，此二君是在《政治学评论》中初版的诸篇论天主教政治思想的文章的再版文集（2016 年由圣母大学出版社出版）的编辑，本文作为对欧内斯特·福尔廷的《新的权利理论与自然法》，载于《政治学评论》（第 44 卷），1982，第 590 ~ 612 页的一个回应（我为该文集所写的唯一——篇文章）。结集出版的这个版本补充了取自我在 1982 年 3 月着手，但随后又搁置的针对福尔廷的一个草稿式回应的摘录。福尔廷的评论文章再版于布莱恩·本内斯塔德（Brian Benestad）的《欧内斯特·福尔廷文集》卷二《古典基督教与政治秩序：对政治 - 神学问题的反思》（Lanham, MD：Rowman & Littlefield, 1996，第265 ~ 286 页）。但是，下文中括号内标明引用的页码是上述《政治学评论》的页码。

** 童海浩，江西鄱阳人，司法部预防犯罪研究所研究员，法学博士。

① 约翰·菲尼斯：《自然法与自然权利》，牛津大学出版社，1980；第 2 版具有相同的页码，外加一个 65 页的后记，2011。

词。前此诸章，它已着手处理了（1）社会（包括政治）科学的方法论，与（2）许多早期现代与当代思想家对自然法理论与自然法理论之传统的误解。它还（3）梳理，并且（4）详尽阐发了实践思考与慎思的（诸）第一原则，然后（5）详尽阐发了我们必须在内在有价值与可理知的（intelligible）多元的善——全都可以在许多人的生命中得到实现——之间大体上解决作出，并且应当**合理地（reasonably）作出选择**之问题的（诸）根本道德原则。吾书接下来考虑了（6）人类组织与共同体的基本形式——在家庭的、自愿的与市民的组织，以及政治共同体中**共同善**的可理知性、善好性（goodness）与核心性。它还回顾了（7）**正义**的（诸）形式，识出至高的道德美德之要求——实践合理性与**审慎（prudentia）**——如何对影响他人的作为或无为发挥作用，从而赋予那个至高的个体之美德具体性的（诸）原则。只有当诸上议题全都得到处理，《自然法与自然权利》才考虑（8）权利。它们所呈现的无非就是正义美德之蕴含物（entailments）、正义义务的关联物（correlatives）——并非只作为那些义务的倒影（shadow），而是（以某种方式）作为它们的要旨（point）。

接下来各章论及（9）权威，论及（10）作为政治上可欲之标准形式的权威的法律，论及（11）作为对旨在共同善之行为的要求的道德与法律中的义务（obligations），论及（12）不正义法律的实在性（reality）与无效性（nullity），还论及（13）对有关凡此可理知性的终极源头与道理（sense）之问题的一个有意义的哲学回应之可欲与可得。吾书十三章中每一部分都致力于让年轻的、俗世的学生获知政治哲学中古典传统的主要**真相**，这就像是演示它们在个体与政治生活中相互支持的说明力与实践力的一次完整的冒险。许多个世纪以来，该传统的传习者主要是也接受随着天主教教义与神学反思而传播的基督启示之真理的那些思想家。然而，该书的绝大多数读者仍能被期待带着广泛而深入地反对那种教义与神学的预设而亲近它。《自然法与自然权利》的每一部分都为那个具有挑战性事实的意识所充斥与塑造。

该书刚好写于欧内斯特·福尔廷称之为"梵二会议（Vatican II）后新托马斯主义徒有其表之中落"[①] 的那些年。我认同福尔廷的判断，即在

---

① 1879 年，教皇利奥十三世发表通谕，宣布以托马斯·阿奎那的学说为天主教官方哲学；1923 年，教皇庇护十一世发表通谕，确认新托马斯主义在天主教中的至高地位；而在1962 年到1965 年召开的第二届梵蒂冈大公会议上，为顺应基督教宣传现代化的方针，不再把新托马斯主义作为唯一的官方哲学。——译者注（转下页注）

1965 年前的数十年间，手册与教本中盛行的新托马斯主义在哲学上并不值得信赖。任何落手诸如《自然法与自然权利》计划的人，最先都要搞清楚阿奎那跟亚里士多德是否要对新托马斯主义的谬误和疏漏负责，如果二者对此并无责咎，那么，在哲学上对伦理学与政治哲学之基础的批判的、独立的阐释是否将表明，亚里士多德跟阿奎那在他们的主要论作中其实早已**捷足先登**，从而也能够是哲学上有益的。重新发掘（尤其是）阿奎那真正的命题与论证的工作已经在 20 世纪 50、60 年代由操法语的多明我会徒（Dominican），譬如 P. M. Van Overbeke 和 P. -D. Dognin，[①]其后由杰尔曼·格里塞斯（Germain Grisez）以相当的清晰性从事。[②]通过与休谟，以及与 20 世纪英国主要的道德哲学家的对话来检验阿奎那命题，能够部分地在 20 世纪70 年代初版，并且在《菲尼斯文集》（2011）再版的文章中觅得踪迹。[③]

《自然法与自然权利》主要是为法科学生——本科生与研究生，[④]并且是为讲师或其他教师而写的，他们中有许多人对于术语"自然法"在其中寻到自己的家与源头的哲学与神学传统有那么一丝了解且无甚好感。他们是该书旨在满足其要求的读者。很少有评论者注意到，甚或至为轻微地考虑到该书的体裁，它的修辞难点（predicament）以及它的策略，它的"写作技艺"。

（接上页注①）欧内斯特·福尔廷：《天主教社会思想的困局》，载于布莱恩·本内斯塔德汇编《欧内斯特·福尔廷文集》卷三《人权，美德与公共善：对宗教与政治的终极沉思》，Lanham, MD：Rowman & Littlefield, 1996，第 331 页。假晶（pseudomorphic crystalline）是披着另一矿物外形，却取代了它的东西。我认为，福尔廷的措辞（通过倒置法）断言了新托马斯主义，而非托马斯主义之衰败（从社会学上说，是足够真实的）的假晶现象，关于"直到 20 世纪 60 年代，在天主教神学院都有着广泛影响的……新苏亚雷斯理论"的不真实（假晶现象），参见《自然法与自然权利》，第 49 页，也可参见第47 页。

① 参见《自然法与自然权利》，第 228 页。

② 杰尔曼·格里塞茨：《节育与自然法》，密尔沃基：布鲁斯出版社，1964；《实践理性的第一原则：对〈神法大全〉I－Ⅱ，第 94 个问题，第 2 节的一个评论》，《自然法论坛》（第 10 卷），1965，第 168～196 页。

③ 五卷本，牛津大学出版社，2011，此后的《菲尼斯文集》，尤其参见《菲尼斯文集》卷一（《行动中的理性》）篇目 6（1970）、篇目 7（1971）、篇目 8（1975），《菲尼斯文集》卷三（《人权与共同善》）的篇目 3 与篇目 18（1973）、篇目 11（1972），《菲尼斯文集》卷四（《法哲学》）的篇目 18（1972），以及《菲尼斯文集》卷五（《宗教与公共理由》）篇目 7（1973），除此之外，还有其他一些文章，尤其是《人性中的自然法》，载于《法律评论季刊》（第 84 卷），1968，第 465～471 页；以及《自然法与不自然的行为》，载于《海斯罗普期刊》（第 11 卷），1970，第 365～387 页。

④ 哈特委任此事并且指定了题目，在首次阅毕草稿后，他近乎悲观地说，该书对哲学家会有更大的吸引力。

譬如，我希望我给共同善与正义之于权利的优先性，将向感怀并了解政治思想之传统的学者们释放这样的信号，即此书与其作者站在某些现代性之偏见的对立面。我真的无法设想，自视为这个传统，或者古代智慧捍卫者的学者将证明不过是理解受到颇成问题的预设干扰的读者的谬误与疏漏同那些认为自己是现代人的学者几乎同样的深刻。我也真的无法设想，自视为对高压环境下的"写作技艺"敏感的学者将证明居然没有注意到该书修辞性的与结构性的防御姿态。许多现代读者带着敌意接近，被他们系联于过去，尤其是基督教的过去，以及所有早过 1980 年和如今的俗世的"自由主义"与传统的（conventional）激进主义的过去的任何事物，而这是为了消除或智胜他们的这种敌意。

欧内斯特·福尔廷关于《自然法与自然权利》的长篇评论完全展现了对该书的这些错误期待，而这是我没有以特别的清晰性预见到的。该评论在其刊发后的三十年间产生了相当可观的影响，目前这篇文章虽然姗姗来迟，但可能仍然是应景的回应。

与现在一样，在写作《自然法与自然权利》时，我判定构成基督教教义——它的核心形式（正如该书索性谨慎指明的）必然是天主教义——的神启（divine revelation）是人类历史的核心事件，并且成为由柏拉图与亚里士多德精巧开启的道德与政治（因而法律）哲学之哲学传统中合理之物的信使。[①] 并且我也认为由霍布斯、洛克、边沁，以及他们直至今日的后辈所建构的道德与政治哲学具有一系列的谬误与疏漏，部分由康德与他的后辈不恰当地识出与抵制，部分为阿奎那的 16 世纪的（新）经院哲学家与其后辈的缺陷预备。

福尔廷似乎没有注意到对于该书之计划的自述。随着预备性的 Part I 接近结束，以及在揭示 Gabriel Vazquez、Francisco Suarez 与嗣后的新经院主义者有关义务的谬误——他们偏离阿奎那的思想以及忽视（诸）目

---

① 比如参见《菲尼斯文集》卷五《宗教与公共理由》中的篇目 6《自由主义辩论中的天主教立场》（1999），持有这样一种意见使得自身不适宜真正的哲学探究与论证，而且使得人们只是教义或神学的护教论者，这种观点得到广泛的假定。但是，这个假定在不（或明或暗地）诉诸天主教义是谬误之前提的情况下，就不能被解释或被捍卫。因为如果天主教义本质上是真确的，那么，一位天主教学者就能够怀着完全的心灵自由——正如许多人已经做的与正在做的那样——以及，对于怀着这种自由与勤勉探索之时，他们的发现和结果与天主教教义并不冲突的信心；对于他们的主题与天主教教义重合之处，将最终得到澄清，而且如果可能的话，通过在那个教义中体现的神启所传递的额外信息，会得到更好的澄清的信心，从而进行哲学的、科学的，或历史的探究与讨论。《自然法与自然权利》没有对此明说，而是在这个基础上默然地推进。

的与（诸）善而引起的谬误——的一页有余之后，《自然法与自然权利》说道，

　　　　读者会问，阿奎那如何解释道德思考与审慎推理（现代意义上的"审慎"）之间的区别，并且他如何解释道德"应当"（ought）具有特别决定性的意义。答案必然是，阿奎那对于这些重要之事的解释，乐观地看，是高度简略的、分散的、难以理解的，悲观地看，是亟待发展的。而这些缺陷在哲学（化）的神学稍后的历史中，引发了那些自称追随阿奎那的人并不令人满意的回应。我必须补充，阿奎那信奉的这种立场的令人满意的发展所需之材料是能够获得的，而将这些材料付诸使用的尝试也受到这一僵局的鼓舞：16 与 17 世纪的自然法理论能清楚地发现自己处于这一僵局之中。本书接下来的诸章包含这样一种尝试。
　　　　……作出如此尝试的理由是，实践合理性、基本形式的人类善，与实践原则的一种理论，正如阿奎那轻描淡写而未尽其言的这一理论，未被休谟（以及在他之后的整个启蒙与后启蒙的伦理学思潮）能够拒斥由意志论弥补的理性主义之传统而提出的反对所触及。①

　　因此，《自然法与自然权利》将自己定义为**发展**阿奎那理论的一种尝试，为的是给自然法一种哲学上可靠的解释，它未被休谟式，以及所有嗣后之哲学的与文化的反对所触及，与此同时——在哲学批判标准所允许的程度上——比他更有影响力的那些 16 世纪的注释者与追随者更为真实地符合托马斯的思想。

---

① 《自然法与自然权利》，第 46～47 页（着重部分为作者所加）。这一段继续道，那个传统将自己表现为自然法理论化的古典或核心的传统，然而，事实上，它是晚期经院主义所特有的。它对非天主教徒（比如格劳秀斯、卡尔弗韦尔以及克拉克）富有吸引力，他们接受了它的主要概念，尤其是因为它与自文艺复兴到 18 世纪末的欧洲文化中备受推崇的斯多葛主义强烈的用词与概念的相似性（ⅩⅢ.1）。巴斯克斯与苏亚雷斯（以及此前绝大多数的天主教手册）支持的自然法理论，与阿奎那支持的理论之间的实质区别，绝非不如为众所知的亚里士多德与斯多葛伦理学之间的区别更为重要与广泛。这一节以有关自 1630 年到当下这个时期之典型的伦理与元伦理立场的一系列批判性评论结束。其中，阿奎那被呈现成一个批评者，而且就像是相当明显在为该书作者张目之人。

该书旗帜鲜明的陈述①——它并非基于听任阿奎那的权威，也不是出于对他（或天主教教义）的畏缩而推进的——是诚挚且真实的。它们在修辞上也是讲策略的，这是因为无数的读者将带着新教徒与俗世主义的假定——一名罗马天主教徒是精神奴隶，一个托马斯主义者更是如此——接近该书。就它公然或私下地假定天主教教义与托马斯主义是错误的，甚或根本是荒谬的而言，这个假定是荒谬的、乞题的循环论证。因为那正是托马斯主义者在工作中讨论的问题。② 如果通过具有批判性的、自由思考的哲学之自主的标准，托马斯主义证明实质上是正确的，那么，在哲学化中一个好的行事方法是以托马斯的立场开始，并且同人们能够反对那些自主的判准，以及与反对人们能在文献中发现，或者能在反思中发明的那些最为细致与苛刻的批评一样严格地检验它们。③ 如果托马斯精神奴役的假定乃是无误地主张的，那么，它必然伴随着思考托马斯的哲学立场为真，以及通过自主的批判性反思可获致之可能性的一种意愿。检验那种可能性将是对托马斯事业的一种参与，尽管是在没有这个**初始**假定的情况下——在获得有关事实与价值的实质的哲学真理时，这项探索将是成果丰硕的。然后，随着探索确认托马斯立场的似真性，尤其是当面状考虑，而非点状考虑时。虽然也总是有违经验证据、历史与逻辑，但是，在人们对托马斯的错谬性的原初假定消逝，并且人们能够主张相反的假设，即对于在哲学中获知真理的立场方面，它是一个大体上可靠的指南。诸上没有一个必须是**基于**对阿奎那的听任，或者出于对他的（或者天主教会的）权威的畏缩而推进的。因此，对该书的具体主张持有异见者，是完全与它的方法合拍的。

那方法是什么呢？正如很容易就被细心的读者注意到的，尤其当他们关注第二章的论证与第三章和第四章（或以下诸章）的脚注时，该书视它自己的命题为阿奎那的（并且反之亦然），除非该书特别地声明了后者的

---

① 参见《自然法与自然权利》第六章，第46页。

② 我称那些人为"托马斯主义者"，如果他们大体上同意圣托马斯本人的立场，并且以这样一个假定开展工作，即相比于错谬，阿奎那毋宁说要可靠得多。这种人将被很好地告诫不要把这同样的假定给予其他托马斯主义者的工作，更别提给予新经院主义者的工作，他们中的许多人，或自觉或不自觉地采纳了与阿奎那不合的哲学立场。我称纳西立场为"托马斯主义"，如果它们是托马斯本人的立场，被当作一个融贯的整体对待，而非只是一个接一个的陈述；这样一个整体，我称其为"托马斯主义"。

③ 这个检验不应当采取孤立的立场，而是要作为宽泛得多的托马斯主义立场之网的一个部分，对它们中的任何一个的检验都隐晦地涉及所有立场——因为相似的、批判性的反对，尽管它们真诚，并且合理地把自身呈现为特定的，但事实上它们假定了一个支持性假定的网络，因而涉及所有立场。

某个缺陷——并非他几乎始终有所差错，而只是在前提规定上的不清晰或某种其他形式的不完备之缺点或缺陷。此类读者——尤其是恰当地关注"写作技艺"的那些——很快就判定该书是视阿奎那的观点为保险的（真的），除非它特别地作出否定。就福尔廷的解读只看到"在文本中对（阿奎那）的大量引用"（第592页）而言，它是错误的。的确，诱发那个评论的是对上文已提及的四位作者的严重误解：

> （菲尼斯）的研究方法在性质上大体是演绎的，尽管其文本大量引用托马斯·阿奎那，但是，与托马斯·阿奎那相比，跟罗尔斯和哈特的方法更加类似。（第592页）

事实上，吾书看不上罗尔斯[①]与哈特[②]处理伦理学基础（并以此为政治与法律理论的基础）的方法（相互间亦颇为不同），尤其看不上他们关于人类（诸）善的理论。该书同样鄙夷他们在伦理学、政治学与法学中的主要命题无根基与不稳当的特性。

该书识别基本人类善与实践理性的主要要求的方法也不能被合理地说成是演绎的。它并不是将基本的前道德的价值（基本人类善）"规定

---

① 反对罗尔斯的方法与理论，参见《自然法与自然权利》，第76页（首句引用罗尔斯，第二句是对他的根本假定与方法的一个从头到脚的拒斥），第83页［罗尔斯的"首要的善"（primary goods）不是基本的人类善（basic human goods）］，第106页（我们万勿使用罗尔斯的"善的薄理论"之理论，或者"在有所区别的人类善的观念之间的不偏不倚"，他自称的"民主"，实际却是"任意"，是他对"人类善的根本限缩"），第109页（罗尔斯忽视了实践合理性的第二条要求，并且他关于在"原初状态"中对原则的选择的基本原则的立场被一个基本的逻辑谬误彻底耽误了），第130页（同上），第157页（罗尔斯的一个社会中诸成员"共享的最终目的"的观点是错误的），第163页（一种正义理论不应当只限定为社会基本制度，而罗尔斯的正是如此），第164页（一种正义理论也不应该只限定为其成员完全符合正义原则的一个社会，而罗尔斯的正是如此），第293页（错误的法律之社会工程与社会控制理论正是本着罗尔斯"薄的善理论"的精神的），以及第453页（第108～109页的评论指向《正义论》的核心，并且应该被扩展至他的《政治自由主义》），在这些对罗尔斯主要观点的多重拒斥之外的是，对他的理论与方法的三四个赞成性参考。我对《正义论》经过熟思的，但是轻视的评论，参见《菲尼斯文集》（卷三）篇目3，第72～75页。

② 反对哈特"自然法的最小内容"的伦理学方法与理论，参见《自然法与自然权利》第30～31页（反对哈特的主张，即"对人而言的善"全都是可争辩的），第52～53页（反对哈特对自然的目的论观点的刻画），第82页［反对哈特混淆了基本价值与追求它们的物质条件，并且反对他将基本善化约为一个——存活（谁的？什么的？）］，第163页（反对哈特将正义原则限定为"同等情形同等对待，不同情形不同对待"），第227页（反对哈特对一种权利的"选择"理论的偏好）。

为不证自明的"，而是诉诸不断鼓励读者反思性地为自身反复实施这个过程——被亚里士多德、阿奎那，因此也被该书称为**归纳的**①（inductive），通过这个过程，他们获得对那些基本善的某种洞见。包括福尔廷在内的每一位读者年轻的时候，必定曾（善接着善）获致这样的洞见，而且带着或多或少适宜的融贯性与完整性——当像这样相互结合在一起时，每一项又都是在他人与自己的生活中能够实现的善——开始将它们发展为对做出决定在道德上与实用上有意义的指南。严肃地反思过以足章篇幅（第三章）展开的有关知识之善的思想线索，以及反思过有关辩证的可废止性，而那又是我们对善的善好性之知识的根本特征的论证（3.6）之后，没有人还会称这是对任何东西的一种"规定"。第四章对其他基本善/价值的识别也是如此。与该书其余的部分一样，第五章平白地否定了福尔廷的主张，即《自然法与自然权利》把"私人与公共道德的普遍规范"视为"通过推演的方式"从前道德的基本价值/善中得到的。② 因为，在基本善与任何道德规范之间还存在作为新前提的"实践合理性的方法论要求"，它通过另一个，但又相当不同的归纳（或溯因推理）得到③。这里没有演

---

① 《自然法与自然权利》，第77页（该书对实践理性第一原则的解释的特征之评论）：阿奎那追随亚里士多德的理论，通过在观察、记忆与经验的基础上发挥作用的见解（insight），对不可证明的（indemonstrable）的第一原则进行"归纳"（induction），此外，阿奎那还将这种考虑扩展到，通过在被感觉到的倾向与对可能性的一种知识的基础上发挥作用的见解，对不可证明的实践理性第一原则（即自然法）进行并行的"归纳"：*S. T.* I‐II q. 94 a. 2（自然地被识知的，自然法的第一原则）……I‐II q. 10 a. 1c；II‐II q. 47 a. 6c；II‐II q. 79 a. 2 ad 2；In 2 Sent. d. 24, q. 2 a. 3（对第一原则的任何确切的知识，我们都需要感觉经验与记忆）。

② 该书对基本道德理论的介绍中对推演（entailment）仅有的一次谈及是在《自然法与自然权利》的第225页，在那里，它说到，绝对的人权［追随福尔廷（596），人权的一个子集］相关于"由（实践合理性）的（第七条）要求推演而出的无例外的义务，这第七条要求认为，直接选择反对任何基本价值，无论是自己的，还是自己的同胞（fellow human beings）的，总是不合理的"。在这里，有两个推演被提及：由义务推演而出的权利，以及由第七项要求推演而出的义务。在该书对自然法、自然权利以及道德和政治理论的说明之中，这些——被声称的这一推演——仅仅占据很小的一部分（尽管是非常重要的一部分）。

③ 在《自然法与自然权利》完成以后一两年——迟钝地！——我将这些重构为一条主导原则的内涵，即整体人类实现（integral human fulfillment）的开放性，参见菲尼斯《伦理学的基础》，牛津大学与乔治城大学出版社，1983，第76页。除此以外的是，格里塞茨的著作，以及我们的联名著作，杰尔曼·格里塞茨、约瑟夫·波义耳与约翰·菲尼斯《实践原则，道德真理与终极目的》，载于《美国法理学杂志》（第32卷），1987，第99~155页（尤其参见第109、112、125~126页等）。参见《自然法与自然权利》，第419~420页（后记）；以及约瑟夫·波义耳《论最根本的道德原则》，载于约翰·基翁（John Keown）与罗伯特·乔治（Robert P. George）编《理性，道德与法律：约翰·菲尼斯的哲学》，牛津大学出版社，2013，第56~72页，以及我在第473~475页的回应。

绎或推演，也没有多少"准数学式的严格性"（第593页），值得称道或指摘。有的只是对慎思与选择的各方面的一个逐条列记，哲学家已经反思性地将它们识别为行动之合理性的尤为突出的构成要素。

二　主导性自然美德：实践合理性与正义

正如《自然法与自然权利》反复指明的，其使用的关键术语"实践合理性"（practical reasonableness）希望被理解为在柏拉图与亚里士多德那里出现的 phronesis，以及由阿奎那使用的 prudentia 的准确对译词。福尔廷声称，那个术语是由同我在牛津共事了25年多的约瑟夫·拉兹首创；我对此表示怀疑，也反对福尔廷的主张，实践合理性只具有"与亚里士多德和托马斯的审慎（prudence）表面上的相似性"，我在反思普通法的合理人（reasonable man）概念，以及相当了不起的（比如，对亚里士多德的 phronesis）惯译术语"实践智慧"时，提出了这个词或词组（就我所能记得的），话虽如此，这是《自然法与自然权利》的关键概念，而福尔廷对它的误解充斥在他的评论中。

在本书中，实践合理性是作为"整合性的善"（the integrating good）被引入的，它是一项基本善，准确来说，它的对象或内容是整合对任一（或所有）基本善与相应的实践原则的追求。与此同时，"道德原则"则作为"涉及追求"这项实践合理性之善的东西被引入。①

这是使得福尔廷的主张与该书的"关键命题关涉所有基本价值之根本的同等（fundamental equality）"全不对付。在误解该书的命题，（诸）基

---

① 《自然法与自然权利》，第49页。该书对它的首次提及是在第23页：自然法的原则是什么？在该书中，词组"自然法"具有的意义，能够在接下来这个相当粗线条的断言与表达中得到指明，它可能是空洞的或乞题的（question-begging），直到在第二部分中得到说明。存在（1）一系列基本实践原则，它们指明基本形式的人类福祉是要被追求与实现的善，它们被思考要做什么的每一个人以此或彼的方法使用，无论他的结论有多么不可靠；以及（2）一系列基本的**实践合理性（本身是一项基本形式的人类昌盛）**的方法论要求，它区分了可靠与不可靠的实践思考，并且当全都得到考虑，它提供了区分（总是，或者在特定的情况下）综合考虑为（不只是与一个特定的目的相关）不合理的行动，与综合考虑为合理的行动之判准，也就是区分道德上正当的与道德上错误的行动方式——从而，使得人们能够表达（3）一系列一般性的道德标准。（强调为作者所加）

本善"全都同等地根本（all equally fundamental）"后，福尔廷进而将它转换为对存在"任何（诸）目的的自然等级"的否认，并且得出结论，"它推出一位伟大的学者、政治家或宗教领袖的生命生活本身并不优别于一个音乐发烧友、体弱之人、滑雪迷的生活"。

根据定义，体弱之人未合理地关注自己的健康，而必然忽视实践合理性之善，滑雪迷之为"迷"，是因为他们为了游戏之善，并不体面地忽视了其他的基本人类善，鉴于与自我中心目的的联结而工具化了这项善（游戏之善——译者注），因而也不断地戕害实践合理性之善。福尔廷对第四章第4节有关在何种意义上（诸）基本善之间不存在单一的**价值**等级的论述之解释，恰恰是撇开了在第五章——"实践合理性之善结构了我们对（诸）基本善的追求"——开篇处的真正的"关键命题"。那一页首先说明了基本善的多样性，没有一者是工具性的，或者在**价值**上低于另一者，并且留给我们所有人这样的问题，"要做什么？会做什么？不要做什么？"，它然后说明了成为自由的与**负责任**的就要在聚焦于（比如说）一种价值与承诺于另一个之间做出选择。然后，它解释了这种责任：

> 因为在基本形式的（诸）善之中，我们没有理由撇下不管的是实践合理性这项善，它通过塑造人们对其他基本善的分有而得到分有，通过指引人们的承诺，人们对计划的选择，以及人们在实现它们时做什么而得到分有。①

并且正是在此处，道德（morality）进入读者的视野。

表达人生的一般性目的之（诸）原则并未获得如今被称为"道德"力的东西，直到它们被拿来对准确定范围的计划、安排（disposition）与行动，或者对准特定的计划、安排与行动。而它们要如何被拿来对准是实践合理性的问题。正如古典所谓，"伦理学"不过是对这个问题和被认为是合理的解决方案（之大略）的回顾式和/或前瞻式的反思性表达。

> 人们凭什么说一个决定是实践上合理的呢？这个问题是此章的主题。②

---

① 《自然法与自然权利》，第100页（强调为作者所加）。
② 《自然法与自然权利》，第101页。

很明显，该书接下来都视实践合理性这项基本善与其他所有基本人类善相比处于一种突出等级关系上。① 该书否认此等级是**价值**的等级，它含蓄地主张此等级是对每一种一般性、具体性或特殊性做出选择与承诺的意义与重要性的等级。

福尔廷似乎没有注意到，道德的意义或重要性不是由**在前道德的价值上的单一优先性**中推出的。那重要性从其中推出的某物是该书最关键命题中的一则。我在写作《阿奎那：道德、政治与法律理论》（1988）时所获得的对阿奎那伦理学更精深的理解也刚好确认了，对阿奎那而言，bonum rationis，实践合理性之善是关键。② 这项结构性的善具有绝对的重要性，这并不是因为它在**善好性**（goodness）上比生命、友谊、对上帝的爱排序更高，而是因为它本身的内容：以一种合理的方式追求内在的人类善的善好性。而"以一种合理的方式"在古代的同义词是**合乎美德地**（virtuously）。

正如福尔廷注意到的，《自然法与自然权利》弃置了古典的美德、诸美等等之话语。但是，他未能注意到的是，这种弃置主要是修辞性的，事实上美德藏在另一个或一对名头之下支配了该书。第一个名头是实践合理性，它跟 phronesis 与 prudentia 的对应性是显而易见的，③ 并且正如福尔廷所知，prudentia 是至高的自然的道德美德，它设定了所有其他自然的道德美德的形态和内容，④ 并且是唯一一项既是智性美德又是道德美德的美德。

该书给予细致关注的另一项道德美德（再次用"美德"这个词眼或它的同义词）当然是正义，在古典的四枢德框架中，它在战略重要性上紧随 prudentia 之后，福尔廷认为，该书并没有将正义作为一种美德提出来，

---

① 亦可参见《自然法与自然权利》，第 450 页。"在它们之间不存在客观的等级"（第 92 页）。这个命题……最好被表述为"不存在唯一的（single），客观的等级"（《伦理学的基础》，1983，第 51 页）。存在多种的（various）等级。生命是至为必要的，作为其他基本善的前提条件；生命的传承分有了那种必要性。至于实践合理性，它作为一种善的可理解性在于，它**主管着**（并且在上述意义上）所有其他的基本善的追求与实现。

② 约翰·菲尼斯：《阿奎那：道德、政治与法律理论》（以下简称《阿奎那》），牛津大学出版社，1998，第 83~85、93、98~99、107~108、119、140、225 页等。这些段落中的绝大多数也说明与证实了它与美德之善 bonum virtutis 是等值的。也可参见《菲尼斯文集》（卷一），第 34、176~177、182~183 页。

③ 《自然法与自然权利》，第 128 页。"具有审慎 phronesis、实践智慧、完全的合理性之人（以拉丁词写作，审慎 prudentia）"（第 52 页）。

④ 参见《阿奎那》，第 84 页。正如阿奎那所言，"所有的道德美德都涉及对实践合理性之善的一种分有（bonum prudentiae）"（fn. II–II q. 53 a. 5 ad 1 ……，III Sent. d. 36 a. 1c……，I–II q. 61 a. 3c……，等等）。也可参见《阿奎那》第 104、119、123~124 页，脚注第 107~108 页，以及在彼处所援引的阿奎那的文本。

即"作为一种灵魂的性情"（第 597 页）。他再次完全搞错了。根据《自然法与自然权利》（更别提《阿奎那》），① 正义的所有方面都是对一般性正义的具体化，而确切地说，一般性正义被定义为一种灵魂的性情。第七章第 2 节的结语："正义，作为一种品格的性质，在它的一般意义上总是一种帮助与促进我们共同体的共同善的一种意愿，而正义理论则完全是为了那种共同善而被概观地要求之物的理论。"②

第七章接下来的节目继续表明，实现共同善涉及（1）分配资源、机会等等，合作负担给特定个体的问题，以及（2）并不涉及共同事业与风险，而是涉及一个个体对另一个个体的责任之一系列问题，譬如，主义义务、履行义务与赔偿义务等等。主导性的考虑，即便以任何一种方式，只有帮助共同善的性情是不够的。正如阿奎那注意到的，正义不像勇敢与节制这种由实践合理性对厌恶的**激情**与**欲望**构成性的支配所衡量的枢德，③正义关乎与**他人**关系中的正当**外部**行动（或克制），甚至在不具有好的性情时，正义仍能被做到。因此对正义之美德的衡量是在人们的行动（或克制）与他人的权利之间正当的**比例**（proportionality）。性情（美德的质料）在规划正义理论时只占据次要的位置，并且理所当然地，在援引过以上那个定义之后，《自然法与自然权利》论正义的那章中它再未出现。

无疑，个体与公共的道德生活的问题无法通过有关美德的讨论就得到解决。《自然法与自然权利》对它弃置有关美德与诸美德的讨论之简练的解释径直地落在定义"基本善或人生的一般性目的"的"伦理学"与"'道德'力"的那一页（从以上援引）的后一页上。解释隐含于下文之中：

> 人们凭什么说，在某个时刻的某个决定是合理的？这个问题是眼下这章的主题。对伦理学（与自然法理论）的古典阐释很好地意识到了判断的标准与准则这个问题，它们强调，对那个问题的恰当回应（既对人类欲望与激情，又对人类生活的境况）拥有经验且拥有智性，实践合理性与欲望的倾向毫无关联，更完全不依赖于它们。④

我在此插评福尔廷的主张，在《自然法与自然权利》中，"为使它的

---

① 《神学大全》［S. T.］Ⅱ - Ⅱ q. 58 a. 7；q. 61 a. 1；《阿奎那》，第 133 页。
② 《自然法与自然权利》，第 165 页，S. T. Ⅱ - Ⅱ q. 58 a. 6c；《阿奎那》，第 113 页。
③ S. T. Ⅱ - Ⅱ q. 58 a. 10.
④ 《自然法与自然权利》，第 101 页。

判断是正确的，实践合理性……似乎未以任何一种形式关联于欲望的倾向（inclinations of appetite），或者说，依赖于它们"（第 597 页）。刚刚引用的这几行驳斥了他，并且进一步被确认，我在稍后几行说（涉及对正确判断与好的品格之间的一般性关系的两个具体的亚里士多德式与托马斯式的阐释）"这样的主张几乎不能被否认"，[1] 但是正如我继续说到的，

> 它们对想知道自己要做什么的观点是否乃一个合理的观点的那些人并没什么帮助。"中道"（mean）的观念……似乎同样是对的，但也没有多大的帮助……因为什么是"具有**美德之特征**的**中道**与最佳呢？"它是"感觉到（生气、遗憾、欲好等等），当人们应当时，并且涉及人们应当的对象与个人，具有人们应当的动机，以及以人们应当的方式……"我们难道不能拥有比这更明确的指南吗？

从柏拉图与亚里士多德开启对实践合理性内容的正式探索至今的两千多年间，哲学反思已经识出了数量可观的实践合理性的方法论要求。这些要求中的每一项都曾被某些哲人以某种夸大的尊重加以对待，就好像它是独一的主控性与塑形性的要求。因为与（诸）基本形式的善一样，这些要求中的每一项也都是根本的，非派生性的（underived），不可化约的，并且当它被聚焦时，似能是最重要的。

这些要求中的每一项都涉及，如果人民要分有实践合理性这项基本价值，他们就必须做什么、想什么，或者成为什么。践行这些要求的人因而（thus）[2] 就是亚里士多德的 phronimos，并且具有阿奎那的 prudentia；它们是合理性或实践智慧的要求，不践行它们即为不理性（relational）。[3]

---

[1] 《自然法与自然权利》，第102页。在二者都关心激情的体验（experience of passions）［并且对实践合理性的倾向（inclination）要强甚其他竞争性的激情］方面，该书将自身与"伦理学的古典阐释者"联系起来，这也能从那个段落的脚注中清晰地看到，第128页："**对道德原则，以及特定的道德决定的详细阐述，都要求远非普及性（universal）的智慧……**"参见，比如 *S. T.* I - II q. 100 aa. 1, 3, 11。这智慧即是**审慎**（*S. T.* II - II q. 47 a. 2c ad 1；aa. 6, 15；以及上述 II. 3 的注释），有关很多人的愚钝（folly），参见 *S. T.* I - II q. 9 a. 5 ad 3；q. 14 a. 1 ad 3。有关在不同文化与人民之中实践合理性的衰败，参见 *S. T.* I q. 113 a. 1；I - II q. 58 a. 5；q. 94 a. 4；q. 99 a. 2 ad 2；以及 II. 3 above, and 225 n. 28 below。

[2] 注意由"因而"指明的这三个术语之间的等义性。

[3] 《自然法与自然权利》，第102页。

这一段落与章节以下的几行，解释了为什么这项要求的产物是幸福（eudaimonia），即昌盛，以及为什么这些道德善好性的要求因此也是实现人性的要求与"自然法"的要求。《自然法与自然权利》向它的读者承诺的，简言之，是提供一些东西，它们在个体与社会生活中作为做出合乎良知（conscientious）的决定的一份指南，比仅仅以规制激情的理性，只（正如福尔廷认为的）以依赖于"欲好的倾向"（the inclinations of the appetite）理性判断的正确性冠名相关（诸）美德与建议一种美德之生活更有帮助①——建议易给，但对每个人实际的帮助不多，尤其是在社会生活，并因而正义的领域（本身的领域）之中。

在《自然法与自然权利》2011 年的后记中，有题为"美德与原则"的简短的预备性的一节。

> 本书关于（诸）美德说得很少，这是经过慎重考虑的。对于说明这个决定，以及美德与原则之间的内在关系、后者的优先性、自由选择的非及物性（intransitive）面向（它们在选择者的性情中的持留性）对美德与恶品之形成的影响，它还是适恰的。《阿奎那》第 124 页，解释了为什么原则，命题式的实践真理比美德，甚至比实践合理性（prudentia）之枢德更为根本：因为美德是做出好选择的一种稳定与现成的意愿（willingness），而像意志中的每个东西一样，是对理由的一个回应，而理由是命题式的。② 相关的命题是实践理性（推理）的第一原则（以上第三章与第四章）与实践合理性的要求（第五章），以及作为这两个层次的原则指向另一个原则之结果的更具体的道德规范，这之中有一些散见于上面涉及亚里士多德的"中道"观念（在"过多"与"过少"两种恶品之间的中道之美德——当此之时，理性是过度还是适宜的尺度）的第 102 页的那个段落中。但是说明原则与美德之间的内在关联，前者在逻辑与理性上的首要性（被阿奎那承认的首要性），③ 以及阿奎那能够判定在多种枢主美德之下，安排自己对道德最集中的讨论是合理的之根据，将有助于避免下述怀疑，即"美德伦理学"过去是，并且现在仍是对本书所发展的这种道德理

---

① 欧内斯特·福尔廷：《新的权利理论与自然法》，载于《政治学评论》（第 44 卷），第 597 页。

② 《阿奎那》，第 124 页，亦可参见上揭书，第 187～188 页。

③ 《阿奎那》，第 124 页，脚注 103、104。

论之一种经不起检验的替代品。它绝不是。①

那是从大略上来说的，现在让我们回到福尔廷的批评中，即业已闪现在《自然法与自然权利》中，"灵魂，灵魂的激情，以及对那些激情的重新归序并没有进入考虑"。"只要人类生活于其中的制度是它们应当所是，人类就会保持是他们所是"（第 397 页）。它为如下一个段落所驳斥，不同的读者已经发现了对触及灵魂与灵魂之激情的归序的那个更宽泛议题的辛辣的、相干的与暗示的一个段落。

> 事实是人权只有在某种环境中——相互尊重与信任，以及共同理解的一种背景或框架——才能得到妥善地享有。现在我们来思考一下公共道德的概念，在它莫名地被限定为性的意义上……如果性行为是仅仅带有某种困难的一项强劲的力量（force），而且总归是能不牢靠地被整合于人的个性（personality）与福祉之中是对的——那么它就提升了，而非摧毁了，比如说，友谊与对孩子的照料，并且如果人的性心理拥有一种偏见，即将他人视为欲求，以及潜在的性欲释放与满足的肉体对象也是真的……那么，有理由去创造一种孩子们能够成长（并且父母辅助，而非阻碍他们的成长）的环境，以使他们相对免于内心服属一种自私的、冲动的、去人格化的（depersonalized）性行为。这样的环境具体是什么，以及为了维系它又要求什么正是有待另处讨论的重要之事。但是，这是共同善的一个方面，并且对于限制某项权利的无度行使的法律是适合的重要之事，这很难为关注人的心理之事实——它们会影响基本人类善的实践——的任何人所怀疑。②

这一段澄清了人类善能够在其中得到实现，损害或摧毁的"环境"或温床包括内心生活（inner life），在能够被对自律与美德的文化/教育鼓励与挫败影响或好或坏的这个意义上的"心理"需要整合激情与理性、合理的关系等等。

福尔廷说，在《自然法与自然权利》中，"人类会保持是他们所是"。但是，该书的核心一节，论权利的具体化（我将在下文回述它），说道：

---

① 《自然法与自然权利》，第 421～422 页。
② 《自然法与自然权利》，第 216～217 页。

　　我认为，对于人们打心眼里坚持某种，或某些模式的人类品格……而后因为趋于支持……人们不只是关注抽象上可欲的品格类型，而选择这种权利具体化并不存在替代品。

　　因此，人们要留心……友谊，以及对人个性的尊重的确受到仇恨、群体的偏见、混滥的性行为的威胁……留心奴性、幼稚症与伪善的确是恶……留心就政治共同体而言的"家长主义"得到证成之处……它只能是对自我矫正的一种帮助。①

在时代的风情中，除福尔廷神父以外，对于该书普通的与可能的读者**相当值得注意的本段**②不仅展现了福尔廷关于人们保持是他们所是之论述是如何成问题的，而且展现了他做出的其他一系列评断也是如何成问题的，他说该书"完全隔除了，如康德已做的，低劣或自私与高贵或无私的冲动之间的区分"（第 596 页），还说本身视道德美德为可有可无的（第 596 页）。最终，福尔廷将我的立场上升为虚构（fantasy）的地步：

　　为了享有自己的利益，人们无须获致（勇气、节制，以及其他的道德美德）。正义总是我的直接的，或长远的好处，而正义的生活是最愉悦的生活。极端地说，没有人必须得忧心为了共同善而不得不牺牲掉自己。（第 596 页）

真实世界的《自然法与自然权利》以有时避无可避的、自我牺牲之道

---

①　《自然法与自然权利》，第 220 页（强调为作者所加）。

②　本段从福尔廷发现遍及该书的对大众平等主义（demotic egalitarianism）的公开挑战，以及百姓（vulgar）对高贵与美德的不以为然起头："因此人们将牢记，一方面，艺术品……的确比垃圾更好，文明的确比无知更好，……孩子的确从对路径与启发性视野限定之形成中获益。"参见《自然法与自然权利》，第 220 页。对许多读者而言，这将使他们记起在该书讨论分配性正义的开篇提出的挑衅与挖苦："正义的目标不是平等，而是共同善，共同体中所有成员的昌盛。没有理由假定所有人的昌盛会因为在分配角色、机会与资源之时，同等地（identically）对待每个人而得到提升。因此……在一个共同体中，财富两极分化的不正义并不在于这种不平等，而在于这一事实，即（正如不平等表明的）富人没能对他们财富的份额进行再分配，那一份额能够更好地为其他人所利用，从而实现他们生命中的（诸）基本价值。如果再分配仅仅意味着，相对多的人在电视机前心事重重地消费掉更多的啤酒，以及相对少的人在优选音乐家的沙龙音乐会上消费掉更少的上等葡萄酒，那么，它很难被说成满足正义的要求。但是，如果再分配意味着，以葡萄酒之类为代价，更多的人得到防范以远离（非自残的）疾病，更多的人被教育到，对他们而言，真正的自我指引变得可能的地步，更多的人在反对正义的敌人中得到捍卫，等等。那么，这样的再分配符合正义的要求。"《自然法与自然权利》，第 174 页。

德必要性的瞩目提示来开始与结束对共同善的长篇讨论：

> 把道德分析为自我建构中的合理性难道没有忽视这一事实，即道德责任不仅能要求人们牺牲私利，有时甚至要求人们牺牲身家性命（oneself）吗？
>
> 本章对人们自己的福祉与他人的福祉之间的恰当关系进行了一项完整分析，但是，它没有完成那项分析……有关自我牺牲的合理性之问题只是被提出来了，并且这相关的问题，即成为合理（be reasonable）的努力说到底是否只是对自我完满的一种追求，仅仅是在第十三章才着手应对与解决的问题。①

如其应许，当这个议题在第十三章的开篇续上时，它贯穿在友谊之双方的背景中，当我朋友的福祉"只能由我的毁灭或永朽而得到保证"时，以及在对家庭后政治共同体的责任的背景中，**"合理地可能会要求自我牺牲"**之责任。② 这个问题始终萦绕心头。③ 亚里士多德尝试"解释为朋友而自我牺牲"那令人诧异的不妥当性浮上脑际。④ "原则上"，该书对"友谊中的自我牺牲如何才能得到理解"，连同"我们之于促进共同善的义务"的解释最终指向对神启的（相当克制的）讨论，这首先是因为坚信神是朋友，他对自己的朋友们与邻人们之善的支持"赋予完全理解每个事物，每个人的存在，每个共同体的历史的真正价值与全面解释的要点"。⑤ 在此基础上，"我们能拥有一个崭新且持久的爱（人们的）（这）共同善的理由，它是持久的，即便我们不能以一个全时全地的视角看到那一爱将如何实现"。⑥ 但是，这个解释只是在该书起初的末页得出结论，通过柏拉图的《法律篇》，从参与神的游戏召唤中推出的结论——与对实践合理性之律法（规范）的神源拉力（divinely-sourced pull）相一致——"在这最终的分析中……是**唯一**（only）真正严肃的重要之事"。

在我们寻求超越我们的感觉、"生活中严肃之事物"，甚至对人间苦难的一种理解的"最终分析中"唯一真正严肃的是，他们在某种程度上促

---

① 《自然法与自然权利》，第 134～135 页。
② 《自然法与自然权利》，第 372 页。
③ 《自然法与自然权利》，第 378 页。
④ 《自然法与自然权利》，第 397～398 页，援引《尼各马可伦理学》IX.8：1169a18 - 26。
⑤ 《自然法与自然权利》，第 406 页。
⑥ 《自然法与自然权利》，第 407 页。

成，或者被卷入对创造与支持人类善之上帝游戏的良好参与（good play）。①

福尔廷与所有其他人一样，完全有权说该书理解自我牺牲的尝试不尽如人意——甚或说它完全失败。但是，他无权说该书以任何一种方式教导了"正当的生活就是最愉悦的生活……没人必须忧心于不得不为了共同善而牺牲自己"②。

三　权利，它们的逻辑与美德

福尔廷评论的主要命题在他的格言中得到表达，"当我还是孩子时，我的伙伴常哼的小曲"：

> 我爱卡罗琳娜
> 我也爱安杰丽娜
> 我不能同时娶两人
> 那么，我将怎么做？

他的观点是，一个人"不能同时娶两人"，"权利或自由在一边，而……美德、品格形成与共同善在另一边"。③ 我相信，他将权利系联于自由——更糟的是，系联于霍布斯式的免于义务的自由——在根本上是错的，而将尊重权利（主张权利）对立于美德、品格形成、共同善与自然法（或自然**正当**），在根本上也是错的。每个人能够，并且每个社会与社会的、政治的或者道德的理论应当为了爱而两个都娶。这并非一夫多妻式，因为他们并不是两个特殊的实体，而仅仅是合理的爱与投身的同一个多产对象的两个方面——两种谈论方式。

相应地，对历史的施特劳斯式的二分法也是错的，而它充斥着福尔廷

---

① 《自然法与自然权利》，第410页。

② 已做出了这一暗示（第596页），福尔廷随后又援引了拒斥它的一些段落。然而，他在恰当的地方留下了这个暗示，并且通过影射《自然法与自然权利》认为"美德本身是不值得选择的"（第579页）来强化它。但是当然，实践合理性，美德的来源（source），与所有基本的人类善相同之处是，它是一项基本的人类善，本就是值得选择的；与其他基本善不同之处是，人们对它们的分有，精确地说，它的对象是所有基本的人类善。仍然，脚注11表明正如人们应该的那样，福尔廷为此事担心。

③ 对这支小曲的描述，以及对它意思的陈述来自《天主教社会思想的困境》，第311页。

的评论。① 《自然法与自然权利》抵制这种错误，但还不够清晰。它的讨论本应当更密切地关注圣托马斯在他论正义的渊博论著中所采纳的罗马法对正义的定义，② 以及本应当更密切地关注他以一整篇论 ius 的文章给那本论著起头的决定。③ 因为那篇文章的论题（ius）最精当的对译词是"权利"（rights），复数（即便这个拉丁词是单数）。正义之美德，以及正义之行动的对象，是**权利**——在那个英文术语的核心意义上，在这一意义上，它的对应物是**义务**，也就是作为自然的、永恒的，以及正当的实在法之结果的正义之义务。我相信不具争议的这些事实使得列奥·施特劳斯（Leo Strauss）、迈克·维莱（Michael Villey）与福尔廷的对比无论是在哲学上，还是在历史上都是站不住脚的。相当可惜的是，如此多的学术时间已投入追踪在上述分析中几乎是虚妄的区分之中。

福尔廷的评论中的这个错误具有一种特易使人混淆的形式，这是因为它误解了（要得到正当对待）权利与义务的对应性这个基本逻辑——贯穿其论正义的著作，阿奎那坚持的一种对应性，以及我以一种形式上完整的方式，在《自然法与自然权利》的论权利那章开篇提到的对应性。这里是福尔廷对于那对应性的理解：

> （根据《自然法与自然权利》）没有人负有真正的义务，除了由实践合理性的要求推出的那些，④ 或者对于先于并入公民社会，他就已被赋予权利必要的那些。⑤ 至多，权利与义务的关系，这个核心议

---

① 参见列奥·施特劳斯《自然权利与历史》，芝加哥大学出版社，1953。尽管如此，我从此书中受益良多，尤其是它的第四章"古典自然正当"，正如我对此书 1969 年的复本之批注所指明的。姑举一例，在第 127 页，我批注了这一段落的开篇，"人恰当的行径在于有所思考地生活，在于理解，以及在于经过思考的行动"。但是，《自然法与自然权利》承认，它不能**假定**人类确有一种"恰当的行径"，而要通过展示实践合理性之善，以及它天然的对象，即作为对这个，以及其他在行动者与其他人的生命中可实现的基本善的追求之行动的指引来**表现它**。

② *S. T.* q. 58 a. 1c［正义的恰当定义："给予每个人他的（她的）right（s）的持存且稳定的意愿。"］。

③ *S. T.* II – II q. 57 a. 1（正义的目标：*ius*），有关所有这些，参见我的《阿奎那》，第 133 ~ 134 页。

④ 正是如此，实践合理性就是我对审慎（prudentia）的翻译，道德与智性枢德（master virtue），它不能独立于正义（更别提勇气与节制了）而被发现。对圣托马斯，同样对《自然法与自然权利》而言，存在不为美德与审慎的洞见所要求的道德或法律义务是不可想象的。

⑤ 当阿奎那说到对某人亏欠的义务时，他强调的是这样一个重要的方面，即正义是亏欠于所有相似之人的东西，而不是因为某个特定的原因，而亏欠于某个特定之人，或特定阶层的东西，参见《阿奎那》，第 136 页。

题仍然是模糊的，并且把它作为主题来处理的这一节，对消除这种模糊性帮助不大。**权利与义务被说成是对应物，的确如它们所是——如果我负有一项做某事的义务，那么，我也就拥有一项做它的权利，尽**管逆命题不总为真——但是，这仍然对有关这两个中何者是根本的道德事实这问题尚未立断。（第589页）

福尔廷眼中的模糊不清，像对"这问题尚未立断"一样，具有作为它的直接原因的，对于权利与义务之对应性的误解。[①] 对 B 的 A 之义务的真正对应物是 **B 的权利**，[②] 而非福尔廷所声称的，A 履行他的义务的自由－权。并且 A 的那项自由似乎如此不值一提——仅仅是由 A 的义务如此同义反复地推出的，以致阿奎那，古代的与现代的法律人，或者《自然法与自然权利》都对其没有兴致。[③] 一个人义务的真正对应物是**另一个的权利**，反之亦然。正义**总是**关乎我亏欠**他人**什么——那人拥有，反之于我的，对它的权利。[④] 关于权利，《自然法与自然权利》说到的所有东西都具有作为它的基底的正义之美德，这也是为什么《自然法与自然权利》的论正义一章（福尔廷刚好没有注意到）先于论人权一章。

这使得《自然法与自然权利》对"根本的道德事实"问题（权利？

---

① 他从未注意到，或者摆脱过这个巨大的错误。因此，在他对这个议题与学术性文献（尤其是迈克·维莱、理查德·塔克与布莱恩·提尔尼）最为完整的处理中，福尔廷说，诚然，人们不能基于在古代哲人与他们中世纪后学者的著作中，客观的与主观的权利之间缺乏任何明显的区别得出结论，他们应该会反对主观权利的观念……因为权利已经蕴含于义务的观念之中了——**对做某事负有一项义务的任何人必然拥有对做此事的一项权利**——显然没有理由将它们分而为二。他们表示的东西仅仅是一币之两面。正如在中世纪被普遍假定的，如果存在像是自然法这样的一种东西，那么，人们有充足的理由把自然法引出的权利说成是自然的（强调为作者所加）。《论个体性权利假定的中世纪起源》，载于《古典基督教与政治秩序》，第247页。同样地，在《天主教社会思想的困境》第304页："一旦被表现为首要的与在先的，一种义务的教义，并因而一种美德或献身于社会之共同善的教义就并非基于人们亏欠于自己同胞的东西，而是基于人们能向自己同胞所主张的东西获得自身的定位，（在现代伦理理论中）义务植根于每个人在良知上都有义务敬重的，以及因而必然被视为首要的道德现象之在先存在的权利。"乍看上去，这两个观点之间的区别应被视为路径的不同，而非实质性的不同，并且**权利与义务在某种程度上是相关的**更是如此。如果我负有做某事的一项义务，我必然也拥有做此事的一项权利，尽管反之并不必然也为真。（强调为作者所加）

② 《自然法与自然权利》第199~200页所采纳并细致解释的霍菲尔德的术语之中，这一种权利——最为根本的一种——是主张权：在某些与 B 相关的特定方面，向 A 主张，他应该实行，或者禁止。

③ 对这不值一提的自由那种令人困惑的兴致并不是福尔廷的原创；它也能在大陆新经院主义的传统（continental neo-scholastic tradition）中被找到。

④ *S. T.* Ⅱ－Ⅱ q. 57 a. 1c, q. 58 aa. 1c, 2c, q. 80 a. un. c.；*NLNR*, 161－2.

还是义务？）非但不模糊不清，反而是显而易见的：

> 简言之，权利的现代词汇与语法是基于从正义关系中获益之人的视角，报道（report）与主张那一关系的要求或其他内涵的一个多重面向的工具。它提供了基于特定视角谈论"什么是正义"的一种方式：某物（尤其包括选择之自由）亏欠于其，并且若否认那物，则使其蒙屈的"他人"之观点、当代的争论表明，存在强烈的——尽管并非不可抵抗的——更进一步特化（specialize）那个视角的一种趋势，以使得由任何权利的归属（基于任一视点）意涵的特有益处都被取作行动自由之好处。与/或影响他人行动自由权力（power）之好处……

毫无理由非得在老的与新的用法之间挑边站，而将其作为在一个给定的背景中，表达正义之内涵的方式。更别说论断"作为法律逻辑的一件重要之事"的义务在逻辑上要先于权利（或者，反之亦然）是适当的了。但当我们开始解释正义之要求的时候——我们通过参考对共同善的需要，或多或少地做到这一点，我们发现有理由视义务、责任或要求的概念相较于权利的概念为更具战略性意义的解释角色。根据那个说明，权利的概念并非只具有更弱的重要性或尊严：确切地说，共同善是从他人履行义务之中获益的诸个体的善，因为是在正义上对他人（们）的要求，所以，是他们的权利。

正如我在《阿奎那》中，更简洁，但大意相同的表述：

> 在阿奎那对正义的理解中，权利与义务同样根本，而义务与权利也同样根本。我们还非正义之义务的义务，因此，**义务**是更宽泛的概念，然而，当一项义务是针对他人的时候，它则是一项正义之义务，并且那个"他人"的权利正是它的对象或矢的。①

福尔廷有关权利与义务的基本逻辑的错谬（blunder）是他有关权利传统的历史的错误（mistake）的主要来源。因为他在霍布斯那儿看到了那

---

① 《阿奎那》，第 170 页。那权利是正义与正义之义务的矢的或目标（它亏欠的东西）。参见 Summa Theologiae Ⅱ - Ⅱ q. 57 a. 1c, q. 58 a. 1c, q. 60 a. 1c；《阿奎那》，第 133 页，并且通常可揭上书，第 133~138 页。

个传统的源头，① 我很遗憾，他甚至遗漏了有关《自然法与自然权利》对霍布斯权利理论的披露或消除之存在的一条线索：（霍布斯的）视角转换（到受益者的视角）能够如此翻覆，以致把权利持有者与他们的权利完全带离被法律（道德或制定）所确定的，以及确定阿奎那意义上的 jus——"何者是正当的"——之法律关系（juridical relationship）。② 因为霍布斯在不几年内写道：

> ……Jux 与 lex，权利与法律……应当得到区分，因为权利在于做，或克制的自由，而法律则取决于与受制于它们中的一个。以致法律和正当之间的区别与义务和自由之间的区别同样巨大，在同一重要

---

① 福尔廷《天主教社会思想的困境》第 305 页："就我所知，权利教义的真正创始人是霍布斯，从霍布斯开始，它事实上为所有现代的思想家所承袭，其中最重要的是斯宾诺莎、洛克与卢梭。那个教义以反对前现代的一种方式出现，并且标志着与它的一种根本的背离……它潜在的前提是，与之前所假设的相反，人类并非内在地受命于（be ordered to）一种在其的实现，他们发现自己的幸福与完满的自然目的。用霍布斯自己的话来说，'压根不存在老派的道德哲学家的书中所说的，那种终极目的 finis ultimus'，以及最高的善 summum bonum。**人类普遍地并非由对理性之善的一种欲求驱动**，而是由一种非道德的激情，而且还不是其中最高贵的一个，即对暴死的恐惧，这构成了一种可行的正义理论能够被建立的唯一根基。"（强调为作者所加）在《自然法与自然权利》中，并且对于托马斯而言，人类自然就理解"理性之善"，也就是实践合理性之善，而且除了对暴死的恐惧，它们也自然地理解他们自己的，以及他们同胞可理知的（intelligible）生命之善；以及其他可理知的基本的人类善（包括友谊）。因此，该书有关霍布斯的第一个命题："简言之，对政治共同体的分析不应当被建立于在霍布斯的自然状态中乃合理的东西之看法上。"《自然法与自然权利》，第 160 页。

② 根据"阿奎那的意思"，《自然法与自然权利》取用了在阿奎那有关"ius"的正式的意义列表之中首要的意思（参见第 206、207 页）。《自然法与自然权利》第 206～208 页谈到"视角的转换"与"分水岭"和它是有关的。有关所有这些，《自然法与自然权利》后记（第 465 页）评论道：本节对"jus"这个词历史的讨论没能注意到阿奎那对正义的定义，以及他此前把 jus 识别为正义的目标（目的与原理）如何推演出——尽管它并没有出现于对"jus"这个词的正式解释中——在他看来，jus（a right）指的是属于法律或者道德关系之对象，并因而具有一项主观权利的本质特征的东西。如此说来，第 106 页的第一整句中说到的"分水岭"毋宁说更要被视为表象性的，或者习语性的，而非概念的，更别提政治的，或者哲学的实质。这个结论的证据在《阿奎那》第 133～138 页，以及菲尼斯《阿奎那 jus 与哈特论 rights：（对提尔尼的）一个回应》，载于《政治学评论》（第 64 卷），2002，第 407～410 页（提尔尼对此文的回应，在同一期的《政治学评论》中似乎绵软无力，因为它误解了现代权利概念），至于在罗马法与中世纪的教会法中"jus"的意义（参见《自然法与自然权利》第 228 页第二个尾注），提尔尼与维莱在 2002 年的重归于好，鉴于他对维莱的拒斥，则更令人惊异，在提尔尼的《维莱，奥卡姆与个体权利的起源》（维特、亚历山大编辑《律法中更重要之事》，亚特兰大：学者出版社，1988，第 1～33 页）中，成为熟知历史与精通文献，并且对于将有关人权的思想归诸像是乌尔比安的古代罗马法学家的感到荣幸的学者之意愿是反对强分水岭理论的重要证据。

之事中，它们是相互矛盾的。①

推及霍布斯的目的，在法律与权利之间的这一对比事实上尽然剥除了权利观念的规范意义（significance），霍布斯打算说，当人们处于"自然状态"，即法律与义务真空之时，人们拥有最多的权利，因为"在这样一种境况中，每个人拥有对每件事物的权利，甚至是对另一个人的身体"②。但是，我们也能恰当地说，在这样一种（诸）事物的境况中，如果没有人有不取获自己想要的任何事物的任何义务，那么，也就没有人拥有任何权利。③

换言之，霍布斯的权利理论是在理性上不适格的。一种出离的混沌：自然状态是不仅不存在法律权利，而且不存在**人权或自然权利**的一种境况。霍布斯对不受任何主张－权保护之纯粹自由的胡搅优先化已经对其他唯意志论（voluntarist）思想家，比如洛克与普芬道夫，产生了某些影响。但是，他们对一种偏颇的霍布斯式的权利自由－优先化逻辑的展开，同时被他们虽部分不融贯，但确是遵照果断与基督教权利观念的主要要素所稀释：作为给审慎与正义之难得的美德提供命题内容之同一自然法定义义务的对应物。霍布斯不能可理解地作为现代意义的权利的鼻祖，因为人们发现它们写在 1948 年的《联合国人权宣言》以及它的无数衍生文件中。

因为这对于理解政治思想——古与今——不只是天主教政治思想，是如此重要，所以通过在将其表达出来的连贯段落中插入简短的回应，统领福尔廷对其立场的总结是有价值的④：

> 每一人（类）因其乃一人（类）之事实即固有权利，这种普遍的人权观念没有出现在前现代思想之中，而直到相当晚近，才在罗马天主教思想中冒头。

---

① 《利维坦》，1651，第 14 章。对于霍布斯，同样也对于霍菲尔德而言，自由仅仅是对义务之否定，而这个"自由－权"是霍布斯唯一考虑的权利。

② 《利维坦》，1651，第 14 章。

③ 《自然法与自然权利》，第 208 页补充道："我们能恰当说及它之一事实展现了，日常的现代'权利'习语没有完全随霍布斯在法律与权利之间形成对比的方式，洛克与普芬道夫也没有如此；他们也没有采纳他的想法，即，'a right'（jus）仅仅是在词形上有所区别的一项自由。"

④ 《天主教社会思想的困境》，第 304～305 页。对这一段落的批评并不有损我同意，福尔廷在那篇文章中对多种多样的主教（更别提教皇的）"社会教诲"文件的方法论做出大量的严肃批评。

并非如此，正如三位一体（trinity）观念没有以术语"三位一体"或任何同义词出现在《新约》之中①，因此，普遍的人权观念已出现在"前现代"与"罗马天主教"思想之中，它在大意（to the effect）如下的陈述中被表达：所有人（类）都受正义之义务的保护，譬如，亏欠于根据习俗被遗弃山林的新生儿，或者根据习俗被作为性奴蓄养的男孩或女孩，或者根据某种习俗，至少被强夺财物的过路人之义务。②

对于这一点，某种程度上分享了古典哲学视角的《圣经》本身并没有公布一份权利清单，它对此一无所知。相反，它发布了一系列诫命（commandments）。

是的，而且这些是阿奎那说到的律令（precepts）：（1）它们相同地适用于每一个人（类）（communiter omnibus and indifferenter ③or inquantum est homo④），以及（2）作为正义之律令，它们有正义亏欠于那些人——每一个人——的权利作为它们对象（object）。⑤

几个世纪以来，天主教道德神学的基石不是自然权利或人权教义，而是被称为自然法的不同之物。

不，自然法，比如，它挑出并指引我们趋向的一系列义务——特别是，但不只是对具有对应权利之他人的义务——是天主教道德神学的基石。那种神学如今依据权利和义务进行**阐发**之事实丝毫未有更改它的命题内容，但这是在（正确地得到理解之时）澄清它的基础以及它的内涵的情况之下。自然法与自然权利并不是"相当不同的"东西，而是前提与结论（entailments）。

权利，至少在它们根据内涵而被提及的程度上，取决于在先的义务的实现。

不对。没有履行在先义务的孩子也拥有权利，包括，反对使他蒙屈的父母的权利——隐晦地，父母侵犯了他的权利——当他们违反了父母照料与尊重之义务，并且违反了这孩子不被强迫干恶事，以及做他（她）自己对职业与配偶选择的受赋之权利（entitlements）的时候。它是圣托马斯反

---

① 比如，*Matthew* 28，p. 19。
② 参见，比如，从 1 世纪晚期开始，*the Didache* Ⅱ. 2 和 *the Epistle of Barnabas* XIX. 4 and 5，每一个都将积极义务内的消极义务（不选择这种行为）表现为跟随生命与光明的道路。
③ *S. T.* Ⅱ－Ⅱ q. 122 a. 6 "每个人共有的，""无所差别"；《阿奎那》，第 136~137 页。
④ *S. T.* Ⅱ－Ⅱ q. 57 a. 4 ad 2；《阿奎那》，第 171 页。
⑤ *S. T.* Ⅱ－Ⅱ q. 57 a 1c；q. 58 a. 1c；q. 60 a. 1c；《阿奎那》，第 133 页。

复的教诲——毫无篡改。①

远非绝对的，或不可分割的，它们能被剥夺，并且是被没有遵守担保它们的法律之个体如此地剥夺。

如今真正绝对的权利是绝对的，在古典基督教教义与神学中，在相当程度上，也被认作绝对的。福尔廷根本上是错的，当他说"捍卫者（《自然法与自然权利》）所采信的权利仍被理解成绝对的，或无条件的权利"，以及"菲尼斯关于所有基本人权的绝对的不可侵犯性之教诲"（第 604页）时。② 术语"基本权利"并没有出现在福尔廷正评论的这本书之中，并且被《自然法与自然权利》视作自然的而被捍卫的权利包括，不能合理地被称作绝对的，因为它们的具体化（它们的具体应用），而只依对权利的尊重已出现问题之共同体的共同善的其他可变方面而定的许多权利。③《自然法与自然权利》在论权利一章的末尾，题为"绝对的人权"的一短节中提出并捍卫的绝对权利在数量上很少（尽管对于法律、政治与个体生活具有战略性的意义）。

最终，我从福尔廷那儿引来一段结论：

简单说，教会教导并全力灌输的是一种区别于权利伦理学的美德伦理学。

尽管教会没有采纳已被辛辣的反天主教者，以及哲学上（与神学上）非常混乱的思想家如此严重滥用的一项习语，比如，霍布斯、洛克，以及公布"人权与市民权利"的革命宣传者。然而，一种美德伦理学不必以任何方式，甚至是轻微地，反对一种合理的权利伦理学，这倒是真的。因为哲学上与神学上似真的（defensible）美德之教义**包括**，一种正义之教义，给定现代欧洲语言的资源，它进而能够依据权

---

① 参见《阿奎那》，第 11、18、169、171 页，第 172 页脚注，第 174～175 页，以及在那里引用的圣托马斯的文本。

② 爱德华·格纳（Edward Goerner）在他关于《自然法与自然权利》的长篇评论《弦言与音意：与美德之治的政治伦理学相峙的法治之政治伦理学》，载于《政治学评论》（第45 卷），1983，第 561 页中犯下了同样令人咂舌的错误："（根据《自然法与自然权利》）关于什么是正当的或正确的问题总是，且只能通过展示一项计划中的行动方案，在逻辑上，与陈述涉及权利的普遍可使用的规则或法则之命题集相符合而得到回答……如此被规定的权利，以及它们关联的义务是，并且必然是，用菲尼斯的术语来说，'无例外的'与'绝对的'。"

③ 参见《自然法与自然权利》第八章第 4 节（"权利与共同善"）和第八章第 5 节（"对权利的具体说明"）。有关具体说明的关键段落在上面的脚注中已被引用。

利（它推导它们相关的义务）最为可靠地得到展开。在今天与亚里士多德的时代①，盖乌斯的②或者阿奎那的，或者庇护六世的时代，利奥八世的，或者约翰二十三世的时代都同样是真的。③

四　权利与现代性

福尔廷似乎已或多或少地采纳施特劳斯式的政治历史观点，④ 我认为，就他视政治或政治－神学理论在一个乏知权利（至少是人权）的前现代世纪，与一个信奉权利（pro tanto 不关心美德与共同善）的现代世纪之间被一个休止符——如果不是分水岭的话——割裂而言，在历史上是非常有问题的，因为这种重要之事并非端赖一个语词或一个概念。其还没有超出亚里士多德的《政治学》：

> 在被视为特别民主的这类……民主中……（存在）一种错误的（诸）个体的……自由之观念。民主主义者开始于假设正义在于平等……结束于"自由与平等"在于"做一个人喜欢做的"……为了一个人偶然欲求的任何目的。⑤

一个更加真实的休止符与分水岭是，所有人（类）在人性（humanity）

---

① 参见弗雷德·密尔（Fred. D. Miller）《亚里士多德〈政治学〉中的自然、正义与权利》，牛津大学出版社，1995。就如他论述的，亚里士多德具有"针对权利的惯用语"（第93页），即便"尽管没有单个希腊语词对应于单个现代术语'权利'"（第196页）。

② 盖乌斯在2世纪说，城邦法律与公共习俗都不能不讲求自然权利。参见 *Digest 43. 18. 2*：*Civilis Ratio Corrumpere Naturalia Iura non Potest*。以及盖乌斯，*Institutes* Ⅱ. 65。

③ 也许会令人好奇，福尔廷讨论天主教社会思想的文章得出了结论："我的观点，它是我尝试得出的唯一观点，是主教们使用同时具有两种不同面向的语言，这可能已使得他们的读者一头雾水：一方面是权利或自由的面向，另一方面是美德、性格形成与共同善的面向。**他们放弃对权利的有力捍卫明显是欠缺考虑的**，特别是因为随着梵二会议，新托马斯主义表象性的衰败，在没有任何替代品的情况下，留给他们一条后路，然而他们也不得不告诉我们，或者说更清晰地告诉我们，这两个目的如何被假定地实现。阅读他们的文字使我联想到，当我还是个孩子时，我的小伙伴常哼唱的一支小曲：
　　我爱卡罗琳娜……"

④ 福尔廷在波士顿学院1987年的研究生/本科生春季课程"自然法"（Th. 580）的日程表与阅读清单中，在十四次课中八次指定了施特劳斯的《自然正当与历史》，其中的六次作为唯一"被推荐"的二手文献。

⑤ *Politics* V. ix sec. 16：1310a（trans. Ernest Barker）. *Pol.* Ⅵ. ii secs. 5－5：1317b 解释了在它"民主的"观念中的平等是算数式的，而非与欲求乎值呈比例式的——尽管仅限于公民，而非奴隶——并且根据那个理解，是"在平等基础之上的一个一般性的自由体制"。

与命运（destiny）上之根本平等的基督教观念的出现与广泛应用。不论一个权利词是否出现，这已使它的酵母或酵素起作用。

相反地，许多权利改革主张的无责任性，以及如今"妇女选择（杀死自己孩子）的权利"的不正义性与摧毁性，"同性恋权利""私人生活的权利""移民的权利"的愚蠢性与不正义性，能够并且我相信就会出现，当他们做了的时候，不管权利理论。柏拉图、修昔底德与亚里士多德所知的智者与煽动家可利用的**自由**与**平等**之前的现代词汇，从今往后能够——只是据其自身——供作促进贪婪、怯懦与不正义之恶品所需之温床（并且供作理性化违背审慎的诡辩之温床），正如现代权利习语能够供作的一样。

五 "只是类比意义上的法"

对于《自然法与自然权利》而言，福尔廷的主张"如托马斯对它的理解，自然法……只是'类比意义上的法'（第280页）"（第605页）最是误导潜在读者对该书的看法。带着"剥除"自然法教义的任何强制或制裁要素的一个目的，福尔廷将其与有关《自然法与自然权利》的主张关联起来。我将分别处理这两个议题。

福尔廷从《自然法与自然权利》第280页中有针对性的选引具有高度的误导性，并且的确已经误导了许多人。他只选引了两个词的那个句子说道，"'自然法'……只是类比意义上的法，**就我目前对这个术语的焦点用法而言：那是这个术语在本章被避讳的原因**"——论法律这一章，它在"一个意图拥有为共同体中的人类行为提供综合的与至高的指引，以及对影响共同体成员的所有其他规范性安排担保法律有效性之权威的完全共同体的……法律与法体系之核心情形"中被发现（第260页，这一章的开篇之言）。福尔廷从中援引的那一节题为"一种法律的定义"，它开始于该书的六行定义，其中包括，作为其中一个要素的，"为遵照由规则指引的裁判制度之规定的制裁所支持"。① 那个要素仅仅是使得该定义对自然法不适用的诸多要素中的一个，以任何非类比的方式。并且福尔廷截取的片段临近一整段的结尾，这一整段的意旨是，什么是核心的，以及什么是类比的取决于一个人的理论目的。对物理学家而言核心意义上的法，对法学

---

① 《自然法与自然权利》，第276～277页。

家而言，就是类比意义上的，或比喻意义上的法。因为忽视了这一点，最终，福尔廷认为我说过，"自然法……仅仅是一种 lex indicans"，而非"一种 lex praecipiens，不准或禁止某些行为，不仅因为内在的善的或坏的，而且也因为有功的（meritorious）或无功的（demeritorious）"（第670页）。

再一次，福尔廷好像视"有功的和无功的"为开启制裁的谓词（predicates），我稍后将回到这一点。如今得出的结论只是，贯穿《自然法与自然权利》，自然法被视为真正的（genuine）法，它不仅"指明"什么是"内在的好的或坏的"，而且也**要求**行为成为**义务的**，① 这样的话，不服从就不仅是坏的（bad），而且也是**错的**（wrongful）和**应罚的**（cupable），并且在许多情形中，为报应正义（retributive justice.）之目的，**值得**（deserving）或**应得**（meriting）惩罚。对《自然法与自然权利》——它自身与《阿奎那》而言，自然法是 praecipiens，是命令式的，尽管不是鉴于一个优势者的命令，更不是鉴于一个命令者（commander）施加的制裁② ［按照福尔廷的说法，《自然法与自然权利》清晰地确言了"自然惩罚"（poena naturae）的存在］③。不，自然法具有法律的品格，在良知上是律令的（preceptive）、命令的（imperative）或强令的（mandatory）、**义务的**、强制的（compelling）等等，之所以如此，是因为它合理地拣出共同善，并且以实践合理性规定的方式把我们指引向**共同善**。遵守自然法律令是

---

① 并且这包括了涉及人们的自利行为的义务，参见《自然法与自然权利》，第298页。但是，对于福尔廷而言，他认为，在《自然法与自然权利》中，"自然法……仅仅指向人们为了实现自身而必须做，或者避免的东西"（第605页）。这全然是一个错误。自然法指向的实现（fulfillment）是，正如我自1983年以来理解得愈发清楚的，**完整的人类实现**——也就是所有人与共同体的实现，其中，人们自己的实现并没有价值上的优先性，而只有责任上的优先性，参见《自然法与自然权利》，第419~420页。同样全然的一个误解是，福尔廷主张，根据《自然法与自然权利》，术语"自然法"与义务性观念相关，仅仅是由于巴斯克斯与苏亚雷斯的误解流传至今（606）。这忽视了吾书宽泛的内容，例如，在第十一章中对义务的正式论述，就识别了（《自然法与自然权利》，第303页）将义务（比如承诺的道德义务）解释为攀升到解释所包含的层次之时的关键一步，我们此前已经力图解释的东西：人们（每个人）有理由视共同善为有价值的——共同体中人们自身的，人们的组织与潜在的组织相同的福祉，与影响那福祉的全部的条件与方式——无论是出于这样的友谊，还是出于一个公允的承认，即人类善由其他人，与由自己一样多地通过对它们的参与得到实现（参见 VI. 4, VI. 6, VII. 2）。而且对于负有它们的人而言，**共同善**的这一联系能够，并且经常使得道德义务是冗重的（burdensome）（参见第307页），甚或（正如福尔廷在其评论的别处，而非此处所记起的）灾难性冗重的（第224~226页），并且需要一些进一步的解释（参见上面的脚注《自然法与自然权利》）。

② 《自然法与自然权利》，第44~46、54、122、259、338~342、425页等。

③ 《自然法与自然权利》，第380、411页。

成为实践上合理的所要采取的，无论如此做、如此成为的个人成本是什么。

并且，那与遭到神的制裁无关。福尔廷尽力使圣托马斯看上去坚持的自然法是法律，是义务性的，这是因为神的"强制实施"、上帝的威胁性制裁。但是，他援引的文本①——相当平白地，当超出他从中截取的片段，它们得到贯通的解读时——关乎人法或被启示的神法，阿奎那很明确地将此二者与自然法区分开来，尽管人法与神法的内容，应当并且的确分别地与自然法的内容在本质上有所重叠。强制性根本不是阿奎那对法的精细定义②的一部分，准确来说，是为展现自然法、神的启示实在法与人的实在法［更别提眷护（providence）的永恒法］如何，以及为何是法——每一者都有其自身显著不同的方式——之目的的一份定义。没有必要细想福尔廷已失败的这一部分评论，因为在尽力解释在《反异教大全》中自然法的缺席之时，他事实上也承认，圣托马斯认为圣保罗在《罗马书》2：12－16中主张，还没有听见，或耳闻过神法或上帝的那些人（类），根据本性能够知道神法要求的东西。准确来说，他们知道的东西是自然法，当他们违反它时，自然法在他们的良知中谴责他们。即便他们没有意识到，上帝也有意愿在适当的时候谴责他们这样的违反行为。是的，启示揭示了自然法为神的制裁（并且它在内容上与神法中的许多相一致）所支持，但是**这惩罚（以及与神法的重叠）并不能使它成为法或有约束力的东西**。③

---

① *S. T.* I－II q. 96 a. 5 完全关涉人（实在）法，而非像这样的自然法，例如，ad 3m 坚持，未受制于法律强制力（vis coactiva）的统治者仍然受制于它的指引力（vis directiva），这远非只是法律的劝告（lex indicans），并且应当被统治者服从，除非他碰巧拥有豁免于它的权利；I－II q. 100 a. 9c 重复说它关涉神法与人法（divina et lex humana）。

② *ST* I－II q. 90 a. 4c，针对共同体的共同善的理性之法令（规定），由对照管那个共同体负责的个人或组织所公布。《阿奎那》，第256页对此的评论是：阿奎那认为强制性（反对违反者的威慑力）是法律的典型特征（de ratione legis），早早地抓住了一个机会来补充他的定义（参见 fn. I－II q. 90 a. 3 ad 3，q. 96 a. 5c）。两个段落也都将法律的强制性与它的公共性特征联系起来……在这里，一般地尽管并非普遍地，贯穿问题99~105，阿奎那悄然视人之实在法为法律的核心情形与法（lex）和（在它的两个主要中之一个的意义上的）权利（ius）的焦点意义。

③ 福尔廷在他针对《自然法与自然权利》评论之前，并未集中地从事自然法理论研究多少年。他以下述立场作结——或可能作始：自然法理论，与自然权利相区别（相对立），是"扩展到整个人类生命的一种法律上的惩罚秩序"，是"其命令绝不能被无受惩罚地违反的普遍法则"；相信自然法就是相信"犯罪不付代价，并且相信，最终，唯一快乐的人是值得快乐的那些人"，鉴于"证实在人类事务中，正义将必然占据上风之宇宙的法则"，在"所有的恶最终都得到清算的一个道德上合乎法则的宇宙"。参见《奥古斯塔、托马斯·阿奎那与自然法之问题》，载于《古代基督教与政治秩序》，第201页。由于虚构这样一种自然法理念，福尔廷很难发现有任何人曾捍卫了一种自然法理论。我知道没有一个人。

在《自然法与自然权利》的这则评论的一个令人惊诧的余波中，福尔廷与爱德华·格纳（Edward Goerner）就"论自然法的自然性与律法性"进行了一次交流，格纳对阿奎那的观点甚至比受到施特劳斯误导的福尔廷的观点更为曲妄：他视阿奎那为一种隐晦的、秘传式写作的践行者，其隐藏且传递一种精英的道德观念，它由针对多数人的显摆的（法的，lex）规范，以及针对少数人的隐微的、公平的（正当的，ius）规范组成——这样的话，"托马斯的道德与政治的教义，根本上就绝非一种自然法教义，而且在他的教诲中，自然法之道德在关键上区别于（以及位低于）自然美德之道德"①。他在（阿奎那的）自然法必然制裁性的特征上也分享了福尔廷的错误②，他认为，"对惩罚的畏惧导致人们服从"③。但是，要点是二者之间的争辩是由福尔廷的陈述或坦陈——他本人**没有自然法理论**——挑起的。④ 这有助于解释他对于诸如义务之义务的有些不可靠的把握，也有助于解释他将阿奎那对法、自然法与别物之坚决的理由中心、善中心与目的中心的解释坍倒到一种唯意志论、一致的首要性，甚至对惩罚的依赖之中，以解释什么使法之为法。《自然法与自然权利》从始至终都是对这样一种理由丧失规范性、命令指令性的批评。

---

① 参见格纳《托马斯的自然正当：托马斯自然法的好人观》，载于《政治理论》（第11卷），1983，第393~394页。亦可参见他的《论托马斯的自然法：托马斯的自然正当的坏人观》，载于《政治理论》（第7卷），1979，第101~122页。对他的主要命题的简略拒斥，参见《阿奎那》，第134页。阿奎那同时地且互换地使用 ius 与 lex 的一些段落，参见 S. T. Ⅱ-Ⅱ q. 85 a. 1，q. 187，a. 3 ad 1。格纳从1960年开始的五十年间都是圣母大学的一位政治理论的老师/教授。

② 格纳《托马斯的自然正当：托马斯自然法的好人观》，被援引的其他文本，无论如何，并非比福尔廷相对更多，在 S. T. Ⅰ-Ⅱ a. 92 a. 2c and ad 3&4 与 q. 100 a. 1c，更别提 q. 90 a. 3 ad 2，当阿奎那谈到强制力（vis coactiva），或者对惩罚的恐惧（metus poenae）时，自然法在其考虑之中。

③ 参见《托马斯的自然正当：托马斯自然法的好人观》，第385页（在阐释"习俗的观点"的过程中）；《托马斯的自然法：托马斯的自然正当的坏人观》，第111页。"自然法，像所有的法律一样（cf.，Ⅰ-Ⅱ q. 92，art. 2，ad 3），是一种外部的限制，通过对惩罚的恐惧，它是有效的；而同时，自然美德是一种内部原则，同意对善的爱，它是有效的。……也就是说，对托马斯的自然伦理学的一个完整的理解必然有赖他关于自然美德，而非关于自然法的教诲。"

④ "他（格纳）甚至可能希望发展他自己的自然法理论，正如我希望他做的。我自己没有这样的理论，我仅仅满足于尽力弄清楚托马斯对这个主题的陈述。"参见福尔廷《一则回应》，载于《政治学评论》（第45卷），1983，第448页。

六 无例外的道德规范：赞同与反对（Fortin）

福尔廷（不完全确断的）为例外的、紧急的情况下使用酷刑（torture）（不带有内在限制的意思）① 辩护之评论（第604页）构成了他对《自然法与自然权利》中走得更远，并且包括其他类型情形的一个命题的回应，尤其是（就涉及该书的修辞力而言）杀害无辜者、战争中的非战斗人，以及由"每一个具有物理能力使得它的威胁可信之政府……"所维系的，对如此行事的威胁。②《自然法与自然权利》对无例外的道德规范进行了辩护，它从第四章第7节中开始，并且在第八章第7节的讨论与半打绝对人权的列表中得到精练。福尔廷神父之评论的语气与说辞不禁使人回想到施特劳斯《自然正当与历史》的核心部分那显得辛辣的段落，即这本书共323页中的第160页到第162页，在他对"三类古典自然正当教诲"中的中心类型的讨论的核心处。正如我在我1990年论及它的文章中所说：

> 施特劳斯的这个段落被拿来作为对同盟国在战争中的"总体战争"政策的精巧辩护，而这场战争仅仅在施特劳斯讲座前的四年才结束。这项政策扩展到西方战后的安全政策之中。核威慑视"极端情形"，在一个决定性的方面，不过是"常规的"。③

最后一句是我的评论，而不是施特劳斯的坦陈。正如我在那里已经提到的，在施特劳斯的讨论（对它，我援引了具有实质性的中心部分，读者能够有益地比较它与福尔廷论酷刑的段落）中，像所有法一样（cf.，I-II q. 92，art. 2，ad 3），自然法是通过对惩罚的畏惧而起作用的一种外部限制，相反，自然美德则是由对善的爱而起作用的一种内部限制。

那也就是说，对托马斯的自然伦理学的完全理解必得依赖于他关于美

---

① 关于什么才是真正的酷刑——自然法无例外地从有意识的选择中排除，参见帕切科·李（Patrick Lee）《审讯酷刑》，载于《美国法理学杂志》（第51卷），1983，第131~147页。《菲尼斯文集》（卷一），第102页。

② 《自然法与自然权利》，第224页，其中威胁的内容和做出威胁的动机据说与（尽管还未被执行）"寻求改变他们的受害者的心理，或者酷刑临头的那些人的心理之老式酷刑是一样的"。

③ 《菲尼斯文集》（卷一）篇目12（《在亚里士多德与阿奎那中的道德的绝对规范》），第188页。比较福尔廷（第604页）："菲尼斯的原则（在任何情况下，都禁止诉诸酷刑），它也许是高贵的，更容易适用于常规的，而非紧急状况。"

德，而非关于自然法的教诲。

明显可预期的是，在接下来的四十年间，对这则批评的主要命题将被某些天主教徒①引向反对阿奎那帮助传播的基督教道德教诲。这些命题：道德判断为真仅仅是在或是对"特定情形"而言，在"冲突"情形中，人们应当通过参酌使正义之原则相对化，并且由搁置了某种"自然正当的规则"的一项特定的"共同善"而决定，"不存在一条单一的（道德）规则……它不受制于例外"，以及在例外情形中，极端重要的不是人们做什么，而是人们带着一种什么**态度**做它，比如，"不情愿"的态度。无论施特劳斯在阐发"古代人"的精神上取得了多大的成功，他都明确地传递了中世纪与 20 世纪晚期精神中某些典型的元素。

但是，即便人们倾尽所能使自己超离于时代精神，超离于古代异教的、哲学的，或其相反的精神，超离于我们**通过理性**评估可得的诸替代性选项之总体可能结果的能力的妄想（尤其包括，对选择或赞同一个选项之人的品格而言的反身性结果），它认为，痛苦难忍的困境——福尔廷将它们说成意外事件与潜在的悲剧——是真实的，并且真正检验了每一项寻求被原则化的哲学道德判断，是真正合理的，而非机巧的理性化。我认为福尔廷所说《自然法与自然权利》花费了过少笔墨而不能描绘这一在它的所有黑暗中，在天堂有其暗示，正如神的游戏②的解决方案应当在地域也有其暗示——正如《伦理学的基础》结尾一章匆忙所做的（甚过带着暗示）——之困境是公允的。但是，对这些重要之事的基督启示的真正任务，比任何终末之事（ultimate last things）的传统观念都丰富且宽泛。如其提出的，在道德上好的选择［或"行动"（work）］中建构个人与他们的共同体，与完成之王国中的永恒生命之间的一种连续性——可理知的，尽管完全依赖于奇迹的神的行动，是无法预知的，但在启示中有所预示的。③《自然法与自然权利》只是尝试开拓通往一个位置——称它为一个路站——的一条小径，读者将从此地开始跋涉，经过另一条路，并且必得

---

① 尤其，在教皇约翰·保罗二世的通谕《真理的光辉》（*Veritatis Splendor*）（1993）中被或多或少辨识出的比例论与其他思想的那些潮流与以下教义截然相反，存在自然法的道德真理，其因某些类型的行为是内在地错误的，从而无例外地排除它们，无论处境如何，这些行为绝不能被选择：对这个教义的详细阐述，参见 secs. 76，78，80 关于在天主教神学家之中这种思想变换的起源，参见菲尼斯《道德的绝对规范：传统、修正与真理》，美国天主教大学出版社，1991，第 9 章。

② 《自然法与自然权利》，第 410 页。

③ 《菲尼斯文集》（卷五），第 119、228、254、366、371 页。

费心尽力或受到恩宠（grace），抵达真正启示的有利位置，从这一位置，诸如上帝的王国，它的完成以及公民资格的条件之概念或实体都能够变成可见的与迷人的。一种配得上哲学之名的政治理论不得不向着那个路站冒险，并且有能力去指明，对于更多，并且以它自己的方式，更好的某些事物而言，它如何能够合理地被认作是唯一的路站与起点。

实证主义法学专题

凯尔森法律思想中的经验之维

於兴中[*]

摘　要： 大多数学者都会同意，凯尔森的学术路径主要是欧陆理性主义的，注重逻辑分析、概念演绎和抽象建构，而不注重经验认知、归纳推理和事实判断。他的纯粹法学之纯粹，既相对于道德也相对于事实。在他的法律思想中好像缺乏经验之维。无论是"智性的科学""纯粹法学"，还是真理普遍、道德相对，法的基础规范等，都不可能摆脱经验主义的方法和视角。事实上，研究凯尔森思想中的经验之维，对于深刻理解这位重要学者的思想和思维方式具有积极的意义。

关键词： 凯尔森　纯粹法学　基础规范　马赫主义

一　简介

凯尔森属于那种颠沛流离的人。他出生在布拉格，两岁的时候随父母去了维也纳，成人后在那里获得学位并教书。然后又去了德国的科隆，后来又去了日内瓦。之后，他的一位朋友，即奥地利社会民主党的领袖，后来做了总统的卡尔·伦纳，邀请他再回到维也纳，协助组建宪法法院。其后，他被任命为宪法法院的法官。这个任命是终身的，但是后来因为一件牵涉到天主教的离婚案，他在里面扮演的角色不符合当时的习俗和宗教规范，就不得不离开宪法法院。后来他应邀到哈佛，并且在该校著名的霍姆斯讲座做了一次演说。在德国的时候他就已经拿到了教授资格，但是到哈佛的时候，因为哈佛还不太熟悉他，那时他的身份是讲师。他在哈佛待了不到一年的时间，经庞德等人的推荐，去了加州大学伯克利分校的政治学系，在该系任教，直到他过世。

在政治学界、法学界，凯尔森的名字是与"纯粹法学"紧密相连的。

---

* 於兴中，康奈尔大学法学院王氏中国法讲席教授，杭州师范大学沈钧儒法学院特聘教授。

他生活的年代正好是自然法开始复兴，德国的概念法学处于比较活跃的时期。他觉得不应该把价值判断拉到法学的范围内予以研究。他认为法律的问题应该由法律自身来解决，不要依赖于法律之外的资源，比如宗教等，来为法律做解释。事实上，这个问题关系到法律来自何处，法律是什么以及人为什么要守法等重要问题。古代人要守法是因为法律是上帝给的，人必须遵守。后来人们不信上帝了，格老秀斯则提出，即使上帝不在了，人们也应该守法，因为法是理性的反映。可是理性也是有限度的，并不能完全充当上帝的角色。于是，康德提出要把绝对命令作为一切的出发点。然而，这些最终权威都是外在于法律制度的，而法律制度应该有自己内在的评判标准和最终权威。实证主义者在此方面做出了卓绝的努力。奥斯丁的法律命令说应该是最早在法律内部寻求最终权威的尝试。但是，奥斯丁之后的一些实证主义法学者，包括凯尔森和哈特，并没有完全接受奥斯丁的命令说。因为人不能活在恐怖之中，不能因为受威胁而遵守法律。法律既要独立于其他规范系统，也要保持自身的内部和谐。衡量法律规范合法性的标准应该来自法律内部，而不是外部。凯尔森的基础规范学说正是这种努力中比较有说服力的一种。而哈特的"承认规则"则是在凯尔森基础规范学说上进一步做出的努力。凯尔森认为，一个法律制度的最终权威存在于它的基础规范中。基础规范也许是社区里大家公认的标准，也许来自传统实践。无论如何，它是法律制度的出发点和合法性起点。重要的是，基础规范来自法律，而不是来自道德。

凯尔森一生研习政治学与法学，孜孜不倦，著作甚夥。他致力于"智性的科学"、"纯粹法学"、法的基础规范等课题的研究，形成了独特的见解。他的思想在世界上，尤其在欧洲，广为流传，对中国的法学理论和实践也影响不小。凯尔森的法律思想在美国受到冷落，在欧洲和亚洲却得到了一定的关注。我们现在所讲宪法是母法，是最根本的法律，其他的法律条文不可以和宪法相违背，法律制度应该统一，等等，都是从凯尔森那里来的，尽管其他学者也曾经有过类似观点。主要原因可能是凯尔森的学说符合中国传统的秩序意识。中国人的秩序意识中包含一种强烈的等级观念和对最高权威的需求。凯尔森关于法律规范的层级体系学说与中国传统文化中的等级意识不谋而合。凯尔森学说中的基础规范与中国人的传统政治秩序中的最高权威具有极其相似的特征。尽管如此，汉语世界对凯尔森的研究仍然处在初启山林的阶段。

大多数学者都会同意，凯尔森的学术路径主要是欧陆理性主义的，注重逻辑分析、概念演绎和抽象建构，而不注重经验认知、归纳推理和事实判断。他的纯粹法学之纯粹，既相对于道德也相对于事实。在他的法律思想中好像缺乏经验之维。然而，凯尔森本人熟谙逻辑经验主义①，崇拜康德的学说，尤其是新康德主义的思想，对休谟的思想也很是重视，加之他与普通法理论与实践的接触，这些都表明他不可能不受到经验主义的影响。另一方面，即使他有意地寻求避开经验主义的研究方法，在他的学说中也不一定能做得到完全拒绝为经验主义留有一席位置。

当然，这个问题鲍尔森教授也早就注意到了。他似乎对凯尔森思想中的经验主义之维并不持肯定的看法。笔者认为，无论是"智性的科学""纯粹法学"，还是真理普遍、道德相对，法的基础规范等，都不可能摆脱经验主义的方法和视角。事实上，研究凯尔森思想中的经验之维，对于深刻理解这位重要学者的思想和思维方式具有积极的意义。这种意义首先在于对凯尔森思想的丰富性和包容性的发掘。其次，它对于建设性地理解基础规范等重要概念范畴具有启发性的意义。但此方面的研究似乎尚未开始。目前能读到的文献相当有限。本文就此做点初步探讨。也许，有人会认为，这种努力或许是对凯尔森的误读误解，但笔者认为，即便是误读误解，这种努力对于从多角度、多方面理解并发展凯尔森的学说也还是大有裨益的。

二　总的看法

凯尔森在《纯粹法理论与分析法学》一文中指出：

> 纯粹法理论之所以被称为"纯粹"，则在于其试图将所有无关的因素排除于对实在法的认识之外。对这一对象及其认识的限制必须清晰地确定于两个方向：一方面特定的法的科学（specific science of law），即通常所谓的法学（jurisprudence），必须区别于正义哲学

---

① 逻辑实证主义（logical positivism）的核心是维也纳学派，也叫经验主义，或称实证主义、后实证主义、新实证主义、逻辑经验主义，主要产生于 20 世纪 30～50 年代。逻辑实证主义以维也纳学派为首，一般还包括以德国哲学家赖兴巴赫为首的柏林学派，以波兰的塔尔斯基为首的华沙学派，以及英国的艾耶尔等人的观点和理论。它以经验为根据，以逻辑为工具，进行推理，用概率论来修正结论。它认为，科学的方法是研究人类行为的唯一正确的方法。许多研究者从经验角度认为外部客观世界是可以被认识、被量化的。

（philosophy of justice）；另一方面亦必须同社会学（sociology），即有别于对社会现实（social reality）的认识。①

笔者认为，凯尔森的纯粹法学实际上是一种关于"法律自治"的理论。它所要承担的是一项非常艰巨的任务，即把法律看作一个自足的系统来研究，不受制于政治意识形态的影响，也不同于法社会学的研究。从认识论的角度来看，凯尔森所做的是把法的知识系统看作独立于心理过程和事实世界的存在物，它有自己生长发展的规律。阿列克西教授指出，规范概念是有意义的，而有意义的规范概念不属于"自然事实"，而是"理想事实"。它也不同于心理过程。这样，凯尔森的规范概念就很容易被看作要在物质世界和心理世界之上再建构一个抽象实体的世界，即理念的世界。这是一种很有意思的见解。笔者认为，如果通过卡尔·波普关于三个世界的理论来认识凯尔森的规范世界，大概也是可行的。波普对传统的主客二分法的认识论不甚满意，提出在主观世界和客观世界之外还有一个主观世界作用于客观世界而产生的第三世界。第三世界虽然来自第一、二世界，但有其独立的生命，无法被还原到第一、二世界中。第三世界的内容、实体具有独立的生命形式，自成一体，无须外部刺激便能生存。凯尔森对法律规范的看法似乎符合这样一种认识论：规范是一种自生系统，具有等级，而且处于动态之中。当然，我们也可以应用卢曼等人的自组织生产系统（autopoesis）的理论来为凯尔森辩护，支持他关于法学研究完全可以摆脱政治意识形态和社会学研究桎梏的认识。

饶有兴味的是，罗伯特·昂格在批判自由主义法律制度和学说时指出，自由主义法治，即法的自治，其中包含实质性的自治。其含义是法律的制定不应受到政治意识形态或宗教教义的影响。这在某种意义上说，正是对凯尔森纯粹法学对当代法律制度的影响的一种肯定。

另一个重要的问题是有关应然和实然的区分。这是凯尔森纯粹法学的一个支柱。他的理论来源显然是康德和休谟。在凯尔森那里，应然指的是什么？

---

① Hans Kelsen, "The Pure Theory of Law and Analytical Jurisprudence", *55 Harvard Law Review*, 1941, pp. 44 – 70. 后收入《何谓正义?》（*What's Justice*, University of California Press, 1957, pp. 266 – 287）。本文高度浓缩地概括了《纯粹法理论》（*Pure Theory of Law*）一书的主要观点。中译文见张书友译《纯粹法理论》，中国法制出版社，2008。

三 从基本规范说起

在这里，我们应该回到休谟的观点中去，把实然（be）和应然（ought）区分开。而应然（ought）有两种，一种是法律的，一种是道德的。法学不必讨论道德的 ought，而只关注法律的 ought。法律的应然性有一个最基本的规范，它起两个作用：一方面它可以把法律制度统一起来（unity），另一方面是给法律制度里面的所有规则赋予合法性（validity）。

> 尤其在涉及法学的核心概念——规范——方面更是如此。奥斯丁并未引入规范的概念，也并未注意"存在"（being）与"应当"（ought）之区别，而这恰是规范概念据以建立的基础。①

凯尔森基础规范的学说是他法学理论的出发点，也是其核心思想。但是我们知道，他的这个想法后来动摇了。他认为所谓的基础规范并不是只有一个。除了法律以外，也可能有政治上的基础规范，也可能有宗教上的基础规范，到头来只是一个选择的问题。因此他在其后来的著作里就很少谈到基础规范。另外，凯尔森除了受到奥斯丁的影响，也受到了休谟的怀疑经验主义的影响。他认为有些东西本身是无法理解的，无法仔细去追究它。他的思想里，一方面想找一个确定的因素，另一方面怀疑确定性因素是否存在。所以他的思想往往陷于矛盾之中。凯尔森的学术观点并不多，但是他的观点对学界的影响非常重大。凯尔森著述颇丰，但为人所熟知的也就五六种。这五六本书内容大同小异，不知道是什么原因，可能是因为他觉得他的观点重要，在不同的地方都有阐述，并不是说他有意地重复。他为什么要重复呢？有可能是因为他觉得自己的观点在某些地方说了但是还没说清楚。比如像《纯粹法学》，他出了两版，两版的区别非常大，但是两版各有重点。他对国际法的研究也很有贡献。如前所述，他发现法律制度应该有一个基础规范，而且他觉得法律制度的体系应该有一个层级，下级规范从上级规范那里获得合法性。他认为国际法应该高于国内法，推到最后就发现全世界法律就应该有一个基础规范，这个显然就没有人可以

---

① Hans Kelsen, "The Pure Theory of Law and Analytical Jurisprudence", *55 Harvard Law Review*, 1941, pp. 44 –70.

接受了。基础规范不能进行下去了，所以他还是回到了怀疑的态度。但是他关于应该从法律的角度仔细地研究法律，从法律内部寻找法律的最终渊源这个思想被人继承下来了，比如哈特和拉茨。经过他们的努力，凯尔森的理论至今仍有很大影响。

为了论证基础规范的概念，凯尔森区分了效力和实效这两个概念，认为效力是规范的特征，实效则是人们实际行为的特征。因此，一个规范的效力来自另一个规范，而不是来自事实。每一个规范效力的理由都来自另一个更高的规范，一个不能从更高规范中引出其效力的规范，便是"基础规范"。凯尔森将法律分为基础规范、一般规范和特别规范，划分依据是效力的大小和产生的根据，即实际存在的一套法律规范是一个有效之链。任何两种有效之链至少有一个共同之处，在一个体系内，所有有效之链都必须把一个规范作为自己的组成部分，这个共同部分就是基础规范，即最后最高的规范。法律体系便可以表示成一种树状结构。正如凯尔森自己所述："不能从一个更高规范中得来自己效力的规范，我们称之为基础规范。可以从同一个基本规范中追溯自己效力的所有规范，组成一个规范体系，或一个秩序。一个规范属于某一规范体系，或属于某一规范性秩序，只能通过这样的办法来检验，即确定它是从构成秩序的基础规范中得来自己效力的。"① 应该指出的是，凯尔森的基础规范理论既是逻辑推断的结果，也是经验观察的产物。而且，关于规范体系的论述大体上是对既存法律体系的描述。

哈特对凯尔森的基础规范理论的批评是发人深省的。他认为基础规范理论是对法院和官员们根据宪法规则识别法律的现实做法的"不必要的重复"。在哈特看来，在宪法规则之外再设置一条规则不外乎在强调宪法应该被遵守而已。② 哈特认为凯尔森的法律体系就是一套通过运用被授予的权力而创造出来的法律，它们直接或间接地来自一个基础规范，他用基础规范取代了奥斯丁的最高立法者，其余没有什么改变，而且仅当一个法律是被基础规范授权的权力实践所创造，而这一基础规范也授权权力机关创

---

① 〔奥〕凯尔森：《法与国家的一般理论》，沈宗灵译，中国大百科全书出版社，1996，第126 页。

② Hart, *The Concept of Law*, Clarendon Press, 1961, p. 246. Hart thinks this is particularly clear where there is no written constitution, as in the United Kingdom, for "here there seems no place for the rule 'that the constitution is to be obeyed' in addition to the rule that certain criteria of validity (e. g. enactment by the Queen in Parliament) are to be used in identifying the law. This is the accepted rule and it is mystifying to speak of a rule that this rule be obeyed".

造其他所有的法律，这个法律才具有特定体系内的成员资格。而这个基础规范又是凯尔森由自己的逻辑推演出来的，其效力是凭借基础规范自身得以说明的。凯尔森反复强调，基础规范的唯一功能就是授权创造第一部宪法，法律体系就是由第一部宪法和所有从这部宪法中获得效力的规范组成的。这种说法的错误在于第一部宪法并不仅仅是一个规范。第一部宪法完全可能包括几个基础规范，每一个基础规范都可以把立法权授予不同的立法机关。同时，第一部宪法也可以包括一些普通的规范，也就是那些本身不授予立法权，但是规定义务和制裁的规范。

四　如何理解"基础规范"？

那么，我们应该如何认识基础规范？基础规范学说预设了规范层级体系的存在。是先有基础规范还是先有规范层级体系？基础规范的内容是什么？基础规范给什么范围内的法律内容提供规范性？凯尔森似乎没有做出清楚的解释。因为，按照他的意见，在我们依照基础规范进行判断之前，尚不存在法律；所以，基础规范的内容要独立于法律的内容而得到确定。但是，凯尔森恰恰在得出基础规范的内容之前已经划出了法律内容的界限。然而，我们怎么才能知道什么是法律的内容呢？只有依靠经验的方法才能确知什么是法律内容。如果是这样，那么，基础规范就一定少不了经验之维。

然而，基础规范学说强调的是法律的规范性，而不仅仅把法律作为一个纯粹的事实。凯尔森在承认法律的规范性的同时并不接受自然法学。凯尔森意图通过强调法的规范性而超越自然法与实证主义的简单对立。在凯尔森的学说中，价值、规范和事实是并存的，而他所注重的是对于规范的研究。凯尔森指出，纯粹法学"旨在从结构上分析实在法，而不是从心理上或经济上解释它的条件或从道德上或政治上对它的目的进行评价"。凯尔森虽然认为纯粹法学应和正义理论以及社会学两者划清界限，但事实上，他的学说主要是反对正义理论或自然法学说的。凯尔森认为，纯粹法学与正义理论是根本对立的，前者是科学，后者是政治意识形态。从 20世纪中期开始，社会科学一直在重新努力摆脱与科学不相容的意识形态，因为意识形态是为利益而不是为认识服务的观念。凯尔森在孜孜不倦地反对使法学和政治学受意识形态支配的知识体系的过程中，做出了不朽的贡献。至于纯粹法学与社会学，虽应加以区别，但两者都是科学，它们之间有密切联系。因为社会学研究的不是纯粹法学所讲的"应当如何行为"的法律规范，而是"实际上如何行为"，也即人们的合法行为或非法行为，所以二者是并存的。而且在一定意义上，社会学法学是以纯粹法学研究的法律规范为前提的，社会学法学是纯粹法学的补充。可见凯尔森并不否认经验研究的必要性。价值、规范与事实这种三分法无疑对凯尔森之后的法学研究产生了深刻的影响。霍尔和博登海默的综合法学也可能受到了这一思想的影响。凯尔森认为，法学研究的范围应当是法律规范及其要素和相互关系。

五　基础规范与法的最终权威

基础规范所牵涉的自然是法律制度的最终权威问题。关于这个问题，法学史上存在过的各法学流派都曾经做过不同的解释。譬如在早期的法律思想中，古代自然法学家关于法律最终权威的陈述散见于他们的法律思想中，如柏拉图和亚里士多德强调法律是理性的命令，法律是神祇和理智的体现，服从法律也就是服从诸神。斯多葛派提出了"符合理性而生活"的思想，神则是原始的理性，是宇宙的主动本原，宇宙间万物的规律和本性即自然法，人的法律必须与之相符合。西塞罗认为，国家制定的法律要以上帝制定的永恒不变的法为基础，并检验其好坏。而在神权统治如日中天的中世纪，人们认为法律制度的合法性存在于法律是上帝赋予的这一说法之中，也就是说人之所以要遵守法律是因为法律是上帝赋予的。[1] 中世纪神权法思想中，最具代表性的是托马斯·阿奎那，他认为上帝主宰一切，一切归结为上帝，世俗的秩序必须符合上天的秩序，上帝赋予人以理性，而这个理性，就是法律的最终权威。正如他所说："如果意志想具有法的权能，它就必须在发号施令时受理性的节制……"[2] 而近现代的自然法学家们则认为人之所以要遵守法律是因为法律是人的理性而非上帝的理性的体现，也就是说一个法律制度的合法性是建立在客观理性之上的。[3] 而在以统治者及主权者的意志为法律本质的某些实证主义法学家看来，一个法律制度的合法性完全是由主权者赋予的。

---

① 参见〔美〕伯尔曼《法律与革命——西方法律传统的形成》，贺卫方等译，中国大百科全书出版社，1993。
② 严存生主编《西方法律思想史》，法律出版社，2004，第94页。
③ 〔德〕康德：《法的形而上学原理——权利的科学》，沈叔平译，商务印书馆，1991。

传统自然法理论的问题在于无法为法律提供充分的权威性来源，在自然法与实在法对立的二元结构下，不但不能够从自然法推导出实在法的权威性，就连自然法本身的存在都成为问题。自然法理论下的实在法由于经常同本质、神谕和理性等连在一起，因此获得了权威的性质，然而这种权威性质的传递链条由于自然法理论的失势遭到全面的破坏，因此必须为实在法寻找新的权威性来源。这些观点在历史上的不同时期都曾经占有统治地位，而随着时间的推移先后失去了可信性。凯尔森和哈特的分析法学抛弃了法律的最终权威为外在于法律体系的强制力的观点，而热衷于从规则体系中探寻法的最终权威。在这个大背景下理解凯尔森的基础规范学说，可能更能明白它的重要性。① 而对哈特关于"最终承认规则"的说法，也不妨作如是观。

六 凯尔森思想中经验主义之维的三种可能理论来源

笔者读过一篇批评鲍尔森教授关于凯尔森和埃尔利希辩论的文章。② 该文认为，鲍尔森教授把这次辩论归结为形而上学与经验主义的对垒有失确当。该文为认识凯尔森的经验主义倾向提供了几条线索。遗憾的是作者并未展开论述，而只是泛泛地做了点评。这三条线索与康德、休谟和马赫有关。

康德提出了一些关于理性主义和经验主义问题的假设。康德将科学认作人类知识的最高形式，并且确认它起始并同步于人的经验。然而，康德又认为人类经验的形成必然地带有人类心灵的自在特征，正是人类的心灵才产生了科学所研究的有规则的现象。于是，最终的真正知识——科学就能立足于在心灵中先天具备，因而也就先于经验而存在，同时又获得理性证实的基础之上。康德把这种先天理性（形式）和后天经验（质料）结合起来的命题称作综合命题，以此来尽力调和唯理论与经验论的矛盾，并试图克服两者的片面性。

凯尔森的法律思想受到了新康德主义的影响，这一点非常明确。康德把世界分为科学的知识领域和道德的知识领域两类。两者的逻辑分别是

---

① 〔奥〕凯尔森：《法与国家的一般理论》，沈宗灵译，中国大百科全书出版社，1996，第126页。

② Van Klink, Prof. Dr. Bart, Facts and Norms, "The Unfinished Debate between Eugene Ehrlich and Hans Kelsen"（28.8.2006），available at SSRN：http://ssrn.com/abstract = 980957.

"实然"和"应然"。不能从实然中推导出应然。关于应然的命题只能用演绎的方法从其他关于"应然"的命题中引申出来，而不能从事实中归纳出来。新康德主义法学派在法学研究方面，抛弃了康德学说中的"自在物"部分，而强调"现象"部分，认为法是不以实际为转移的"应然"，是与"存在"相对立的。

康德的认识论划分了知识的形式与质料。其中感觉和印象构成经验的质料，而认识主体的感性直观形式（时间与空间）、知识的纯粹概念或范畴（量、质、关系及模态）则构成了经验的形式。正是经验的形式才有可能将复杂的现象置于有序的联系之中。

当然，"应然"和"实然"的区分是休谟理论的主要组成部分。作为经验主义思想家，休谟对凯尔森的影响也是不可低估的。前文已有提及，不再赘述。

从思想渊源说，马赫主义是近代经验主义传统的继承者。马赫承认他在哲学上走的是从康德出发返回到贝克莱和休谟的路线。马赫主义虽把经验当作哲学的出发点，但认为经验既不是上帝在人心中所引起的感知和观念，也不是出自主观的心理意识，而是超出了心物对立的中性的事物。马赫主义者试图建立一种超越传统哲学的唯物唯心对立的中立的哲学。他们主张取消现象范围以外的存在和本质问题，认为科学和人类认识所及的世界就是经验世界，而物质和精神、主观和客观的区别只是经验内部的区别。他们抛弃建立一种将各门具体科学联系起来的、无所不包的综合的哲学体系的企图，同新康德主义马堡学派一样，把哲学归结为科学的认识论。马赫主义可以说是 19 世纪末出现的现代物理学革命的产物。后者是自然科学发展中一场更为深刻的变革，它极大地促进了哲学思维方式的变革。凯尔森对这场变革非常关注，而且，他也是主张科学认识论的。

法律概念的问题与结构

——读哈特的《法律的概念》

尤　莉*

摘　要：哈特在《法律的概念》一书中提出了三个关于法理论的争议点，并通过对奥斯丁命令模型的批判，指出奥斯丁的理论缺乏规则这一要素，而大多数法体系特性是建立在人们对规则之接受的社会实践之上的。通过对规则的分析，点出了法律的内在和外在陈述，以及法律的内在和外在面向的区别。最后，该书讨论了法律与正义、道德的区别。

关键词：承认规则　描述性法理论　语言学转向　柔性法实证主义

《法律的概念》① 一书除绪论、后记和附录等，正文总共由十章内容组成。从具体主题来看，这些内容可以划分为如下四个部分：第一章主要是提出问题；第二至第四章主要是从三个方面对奥斯丁的法律命令说进行批判；第五至第七章是哈特对自己观点的详细阐释；第八至第十章围绕道德与自然法和实证主义的关系而展开，并讨论了国际法是不是法。哈特通过从形而上学向语言学的转向，考察人们日常生活中如何使用与法律相关的词汇，进而提供了一个关于法是什么的描述性理论。或许正如哈特明确指出的，"因为本书的目的不在提供一种作为规则的对于'法律'这个概念的定义，使人们可以把这个定义当成一项规则来检验'法律'这个语词是否正确地被使用。本书的目的在于对国内法律体系的独特结构提供一个较为优越的分析，并对法律、强制和道德这三种社会现象间的相似处和差异处提供较为清楚的理解，借以将法理论的研究向前推进"②。

---

*　尤莉，常州大学史良法学院法学理论专业硕士研究生。

①　H. L. A. Hart, *The Concept of Law*, Oxford University Press, 2012.

②　〔英〕哈特：《法律的概念》（第三版），许家馨、李冠宜译，法律出版社，2018，第67页。

一 问题的提出

"什么是法律？"是法理论所要回答的核心问题。[①] 对于这个问题存在诸多不同的回答。但哈特认为问题的关键是找出到底是什么在困惑着人们，而不是急于定义"法律是什么？"。由此，哈特指出必须先厘清反复出现并困扰着人们的三个议题间的差异与共性等。一是法律与由威胁所支持的命令的关系；二是法律义务和道德义务的关系；三是什么是规则，以及在何种程度上法律是属于规则的问题。[②] 然而并没有任何足够简洁的定义能够令人满意地回答这个问题，可能的做法是：分离出并掌握住一组核心要素的特征，这组要素构成对这三个问题回答的共同部分。

接下来，哈特解释了为什么选择这三个反复出现的议题来探究何为法律本质的问题。法律最为显著的一般性特征是人类举止不再是随意的，而是在某种意义下具有义务性的。由这一特征产生了以下两个议题。第一个议题产生于"举止不再是随意的"这个特征，即一个人以威胁为后盾发出命令强迫某人做某事，这是奥斯丁分析的出发点。第二个议题产生于"非随意而具有义务性"这一特征，法体系中的一些要素与道德密切相关，而且所有国内法体系都呈现某些基础之道德要求。此外，"正义"也统一了道德和法律领域的理念，正义一方面特别适合于法律的美德，另一方面又是美德中最具有法律性格的。第三个议题是更具一般性的议题，对"法体系是由规则构成的"这一想法很难加以质疑且不难理解，无论是认为理解法律的关键是以威胁为后盾的命令的人，还是认为是法律与道德或正义相关联的人都会认为法律至少也一定包含着规则。[③]

二 对奥斯丁理论的批判

在第二章中，哈特运用语义分析的方法主要批判了奥斯丁的"以威胁

---

① 陈景辉：《哈特〈法律的概念〉导读》，载《法哲学与法社会学论丛》2017年卷，第271页。

② 参见〔英〕哈特《法律的概念》（第三版），许家馨、李冠宜译，法律出版社，2018，第54～63页。

③ 参见〔英〕哈特《法律的概念》（第三版），许家馨、李冠宜译，法律出版社，2018，第54～63页。

为后盾的命令"理论，分析了各种祈使语句①，并从抢匪情境出发②，区别了"命令"与"号令"。③ 哈特认为难以用本身已经包含"权威"意味的"号令"这个概念来阐明什么是法律。因此，哈特选择重新从抢匪情境中的"命令"概念出发，来构建"法律的概念"，并在抢匪情境这个简单的命令模式中补充了法律的几项重要特征。第一，普遍性。在现代国家中，除经由特别规定外，一般性的法律适用于其疆域内的所有人民。第二，持续性。在抢匪情境中，抢匪并没有对银行职员发出"持续性的命令"，而法律则很明显地具有"持续性"特征。第三，普遍服从的习惯④。我们必须假定无论服从的动机是什么，大部分的命令在多数的时候都能被服从。普遍服从的事实构成法律和抢匪情境的重大区别。通过对简单的抢匪情境添加这一系列特征，我们得到了"以威胁为后盾，而被普遍服从的一般命令"这样的概念。哈特还提出要把握法律的特征，还需进一步考察"发布命令的人"的问题。现代国家法体系还有两个尚未被置入模型的重要特征：一是对内享有至高的权力，二是对外独立于其他法体系。奥斯丁称此至高且独立的个人或群体为"主权者"。⑤

在第三章中，从法律的内容、适用范围、起源模式三个方面对奥斯丁的命令理论提出异议。现代法体系中存在各种各样类型的法律，如果将这些不同类型的法律与上一章所构建的胁迫命令的简单模型相比较，就会发现存在许多差异之处。哈特将对法律命令说的批判做了如下总结：第一，就法律的内容而言，存在与命令不相同的其他成文法，它们并不科予义务，而是授予权力，在法律之强制结构下，为法律之权利义务的自由创设提供便利条件⑥；第二，就法律的适用范围而言，即使是与胁迫命令最相

---

① 祈使语句作为希望他人应该行动或避免行动之意愿的表达。参见〔英〕哈特《法律的概念》（第三版），许家馨、李冠宜译，法律出版社，2018，第69页。

② 一名抢匪命令银行职员"把钱交给我"，并且如果拒绝便以"我要开枪了"相威胁。参见〔英〕哈特《法律的概念》（第三版），许家馨、李冠宜译，法律出版社，2018，第69页。

③ 典型状况是一位将军作为指挥官在发号施令。参见〔英〕哈特《法律的概念》（第三版），许家馨、李冠宜译，法律出版社，2018，第70页。

④ 这是一个模糊的观念。对于"要有多少人遵守多少一般化命令、遵守多久才构成法律？"这个问题并没有肯定的答案。参见〔英〕哈特《法律的概念》（第三版），许家馨、李冠宜译，法律出版社，2018，第75页。

⑤ 杨春福：《什么是法律？——评哈特教授的〈法律的概念〉》，《南京大学法律评论》1996年秋季号，第184~185页。

⑥ 一种是授予私人权能去订立遗嘱、契约或婚姻的法律；另一种是授予官员权力的法律，如法官审判权、行政首长规则制定权等。参见〔英〕哈特《法律的概念》（第三版），许家馨、李冠宜译，法律出版社，2018，第80页。

近的刑法，其适用范围通常也与下达于他者之命令有所不同，这样的法律可能同时适用于制定者和他者；第三，就起源模式而言，某些法律规则起源于习惯，并且其法律地位的获得并非因为有意识的法律创设行为。

在第四章中，哈特从"主权者"的问题入手继续对法律作为胁迫命令之简单模型进行批判。主权学说包含以下内容：主权者的一般性命令构成了社会的法律，在每一个有法律的人类社会，最终皆可发现习惯性服从的臣民与不对任何人习惯性服从的主权者这种简单关系。哈特从两个方面对主权学说进行了批判。首先，哈特探究了关于服从之习惯的观念，习惯是否足以说明大多数法体系的两个显著特征，即立法权威的连续性和法律的持续性。立法权威的连续性是指因不同立法者间承继而拥有之立法权威的连续性；法律的持续性则是指在立法者和习惯性地服从立法者的那些人死去很久以后，法律仍具有持续性。哈特设想了君主专制的雷克斯王朝，具体论证了"服从之习惯"无法说明大多数真实存在的法体系有以上两个显著特征①。哈特认为大多数法体系的特性是建立在人们对规则之接受的社会实践之上。接下来，哈特探究了主权者在法律上的地位。哈特认为这个最高立法者在法律上不可限制的地位对于法律的存在不是必然的，以及立法权力之法律限制的有无不能以习惯和服从这两个简单的词语加以分析。因此，把法律视为主权者之强制命令的简单模型并不能成功地呈现某些法体系的明显特征。

三　哈特观点的阐述

在前面三章中，经过对把法律视为主权者强制命令的简单模型的批判，哈特认为"威胁命令说"不能成功呈现某些法体系的明显特征。由此，在第五章中提出我们需要一个崭新的起点，引入了规则这一要素。

哈特认为奥斯丁理论失败的根本原因在于，这一学说所构建的要素，即命令、服从、习惯和威胁等观念并未包括"规则"这一观念，或者说把这些要素组合起来不能产生"规则"的观念，而如果没有这个观念，我们连最基本形态的法律也无法说明。哈特将其区分为两种相关但不同类型的

---

① 假设专制君主王朝由国王雷克斯借由以威胁为后盾的命令统治人民，雷克斯一世在世时，人们对他普遍服从的习惯，并不表示他的继承者雷克斯二世也会被习惯地服从。参见〔英〕哈特《法律的概念》（第三版），许家馨、李冠宜译，法律出版社，2018，第105～114页。

规则。第一种是"科予义务"的初级规则，是要求人们去做或不做某些行为的规则；第二种是寄生在第一种规则之上的"授予权力"的次级规则，是人们可以通过做或说某些事，而引入新的、取消或修改旧的初级规则的规则。在哈特看来，认识法理学问题的关键是这两种规则的结合，而不是威胁命令说。

虽然把法律当作强制命令的理论是错误的，但它基于对以下事实的正确掌握，即凡有法律之处，人类的行为在某个意义上就不是随意的，或者说是"具有义务性的"。哈特在此基础之上区分了"某人被强迫去做某事"和"有义务去做"两种说法的差异，说一个人在某规则下负有义务和预测他在不服从的情形中极可能遭受损害，两种陈述是不同的。如果将感觉被强迫和负有义务等同起来，将导致人们错误地以心理感觉的角度诠释规则的内在面向。哈特再次比较了规则的"内在"和"外在"面向，针对规则，人们可以站在群体成员的角度，接受并使用这些规则作为行为的指引；也可以站在观察者的角度，而本身并不接受规则。① 我们可以将二者分别称为内在观点和外在观点。

哈特还指出了仅仅依靠初级规则这种简单形式的社会控制存在的三种主要缺陷。第一个缺陷是规则的不确定性②，第二个缺陷是初级规则的静态性格，第三个缺陷是社会压力之分散而导致的无效率。鉴于初级规则的三种重大缺陷，哈特相应地引入了"承认规则""变更规则""裁判规则"三种次级规则来进行补救。承认规则用以指出哪些规则应当由社会压力支持进而成为法律；变更规则用以授权给某个人或一些人引进新的初级行为规则，以及废止旧的规则；裁判规则授予某些人对于在特定场合中初级规则是否被违反做出权威性决定的权力。哈特认为，在三种次级规则中，"承认规则"最为重要。

第六章法体系的基础中，哈特通过承认规则的观点重述和厘清了法效力和法源的观念。由于奥斯丁的理论无法阐释现代国家内部法体系的一些

---

① 从内在观点观察自己和他人行为的人通常采用"我有义务……"或"你有义务……"这种表达方式；从外在观点观察的这些人不接受群体的规则，并且只有在预测违反规则会带来不愉快后果时才会遵守规则，因此，通常采用"我被强迫去做这件事""如果……我可能因此受害"之类的表达方式。参见〔英〕哈特《法律的概念》（第三版），许家馨、李冠宜译，法律出版社，2018，第148页。

② 群体生活所依赖的规则并不会形成一个体系，对于规则是什么、规则的范围通常缺乏可供鉴别的标准。参见〔英〕哈特《法律的概念》（第三版），许家馨、李冠宜译，法律出版社，2018，第150页。

显著特征，我们需要另一更复杂的社会情境作为基础来阐明。此情境为：属于次级规则的承认规则被人们接受，而且被用来辨识科予义务的初级规则。哈特提出了"内部陈述"和"外部陈述"的概念①，由那些直接使用公认的承认规则的人所做出的陈述是内部陈述，而由那些自己本身并不接受该规则的观察者从外部记录"某个社会群体接受此等规则"这个现象则是外部陈述。了解了内部陈述和外部陈述后，围绕法律"效力"这个概念产生的困惑便可解决，这个困惑出自法律"效力"和法律"实效"之间的复杂关系②。法律"效力"主要是从内部陈述的角度来看的，说某个既存规则是有效的，就是肯定它已经通过了该群体内所有承认规则的检验，并成为法体系规则中的一员。法律"实效"则是从外部陈述的角度来观察，意味着一项规范某种行为的法律规则大部分时候都会被遵守。任何具体规则的效力与实效之间没有必然的关系。③

哈特还指出了一个法体系存在必须具备两个条件：一方面，那些符合法体系终极判准因而是有效的行为规则，必须普遍地被服从；另一方面，这个法体系当中提供效力判准的承认规则，加上变更规则与裁判规则，这几种所谓的次级规则必须被政府官员实在地接受，作为衡量官员行动的共同的、公共的标准。④ 哈特认为理解法律体系的最佳方式是"初级规则与次级规则的结合"。

第七章首先重点讲解了法律的开放性结构。"法律"的存在以一般化的行为标准被传播为前提，传播一般化的行为标准有两种方式，一是在最大限度上使用一般化的分类词项，二是在最小限度上使用一般化的分类词项。⑤ 无论选择哪种方式来传播行为标准，在碰到适用问题时，这些方式仍会显出不确定性，即所谓的开放性结构。边界地带的规则存在不确定

---

① 持内部观点的人最常见的表达方式就是"法律规定……"；持外部观点的人与持内部观点的人不同，他们会使用如"在英国他们认为凡是女王议会所通过的就是法律……"这种表述方法。参见〔英〕哈特《法律的概念》（第三版），许家馨、李冠宜译，法律出版社，2018，第161页。

② 参见〔英〕哈特：《法律的概念》（第三版），许家馨、李冠宜译，法律出版社，2018，第161~162页。

③ 王美舒：《关于哈特"法律规则说"的再思考——读 H. L. A 哈特〈法律的概念〉》，《政法论坛》2016年第3期，第186~188页。

④ 〔英〕哈特：《法律的概念》（第三版），许家馨、李冠宜译，法律出版社，2018，第178页。

⑤ 一是指以权威性之一般化语言来传播的确定性，以立法为典型；二是指以权威性实例来传播的不确定性，以判决先例为典型。参见〔英〕哈特《法律的概念》（第三版），许家馨、李冠宜译，法律出版社，2018，第188~189页。

性，人类立法者不可能预知未来可能发生之所有可能情况的组合，因此我们不可能把规则定得十分详细以至于总是可以预先解决它是否适用于特定个案的问题。法律的开放性结构意味着，在某些行为领域，法院或官员应当依据具体情况，在相互竞逐的利益间取得均衡，从而确定法律规范如何适用于具体的非典型个案。在处于边际地带的规则，以及由判决先例的理论所开放出来的领域中，法院发挥着创造规则的功能。

在规则怀疑论的诸多种类中，有几项主张值得我们注意。一是规则怀疑论主张法律仅仅是由法院的决定和对法院决定的预测组成，但哈特认为一个理论不能既承认有法院裁判这回事又否认任何规则的存在。二是关于司法裁判中规则功能的理论，它的论点是规则之开放结构的范围是不受限制的。规则怀疑论的最后一个主张则着眼于以下事实：法院的决定居于某种权威性之与众不同的地位，并且就最高法院而言是有终局性的。①

哈特又进一步讨论了司法裁判的终局性和不谬性的问题。首先，哈特承认了司法裁判的终局性。司法裁判的终局性意味着当最高法院做成决定时，说法院是"错的"在体系中并不具有任何效果。这就导向了否认法院在裁判时受到规则拘束的另一种说法，即法院说法律是什么，它就是什么。在这里，哈特通过游戏情形的类比认为，就像惯习体系向成熟法体系的转变一样，规定着记分员（其裁定具有终局性）设置的次级规则加入游戏为这个体系引入了一种新的内在陈述。其次，否认了司法裁判具有不谬性。游戏中记分员的裁判虽然是终局的，但绝非不可错误的。所有游戏中记分员的裁判是终局的这个事实，并不意味着所有游戏都是"记分员的自由裁量"的游戏。最后，哈特对于规则怀疑论的正面主张"规则是对法院决定的预测"做了这样的反驳：法院并非将法律规则视为预测，而是视为做决定时必须遵守的标准，虽然它们有着开放结构，却足以确定地去限制（但不是排除）他们的自由裁量权。②

四　关于正义、法律与道德、国际法

第八、九章两章主要探讨了正义、法律与道德的关系。哈特首先论述

---

① 〔英〕哈特：《法律的概念》（第三版），许家馨、李冠宜译，法律出版社，2018，第201～207页。

② 参见〔英〕哈特《法律的概念》（第三版），许家馨、李冠宜译，法律出版社，2018，第207～214页。

了正义的有关原理，这一部分是哈特正义观的集中体现。在对法律制度的批评里，正义占有很重要的地位，但正义并不能等同于道德，正义是道德的一个特殊切面。用正义或非正义的观点所做的批评几乎同义于公平与不公平，公平的外延显然有别于一般性的道德，公平通常和社会生活的两种情境有关：第一种情境和个人行为无关，而是涉及个人的不同社会阶级；第二种情境是关于补偿和矫正已经造成的伤害的主张。法律的正义和非正义可以视为个体之间的负担和利益的分配问题①。

在论述完正义观之后，哈特在后面的章节中论述了法律与道德之间的关系。哈特认为法律和道德之间有联系，但并无必然联系。首先，哈特用以下四个特征去区分道德和法律：重要性、豁免于有目的的故意改变、道德违犯的任意性、道德压力的形式。② 接下来，哈特讨论了在何种意义下，法律和道德存在关联。哈特基于人性的五个显著特征，即人的脆弱、近乎平等、有限的利他主义、有限的资源、有限的理解和意志的力量③，阐述了自然法的最低限度内容，即建立在关于人类、自然环境和意图的基本真理上的普遍被接受的行为原则。

在第十章，哈特讨论了国际法是不是法律的问题。哈特认为，虽然国际法体系中并不存在类似于国内法的立法机构、具有强制司法权的司法机构和集中组织的制裁，但国际法仍然具有拘束力。哈特认为，尽管国际法体系中的规则只是被视为一群个别规定的组合，并非由任何更基本的规范加以结合或赋予效力，但国际社会依然可能依循着规则生活，这些规则具有拘束力，使其成员负有义务。哈特眼中的国际法并不能归类为道德，但在形式上十分类似一个由初级规则构成的体制。国际法只具有国内法的功能和内容，却缺乏国内法的形式，国际法在形式上更类似于原始法律或习惯法的体制。哈特认为，国际法或许仍然处于朝向接受某种形式之基本规则的过渡时期，这将使它在结构上更接近国内法体系。

五　后记部分

这本书的后记部分是在哈特去世两年后，随《法律的概念》第二版问

---

① 〔英〕哈特：《法律的概念》（第三版），许家馨、李冠宜译，法律出版社，2018，第 227 页。
② 参见〔英〕哈特《法律的概念》（第三版），许家馨、李冠宜译，法律出版社，2018，第 241 ~ 248 页。
③ 参见〔英〕哈特《法律的概念》（第三版），许家馨、李冠宜译，法律出版社，2018，第 260 ~ 264 页。

世的。后记主要包含了两部分的内容：一是对德沃金批评的回应；二是厘清书中含糊的论点，并修订了其中的矛盾之处。

关于法理论的本质，哈特想要提供的是"一个一般性及描述性的关于法是什么的理论，这个理论不指向任何法体系或法文化，并且它在道德上是中立的，不以任何证立为目标"①。德沃金的法理论是评价性的和证立性的，并且指向特定的法文化，他认为一般性、描述性的法理论会造成误导，或最多也只是一套无用的理论。德沃金反对这种描述性理论的关键原因是，他认为法理论必须纳入关于法律的内在观点，非持内在观点而持外在观点的描述性理论并不能对这个内在观点进行适当说明。哈特认为描述性法理学并没有阻止外在观察者去描述参与者从此内在观点看待法律。

德沃金认为法实证主义者的论证基础是完全错误的，即不承认存在争议性的法律根据的论证，他将此称为"语义学之刺"②。德沃金将哈特归类为语义学的法理论家，并将哈特的理论重构为惯习主义的诠释性理论。哈特对此做出了反对，并认为德沃金把他的理论归于"单纯事实之法实证主义"是对他理论的误解，他的理论属于"柔性法实证主义"。

德沃金对哈特的社会规则实践理论进行了广泛的批判，其中最为著名的就是，他指出哈特错误地主张法律仅由在适用上"全有或全无"的规则组成，而忽略了法律原则。③ 德沃金坚持除非哈特放弃该书的主要论点④，否则法律原则无法被纳入哈特的法理论中。哈特接受了认为他忽略法律原则的批评，但他认为，就整体而言，将法律原则纳入他的法理论之中并不会对他的法理论造成任何严重后果。

在法律与道德部分，哈特的主张是，法律与道德虽然存在许多偶然性的连接，但在内容上，法律与道德间并不存在概念上的必然联系；因而，道德上邪恶的法律仍然可以是有效的法律。德沃金则反对这一论点，他认为法律权利及义务的存在至少需要有初步的道德根据，法律权利必须被理

① 〔英〕哈特：《法律的概念》（第三版），许家馨、李冠宜译，法律出版社，2018，第308页。

② 参见〔英〕哈特《法律的概念》（第三版），许家馨、李冠宜译，法律出版社，2018，第316页。

③ 参见〔英〕哈特《法律的概念》（第三版），许家馨、李冠宜译，法律出版社，2018，第331页。

④ 这些论点包括：一个法体系中的法律是由法院的实务接受的承认规则所提供的判准鉴别出来的；在法律无法导出特定决定的案件中，法院行使着填补空隙的造法权限或裁量；法律与道德间不存在重要的、必要的或概念上的联系。参见〔英〕哈特《法律的概念》（第三版），许家馨、李冠宜译，法律出版社，2018，第346~351页。

解为道德权利的一种。①

哈特与德沃金理论最尖锐且最直接的冲突则是关于司法裁量的理论。哈特主张，在任何法体系中，一定存在某些未受法律规范的案件，这些案件无法从法律中导出特定的决定，因此法律是部分地不确定或不完整的，法官针对法律的这种特性应该行使其有限的造法裁量权以填充法律的漏洞。德沃金则主张，不完整的不是法律本身，而是法实证主义者心中的图像，并提出只有法律的"诠释性"说明，才能描绘出法律的完整图像。德沃金还进一步指控，司法造法是不正义的，因为它是一种溯及既往的或事后的造法。哈特指出就算这一批评对法院事后推翻清楚的既存法律而言是成立的，但这和疑难案件并没什么关联。

六　结语

通过对《法律的概念》一书的梳理，可以发现哈特在书中反复使用科予义务规则、授予权力规则、承认规则、内在和外在观点、法效力等概念。通过掌握这些概念中的要素，我们能够清楚地分析法律制度和法律实践，并解决所遇到的法的一般性质的问题。

总之，正如《法律的概念》第三版新增"绪论"部分，莱斯利·格林所指出的那样，哈特的著作清晰明了，无须再加以总结。不过，笔者认为，与其猜度哈特的理论应做何种解释，不如仔细梳理、努力澄清他讲了哪些问题及其论述安排等。这样做的理由无外乎格林所概括的哈特所谓"'纯粹'的法律理论并不足以理解法律的性质，理解法律的性质需要借助于社会理论和哲学研究的知识资源。因此，法理学既不是为律师或者法学教授们保留的独唱曲目，也不是他们的天然居所。法理学不过是内容更加广泛的政治理论中的一个部分。它的价值不在于为客户提供建议或者帮助法官判案，而是在于理解我们的文化和制度，在于为关于它们的任何道德评价提供支持。这种道德评价必须既对法律的性质保持敏感，也对道德的性质保持敏感，而且道德包含着多元且冲突的诸多价值"②。

---

① 〔英〕哈特：《法律的概念》（第三版），许家馨、李冠宜译，法律出版社，2018，第342页。

② 〔英〕哈特：《法律的概念》（第三版），许家馨、李冠宜译，法律出版社，2018，第2页。

德沃金研究

价值能够统一吗？

——《刺猬的正义》评析

罗时贵[*]

摘　要： 为了整合、弥补价值"一元论"和"多元论"及其不足，德沃金提出了"价值统一论"。通过休谟定律论证价值的独立性，价值存在客观与真，为价值统一何以可能奠定了基础。通过道德责任来发现和认识价值的客观与真，即一项道德断言为真取决于我们的道德判断责任而非道德信念。通过概念解释来消解价值之间的冲突，解释将价值结合起来，从而实现了价值统一的目标。德沃金以伦理责任为基础，并将伦理尊严的两项原则贯穿和扩展到道德责任以及政治义务，各种价值在伦理两项原则上以联立方程的方式成功地统一起来，形成了价值之网。但德沃金在论证"价值统一论"的理论时，否定元伦理学的存在，将所有的概念都视为解释性概念，以及将法律、政治、道德视为伦理的逐级分支，对颠覆和挑战传统的知识谱系存有疑虑。但德沃金的"价值统一论"意义不仅在于开辟了价值理论的第三条道路，而且出具了社会正义的良方，即政府必须对其统辖下的人们给予平等的关心和尊重。

关键词： 价值独立性　道德责任　概念解释　统一过程

一　引言：问题概览、说明与任务

一般认为，西方的传统思想自古希腊至 19 世纪始终以理性主义价值一元论[①]占据主导地位，直到 20 世纪英国自由主义思想家赛亚·伯林提出价值多元论，动摇了传统的价值一元论思想。然而，价值一元论将会削弱人们的自由和自主性生活，而价值多元论将产生人们共同生活如何可能，

＊　罗时贵，江西科技师范大学法学院副教授、法学博士、硕士生导师。

①　价值一元论是指，一种价值理论如果为各种善归纳出一种共同的衡量标准，或者为各种善制定出完备的等级或秩序，它就是一元论的。参见〔美〕威廉·A. 盖尔斯敦《自由多元主义》，佟德志、庞金友译，江苏人民出版社，2005。

且因价值的不同而社会分裂的危险。德沃金的理论志向就是消除价值一元论和多元论所引发的社会风险，开辟一条不同于价值一元论和价值多元论的第三条道路，即价值统一论。故此，德沃金在其晚年名著《刺猬的正义》中开门见山地说"本书论证的是一个重大而古老的哲学命题：价值的统一性"①，以及"本书的总主题就是价值的统一性"②。

遵循德沃金的《刺猬的正义》论证逻辑和整体框架，要实现价值统一目的，需要处理以下问题。一是价值存在客观与真（true）吗？这是价值统一的前置条件。二是如果价值存在客观与真，我们如何认识和判断价值的客观与真？三是诸如伦理价值、道德价值和政治价值是如何统一的？依据所需处理的问题，德沃金在内容上分成三大领域，在结构上分成五大部分进行论证，该书的第一部分依据休谟定律论证价值的独立性，探讨价值是否存在客观与真的形而上学问题；第二部分凭靠道德责任来认识和判断价值的客观与真，通过解释理论论证价值如何统一起来；第三、四、五部分则是对三种主要价值（伦理价值、道德价值和政治价值）统一过程的实践展开以及遵循的原则要求。

笔者在本文的主要任务一是准确解读德沃金思想的精致论证过程，以避免产生各种理解上的偏差；二是反思"价值统一论"对理论和实践将会产生何种影响，我们该如何审视和客观地对待。

二　存在独立的客观价值吗？

如果不存在独立的客观价值，那么，言说价值统一就是天方夜谭。故此，德沃金的首要任务就是论证价值是一个独立的领域，而且存在客观与真。③ 价

---

① Dworkin, *Justice for Hedgehogs*, Cambridge Mass：The Harvard University Press，2011，p. 1.

② Dworkin, *Justice for Hedgehogs*, Cambridge Mass：The Harvard University Press，2011，p. 163.

③ 对道德存在客观与真的认知活动，伦理理论中存在认知主义和非认知主义两种对立主张。认知主义又分为两种，一种是自然主义，认为道德属性本质上都可以还原为经验上能够感知的自然属性，典型的有伦理学功利主义。另一种是非自然主义，认为道德属性是一种无法还原为经验上可感知的，但又确实存在的属性，典型的以摩尔为代表的理论。认知主义少数派如麦基认为，虽然道德话语确实表达了信念、命题，但由于外部世界没有相应的事实，因此所有的道德判断都是错误的，称为"错论"。认知主义多数派则肯定道德事实和道德属性的存在，形成各自道德实在论，大致可以分为两派，一派继承摩尔的非自然主义传统，认为道德事实不等于自然事实，成为非自然主义道德实在论；一派否认摩尔的神秘主义而主张道德属于要么为自然属性，要么为自然属性的某种配置，成为自然主义的道德实在论。非认知主义主要理论有情感主义、规定主义、规范表达主义和准实在论等，这派理论认为道德话语只不过是说话者的情感态度的表达，又称为"表达主义"；这派理论另又主张，所谓事实陈述的道德判断不过是将判断者的情感投射到所判断的对象上，对象中其实并无道德谓词所指称的属性，故此又称"投射主义"。参见龚群、陈真《当代西方伦理思想研究》，北京大学出版社，2013，第 11~12、26 页。

值独立是基于休谟的"事实与价值"区分定律的，休谟说："在我所遇到的每一个道德学体系中……我却大吃一惊地发现，我所遇到的不再是命题中通常的'是'与'不是'等联系词，而是没有一个命题不是由一个'应该'或一个'不应该'联系起来的。"① 简单地说，世界"是"状态在逻辑上推不出世界"应当"状态，即"是"在逻辑上推不出"应当"。如果休谟定律是正确的，那么在逻辑上，"价值"就能够从"事实"领域区隔并独立出来，"价值"成为一个独特的领域。德沃金认为休谟定律是正确的，而且对休谟定律的所有理论挑战和质疑都没有获得成功。② 如此，德沃金借助休谟定律成功地完成了有关价值独立的辩护。

"通常观点"认为，一项道德断言可以为真或为假，并可以通过道德论证来确定道德断言在客观上是正确的，道德领域同样存在客观与真。这种"客观与真"不是由于任何人的态度或信念而为真，而是不论任何人的此类态度或信念如何都依然为真。③ 但"通常观点"遭到道德怀疑论的反对，认为道德断言不存在"客观与真"。德沃金的策略在于，如果他能够成功地反驳道德怀疑论的上述反对观点，就间接地捍卫了他的立论主张，即价值存在客观与真。接下来的任务就是审视德沃金是否能够成功地驳斥道德怀疑论的反对观点。

在阐释德沃金总体上回应道德怀疑论之前，需要说明的是，在当今的道德理论中，存在规范伦理学与元伦理学区分之说，规范伦理学探讨道德的"应当"问题，而元伦理学探讨道德的"是"问题。④ 德沃金将其对应为道德的一阶理论和二阶理论，一阶理论指向道德"是"（of）的理论，而二阶理论是"关于"（about）道德的理论。故一阶道德断言是对一些诸如"善与恶""正义与非正义"等价值加以评判，二阶道德断言是对一阶道德断言所做的评判进行一种哲学上的反思，一阶道德断言是对道德真理的客观表达或仅仅是个人主观情感的表达，如何才能找到这些价值判断。⑤ 道德

① 〔英〕休谟：《人性论》，关文运译，商务印书馆，1980，第509页。
② 德沃金在《刺猬的正义》中表达了对休谟定律的赞同。他说，休谟定律的正确理解是，它支持的不是道德真理的怀疑主义，而是道德的独立性，道德是从知识当中分离出来、有自己的探究标准和正当性标准的知识门类。参见 Dworkin, *Justice for Hedgehogs*, Cambridge Mass：The Harvard University Press，2011，p. 17。
③ Dworkin, *Justice for Hedgehogs*, Cambridge Mass：The Harvard University Press，2011，pp. 26 – 30.
④ 〔澳〕史密斯：《道德问题》，林航译，浙江大学出版社，2011，第2页。
⑤ 参见林立《法学方法论与德沃金》，中国政法大学出版社，2002，第170～171页；Dworkin, *Justice for Hedgehogs*, Cambridge Mass：The Harvard University Press，2011，p. 24。

外部怀疑主义认可和坚持一阶与二阶理论的划分，从道德外部的视角说明一项道德断言无所谓善/恶问题，因为道德断言仅仅是人们的情感投射，也缺乏判断其善/恶的根据，故而道德断言不存在客观与真的问题。德沃金从根本上否定元伦理学的存在与区分，认为二阶道德断言是一阶道德断言的衍生断言，实际上是一项实质性道德断言，而非人们的情感投射，从而说明客观上存在一项实质性道德判断。而某些道德断言的善/恶根据依赖于该项道德断言的论证理由而非相似"道德粒子"的道德事实。德沃金说："当价值判断不必借助任何匹配物，而只需根据有助于导出这些实体性理由就是'真的'时候，它们就是真的。道德王国是一个论辩领域，不是'无理性、先验事实'的领域。"① 从而从主干上抵御了道德外部怀疑主义的进攻，以下做进一步分解。

1. 道德外部怀疑主义——错误怀疑主义

道德外部怀疑主义主要存在错误怀疑主义和状态怀疑主义两种形态。错误怀疑主义代表性人物是麦基（Mackie），他认为，"如果有客观价值的话，那么它们就会是一种非常奇怪的实体、性质或关系，完全不同于宇宙间的其他任何事物"，② 简称道德价值的"怪异论"。道德价值"怪异论"表现在两个方面，一是相较于"任何其他事物"而言是怪异的。比如，道德具有驱动人们行动的一种"奇异"力量，它驱使人们义无反顾地去行动，你一旦接受"诚信是好的"，那么你就会坚持诚信原则而不会去撒谎。但其他事物则缺少像道德所具有的"奇异"力量来驱动人们行动。二是认识上的怪异，如果道德价值能够被认识，那么认识就是怪异的。因为对人来说，要认识到一个人感官无法触及的东西，必须存在一种"奇异"的认识能力，比如能够与上帝、鬼神对话交流，这种情形的存在是"怪异"的。基于上述两种情形，麦基推断说，道德价值不是客观的，不是世界的构成物的一部分，外部世界没有相应的事实，根本不存在这种怪异的道德实体。所以，错误怀疑主义者认为，所有的道德断言都是错误的，③ 又称"错论"④。

---

① Dworkin, *Justice for Hedgehogs*, Cambridge Mass：The Harvard University Press，2011，p. 11.
② J. L. Mackie, Ethics, *Inventing Right and Wrong*，New York：Penguin Books，1977，p. 38.
③ Dworkin, *Justice for Hedgehogs*, Cambridge Mass：The Harvard University Press，2011，p. 46.
④ 需要说明的是，"错论"是指关于一项道德断言"真/假"判断是不存在的，因此言说存在一项"真/假"的道德判断是错的（error），非指一项关于道德评价上的对、错之错（false）。比如说，龙是机智的动物，由于不存在"龙"这种动物，因此，"龙是机智的动物"这个断言就是错的。它不关心"龙是机智的动物"这个判断本身是否真假或对错，可能有人证明了"龙"确实是机智的动物，那么"龙是机智的动物"这个判断就是对的、真的，否则就是错的、假的。提示区分两种不同的对与错的语义表达。

　　为此，麦基从三个方面说明不存在客观的道德价值。一是道德断言的多样性，人们对一项道德断言是否正确存在争议与分歧，故而任何道德断言都是错的；① 二是道德断言与动机论，麦基认为，一项道德断言是建立在人的动机而非信念上的，建立在动机之上的道德断言既不可能为真，也不可能为假，那么一项道德判断就不可能是信念，因而任何道德断言都是错的；② 三是道德断言与理由关联论，人们行动的理由是满足自己的欲望，故此，欲望提供了人们据以行动的理由，激发了人们的行动，理由与欲望就内在地关联在一起。然而，道德断言即使不符合任何真正的欲望也有理由存在，换言之，道德断言无须理由和欲望关联在一起，比如我有看足球赛的强烈欲望并不能得出该场球赛非常精彩的断言结论，因此，所有道德判断都是错的。③

　　针对"错论"的各种理由，德沃金的整体回应是，依据"事实"与"价值"区分的休谟定律，强调道德断言是独立于事实的价值领域，是一个规范性判断而非事实判断，规范性判断的对错结论只能来自另一个规范性判断，而非来自相应的事实判断。"错论"之所以错误的关键原因在于，建立在动机、欲望等心理因素之上的断言都是事实判断，而非规范性判断，④ 因此根据休谟定律，一个事实判断推导不出一个规范性判断，否则就违反了

① Dworkin, *Justice for Hedgehogs*, Cambridge Mass：The Harvard University Press，2011，p. 47.

② Dworkin, *Justice for Hedgehogs*, Cambridge Mass：The Harvard University Press，2011，p. 56. 这里需要补充的论证是，人类心理主要存在两种状态，即信念和欲望。信念告诉我们世界怎样为其所是，并由此如何改变它。欲望告诉我们世界是其所是的方式。通俗说，信念存在道德上的对错评价，而欲望却无此评价，故而信念以"应然"的方式来表达，欲望以"是"的方式进行表达。参见〔澳〕史密斯《道德问题》，林航译，浙江大学出版社，2011，第7~8页。由此可以表明，如果一项道德断言建立在欲望或动机之上，就不可能判断一项道德断言对与错的情形，因而言说客观上存在一项真/假的道德判断就是错误的。

③ Dworkin, *Justice for Hedgehogs*, Cambridge Mass：The Harvard University Press，2011，p. 49. 另外需要补充说明的是，作出一项道德判断的理由可分为内在理由和外在理由，内在理由是指所作出的道德判断与人的意志之间存在概念上的联系，比如与人的主观欲望、动机有联系，本文提及的麦基，为内在理由的支持者。外在理由是内在理由的否定，指所作出的道德判断不仅仅限于内在理由，并非完全由人的意志所决定，即行动的理由可独立于人的欲望或动机。参见〔澳〕史密斯《道德问题》，林航译，浙江大学出版社，2011，第60页；以及〔美〕约翰·波洛克、乔·克拉兹《当代知识论》，陈真译，复旦大学出版社，2008，第33页。但麦基的论证存在的问题是，道德判断的对与错还存在外在理由，外在理由可以独立于欲望，就不能通过反驳绝对理由论（实际上为内在理由论）来支持自己的观点。但德沃金对麦基的回应是基于休谟的事实与价值区分理论。

④ 参见 Dworkin, *Justice for Hedgehogs*, Cambridge Mass：The Harvard University Press，2011，p. 30. 需要补充说明一下动机性理由与规范性理由的主要区别。动机性理由是由心理状态引发的，而规范性理由则是一种"被要求做某事"的形式命题；动机性理由与规范性理由可以相互独立而存在。参见〔澳〕史密斯《道德问题》，林航译，浙江大学出版社，2011，第95页。

休谟定律。

2. 道德外部怀疑主义——状态怀疑主义

状态怀疑主义存在两个版本，即一阶与二阶道德判断区分说，以及两种语言游戏区分说。上文已初步提到，外部怀疑主义区分一阶与二阶道德判断，二阶道德判断是关于一阶道德判断的判断，因此持道德中立的态度。他们同时又认为，一阶道德判断是人们内心的情感投射，比如"奴隶制是错误的"这个一阶判断仅仅是某个情感的投射，根本不是真正的判断，也是无用的。[1] 道德判断的客观与真仅仅是一个幻象，因为它没有客观事实的证明，根本就不存在一个真正的道德判断，言说道德判断的客观性是没有任何意义的。因此，他们得出结论说，前者（一阶道德判断）是一项情感投射，后者（二阶道德判断）则是一项错误的二阶哲学判断。[2]

第二个版本的状态怀疑主义以罗蒂为代表，以区分日常语言游戏和哲学语言游戏说明道德判断的真假在不同的语言游戏中是可以相容的。比如在日常语言游戏中，一项道德判断可能为真，但在哲学语言游戏中，该项道德判断未必为真。因此，一项道德判断既真又假是可能且不矛盾的，一项道德判断是真是假，取决于用哪种语言游戏进行判断。比如我们可以说"张三是个好人"，在日常语言游戏中可以为真，但在哲学语言游戏中该判断未必为真，因为进行哲学语言表达时，需要证明张三是否存在。

总之，两个版本的状态怀疑主义都是以外部、哲学上的视角（德沃金称其为阿基米德式的视角）来观察一项道德判断的真假问题，借用哈特的用语，是从外在视角来审视一项道德判断。德沃金的回应是，一阶、二阶道德判断不是独立的两个判断，二阶判断是一阶判断的衍生判断，如果一阶判断是一项道德判断，二阶判断必然也是一项道德判断，因此说二阶判断是道德上中立的就不能成立。两种语言游戏也是如此，即哲学语言游戏与日常语言游戏存在对应关系，并非两者独立无关。故此，外部怀疑主义的怀疑主张若要成立的话，必须符合语义独立性（semantic independence）和怀疑相关性（skepital pertinence）两个条件，[3] 如果一项道德判断在日常语言游戏中是独立、客观存在的，那么哲学语言游戏中的道德判断就与

---

① Dworkin, *Justice for Hedgehogs*, Cambridge Mass：The Harvard University Press, 2011, p. 52.

② Dworkin, *Justice for Hedgehogs*, Cambridge Mass：The Harvard University Press, 2011, p. 52.

③ Dworkin, *Justice for Hedgehogs*, Cambridge Mass：The Harvard University Press, 2011, p. 55.

日常语言游戏中的道德判断没有关联性，那就不是一项外部怀疑论，但一旦它们在道德判断上有关联性，便成为内部怀疑主义。外部怀疑主义却不能同时具备这两项条件，任何一个怀疑主义命题如果是相关的，就不可能是外部的。[①]

3. 对"因果假说"的批判

德沃金不仅要论证道德判断是独立客观的，而且还要继续完成道德判断存在"真"。德沃金通过对道德外部怀疑主义的成功回应，仅实现了"道德判断是独立客观"的论证目标，他还要继续完成"道德判断存在真"的论证。但其论证思路和策略是一以贯之的，德沃金通过批驳两种版本的"因果假说"来达到他的论证目的。

德沃金认为，关于一项判断是否为真，在科学领域通常是通过因果说明的证据来获得的。而道德判断为真则是通过案例（case）及其支撑的理由来获得的。[②] 然而，怀疑主义认为道德判断没有"真"是建立在"因果假说"的两个版本基础上的，即"因果影响假说"（CI）和"因果依赖假说"（CD）。CI认为一个道德断言为真是由事实所决定的，这个事实可能为自然事实或道德事实。CD则认为，除非CI正确，否则道德断言没有真。且由于CI是错的，道德断言没有真。显然，CI是一项事实断言，而CD是依赖于CI的一种道德断言。[③]

对CI的批判，如上所述，德沃金认为一项道德断言为真是不能通过科学发现的因果说明的证据获得的，把道德问题与科学问题混为一谈，这同样违背了休谟定律的"是"推不出"应当"的逻辑判断。故德沃金批判说，CI违反了休谟定律，因而，它是错误的。[④] 对CD的批判，德沃金认为CD是一项道德断言，CD是否为真应当通过道德理由来确定，而不是依赖于CI来确定。且CD的直接断言是，"人们有或者没有理由相信任何判断是正确的"[⑤]，即否定道德断言有真，而"否定道德判断有真"的

① Dworkin, *Justice for Hedgehogs*, Cambridge Mass：The Harvard University Press, 2011, p. 55.

② Dworkin, *Justice for Hedgehogs*, Cambridge Mass：The Harvard University Press, 2011, p. 116.

③ Dworkin, *Justice for Hedgehogs*, Cambridge Mass：The Harvard University Press, 2011, p. 70.

④ Dworkin, *Justice for Hedgehogs*, Cambridge Mass：The Harvard University Press, 2011, p. 75.

⑤ Dworkin, *Justice for Hedgehogs*, Cambridge Mass：The Harvard University Press, 2011, p. 76.

这个判断是以"CI是错的"为唯一理由，从而毁掉了其他任何一个支持接受它的理由。

故此，德沃金概括性地说，论证一个道德判断，从来都不要求诉诸什么奇特的因果模式，即使抛弃"因果影响假说"和"因果依赖假说"，对我们信念的独立性也不产生任何影响。①

4. 道德内部怀疑主义

道德内部怀疑主义者并不否定一项实质性的道德断言，怀疑的是一项道德断言存在多个不可通约的答案，故此一项道德断言没有唯一正确答案。简括之，由于一项道德断言出现多个不可通约的判断，因此，道德断言无正确答案。②

针对道德内部怀疑主义怀疑道德判断没有正确答案，德沃金提出了一组不同概念进行澄清并予以反驳。德沃金说，需要区分两种不同状态——"无定论"（indeterminate）与"未定论"（uncertain），③ 比如"一个命题既不真也不假"（无定论）与"一个命题的真假难以确定"（未定论）含义完全不同，前者真假不能相容，后者真假可以相容，后者仍可以从未知的条件中获得正确答案。对于"未定论"我们可以说有正确答案，只是目前正确答案没有被发现处在待定之中，但不能就此断言没有正确答案。而且，"未定论"的道德判断也是一项实质性道德判断，它是"一个肯定性主张，需要一个肯定性理由或假设去支持"。④

道德内部怀疑主义主要因为道德断言存在多个不可通约的答案而断定"没有正确答案"，促使德沃金的论证工作转向如何发现和认识多个道德断言答案中的那个正确答案，一项道德判断为真的根据是什么。

三　道德判断为"真"的根据

如果说《刺猬的正义》第一部分是探讨价值的独立性、客观与真的形

---

① Dworkin, *Justice for Hedgehogs*, Cambridge Mass：The Harvard University Press，2011，pp. 85－86.

② Dworkin, *Justice for Hedgehogs*, Cambridge Mass：The Harvard University Press，2011，p. 90.

③ Dworkin, *Justice for Hedgehogs*, Cambridge Mass：The Harvard University Press，2011，p. 91.

④ Dworkin, "Objectivity and Truth：You'd Better Believe It"，25 *Philosophy and Public Affairs* （1996），p. 89.

而上学的问题，那么该书的第二部分转向如何认识和发现价值的真理性问题，即转向认识论。通常观点认为，道德判断存在对与错，比如"虐待俘虏是不对的"，人们从道德感上认为这项道德断言是对的，为什么是对的，或者说该道德断言为真的根据是什么，却难以回答。其揭示的深层问题是，我们判断一项道德断言为真的依据应当是什么，是因为该项道德断言准确契合了人们的道德信念（不能虐待俘虏是我的一项道德信念，"虐待俘虏是不对的"契合了我的"不能虐待俘虏"的道德信念，故该项道德断言为真），抑或是该项道德断言反映了道德责任的要求（道德责任不允许我们虐待俘虏）。德沃金选择了道德责任作为判断一项道德断言为真的依据，主要理由是，以道德信念作为一项道德断言为真的依据会陷入循环论证的困境。①

在生活中，我们会遇到各种各样的责任，比如道德责任、法律责任、伦理责任、政治义务等。但总体上责任区分为两种类型，一种是德性意义上的责任，一种是人—事关系意义上的责任。德性意义上的责任以人的行为判断是否负责或正确，比如康德的义务论，人—事关系意义上的责任以人的行为后果或因果关系判断是否负责或正确，比如功利主义后果论。②德沃金主张德性意义上的责任，用他自己的理由来说，"负有道德责任的人行为处事讲究原则，而不会无原则地行为；他们根据自己的道德信念行为，而不会罔顾道德信念"。③

那如何认识我们是负有责任的？德沃金认为，我们必须有个责任过滤器，一方面将那些虚假的、非有效的信念过滤清除掉；一方面将那些抽象的、矛盾的和区隔化的信念统一起来，以实现我们思想领域的统一性（integrity）和本真性（authenticity）的双重目标。④这犹如罗尔斯的"反

---

① Dworkin, *Justice for Hedgehogs*, Cambridge Mass: The Harvard University Press, 2011, pp. 100 – 101.

② 两种责任的主要区别在于，后果论主张一个行动的后果决定了这个行动的对错。义务论则持相反主张，认为一个行为在道德上正确与否，在于它是否符合某种或某些义务或规则的限制，与行为的后果无关。或者说，后果论认为行为的目的决定行为的手段，目的为手段提供辩护，而义务论只看行为正当与否，一个行为的目的永远不可能为它的手段提供辩护。参见程炼《伦理学导论》，北京大学出版社，2008，第166~167页。

③ Dworkin, *Justice for Hedgehogs*, Cambridge Mass: The Harvard University Press, 2011, p. 103.

④ Dworkin, *Justice for Hedgehogs*, Cambridge Mass: The Harvard University Press, 2011, p. 107.

思平衡"①，我们的价值信念是在不断地反思平衡中形成、固化的，反思前的价值信念可能是杂乱、粗糙无系统的，在反思的过程中，我们不断地调整原初信念与现在各种善的冲突，循环往复，以更准确地表达自己深思熟虑的信念，直到最后达成平衡状态。一旦诸价值形成了一个融贯的整体，表达了自己的信念，我们就可以负责任地说，我们得到了价值真理。

但责任理论面临两大难题，一是面临"没有自由意志"挑战的问题，二是面临各种责任（或价值）可能存在冲突问题。

人们是否负有责任，比较流行的观点有"决定论"和"副现象论"②，它们的共同要点都认为人们的行为非出于自己的意志，所以对行为后果不负责任。德沃金的回应是，诸如"决定论"和"副现象论"是科学问题或形而上学问题，而责任（即判断责任）问题是一个独立的伦理和道德问题，无法从科学或形而上学给出的答案中直接推导出任何关于责任的结论，③ 即违背了休谟定律。责任制度表明只有当人们能够控制自己的行为时，才对自己的行为负责，责任与心理意志因素无关。且仅当一个人的行为是根据能力控制原则而非因果控制原则做出的时，才对自己的行为负责，才负有责任。④ 因为能力控制原则能够解释我们应当负有责任以及能够豁免责任的理由，它起到的作用之一是担当责备和惩罚的门槛条件。⑤

我们不但对自己的行为负有责任，而且负有多种不同的责任，而责任不可避免地会发生冲突，比如忠孝难以两全的责任冲突，或者更恰当地

---

① 罗尔斯的反思平衡法的重点在于三个方面，一是慎思，指每个人在心境淡澈、良知光明之时对人生反省所得出的信念，基本类似于我们现称的"理性直觉"；二是反思，由确信的原初信念出发去推论、建构出自己的道德原则或理论，然后依此理论回头去证实原初信念的正当性；三是平衡，这种推论不是直线式的演绎法，而是不断往返、修正、循环、反思式的平衡方法，其间是首尾相互支持的。参见〔美〕约翰·罗尔斯《正义论》，何怀宏等译，中国社会出版社，1998，第 19~20 页；及林立《法学方法论与德沃金》，中国政法大学出版社，2002，第 180~184 页。

② "决定论"认为每个人的决定是由超出决定者意志的某些过程和事件决定的。比如被胁迫拿钱给抢劫者。"副现象论"完全否定人的行为出于自己的意志，仅仅是一种生理现象造成的行为结果。比如，当代有人做"激情杀人"的辩护观点，类似该主张。参见 Dworkin, *Justice for Hedgehogs*, Cambridge Mass：The Harvard University Press, 2011, p. 220。

③ Dworkin, *Justice for Hedgehogs*, Cambridge Mass：The Harvard University Press, 2011, p. 222.

④ 因果控制原则，一个人的决定受外力控制，而自己无法控制自己的决定。如此，它将责任的伦理判断与因果关系的科学判断捆绑到一起。该原则就与判断责任的信念相矛盾，这是德沃金要放弃的根本原因。能力控制原则，行为人有足够的认知能力或调整能力来控制自己的决定，无须考虑因果关系而做出决定。参见 Dworkin, *Justice for Hedgehogs*, Cambridge Mass：The Harvard University Press, 2011, pp. 228–244。

⑤ Dworkin, *Justice for Hedgehogs*, Cambridge Mass：The Harvard University Press, 2011, p. 246.

说，存在多种价值的冲突，如何来解决价值之间的冲突问题，即责任理论面临的第二大难题，德沃金将通过解释理论予以解决，以实现价值之间的统一目标。

四　价值如何统一

德沃金在完成价值统一何以可能的论证以后，重点工作就是如何实现价值之间的统一（unity）①，换言之，就是如何消解价值之间的冲突。目前具有代表性的是罗尔斯、菲尼斯通过价值的排序来解决价值冲突问题。②德沃金则通过解释的方式来解决价值冲突问题，因为德沃金曾经就阐明过，法律根据的争议源自价值争议，本身就是解释性的结果，也只能通过解释的方式予以解决。③

需要补充说明的是，德沃金在早期理论中，对价值冲突的解决方案在实质上与菲尼斯方案大同小异。其主要差异在于，德沃金认为价值之间不是冲突关系，而是竞争关系，竞争与冲突存在关键性区别。④ 因此，对彼此"竞争"的价值依其重要性或分量予以考虑优先适用。在《刺猬的正义》中明确了价值统一目标，并通过解释实现这一目标。

---

① 对"统一"的理解，在德沃金语境中是指价值之间的互相支持、互相依赖、互相解释，以达到融贯之要求，而非指各价值之间形成一致性的要求。德沃金在《法律帝国》中曾做出明确说明，整全性（有译统一性）不是一致性，整全性要求社群之公共准则必须尽可能被制定为并看成是表达了处于正确关系的正义与公平之单一而融贯的体系。整全性比一致性范围更窄。参见 Dworkin, *Law's Empire*, Cambridge, Mass：Harvard University Press, 1986, pp. 219 – 221。

② 菲尼斯否定在疑难案件中存在一个"正确答案"，有多个不同的答案，这些可以获得的答案根据评价标准排成不同的秩序。参见〔英〕菲尼斯《法哲学》，尹超译，中国政法大学出版社，2017，第 310 页。

③ 范立波：《作为诠释事业的法律——德沃金〈法律帝国〉的批判性导读》，《法哲学与法社会学论丛》2014 年卷，第 273～303 页。

④ Dworkin, *Law's Empire*, Cambridge Mass：Harvard University Press, 1986, p. 269. 此外，关于冲突与竞争的区别可以通过德沃金早期关于法律原则与规则之间的逻辑差异进行类比说明，一是法律规则以完全有效或者完全无效的方式进行适用，规则要么被适用成为有效，要么不被适用即无效。法律规则的适用特点表明了规则之间是一种非此即彼的"冲突"关系而非"竞争"关系。而法律原则却不同，它具有分量和重要性的特点，即使一项原则没被适用，这项原则仍旧有效。法律原则分量是指原则内容的重要性程度，它决定了原则实现的优先性考量。当原则适用产生竞争时，就必须根据所谓"竞争"的原则分量和重要性权衡优先适用哪个原则。因此，在法律原则适用时，它是一种"竞争"关系而非法律规则的"冲突"关系。Dworkin, *Taking Rights Seriously*, Cambridge Mass：The Harvard University Press, 1977, pp. 24 – 27.

1. 解释性概念

自分析哲学兴起以来，原本许多 X 是什么的提问被转换成了概念分析问题，比如什么是"法律"转换成我们如何使用"法律"这个概念，通过正确把握概念的使用规则来澄清概念的实质争议。如此，价值分歧最终可追溯到概念的分歧。比如我们应该过幸福生活，那么我们首先要理解什么是"幸福生活"。然而对何谓"幸福"却存在分歧，主要原因正如哈特所言，自然语言不可避免地存在开放结构，一个语词固然有它的中心地带，但也存在边界地带，① 如象棋是不是体育、自拍是不是艺术、同性恋是不是婚姻等。包括哈特在内的许多哲学家将所有概念都理解为判准性概念（或称标准性概念，criterial concepts），标准性概念认为人们在使用概念时遵循同样的标准②，否则就是毫无意义的各说各话。但标准性概念最大缺陷是不能容忍"分歧"，并遭遇"语义之刺"的危险③，标准性概念无法消解概念使用过程中存在的分歧。因此，我们必须付诸标准性概念以外的另一种概念，德沃金称之为解释性概念（interpretive concepts），解释性概念是指我们对概念的使用规则未达成一致意见，且没有决定性的检验方法判断哪个解释正确，而依然共享的概念。④ 与标准性概念相比，其最大优势是既容许"分歧"又存在"共识"，"共识"能够使我们的论辩得以可能，"分歧"使我们的论辩得以继续进行。所以德沃金声称解释性概念对价值统一的论证具有重要而明显的作用。⑤

2. 概念解释

德沃金主张，所有的概念都是解释性概念，这有助于我们对每个概念做出最好的解释。⑥ 德沃金为此区分了三种解释，即合作（collaborative）解释、说明（explanatory）解释和概念（conceptual）解释⑦，它们之间的区别主要体现在解释者与创造者的身份关系上，在合作解释和说明解释中，解释者与创造者之间存在有明显标志的身份区分，概念解释却消解了

---

① 〔英〕哈特：《法律的概念》，许家馨、李冠宜译，法律出版社，2006，第 123 页。
② Dworkin, *Justice for Hedgehogs*, Cambridge Mass：The Harvard University Press，2011，p. 158.
③ Dworkin, *Law's Empire*, Cambridge Mass：Harvard University Press，1986，p. 45.
④ Dworkin, *Justice for Hedgehogs*, Cambridge Mass：The Harvard University Press，2011，p. 160.
⑤ Dworkin, *Justice for Hedgehogs*, Cambridge Mass：The Harvard University Press，2011，p. 163.
⑥ Dworkin, *Justice for Hedgehogs*, Cambridge Mass：The Harvard University Press，2011，p. 164.
⑦ Dworkin, *Justice for Hedgehogs*, Cambridge Mass：The Harvard University Press，2011，p. 35.

身份区分，即解释者也是创造者。在《法律帝国》一书中，德沃金称其为创造性解释或建构性解释（constructive interpretation），即解释者对解释对象或社会实践做出最好的解释，以实现解释对象的目的。[1] 建构性解释是一种有目的的反思活动，它提供哪种解释为最佳的理由，论证为什么 A 解释比 B 解释更好、更优越。不同于因果关系的说明解释，建构性解释提供论证的理由，涉及价值，这也是德沃金称之为建构性的原因所在。

德沃金认为，价值判断或道德推理是一种解释，或更准确地说就是概念解释而非合作解释、说明解释。[2]"当一个解释最好地实现了解释对象的目的，这些目的是恰当地分配给解释实践的目的，而这些实践又是被恰当地认定为正确的，这个解释就是成功的——它在解释对象的含义方面，实现了真理。"[3] 概念解释消解了概念使用过程中的分歧，并获得了概念的最佳含义，即是说这项价值判断或道德推理为"真"。同时，概念解释把各种价值结合成具有整体性的价值，形成一个价值之网，使价值之间得以相互支持、相互依存，实现了价值统一目的。

比如为什么说"种族歧视是错误的"这一道德断言为真，其解释理由是，因为它不正义。为什么它不正义？因为它不公平。为什么它不公平？因为它不平等。为什么它不平等？因为它没有给予每个人同等的尊重而牺牲了尊严价值等。如此，通过解释，公平、平等、正义等价值统一起来了。

五　价值统一的形成过程

如果说《刺猬的正义》第一、二部分是对价值统一进行理论上的论证，那么第三、四、五部分就是对价值统一过程的实践展开。在这一内容体系中，德沃金主要处理两件事情：一是将三种主要的价值，即伦理价值、道德价值和政治价值结成一个价值之网，即法律是政治道德的一个分支，政治道德是个人道德的一个分支，个人道德则是伦理生活的一个分支，[4] 彻底消除三种不同价值之间可能存在的冲突；二是以伦理责任为起

---

① Dworkin, *Law's Empire*, Cambridge Mass：Harvard University Press, 1986, p. 52.

② Dworkin, *Justice for Hedgehogs*, Cambridge Mass：The Harvard University Press, 2011, p. 157.

③ Dworkin, *Justice for Hedgehogs*, Cambridge Mass：The Harvard University Press, 2011, p. 131.

④ Dworkin, *Justice for Hedgehogs*, Cambridge Mass：The Harvard University Press, 2011, p. 5.

点，推演出我们应当负有的道德责任及政治义务。

1. 从伦理责任过渡到道德责任

通常认为，伦理学是以道德为研究对象的，关心道德价值和正确行动。[①] 因此，传统上伦理与道德彼此不分，到了现代，道德从伦理中分离出来，各自有了关注和研究的主要问题。德沃金认为，伦理研究的是人们如何管理好"过好生活"的责任，个人道德研究的是个人对他人负有什么责任，政治道德研究的是政府对个体负有什么政治义务，或者说个人相对政府而言享有什么权利。[②]

自柏拉图在《理想国》中提出"正义的生活与不正义的生活，哪种生活更幸福"[③] 的问题以来，"什么是好生活""如何过好自己的生活"几乎成为伦理学不可回避的核心问题，学术史上对"什么是好生活"的回答形成了三种具有代表性的理论派系，即享乐主义、趣向论（欲望论）和至善论。[④] 但德沃金认为，对于"什么是好生活"和"如何过好自己的生活"是通过解释性判断来回答的，"好生活"（the good life）和"过好生活"（living well）都是解释性概念[⑤]，我们必须努力找到"好生活"和"过好生活"的最佳解释。

德沃金认为，"过好生活"的最佳解释就是要符合和实现伦理生活的两条基本原则，即自尊（self-respect）和本真性（authenticty），这两条原则共同构成了人的尊严观，[⑥] 实质上是对康德的"人是目的"实践命令的重新演绎，即"你的行动，要把你自己人身中的人性，和其他人身中的人性，在任何时候都同样看作是目的，永远不能只看作是手段"[⑦]。自尊要求对所有人给予同样的尊重，本真性要求对自己选择的生活负责。这是因

---

① 程炼：《伦理学导论》，北京大学出版社，2008，第1页。

② Dworkin, *Justice for Hedgehogs*, Cambridge Mass：The Harvard University Press，2011，p. 328.

③ 〔古希腊〕柏拉图：《理想国》，郭斌和、张竹明译，商务印书馆，2009，第48~49页。

④ 享乐主义主张每个人的终极目的是将自己的快乐最大化，将自己的痛苦最小化，典型的有以边沁、密尔为代表的功利主义；趣向论主张，一个人的福祉取决于他想要的东西，代表为休谟；至善论主张，一个人要过得理想和完美，需要实现种种客观善，柏拉图、亚里士多德、阿奎那、黑格尔和尼采都是至善论者。参见程炼《伦理学导论》，北京大学出版社，2008，第97~108页。

⑤ Dworkin, *Justice for Hedgehogs*, Cambridge Mass：The Harvard University Press，2011，p. 195.

⑥ Dworkin, *Justice for Hedgehogs*, Cambridge Mass：The Harvard University Press，2011，p. 204.

⑦ 〔德〕康德：《道德形而上学原理》，苗力田译，上海人民出版社，2005，第48页。

为每个人的生活都具有同样的客观重要性，那么，我们必须以对待自己生活的方式对待他人，这也是对自己选择的生活负责。如此，伦理与道德就联结起来，从伦理过渡到道德，并改造出两项主要的道德责任，即给予帮助和不得伤害的道德命令。①

2. 从个人道德责任过渡到政治义务

个人责任是针对个人之间的责任关系而言的，相比个人责任，政治义务是政治共同体（通常以政府的形式出现）代表拟制集体人一起对作为个人的他人负有的义务，表现为政府应当对个人如何行为的义务。它标志着个人道德向政治道德过渡。② 在社会生活中，我们的义务来源是多种多样的，比如基于承诺的义务，基于本真性的道德义务，基于偶然的关联性义务，如出生所形成的子女关系的义务。所不同的是，前一种义务出自自愿，后两种义务则非自愿。故有些人认为，承诺最终是所有义务的唯一基础，③ 如典型的契约理论就是以承诺的义务为基础建立起来的。但德沃金否认承诺为义务的唯一基础或来源，④ 因为有些义务并非来自承诺，比如侵权产生的义务或责任、尊严产生的义务等。德沃金说，还有一种义务为政治义务，政治义务源于政治联合，其义务的内容是由宪法的结构和历史，以及立法程序来确定的，在某些情况下也由判决来确定。⑤ 故此，政治义务是通过法律的运作方式给个人做出行为的指引，但存在的问题是，政府在建构法律规则时，可能为善，也可能为恶，那么对于一些邪恶的法律（如纳粹法律）公民要不要遵守和服从，特别是当一些法律侵害公民的权利时（如种族歧视法案、逃亡奴隶法案等），公民有没有抗法的权利。如果公民仅仅是恐惧法律制裁而被迫遵守法律，那么政治共同体与黑手党就没有区别，其合法性基础就荡然无存，这就是政治义务所产生的问题。德沃金说，一个政治共同体的政府，其合法性有赖于两个方面，一是一个

---

① Dworkin, *Justice for Hedgehogs*, Cambridge Mass: The Harvard University Press, 2011, p. 300.

② Dworkin, *Justice for Hedgehogs*, Cambridge Mass: The Harvard University Press, 2011, p. 327.

③ Dworkin, *Justice for Hedgehogs*, Cambridge Mass: The Harvard University Press, 2011, p. 304.

④ Dworkin, *Justice for Hedgehogs*, Cambridge Mass: The Harvard University Press, 2011, p. 304.

⑤ Dworkin, *Justice for Hedgehogs*, Cambridge Mass: The Harvard University Press, 2011, p. 321.

有目的的政府如何获得自己的权力，二是它如何行使那种权力。①

在和平社会，一个政府获得自己的权力通常就是通过民主自决的方式，实行代议制政府，这能够保证公民参与做出集体决定，实现人民自己治理自己的目的，如此政府获得的权力才具有合法性。因此，一般认为，人民实行自治有两种模式，即多数民主观和合伙民主观。多数民主观认为，只有当人民的大多数掌握政治权力时，人民才是自治的。而合伙民主观认为，自治并非多数人对所有人运用权威，而是所有人都把他人作为伙伴对待，并一起像伙伴一样行动。两者的重要差别在于，多数民主观仅是程序意义上的，伙伴民主观则需要符合某些实质合法性条件。② 但多数民主观的最大问题是牺牲或剥夺了少数人的自治权利，这显然是不公平的，因为每个人生来就是平等的，绝不允许一些人先天就有统治其他人的权力。而伙伴民主观尊重每一个人的自治权利，使法律规定符合对尊严的理解和要求。另外，多数民主观为代议制政府提供的辩护十分薄弱，因为它会使得总统和议会遵照多数人的意愿做出决定。而伙伴民主观为代议制政府提供了更为成功的正当性理由，根据合理的假定，选举产生的官员会比民众大会更好地保护个人权利免受摇摆不定的公众意见的威胁，增加了政府平等地关心和尊重所有人的权利和决策的机会。③ 因此，伙伴民主观才是政府获得权力的合法性途径。

从理论上讲，政府一旦成功建立，就获得了正义。④ 对政府所制定的法律，人们自然就有遵守的义务。但是如果法律没有足够地体现对公民平等地关心和尊重，甚至违反人的尊严而剥夺一些公民的政治或道德权利，比如种族歧视，要求为一场不正义的战争服役，那么公民有权不服从法律。因此，对于政府的法律而言，只要它能够合理地被解释为承认每个公民的命运都同等重要，并且承认每个公民都有责任创造他自己的生活，那么这个政府就是合法的，⑤ 政府的强制执行力才具有正当性。总之，一个

---

① Dworkin, *Justice for Hedgehogs*, Cambridge Mass：The Harvard University Press, 2011, p. 321.

② Dworkin, *Justice for Hedgehogs*, Cambridge Mass：The Harvard University Press, 2011, pp. 383 – 384.

③ Dworkin, *Justice for Hedgehogs*, Cambridge Mass：The Harvard University Press, 2011, p. 394.

④ Dworkin, *Justice for Hedgehogs*, Cambridge Mass：The Harvard University Press, 2011, p. 321.

⑤ Dworkin, *Justice for Hedgehogs*, Cambridge Mass：The Harvard University Press, 2011, p. 322.

合法性政府根本性条件是必须同意两条基本原则，一是对命运的平等关心，二是对责任的充分尊重。① 这也成为政府对公民所负的政治义务，如此，政治义务也是奠定在伦理尊严基础上的，从伦理尊严的两项原则中发展而来。

3. 从政治义务过渡到个人权利

从政府的角度来说，政治义务是政府对公民个人负有应当如何行为的义务，但置换为公民个人的角度来看，就可以说公民个人有权要求什么。德沃金说，在谈到政治道德时，权利显然提供了一个比责任或义务更好的焦点，定位更为准确。②德沃金认为，公民个人应当拥有的权利包括以下几种。

一是政治权利，它被德沃金视为王牌权利，是一种压倒性权利，它能够否决其他一些为政治行动的正当性提供论证的理由，比如某项种族隔离政策侵犯了公民的平等权，那么公民就可以通过享有政治权利来击败种族隔离政策。政治权利是政治道德的一部分，因此，政府的合法性与政治权利就深刻地关联在一起，政府应当对每个公民做到平等地关心与尊重，否则政府就没有为它的成员创设义务并予以强制执行的道德权力。

二是法律权利，它是公民可获得司法强制执行力的权利，是为了政治权利具有实效而创设出来的。从这个意义上来说，法律权利是一种特殊的政治权利，但并非政治权利都是法律权利，政治权利要成为法律权利需要通过立法程序加以确定，这也是政治权利与法律权利的区别所在。由于政治权利是政治道德的一部分，而法律权利又是一种政治权利，那么就产生了法律与道德的关系问题，并由此引发法实证主义与自然法学派之间的论战。法实证主义认为法律与道德是完全独立的两个系统（或称双系统），德沃金却认为法律是政治道德的一个分支和细部，③ 是一个单系统。由于双系统找不到一个中立的立场来判定这两个独立的系统之间的关系，它们只能导致循环论证，④ 故此应当放弃法实证主义主张。

三是人权，它是强意义上的政治权利，但并非所有的政治权利都是人

① Dworkin, *Justice for Hedgehogs*, Cambridge Mass：The Harvard University Press, 2011, p. 2.

② Dworkin, *Justice for Hedgehogs*, Cambridge Mass：The Harvard University Press, 2011, p. 328.

③ Dworkin, *Justice for Hedgehogs*, Cambridge Mass：The Harvard University Press, 2011, p. 405.

④ Dworkin, *Justice for Hedgehogs*, Cambridge Mass：The Harvard University Press, 2011, p. 403.

权。所谓人权，就是把公民作为一个人，一个其尊严具有根本重要性的人加以对待的权利。① 人权与政治权利的界限和区分标准在于解释性，人权是极为抽象的一种权利，不同的个体或国家都不可避免地对人权产生争议，因此，人权是个解释性判断。但人权的解释性判断并不是相对的，它具有普遍性，因为人权是在尊严的基础上做出的理解和判断，即尊严要求平等地关心所有人的命运，充分尊重个人的责任。②

可见，法律权利、人权等政治权利都源自尊严的两个原则，从平等与自由这两项主导性的政治权利来看，平等体现了尊严的第一项原则，而自由体现了尊严的第二项原则，③ 平等、自由和民主等价值相互支持，各种价值在尊严价值的基础上形成了统一。

六　结论及简扼评析

上文已从主干上勾勒出德沃金的整体思想和论证过程，第一步，德沃金以"事实与价值区分"的休谟定律阐释了价值的独立性、客观与真，事实领域存在真理，价值领域同样存在真理。只是价值的真理不同于科学发现，是通过理由论证来判断真理的。完成了价值统一何以可能的前提论证工作，第二步，德沃金以责任为桥梁，完成了如何认识和发现价值的客观与真，即一项道德断言为真的根据为我们的判断责任而非我们的信念，这是因为责任要求我们的行为与原则相一致；第三步，德沃金以概念解释来消解价值之间的冲突，"解释将不同的价值结合到一起"④，最终实现价值的统一目标；第四步，价值统一过程中的实践展开，以伦理责任为基础，相应地扩展到道德责任及政治义务，伦理责任的两项原则以联立方程的方式将各种价值统一起来，最终完成和实现了德沃金的"理论野心"。⑤ 可以说德沃金的论证在逻辑上缜密、完整，无可挑剔，但德沃金的一些理论

---

① Dworkin, *Justice for Hedgehogs*, Cambridge Mass: The Harvard University Press, 2011, p. 335.

② Dworkin, *Justice for Hedgehogs*, Cambridge Mass: The Harvard University Press, 2011, p. 338.

③ Dworkin, *Justice for Hedgehogs*, Cambridge Mass: The Harvard University Press, 2011, p. 349.

④ Dworkin, *Justice for Hedgehogs*, Cambridge Mass: The Harvard University Press, 2011, p. 101.

⑤ Dworkin, *Justice for Hedgehogs*, Cambridge Mass: The Harvard University Press, 2011, p. 405.

创见值得我们去反思。

一是德沃金否定规范伦理学与元伦理学的划分，认为元伦理学的基础是错的。[1] 但诚如陈景辉教授的质疑，"有如此多的伦理学家始终坚持元伦理学和规范伦理学之间的基本划分，在'论证经济的原则'与'证明负担'之下，德沃金挑战的有效性值得怀疑"[2]。

二是德沃金将所有的概念都视为解释性概念，这反而落入了武断的风险，存在消灭其他概念类型的危险，其结果必然危及不同学科领域对概念分析的独特要求。比如我们对"人"的概念分析，可以从生物学、人类学、政治学等不同的学科领域进行，而且在不同的学科领域对概念的理解完全遵循不同的概念类型之要求。从生物学上来理解人的概念，完全可以做到无涉价值的解剖性描述。而德沃金的解释性概念有涉价值，并将其作为一项重要特征。如此，解释性概念就可能无法相容其他概念类型。

三是德沃金将法律、政治、道德逐级、逐层视为伦理的一个分支，尤其是把法律看成道德的一部分，法律与道德同系于一个单系统。这势必消解了法律的独特性，模糊了法律与道德的界限，甚至导致法律成为冗余。故此，波斯纳曾批判道："在德沃金理论中，法律被界定得越宽，'法治'就变得越不确定，而不是更确定。法律已失去了其独特性，它首先汇合了道德，然后，当承认社会是道德多元时，又溶进了各派政治，因此，法律也就完蛋了。"[3]

但德沃金的"价值统一论"意义不仅在于成功地整合、弥补了价值"一元论"和"多元论"及其不足，而且为社会正义提供了一个正确答案，即政府必须给予其统辖下的人们平等的关心和尊重。[4]

---

① Dworkin, *Justice for Hedgehogs*, Cambridge Mass: The Harvard University Press, 2011, p. 67.

② 陈景辉：《法理论的性质：一元论还是二元论？——德沃金方法论的批判性重构》，《清华法学》2015 年第 6 期。

③ 〔美〕理查德·A. 波斯纳：《法理学问题》，苏力译，中国政法大学出版社，2002，第 29 页。

④ Dworkin, *Justice for Hedgehogs*, Cambridge Mass: The Harvard University Press, 2011, p. 423.

德沃金的法律解释理论

王　谦[*]

摘　要： 美国学者德沃金在与法律实证主义的思想博弈过程中，通过反驳法律开放结构和法官的自由裁量权，形成了自己的法律解释理论，并且在美国的司法实践中不断地完善、修正自己的这一体系，德沃金的法律解释为构建融贯的法律体系寻求法律的唯一正解。本文从这一理论的来源背景、内容以及对我国法治建设的启示方面，来浅析德沃金的法律解释理论。

关键词： 德沃金　解释性概念　唯一正解　法律的整全性

作为 20 世纪具有巨大影响的法学家和哲学家的美国学者德沃金，在回应法律实证主义的法律开放结构和法官具有自由裁量权的基础上，借鉴了哲学以及前沿的社会法理学，重新诠释了法律是什么，并从这一概念出发，理清了规则、原则，提出了"唯一正解"理论以及保证获取法律"唯一正解"的基石——法律具有整全性和融贯性。德沃金的这些理论一经提出就对西方乃至全世界都产生巨大的影响，同时也不断地受到质疑和挑战，而他的理论也正是在对这些质疑和挑战的回应中不断地丰富和更新。

一　德沃金法律解释理论的产生背景

随着各种复杂的社会状况出现，司法三段论的弊端日益凸显出来，人们在肯定以司法三段论为代表的传统推理形式的作用的同时，也开始试图找到它陷入困境的原因，从而能够完善法律推理形式。法律实证主义认为，司法三段论之所以陷入困境，是由于法律体系具有开放结构，现有的法律无法涵盖全部的社会事实，随着社会不断发展和推进，疑难案件必然

* 王谦，中国政法大学人文学院博士研究生。

会超出法律的范围，此时就需要法官通过行使自由裁量权来填补法律的漏洞。对于法律实证主义的法律开放结构和法官自由裁量权的反驳正是德沃金法律解释理论的起点，对法律实证主义的反思与批判，促使德沃金的法律解释理论形成并且不断完善。同时，德沃金的法律解释理论产生于法律论证理论蓬勃发展的时期，他的理论也必然受到哈特、阿尔尼奥等法学家的影响。实践哲学和分析哲学的传统也渗透在德沃金的思维方式之中，加达默尔的解释学亦对其产生了深远的影响。

（一）理论的起点——对法律实证主义的否定

不同理论间的碰撞与博弈总是能够促进新思想的萌芽与构建，德沃金的法律解释理论的形成、发展与成熟，就离不开与以哈特为首的法律实证主义者的思想博弈。所以研究德沃金的法律解释理论，我们首先要了解法律实证主义的基本立场。

以哈特为代表的法律实证主义认为纷繁复杂的社会现实无法完全被法律所涵盖，随着社会不断变化发展，法律所规定之外的新情况、新问题会不断地出现，而此时适用于简单案件的既有法律规则将会失效，或者适用某一法律规则将会引发更大程度上的不公。这是由于法律并非包罗万象地涵盖一切社会事实，法律结构具有开放性，或者说随着社会的发展法律会不断地出现需要被填补的漏洞。而正因为法律体系是一个开放结构，所以要求法官具有自由裁量权，通过创制新的规则来填补法律的漏洞。

德沃金理论的起点正是对法律实证主义的开放结构和自由裁量权的否定，德沃金认为法官的自由裁量权会将法律之外的道德、价值等因素无限制地引入法律之中，形成新的法律，这种法官的立法势必会削弱法律的权威性。同时，败诉一方受到惩罚并不是由于他违反了现存的法律，而是因为他违反了法官在事后创制出来的新义务、新规范，这显然是溯及既往的法律，而这种法官立法将会导致溯及力的滥用，进而引起更大程度的不公。"我们必须承认，借事后创制新义务的名义，牺牲一个无辜者的权利显然是错误的。"[①] 所以德沃金反对法官的自由裁量权。德沃金认为面对一个案件，法官应该做的并不是运用自由裁量权去创制法律，而是在现有的法律体系内部去寻找可供适用的法律，来获得"唯一正解"。基于这样

---

① 〔美〕罗纳德·德沃金：《认真对待权利》，信春鹰、吴玉章译，中国大百科全书出版社，1998，第115页。

的反对，德沃金开启了自己围绕获取"唯一正解"展开的法律解释理论。

（二）持续的生命力——法律论证理论的蓬勃发展

在佩策尼克与阿列克西、阿尔尼奥合著的《法律论证推理》中，他将法律论证理论蓬勃发展的原因归结为三个。第一是法律理论和司法实践的现存状况，这一方面原因主要体现在纷繁复杂的社会问题层出不穷，使得司法三段论逐渐陷入困境之中。于是人们开始深入分析司法三段论的利与弊，寻求它陷入困境的原因，并基于这些原因提出各种解救的策略。第二是受到学科（主要是哲学尤其是科学哲学、社会学）发展的影响，由于社会因素重新划归到科学哲学的考察范围之内，历史性的因素再次进入关注的视野之中，主要表现在实践理性得到了复归，以及分析批判理论回归到分析哲学之中。第三，众多的法学家、哲学家从理论和实践两方面做出了具体的分析。作为法律论证理论重要组成部分的德沃金的法律解释理论，正是基于上述的原因产生并逐渐成熟起来的，同时与其他法律论证理论相互影响、融合，并进一步促进其自身的发展。所以我们可以说法律论证理论的产生和发展为德沃金的法律解释理论提供了养料，正是在这些理论的碰撞与交融中，德沃金才能不断地完善自己的法律解释理论。

（三）理论的动力——实践哲学和分析哲学

20世纪50年代以来，解释学的转向、语言学的发展都改变了哲学研究范式与方法，同时，道德与法律的关系以及法律的正当性问题再次进入人们的视野，引起了人们的关注和讨论。正因为如此，分析哲学重新进入研究者的视野之内，学者们认识到了"除了逻辑演绎和经验事实的方法之外，尚存有理性论证的广大领域未被开拓。或许可以说，他们共同致力于被逻辑实证主义切割而渐次萎缩的合理性观念之回复。法的推论是实践性议论的高度制度化和形式化的特殊类型。法的推论是在一定的组织、制度和程序里进行的，必须严格遵守证据和辩论的规则：其论证技术也经过特殊的训练，侧重于寻求公平而合理的决定的适当理由"[1]。由此我们会发现实践哲学使得我们必须重新去反思法律与道德之间的关系，通过对这种关系的重新审视，德沃金坚持将道德作为法律的基础，从而反对法律实证主义的法律与道德相分离，坚持法律的正当性体现在与道德相一致方面，

---

[1]　焦宝乾：《法律论证导论》，山东人民出版社，2006，第28页。

并将道德问题作为法律原则。

"从起源上看，分析哲学是认识论上的经验论传统、方法论上的理性主义、康德的基础主义和 19 世纪晚期新创的数理逻辑技术相结合的产物。"① 它对于论证理论的影响是不可忽视的，"论证理论主要源于分析学，这仍为今天几乎所有的论证理论家们所确认"②，所以德沃金的法律解释理论也必然要运用这一思维方式。分析又可以称为剖析，"在思维活动中把对象的整体分解为各个部分（或各个方面、各种特性、各种因素）而分别加以考察的一种活动和方法。就任何对象总是作为多种规定的统一而言，也就是在思维中把对象的各种规定分解开来——加以考察的活动和方法"③。对于疑难案件，我们如何回归到法律内部，通过寻找法律原则来获得唯一正解，应用的也正是这样一种思维方式。

二 德沃金法律解释理论的三个面向

（一）法律是一个解释性概念

法学家所要面对的第一个问题就应该是：法律是什么？而这一问题也是法学界长期争论并且划分出不同法律流派的重要问题。不同于法律实证主义坚持法律是什么取决于法律实际是什么，将法律看成既存规则，德沃金认为法律体现的是"道德和正义的价值，而不是阶级偏见和意识形态"④。所以法律是什么更应该取决于它应该是什么，更应该在一个流变的过程中去探讨法律的实质问题，法律应该是一个解释性概念。

德沃金对于法律是一个解释性概念的论证，是从一般生活中的礼仪规范出发的。在生活中总是存在我们全员都应该去遵守的礼仪规范，诸如古代平民遇到贵族需要脱帽行礼。这些规范具有两个重要的特征：其一，这些礼仪规范的背后存在我们必须认同的价值或原则作为其合理性的支撑；其二，礼仪规范随着我们的解释不断变化而变化，同时，这种新的变化又会促发新的解释，在这种不断的相互作用之下，人们的解释就决定了礼仪

---

① 焦宝乾：《法律论证导论》，山东人民出版社，2006，第 29 页。

② 〔德〕阿图尔·考夫曼、温弗里德·哈斯默尔主编《当代法哲学和法律理论导论》，郑永流译，法律出版社，2002，第 147 页。

③ 彭漪涟、马钦荣主编《逻辑学大辞典》，上海辞书出版社，2004，第 363 页。

④ 〔美〕罗纳德·德沃金：《法律帝国》，李常青译，中国大百科全书出版社，1996，第 18 页。

规范的内容。"同理，作为社会规则的法律，也应取决于其社会成员的解释。如果法律是一个解释性概念，那么法理学关于法律的概念问题，其核心就是何为解释的问题。"① 所以，法律是什么就取决于对法律的解释，取决于全体社会成员的共同解释。同理，这种解释也并非一成不变的，而是参照此前解释并且根据社会事实的变化发展，不断地演进，所以法律不仅是解释性概念，还是存在于动态流变的解释过程之中的。

德沃金认为，在解释的三种惯常分类之中，法律解释与文学艺术性解释最为相似。不同于阿列克西根据在交谈中解释对方意图的对话性解释所创立的商谈理论，也不同于旨在查明客观事实原因的科学性解释，法律解释具有与文学艺术解释相似的特征，即解释者根据自己的目的对文本内容的意义进行建构性解释。

德沃金主张法律解释具有以下两个特征。首先，它应该是一种解释者目的起决定性作用的建构性解释。它要求在进行法律解释时，应该着眼于整个法律实践，尝试结合整个法律实践做出论证，从而获得唯一正确答案。这种解释绝不是着眼于立法者的意图，因为这些意图是零散的、复杂的、辨识度不高的，更不是按照自己的意图随心所欲的解释，而应该是从法律整体出发，根据法律原则，投掷在相关法律实践中的解释。其次，它要求解释者在做出解释时，应该立足当下，立足此刻的社会现实，同时还要回溯过去和展望未来，在这样一个动态的流变过程中做出解释，既不拘泥于历史传统，也不盲目脱离实际。立足当下，让解释更符合客观实践；回溯传统，在传统中获得论据和支持；展望未来，让解释更有前瞻性。

德沃金的法律解释理论深受加达默尔哲学解释学的影响。如德沃金的法律类似文学事业，是从理解文本的内容和意义出发的，而非按照作者的原意。同时，德沃金对于加达默尔的哲学解释学进行了超越和改造，比如不同于加达默尔的解释学着眼于历史，被传统所束缚，德沃金的解释理论是立足当下和实际需求的建构性解释。

（二）唯一正解

法律概念是解释性概念，解释的目的则在于获取唯一正解。即使是在疑难案件中，法官仍然可以通过建构性解释，找到正确答案，从而做出判

---

① 〔美〕罗纳德·德沃金：《法律帝国》，李常青译，中国大百科全书出版社，1996，第46页。

决。法律实证主义认为纷繁复杂的社会现实无法被法律完全涵盖，当面对无法通过现有法律规则去解决的新情况、新问题，即疑难案件时，我们就需要去赋予法官自由裁量权，让法官充分发挥自由裁量权来填补法律的漏洞。德沃金则认为这种自由裁量权的适用，一方面会削弱法律的权威，它会将法律之外的道德、价值等因素无限制地引入现有的法律框架之内，从而影响法律的权威性；另一方面将会导致新的不公平，因为适用自由裁量权所创制的新法，是对于法律溯及既往的使用，它对败诉一方的惩戒是通过事后创制出来的新义务进行的。所以面对疑难案件，法官要做的并不是通过自由裁量权去创制新的法律或者将法外价值引入法律，而是从法律整体出发，在法律体系内部寻找解决这一案件的唯一正解。"法官的点头对人们所带来的得失，往往要比国会任何一般性立法所带来的得失要大。"[1]

"如果法官创制新法，然后以溯及既往的方式运用于他所面临的案件，那么，败诉一方之所以受到惩罚就不是因为他违反了他所承担的某一义务，因为他触犯了事件发生后法官创制的新的义务。"[2] 此时法官不应该溯及既往地创制新法，而应该在现有的法律体系之中寻找适用的法律。"即使在疑难案件中，发现各方的权利究竟是什么而不是溯及既往地创设新的权利仍然是法官的责任。"[3] 对于隐藏在法律内部的原则的适用将会带给我们法律的"唯一正解"。

那么如何获得唯一正解呢？法律不存在所谓的空缺或漏洞，我们应该将法律看成一张严密的网，在我们找不到可供使用的规则时，就需要法官通过建构性解释向内寻找去获得正确答案，因为答案往往就潜藏在法律体系内部的原则之中。

在找寻的过程中，我们不应根据自己的主张，因为自己的主张可能代表了一种极端的立场；也不应盲从于社会舆论，因为舆论往往会被传统或者情绪化左右；法外的道德同样不应作为依据，因为它们可能会引起争议。那么什么才能成为我们的依据呢？就是根据自己的心智去运用已经被制度化了的宪法性道德和法律原则。同时，在面对具体案件时首先考虑法律体系整体、法律原则、宪法性道德，然后才落脚在具体的案件，这是一

---

① 〔美〕罗纳德·德沃金：《法律帝国》，李常青译，中国大百科全书出版社，1996，第2页。

② Ronald Dworkin, "Hard Case", *Harvard Law Review*, 88（1975），p. 1061.

③ 〔美〕罗纳德·德沃金：《认真对待权利》，信春鹰、吴玉章译，中国大百科全书出版社，1998，第115页。

种先宏观再微观的方法。

德沃金通过设计一位理想的法官赫拉克勒斯作为自己的理想法官，来揭示自己的法律理论的特征——如何通过建构性解释来获得唯一正解。以堕胎案为例，不同于实证主义认为只有制定法和判例才是有效的法律，在这之中不存在允许女性堕胎的规则，所以应该断定女性不享有这项权利，赫拉克勒斯法官认为公民享有基本法律权利的同时，也享有基本的道德权利，根据宪法对任何自由的限制都是无效的，在怀孕前三个月选择堕胎是她们的基本自由，是不能受到侵犯的权利。而这项道德权利正是暗含在正当程序条款之中并且具有道德基础的，是对法律进行建构性解释获得的结果。

（三）作为整体性的法律

在德沃金看来，法律实证主义者之所以提出并接受"自由裁量权"，是因为他们认为法律具有开放结构。既存的法律无法完整地涵盖纷繁复杂的社会现实，新情况、新问题会随着社会发展而不断出现，每当此时，法律就会显示出它的滞后性，所以法律存在它的漏洞需要填补，而填补法律的漏洞这一项工作，就需要法官通过自由裁量权来完成。法律的开放结构是法官自由裁量权存在的前提，坚持法律具有"唯一正解"的德沃金必然从对这一前提的否定来展开自己的法律解释理论。

德沃金不认同法律具有开放性，在他看来法律应该是一个完满融贯的体系，应该具有整全性，这正是他获得"唯一正解"的出发点和保障。只有一个整全融贯的法律体系才能保证法官们推导出"唯一正解"。正如索里亚诺的评价，德沃金关于"法律体系的融贯"的目的是通过整合法律体系中各组成部分达到融贯的程度来证明一个具体的司法裁决。当出现几种可能的选择方案时，融贯可以提供一种原则性的指导策略来做出唯一正确的解释。整全性作为德沃金法律体系的重要特征，具有以下几个特点：第一，整全性应该兼顾公平、正义和正当程序；第二，整全性意味着从全局出发，即根据宪法性道德的原则，从宏观到微观，进行全局性思考；第三，整全性要求保持一致性。

德沃金对于个体整全性的描述实质上就是他生活的全部内容以及他的全部价值之间的通贯程度。将这一概念放置在法律领域呢？"裁判的整全性原则指导法官们，只要有可能，就在下属预设下确认法律权利与义务，即它们皆由单一作者——人格化社群——所创设，而这位作者表达了正义与公平的一个融贯概念论。"① 可见在德沃金的描述中,法律的整全性几乎可以等同于融贯性,它们共同作为裁决证立的最终标准。

德沃金认为,"即使没有明确的规则可用来处理手边的案件,某一方仍然可以享有一种胜诉权"②,因为法律应不仅包含法律规则,还应该包含法律原则,这些原则是隐含在法律之中的。法律的规则、先例、原则是一个融贯的法律整体,法律从来都不会不确定,法官应该通过对于这样一个融贯的整体的把握,通过这一法律证立的最终标准来找寻唯一正确的答案,而不应跨过法律的边界去"自由裁判"。在规则失效的疑难案件中,只要我们去通览历史沿革中的司法实践,在浩瀚的法律判例之中,在法治精神的沿袭之中,必然会找到能够解决这一法律纠纷的原则。

三　德沃金法律解释理论的价值和理论缺陷

(一) 理论意义

首先,德沃金在与法律实证主义等社会思潮的论辩中,建立并完善了自己的法律解释理论。德沃金在借鉴了加达默尔的哲学解释学的基础之上,重新回答了"法律是什么"这一问题,指出了法律应该作为一项解释事业而存在,并且是在历史的动态流变过程中,立足于法律整体去进行的建构性解释。这种对于法律是什么的解答以及从法律融贯体系出发去寻找唯一正解的法律解释理论,作为法理学的构成要素,丰富了法律论证理论。

其次,德沃金在驳斥了法律实证主义的法律自身赋予法律原则正当性的基础上,明确了法律应该以道德为基础,虽然道德并不会一成不变,但这丝毫不会撼动法律的基础地位。同时,法律通过动态的建构性解释来丰富自身的内涵。所以,德沃金的法律解释理论强调法律原则的重要性,尤其是宪法性道德原则,他明确指出了法律应该是以道德为基础的,规则政策都应符合体现道德的原则,这就强化了个人权利的实现,捍卫了公民的

---

① 〔美〕罗纳德·德沃金:《法律帝国》,李常青译,中国大百科全书出版社,1996,第227页。

② 〔美〕罗纳德·德沃金:《认真对待权利》,信春鹰、吴玉章译,中国大百科全书出版社,1998,第115页。

个人权利。同时，道德的基础原则之法就体现在宪法之中，这种对于将道德作为法律根基的捍卫，以及对于法律道德基础的重新构建，捍卫了现代法治的精神，有利于防止恶法的出现。

最后，德沃金的法律解释理论不仅仅是纸上谈兵的脱离司法实践的美好理论展望，更是结合了他以往的实践经验，立足于美国的司法实践。如结合了他参与的平权行动、堕胎等大案的讨论。这种从社会实践出发，在实践中修正，又反过来作用于实践的法律论证理论，显然更具有现实价值。

（二）理论不足

首先，德沃金的唯一正解理论所依据的完满融贯的法律体系是否能够存在？其次，即使这样的法律体系真的存在，现实生活中是否所有的法官都能够像他所设想的赫拉克勒斯式法官一样具有完美的理性，去寻找唯一正解？最后，关于不同于道德和政治的法律与道德之间的界限，德沃金也并没有进行清晰的界定。

德沃金的法律解释理论所要实现的核心目标就是获得"唯一正解"，因为在他看来法律问题总有或几乎总是有唯一正解的。因此，他的整体的融贯的法律理论，将法律人比作续写系列小说的作者，所有人的续写都应该契合它所拥有的实质材料和价值判断。而这样的一种方式总是能够帮助我们获得唯一正解。在法律领域，就是通过对现有的规则、原则和政策在法律体系内部不断进行重构式解释，来维持法律体系的整全融贯的特性的。每一个新的裁决尤其是疑难案件如果可以被重构纳入作为整体的法律内部，成为这个体系的整全融贯的一部分，并且和现存体系保持一致性，那么这个决定就是合理性的，就是该法律争议的唯一正解。而理性地完成这一续写任务（或者说重构任务）获得唯一正解的就是赫拉克勒斯式法官，每一位法官都应该竭尽所能地去接近这种结果。

但是，现实法律语言的模糊性以及法律推理中不可割舍掉的价值判断，让我们不得不去质疑这样的结果。在德沃金的论述中我们不难发现，他承认自然语言的模糊性，同时也承认这样一种模糊性将带来不可避免的价值判断，但是他又认为法官受限于制定法，只能根据法律原则以及个人的道德去解决制定法，从而排除掉"强"自由裁量权，来获得唯一正解。正如佩策尼克评价的，"价值负载式解释能够产生唯一正解这一事实，意味着制定法与原则可以给予法官精确指令，即在原则语境下制定法必定是精确的"①。也就是说，法律语言在词法上是模糊的但是同时在语境上又是精确的。然而法律推理不仅仅包含理论意义，同时它也在做着包含实践意义的价值判断，最终理由与其他理由之间所进行的权衡与平衡是不可通约的，而这种实践意义的价值判断就可以使得赫拉克勒斯式的法官无法获取疑难案件的唯一正解。

在很多情况下，再议权利并非在解释之前，而是在解释之时才产生的。法官需要对法源、习惯性法律推理规范、涉及的既定道德规范等因素进行权衡与平衡。"因此，法官实施的权衡与平衡行为，而这最终不仅取决于他的法律知识，而且依赖于他的意志与情感。"② 此时，释法者如何保证他人能够支持他的解释呢？即释法者在通过价值判断去构建有效法时，如何保证已释法对于每个人都是相同的呢？只有当所有人都共享同一个法律范式时，也就是大家使用同一套概念和具有合理性的价值理念时，才有可能实现全虑性的权利。但是在司法实践中，"虽然释法者对于法律的概念、合理性以及法律方法等具有类似的观点，但是这些观点是并非完全一致的"③。所以在不能保证选取同一个范式的前提下，我们无法保证法律体系的整全性，全虑性权利不可能即存。

尽管德沃金的理论存在这些不足和争议，但是它仍然是西方学界最有影响力的理论之一，并且对于我国的法律论证理论研究以及司法实践都起到不容忽视的作用。

四 德沃金的法律解释理论与我国的法治建设

经济全球化的步伐加快，解决随之而来的问题的法律全球化也紧随其后。所以，我国的法治建设除了要结合本国的实际国情，也应去借鉴和结合国外优秀的法理学理论和法治文化发展经验。作为 20 世纪法理学理论精华之一的德沃金法律解释理论，不仅在理论上有其精进之处，而且经过美国司法实践的检验，着实有值得我国的法治建设借鉴之处。

第一，依法治国与以德治国相结合。德沃金的理论中多次强调道德应

---

① 〔瑞典〕亚历山大·佩策尼克：《论法律与理性》，陈曦译，中国政法大学出版社，2015，第 286 页。

② 〔瑞典〕亚历山大·佩策尼克：《论法律与理性》，陈曦译，中国政法大学出版社，2015，第 289 页。

③ 〔瑞典〕亚历山大·佩策尼克：《论法律与理性》，陈曦译，中国政法大学出版社，2015，第 290 页。

该作为法律的基础，法律正当性的标准应该是与道德相符合的。党的十九大明确全面推进依法治国总目标是建设中国特色社会主义法治体系，建设社会主义法治国家。我国完善法律体系建设的脚步也在不断加快，投置于法律领域的视线也不再只有法学工作者的，越来越多的社会成员也将目光投放到了法律尤其是法律裁决之上，人们对于法律决定的做出过程显然呈现了更高的兴致，对于法律实践上的公平正义呈现了更高的渴望度，由此也带来了对于法律决定可证性的更高要求，所以一个法律决定的做出除了需要关注是否符合法律体系的合理性要求，也开始关注是否符合政治理论、道德信念等层面的合理性要求。

第二，强调宪法的权威性。原则之法涉及的是道德问题，政策之法涉及的是经济发展与社会集体发展的社会功力问题。当两者发生冲突时，要以原则之法为重。而德沃金此处所指的原则和道德并非社会上多元的道德体系，而是已经达成共识形成文本的宪法。宪法原则就是社会基本道德和核心价值的凝结精华。在我国，习近平总书记在纪念现行宪法公布施行30周年大会上首次提出了"依宪执政"和"依宪治国"概念，强调了宪法的权威性。宪法作为我国的根本大法，是一切部门法律的总纲领，它凝聚着中国特色社会主义法治理念，统领着一切具体法律的制定和修改，更是每个公民必须遵守的基本准则，我们必须维护宪法的尊严、树立宪法的权威、保障宪法的实施。

第三，实现法律体系的融贯性。关于"司法裁判的全过程必然贯穿着价值判断和利益衡量"的观点，已无人再争论其正当性了。但当我们面对多元的价值主体时，当我们处于不断变化发展的社会背景之下时，如何获得一个有着充足理由支持的法律决定？如何在纷繁复杂瞬息万变的社会中实现法律的形式正义与实质正义，使每一个法律决定之间都能互相支持和证立，从而呈现法律的连贯性，使法律原则与规则呈现一种无矛盾性，有更清晰的准则来指导我们何为应当、何为禁止，不至于陷入自相矛盾的尴尬境地？这就需要我们的法律体系满足融贯性的要求，同时法律论证也要满足融贯性的要求。德沃金的关于法律体系的融贯理论，以及关于道德作为法律基础的底线，就可以为我们所借鉴。

聚焦中国的法律体系不难发现，我国的法律建构模式更多地呈现为政府主导型，这样的建构模式可以使我们的法律建设有更加明确的目的性，能够针对现实社会的实际情形快速做出反应，但是相较于内源性的法律建构模式缺少整个社会的共通的理解和认同。同时，我国的法制建设又呈现外源性的特征，我们取长补短地引入各种具体的制度，曾经效仿日本、英美、苏联等，但是对于制度的引进无论在时间维度还是在空间维度上，都欠缺连贯性、体系性以及相融性的考量，各个具体的规则与原则之间缺少相互的支持和证立，这也说明了中国的法治建设离不开融贯性的考量，中国的法律体系需要不断地融贯化。所以结合我国的法律背景和社会政治道德价值背景去研究融贯性理论，从而去实现法律论证的融贯性和法律体系的融贯性也就显得尤为重要了。

法律方法与法治专题

人工智能对法教义学构成挑战吗？[*]

邓经超[**]

摘　要： 人工智能的兴起带动了人工智能法学的研究热潮，但也同时产生了一些未经反思的观点。例如"算法即法律论"以及"人工智能取代论"。对"算法即法律论"的反驳需要从法教义学的认知描述层面来进行，法教义学的概念及原理本质上基于语言的理解。而对语言的理解关键在于产生一种"阅读体验"，这是人类思维所独有的特征，因此算法分析无法替代法律语言。对"人工智能取代论"的反驳需要从法教义学的司法实践层面来进行，法律适用过程本质上是一种价值关涉的过程，不可避免地带有价值判断，而人工智能无法自主处理价值评价问题。因此人工智能无法彻底取代法官的裁判地位。人工智能的变革是推动法教义学范式转换的契机。通过智能化法律论题目录的设计，法教义学的体系思维得以与日常生活的问题思维相融贯，进而为法教义学的科学属性奠基。

关键词： 人工智能　语言游戏　法教义学　论题目录　真理融贯论

自 17 世纪德国哲学家、数学家和法学家莱布尼茨首次将自然科学与法学相结合，法学与科学的关系便始终是法学家绕不开的问题。19 世纪德国"学说汇纂学"（潘德克顿学）曾借助自然科学的理念建构了一个"法律概念的金字塔体系"，致力于将法学打造成一种"法律的公理体系"。尽管之后的方法论思潮打破了"法律公理体系之梦"，但依旧不能否认，自然科学方法（主要是逻辑演绎方法）的确将法学研究引领至一条意义非凡的道路，并通过法典编纂的形式影响至今。时至今日，计算机科学中的人工智能正以一种席卷之势向法学界袭来，法学研究者们再一次面临科学对法学研究范式的影响。不同的是，这次面对的不是抽象的数理规则，而是另一种"人"，即模拟人类智能的计算机系统。于是，

---

* 本文是国家社科基金青年项目"庭审实质化语境下法官认知风格的测验及其改善研究"（18CFX004）的阶段性成果。

** 邓经超，中国政法大学法学院法学理论专业博士研究生。

越来越多的法学研究者开始思考技术变革对法学的冲击甚至解构，学术界也生产出许多相关的"知识成果"。面对人工智能的研究热潮，与实在法最贴近的法教义学自然难以置身其外，许多论者认为法教义学不可避免地会受到人工智能的冲击。[①] 但正如少数学者所指出的那样："许多讨论者会不加反思地认为，人工智能对我们生活的影响构成对法律的挑战。"[②]

根据既有的讨论，法教义学必然遭受人工智能的挑战可以从两个方面来归纳：第一是"算法即法律论"，即认为在人工智能时代，由于算法对生活全方位的占领，法律制度将被全面改写，我们的生活将由算法来决定；第二是"人工智能取代论"，即随着人工智能的不断变革，司法实践中法官的裁判地位将由人工智能取代，通过智能机器对大数据的分析与运算，得出更准确的判决。实际上，这两种观点都没有正确认识到法教义学的性质，因此，笔者将从法教义学的两个层面来分别反驳上述观点，从而否认人工智能会对法教义学产生重要挑战。

一　概念之界定

在展开对上述问题的讨论之前，应当对"人工智能"与"法教义学"这两个核心概念做出界定，以便为后续讨论划定范围。

人工智能从 20 世纪 50 年代发展至今，还未形成一个统一明确的定义。"人工智能的目标是研究人类智能的机理，提供智能行为的计算模型，进而构造能具有智能行为的系统。"[③] 从人工智能研究的发展方向来看大致有两个维度，即"思维"与"行动"。具体可以划分为四种定义：（1）类似人类思考的系统（thinking humanly）；（2）类似人类行动的系统（acting humanly）；（3）理性思考的系统（thinking rationally）；（4）理性行动的系

---

① 人工智能是否会冲击法教义学体系引发了学界激烈的讨论，正反双方都在竭力捍卫自己的立场，相关文章较多，此处仅列举部分，请参见吴汉东、张平、张晓津《人工智能对知识产权法律保护的挑战》，《中国法律评论》2018 年第 2 期；周详《智能机器人"权利主体论"之提倡》，《法学》2019 年第 10 期；王晓锦《人工智能对个人信息侵权法保护的挑战与应对》，《海南大学学报》（人文社会科学版）2019 年第 5 期；刘艳红《人工智能法学研究的反智化批判》，《东方法学》2019 年第 5 期；韩旭至《人工智能法律主体批判》，《安徽大学学报》（哲学社会科学版）2019 年第 4 期；等等。
② 陈景辉：《人工智能的法律挑战：应该从哪里开始？》，《比较法研究》2018 年第 5 期，第141 页。
③ 张连文、郭海鹏：《贝叶斯网引论》，科学出版社，2006，第 20 页。

统（acting rationally）。① 中国电子技术标准化研究院编写的《人工智能标准化白皮书》（2018 年版）将人工智能定义为：利用数字计算机或者数字计算机控制的机器模拟、延伸和扩展人的智能，感知环境、获取知识并使用知识获得最佳结果的理论、方法、技术及应用系统。② 综合来看，人工智能实际上就是通过计算机科学模拟人类智能，来实现一定行为的机器系统。人工智能的运行与其算法基础是分不开的，可以说算法是人工智能的大脑。通过"贝叶斯定理"等算法基础，人工智能可以处理许多人类曾经感到困惑的问题，例如"不确定性问题"。根据人工智能是否能够真正具备理性可以将其划分为弱人工智能与强人工智能。弱人工智能无法像人类一样应对复杂变换的环境，不具有意识和理性，只能依据人类设置好的程序来完成某些特定功能，例如语音识别、图像处理以及语言翻译等。强人工智能简单来说就是具备意识和理性，能真正和人类一样思考的机器。显而易见，目前人类文明的发展远未达到强人工智能时代，研究主流还集中于弱人工智能领域。因此，类似 AI 是否具有"人格""尊严"，AI 能否作为犯罪主体，这些涉及强人工智能的讨论要么属于哲学的范围，要么在法教义学的探讨中为时尚早，甚至无力进行类似讨论。就算强人工智能即将实现，但那时候的人类是否依然占据着统治地位也存在疑问。③ 就此而言，文章开头的问题就被转化为弱人工智能能否挑战法教义学。

再转向第二个概念——"法教义学"。与人工智能不同，法教义学的概念相对具体明晰，简单来说即研究现行有效法秩序（法体系）的学问。拉伦茨将法教义学（法学）看作以处理规范性角度下的法规范为主要任务的事物。④ 这意味着法教义学必须遵守现行法秩序。有学者总结了法教义学的三点基本主张：首先，法教义学反对摆脱"法律约束"的要求，主张法律（规范）对于司法裁判的约束作用；其次，法教义学反对夸大法律的不确定性，主张司法裁判的法律（规范）属性；最后，法教义学反对轻视规范文义的倾向，主张认真对待文本本身。⑤ 总之，法教义学必然具备以

① 参见 Stuart Russel, Peter Norvig, *Artificial Intelligence: A Modern Approach*, third edition, Pearson Education, Inc. , 2010, p. 2。

② 中国电子技术标准化研究院编《人工智能标准化白皮书》，2018，第 5 页。

③ 类似观点请参见陈景辉《人工智能的法律挑战：应该从哪里开始？》，《比较法研究》2018 年第 5 期；刘艳红《人工智能法学研究的反智化批判》，《东方法学》2019 年第 5 期。

④ 参见〔德〕卡尔·拉伦茨《法学方法论》，陈爱娥译，商务印书馆，2004，第 77 页。

⑤ 参见雷磊《法教义学的基本立场》，《中外法学》2015 年第 1 期，第 204～208 页。

下三点共识性特征。

第一，法教义学的一个本质特征在于它采取一种内在视角，法教义学者将自身置于有效法律体系之中从事研究工作。[1] 正如舒国滢教授所说："法学家不能完全像哲学家、伦理学家或社会学家那样来对待实在法。法学家无论喜欢或不喜欢，无论是否抵牾自己的天性，都必须对实在法有一种认可的态度，即他们必须基于'内在的观点'接受实在法的规定和效力。"[2] 法教义学以法律规范（或原则）作为分析的框架，以逻辑的、理性的思维来展开关于法律问题的论证。[3] 尽管法教义学者必须以"内在性"（internality）的姿态对待法律事业，但是绝不意味着对司法实务、案例或者立法实践就不能展开内部的批判。法教义学具备一定的"开放性"，这种"开放性"同样也是基于"内在视角"的反思。

第二，法教义学的一个重要任务在于对法律规范的体系化，法教义学者将法律视为一个融贯的体系。[4] 以体系化为焦点的法教义学可以称为"理论的法教义学"，它与以解释为焦点的法教义学——"实践的法教义学"构成法教义学的两个研究任务。[5] 法教义学者的目标是建构一个具有融贯性、开放性的法律体系，体系内的规范、原则以及概念都是他们的研究对象，所有相关的要素在体系内共同构成了法教义学者工作的整体，同时这种对待体系内的原则、案例以及概念的一致性也构成法律职业共同体的内在可理解性（internal intelligibility）的标志。法教义学的体系化，一方面为法律职业者划定了工作范围，另一方面也在不断调和和修补体系内的矛盾以及不融贯之处。

---

[1]　参见 Jan M. Smits, *What is Legal Doctrine? On the Aims and Methods of Legal-Dogmatic Research*, Maastricht European Private Law Institute Working Paper, 2015, p. 5。

[2]　实在法为法学家提供了思考的起点和工作的平台，但同时也限制了法学家提问的立场和问题思考的范围。参见舒国滢《并非有一种值得期待的宣言——我们时代的法学为什么需要重视方法》，《现代法学》2006 年第 5 期，第 9 页。

[3]　所谓法律人思维核心部分就是法学（法律）方法，通过法学方法的长期规训，法律人形成一个法律职业的共同体。法律职业化运动对于中国的法治事业而言是无比重要的，如果承认法律职业对中国法治的重要性，就要承认法律职业方法和职业思维，尤其是作为职业法律人基本功的法教义学的思维方法。关于学界对法律人思维的争论，请参见孙笑侠《法律人思维的二元论——兼与苏力商榷》，《中外法学》2013 年第 6 期；苏力《法律人思维?》，《北大法律评论》2013 年第 2 期；焦宝乾《法律人思维不存在吗?——重申一种建构主义立场》，《政法论丛》2017 年第 6 期；等等。

[4]　参见 Jan M. Smits, *What is Legal Doctrine? On the Aims and Methods of Legal-Dogmatic Research*, Maastricht European Private Law Institute Working Paper, 2015, p. 6。

[5]　参见王夏昊《从法教义学到法理学——兼论法理学的特性、作用与功能局限》，《华东政法大学学报》2019 年第 3 期，第 80 页。

第三，法教义学另外一个重要特征在于它所体系化的对象是现行法（present law）。① 法教义学者不会如自然法学者一样时常质疑法律的有效性以及正当性，法教义学者理所当然地确信现行法秩序"大体是合理的"。"现行有效的法律秩序既是法教义学工作的基础和前提，也是其研究的潜在界限，越出了现行实在法的界限，法教义学就丧失了自己相对于其他学科的独特品格。"② 法教义学的这一特征表明它是实证的，实在法规范构成法官裁判推理的大前提，有学者形象地称之为"带着规范的镣铐跳舞"③。的确，法教义学者不能尽情翱翔在思想的天空，也不能对现行法秩序做颠覆性的解释，现行有效的实在法约束了法教义学者浪漫无垠的想象，却令特定国家法治秩序得到了安定性的保障。

从这三点共识性特征可以看出，法教义学实际存在两个面向：一是认知—描述面向，二是实践面向。前者是从知识论的角度研究法教义学中的教义、原理、概念等体系，后者是通过前者中的教义、原理、概念来指导现实中的司法实践。在明确法教义学的概念后，就可以将法教义学的人工智能挑战问题进一步转化为：人工智能的发展是否会挑战现行法秩序？或者从理论认知与司法实践两个方面更细化为：（1）人工智能是否挑战了法律的体系性？以及（2）人工智能是否挑战了司法的权威性？这实际上正好对应了"算法即法律论"和"人工智能取代论"。就第一个方面而言，法律的体系性本质上是一个语言问题，无论是法律的教义、规则还是概念等皆需通过语言来表达，因此该问题需要借助语言哲学来进一步探讨。第二个方面涉及裁判中的价值判断问题，因此需要回到案件事实相关理论中来探讨。下文将分别就这两个问题展开论证。

二 "算法即法律论"的挑战之反思

算法能否取代法律？这个问题可以进一步扩大为人工智能是否会颠覆法教义学。因为一旦算法全面占领法律体系，那么法教义学的研究基础便荡然无存。要因应这个挑战，可以从语言游戏的角度切入。

① 参见 Jan M. Smits, *What is Legal Doctrine? On the Aims and Methods of Legal-Dogmatic Research*, Maastricht European Private Law Institute Working Paper, 2015, p. 7。
② 白斌：《论法教义学：源流、特征及其功能》，《环球法律评论》2010 年第 3 期，第9～10页。
③ 白斌：《论法教义学：源流、特征及其功能》，《环球法律评论》2010 年第 3 期，第10页。

（一）两种不同的"语言游戏"

"语言游戏"（sprachspiel）并非"狡辩""文字游戏"等表面意思，它被维特根斯坦赋予了更深刻的含义。在他看来，用语言来描述、报告、告知、肯定、否认、推测、下命令、问问题、讲故事、演戏、唱歌、猜谜语、说笑话、解题、翻译、请求、感谢、祝贺、咒骂、祈祷、警告、回忆、表达感情和完成其他许多活动都可以称为"语言游戏"。这个词意指语言和活动所组成的整体，语言首先是一种活动，是和其他行为举止编织在一起的一种活动。一方面，"游戏"无拘无束，另一方面，"游戏"必须遵循一定的规则，游戏的拘束来自规范。① 维特根斯坦既把"语言游戏"这个术语同我们借以教孩子的活动联系起来使用，又把它同在怀着某种目的的活动的背景下使用语言的活动联系起来使用。② 而后一种观念是更为核心的。维特根斯坦引入"语言游戏"概念，是为了驳斥逻辑实证主义所追求的那种科学性语言，即那种可以从实际生活中抽离出来的符号系统、语言。③ 在维特根斯坦看来，这种抽象出来的科学语言，让我们背离了日常生活中语言的实际功用。他使用"语言游戏"的概念，是为了让我们明白，"我们在谈论空间的和时间的语言现象，而不是某种非空间、非时间的怪物"④。也就是说，维特根斯坦将语言比喻成一种游戏，表明了日常语言使用的多样性、变易性、实践性等重要特征。⑤ 正如足球赛、篮球赛等"游戏"是各式各样的，日常语言的使用也是纷繁复杂的。这就要求我们认识到，语词的意义必须依赖于语境，或者说实践中的实际用法。

如上所述，人工智能与法教义学都接受各自语言规则的支配，都是"语言游戏"承载的科学领域。⑥ 但是二者的"语言游戏"并不一样。人工智能科学家基于心理学、工程学以及脑生理学等领域的专业术语发展出

---

① 参见陈嘉映《语言哲学》，北京大学出版社，2003，第166页；〔英〕A. C. 格雷林《维特根斯坦与哲学》，张金言译，译林出版社，2008，第81页。

② 〔英〕M. 麦金：《维特根斯坦与〈哲学研究〉》，李国山译，广西师范大学出版社，2007，第51页。

③ 语言游戏的概念同样是为了批评其早期著作《逻辑哲学论》中的"图像说"，这是后期维特根斯坦与维也纳学派交流后的自我反思。

④ 〔奥〕维特根斯坦：《哲学研究》，韩林合译，商务印书馆，2019，第84页。

⑤ 参见刘龙根《维特根斯坦"语言游戏说"探析》，《广西社会科学》2004年第7期，第35页。

⑥ 当然，应当区分人工智能和法教义学的科学属性。严格来说，人工智能属于计算机科学，而法教义学是一种规范科学（并非社会科学）。

自己的一套"人工智能术语"，来做人工智能领域的"语言游戏"。① 人工智能领域的术语有：机器学习、知识图谱、自然语言处理、人机交互、计算机视觉等。这些人工智能术语正在慢慢同化进生活世界②里的日常语言之中，并成为人工智能的民间爱好者所津津乐道的对象。除了这些用于人际沟通的术语，人工智能领域还存在用于使机器运转的编程语言。编程语言由代码、符号构成，每一个系统都有一套专门的编程语言，可以说是存在于计算机系统内部的语言。编程语言实际上是人类对计算机程序设计的指令，不具有日常交往的性质，但编程语言之于机器，正如人类语言之于人。因此，无论是人工智能术语还是人工智能中的编程语言，都构成人工智能研究的规则框架，不同之处在于前者是人工智能研究者之间的交往规则，后者是人类对机器制定的运行规则。

同样地，法教义学也有属于自己的一套语言规则，无论是法学家写作法学论文时，还是法官在对案件事实与法律规范进行概念涵摄时，实际上都是在进行一种"法律的语言游戏"。尤其是在裁判这个独特的场域，法官与当事人组成的审判程序就是在做一场司法的"语言游戏"。相比日常语言而言，法律语言更具精确性和特指性，例如法律语言中的"欺诈"就比日常语言中的"欺骗"有着更严格的定义，还有例如"无因管理""正当防卫"等特指的法律术语。不过，日常语言与法律语言具有一定的"家族相似性"，毋宁说法律语言是基于日常语言而来的，二者具有语言上的亲缘关系，都具有一定的实践性与变易性等等。尽管法律语言比日常语言的模糊程度低，但其还是存在一定的不确定性，在法官将案件事实中的日常语言向法律语言转化时，需要结合当事人陈述的具体语境方能确定语词的意义。

人工智能和法教义学的两套"语言游戏"体系原本不存在交叉的可能，但随着科学与技术的不断深化变革，人工智能正以前所未有的速度进

---

① 参见李国山《人工智能与人类智能：两套概念，两种语言游戏》，《上海师范大学学报》（哲学社会科学版）2018 年第 4 期，第 28 页。

② 根据胡塞尔，这个概念需要结合语境来准确理解。有时，这个概念指的是前科学被给予的经验世界，我们理所当然地接受并从不质疑。另外，有时（胡塞尔修正）这个概念，认为生活世界逐渐吸收了科学理论，并随着时间的流逝，科学理论逐渐成为生活世界的一部分：例如地球是圆的这个理论，我们只有很少人真正见过，但这个理论已经成为我们生活世界的真理。就第二种对生活世界的理解来说，它的特征在于一种动态性，处于永久的变化之中。也就是前面说的生活世界的角度性和相对性特征。基于生活世界中的不同语境，就可以正确判断一种表述究竟是事实描述还是价值判断。参见〔丹〕丹·扎哈维《胡塞尔现象学》，李忠伟译，上海译文出版社，2007，第 137 页。

入人们的生活中来。人工智能与法教义学的语言（概念）壁垒正在被打破，所谓的"人工智能法学"就是这一现象的产物。尽管如此，也并不意味着法教义学语言（概念）会被人工智能所占据，人工智能是否会影响法教义学语言（概念）体系，程度又有多大，这本身就值得思考。

（二）人工智能会颠覆法教义学概念体系吗？

前文已经提及，法教义学的认知—描述面向本质上是个语言问题。法律概念、教义的认知都需要通过语言来实现。法律需要语言来表达，并且法律的理论建构始于对概念的精确化，然后通过概念将材料体系化。[①] 因此，只要循着人工智能会颠覆法教义学语言这一思路，就能够论证，在认知—描述方面人工智能对法教义学构成重大的挑战。然而事实如何呢？我们可以从两个方面进行观察：首先是以学说史的角度，从近代私法教义学演变的关键环节——"学说汇纂学"之发展来探讨；其次是以语言哲学的角度，从维特根斯坦对人工智能相关概念所引发的哲学混乱之消解来思考。

1. 法教义学概念体系的稳定性——从学说汇纂学的演变看

根据德国历史法学派中"罗马派阵营"的思想，以萨维尼为代表的罗马派法学家搜寻和整理罗马法相关素材，以期为德意志民族构建真正属于本民族的富有表达力和精确解释力的法律语言和现代法律。[②] 这就是"学说汇纂学"（或称"潘德克顿学"）形成的知识动因。"学说汇纂学"的目的是通过"创造性（生产性）的教义学建构"，解释（注释）查士丁尼的《学说汇纂》作为超越实证的合法性基础，以"形式—概念的、体系—构建的方法"，从中抽出一般的法规则和法概念，并使之体系化，形成一种共同私法（民法）之教义学上无矛盾的实证体系。[③] 基于这种观念，格奥尔格·弗里德里希·普赫塔（Georg Friedrich Puchta，1798~1846）创设了"概念法学"的方法。他认为，法的概念具有一种独立的"理智的存在"，法律概念因此从法律关系的经验现实中脱离出来，只要通过抽象的

① 参见〔德〕N. 霍恩《法律科学与法哲学导论》，罗莉译，法律出版社，2005，第 107 页。

② 参见舒国滢《19 世纪德国"学说汇纂"体系的形成与发展——基于欧陆近代法学知识谱系的考察》，《中外法学》2016 年第 1 期，第 7 页。

③ 参见舒国滢《19 世纪德国"学说汇纂"体系的形成与发展——基于欧陆近代法学知识谱系的考察》，《中外法学》2016 年第 1 期，第 7 页。

概念构成（建构）就可以完成对法的科学创造，① 即"概念的谱系"方法。这种方法实际上是通过形式逻辑的方式对必要的抽象法条（规则）的理解进行一种概念层系的建构思考。② 关于这种概念—体系性建构，普赫塔说道："根基于国民的直接确信与立法之外在权威的法律，是经由其学术（科学）性的活动回溯到其原则，并且作为一个体系、作为一个互为前提与条件的命题整体而被掌握的。即使是最完备的习惯法与制定法，也因为不断多样更新产生的法律关系而变得不完备，体系立刻可以指出这种漏洞，并加以填补。……在此，学术（科学，wissenschaft）成为补充的法源，透过它从现行法律的原则中推导出可加以适用的法条之方式，而达成其目的。"③ 简言之，即存在一个最上位的法概念（法思想），从中推导（演绎）出一些非常抽象和一般的概念（公理），接着又可以从这些第二阶层的概念中演绎出许多更具体的下位概念（权利），最后采用演绎的方法得出具体的法律规则。④ 这种体系性建构，被拉伦茨称为"概念的金字塔"，这个金字塔式秩序的每个部分，均系其从属部分的目的，并且（除最顶点外）均系其所隶属部分的手段。⑤ 基于"概念的谱系"方法，对法律概念从最底层往最顶点追溯以及再从最顶点向最底层延展，就可以充分且清晰地形成"科学"之法。

经过普赫塔对"学说汇纂"之体系化发展，构建一个概念清晰、逻辑一致的法律公理体系便成为众多法学家（法教义学家）的梦想。之后更是形成了以伯恩哈德·温德沙伊德（Bernhard Windscheid，1817～1892）为代表的"学说汇纂学派"（或称"潘德克顿学派"），并极其深刻地影响了19世纪德国民法典的编纂。"学说汇纂学"对法教义学的影响主要在于为法律概念、术语划定了逻辑上的框架与界限，例如民法中的"请求权""物权""不当得利""法律行为"等都具有独特的意涵与位阶，且经过了

---

① 〔德〕格尔德·克莱因海尔、扬·施罗德主编《九百年来德意志及欧洲法学家》，许兰译，法律出版社，2005，第335页。

② 舒国滢：《格奥尔格·弗里德里希·普赫塔的法学建构：理论与方法》，《比较法研究》2016年第2期，第13页。

③ 参见〔德〕H. 科殷《耶林之法律体系概念》，吴从周译，载吴从周《民事法学与法学方法：概念法学、利益法学与价值法学：探索一部民法方法论的演变史》，中国法制出版社，2011，第573页。

④ 参见〔德〕阿图尔·考夫曼、温弗里德·哈斯默尔主编《当代法哲学和法律理论导论》，郑永流译，法律出版社，2013，第162页；〔德〕魏德士《法理学》，丁小春、吴越译，法律出版社，2003，第205页。

⑤ 参见〔德〕卡尔·拉伦茨《法学方法论》，陈爱娥译，商务印书馆，2004，第48页。

持久的学理论辩。从某种程度上说，学说汇纂学的发展已然超越了德国本国的范畴，而成为一门法的科学，即一般的法律科学：它既创造了一套固定的法律术语，还创造了每一位法学家所理解的法律语言。①

尽管所谓的"法律公理体系之梦"早已破碎，但如今的法教义学依旧受学说汇纂学的长久影响，至少从私法上看，我们持续性地受着罗马法概念的支配。学说汇纂学派所阐发的法律概念与法律术语仍然时刻观照着当下现实生活，这已经成为一种经验上的事实。因此，从法教义学本身悠久的演化来看，人工智能影响甚至改变法教义学概念体系的内涵与边界的可能性微乎其微，自然谈不上对法教义学产生根本性的颠覆。

2. 法教义学概念体系的理解性——从机器能否思维看

当然，或许会有人认为，从教义学的漫长演变历史来看，民法教义学体系不受人工智能冲击，并不代表其他部门法教义学不会面临挑战，因为并非所有部门法教义学都有类似民法的演变过程。这个质疑是很有力的，但笔者认为，不论何种部门法教义学，它们的演化经历应当是类似的，都具有体系化的概念与原理，这些概念和原理是经过法学家以及司法实践的不断探索形成的，具有极强的稳定性。然而也应当承认的是，尽管教义学中的概念自有其生发的过程，但这只是论证了人工智能对法教义学体系入侵的困难性，还不能从本质上论证挑战的无效性。对此，我们或许可以将目光转向维特根斯坦对"机器能否思维"这个争议性问题的论说，来进一步探讨人工智能挑战法教义学体系是否可能。

围绕"机器能否思维"这个问题，维特根斯坦与图灵展开了激烈的论辩。按照图灵的设想，将人与机器在特定场合下分离，由不知情者分别向二者提问，如果该不知情者无法根据问题的回答来判断对方是人还是机器，或者30%以上的答案被误以为是人的回答，那么就可以认定机器具备和人相当的智力，能够进行思维。但维特根斯坦并不认可这种设想。就"思维"这个概念而言，维特根斯坦坚决否定了它是一种"精神活动"，从本质上说是一种符号操作活动，通过手、嘴和咽喉等来进行。② 实际上，在维特根斯坦看来，思维需要借助语言来认识。"思维的位置就是我们在

① 参见〔奥〕欧根·埃利希《法社会学原理》，舒国滢译，中国大百科全书出版社，2009，第530页。
② 参见〔奥〕维特根斯坦《蓝皮书》，载《维特根斯坦全集》（第6卷），涂纪亮译，河北教育出版社，2003，第10页。

其上进行书写的那张纸，或者用以说话的那张嘴。"① 因此，思维与语言的紧密关系就成为回答"机器能否思维"的切入点。在维特根斯坦那里，与思维和语言具有家族相似性的概念还有阅读、理解、意义等。他在探讨"阅读"是什么时，举了两个例子：一个是以生命体（人）来看待"阅读"概念，一个是以非生命体（阅读机器）来看待"阅读"概念。前者的"阅读"意味着独特的有意识的精神活动，后者的"阅读"意味着某种对于从符号到所说出的声音的转变过程。② 维特根斯坦并不认为后者是真正的阅读，他举阅读机器的例子是要说明"阅读"与"理解"的亲缘关系，并探讨"理解"能否被建立在人和机器都应当遵循的"句法指令"（syntactical instructions）上。③ 答案显然是否定的，因为人们的阅读与理解活动并非遵循规则来进行，阅读背后并没有一个隐藏的规则。④ 但机器可以遵循一种"无意义的隐藏规则"（meaningless sub-rules）来工作。⑤ 这时又揭示出"理解"与"意义"的亲缘关系。在维特根斯坦看来，理解并不是一种潜藏的心灵过程，之所以说某人"理解了"，知道如何进行下去了，是因为在阅读中存在一种"体验"的情况。⑥ 体验就是阅读者意识到了"对象化"的意义。我们很难想象，一个机器会对自己所"阅读"的东西感同身受，但毫无疑问，人具备这种"阅读体验"。很显然，基于这种分析，维特根斯坦是否认"机器能够思维"的。

通过对维特根斯坦关于"机器能否思维"观点的简单论述，可以想见，尽管人工智能的发展使得机器能够借助人类语言展开工作，但这种工作只是基于"无意义的规则"。人工智能无法产生"阅读体验"，不能认识到人类语言包含的意义。对法教义学语言体系而言，它涵括了所有法律概念的意义，人工智能不可能产生对法教义学概念体系的理解，因为机器从根本上就不存在思维。人工智能要么"机械地遵循规则"，要么"遵循机械的规则"，它没有法教义学者对法律概念的语言体验。面对一些法律规则中蕴含的人道情感，人工智能无法进行判断。

---

① 〔奥〕维特根斯坦：《蓝皮书》，载《维特根斯坦全集》（第6卷），涂纪亮译，河北教育出版社，2003，第10页。
② 〔奥〕维特根斯坦：《哲学研究》，韩林合译，商务印书馆，2019，第113～114页。
③ 参见 Stuart Shanker, *Wittgenstein's Remarks on the Foundations of AI*, Routledge, 1998, p. 24。
④ 参见孟令朋《论维特根斯坦关于人工智能的基本观点》，《山东社会科学》2012年第5期，第154页。
⑤ 参见 Stuart Shanker, *Wittgenstein's Remarks on the Foundations of AI*, Routledge, 1998, p. 24。
⑥ 〔奥〕维特根斯坦：《哲学研究》，韩林合译，商务印书馆，2019，第112页。

综上，从语言的角度来看，人工智能无法挑战法教义学的认知—描述面向，"算法即法律论"的论断自然也归于失败。

三　"人工智能取代论"的挑战之反思

前文已提及，法教义学的实践面向主要聚焦于"解释"。① 实际上，法教义学的实践就是在司法裁判过程中，将法教义学的概念、教义（原理）运用在具体案件中，这一实践过程很大程度上是解释与论证的工作，易言之即法律适用的工作。② 对于司法实践中人工智能的作用与限度，已有相当多的探讨。因此，或许有人会认为人工智能取代法官裁判是迟早的事，但如果我们真正弄清楚了法律适用过程的性质，这种"人工智能取代论"便会不攻自破。③

（一）法律适用的基本模式

法官如何适用法律？在成文法国家中，拥有明确的法律规范，是适用法律的前提。法官要想对具体案件做出判决，就必须首先寻找到能够正确适用于案件的决定性规范，并对其进行解释，从而确定该规范中的法律效果能否适用该案件，这种法律适用的逻辑思维方式被称为"涵摄"，④ 即法律适用的涵摄模式。司法裁判中的涵摄模式是一种法官对法律规范的构成要件进行陈述（解释）所形成的要件事实和对案件事实进行裁剪（基于证据）所形成的裁判事实进行归属论证的过程。它的基本逻辑形式可以

---

① 参见王夏昊《从法教义学到法理学——兼论法理学的特性、作用与功能局限》，《华东政法大学学报》2019 年第 3 期，第 80 页。

② 从宽泛意义上说，法官作出裁判、检察官寻求有罪判决、政府机关准备一项行政行为以及律师和公证人拟订合同，都属于法律适用的范畴。参见〔德〕N. 霍恩《法律科学与法哲学导论》，罗莉译，法律出版社，2005，第 122 页。但本文中的法律适用是从狭义上看待的，仅仅指法官作出裁判的过程。

③ 人工智能战胜人类最著名的例子莫过于阿法狗（AlphaGo）三战全胜围棋世界冠军柯洁，这似乎标志着人工智能已经有了超越人类的智慧。但审慎思考就会发现，不管是围棋还是象棋，抑或是麻将、电子游戏，这些游戏都有一套固定不变的规则。例如围棋中"无气之处不得落子"，象棋中"马走日象走田"，等等。人工智能只需要通过算法将这些规则编程，那么打败人类也在意料之中，毕竟人总有百密一疏之时，而机器不会。但司法裁判的游戏与之截然不同，司法裁判并没有一套绝对固定不变的规则（法律规则也在不断修正与变化），甚至法律人坚决反对机械的形式主义。因此算法编程无法因应情势变换的司法过程。

④ 参见〔德〕N. 霍恩《法律科学与法哲学导论》，罗莉译，法律出版社，2005，第 123 页。

表述为：

- (1)(x) $\qquad$ ($Tx{\rightarrow}ORx$)
- (2) Ta
- (3) ORa $\qquad$ (1),(2)①

在该表达式中，T 代表法律规范的构成要件，R 表示法律效果，x 是个体变项，a 是个体常项，而 O 代表道义逻辑算子，表示"应当""应为"的意思。它读作："（1）对于所有 x 而言，如果 x 具有 T 的属性，那么 x 就应当具备 R 的法律效果；（2）a 体现了 T 的属性；（3）那么 a 就应当具备 R 的法律效果〔这个结论是根据（1）、（2）推导出来的〕。"涵摄模式的基本逻辑形式是广泛简单案件的法律适用过程，法官通过对案件事实与规范构成要件的归属，就能得出一个特殊规范命题，即法律决定。尽管涵摄模式对疑难案件的解决稍有欠缺（这并不意味着疑难案件中涵摄模式无法发挥作用），但在成文法国家中，法律适用的涵摄模式是无可争议的核心论证方法。

从上述来看，人工智能似乎毫无疑问地能够完全取代法律适用的涵摄模式，因为设计一个类似的智能推理程序并不困难，甚至已经实现借助人工智能来进行法律论证。人工智能在案件事实的筛选以及与法律规范的匹配精确度方面绝对要高于法官的经验。然而，实际的法律适用可以被如此简单化吗？法律适用过程是一个纯粹事实推理的过程吗？对这些问题的解决首先需要回答生活世界中事实与价值之间的关系问题。

（二）事实与价值的勾连

古典经验主义以及后来的逻辑实证主义关于事实与价值的二分建立在一种不牢靠的基础上——狭隘的事实观与贫困的语言观。逻辑经验（实证）主义者经常提出他们著名的口号，即唯一有意义的陈述是那些可证实的陈述。② 依据这种可证实性的原则，逻辑经验主义者想要构建一种科学语言，来否定语言之外的实在本质的意义。这种（科学）语言的最基本表达是描述我们直接经验的言论，例如逻辑的和句法的表达式，以及那些使

---

① 〔德〕罗伯特·阿列克西：《法律论证理论》，舒国滢译，中国法制出版社，2002，第275页。

② 参见〔以〕道·加比等编《爱思唯尔科学哲学手册〈逻辑哲学（上）〉》，刘杰、郭建萍译，北京师范大学出版社，2015，第315页。

用语言的逻辑资源通过可观察的表达式就能被定义的表达式。① 很显然，逻辑经验主义继承了维特根斯坦《逻辑哲学论》中关于语言与世界的关系理论，即世界之外的神秘领域是不可言说的，世界的界限就是语言的界限。更进一步说，逻辑经验主义认为一个事实有意义就在于它能被直接经验到，即主张事实的意义即是它的指称。然而，在笔者看来，这种对世界的描述是一种广泛被接受却错误的描述。"这种描述被人们冒充为直接被给予性的最无偏见和最质朴的描述，并且使之成为所谓的对象结构关系进一步描述的基础。"② 下面将通过反思胡塞尔的意义理论来揭示这种描述的错误之处。

　　承接弗雷格的传统，胡塞尔也区分了意义和其所指称的对象。胡塞尔认为，"有意义地使用一个表达和在表达时与对象发生联系（表象这个对象），这两者是一回事"③。当然，胡塞尔谈论的对象并不一定是一个实际存在的对象，而仅指的是意向对象。④ 人不仅仅简单地意识到一个对象，人总是以某种特殊的方式意识到一个对象，也就是说，意向性地指向某物，就是将某物作为某物意向。⑤ 胡塞尔的意向性理论必然导向对意向对象的感知，这就要求我们解释如何感知一个对象，一个表述的意义在于它的意向对象，那么感知到这个意向对象，就是找到了这个表述的意义。这就转向了胡塞尔的视域概念。尽管胡塞尔并没有对视域做出严格的区分，但我们根据他的意向活动，可以区分出两种视域——行为的视域和对象的视域。简单来说，行为的视域依赖着时间的维度，一个现实的体验就是一个"体验流"，它并非孤立的一个点。在体验流中，每一个现在体验都伴随着在前视域（Horizont des Vorhin）和在后视域（Horizont des Nachher），每一个体验在过去之后并非完全消失了，而是以保持的方式保存下来，同

---

① 参见〔以〕道·加比等编《爱思唯尔科学哲学手册〈逻辑哲学（上）〉》，刘杰、郭建萍译，北京师范大学出版社，2015，第316页。
② 〔德〕海德格尔：《存在论——实际性的解释学》，何卫平译，商务印书馆，2017，第101～102页。
③ 〔德〕胡塞尔：《逻辑研究》第二卷第一部分，倪梁康译，商务印书馆，2017，第362页。
④ 在胡塞尔看来，行为所指称的对象可以不存在，这并不影响行为仍然是意向行为。区分意义和对象，使得我们可以区分无意义性和无对象性，一个表述，没有意义和它所指称的对象不存在，这是两回事。例如"圆的四方形"，这种表述尽管没有实际的对象存在，但并不影响其是有意义的。参见郑辟瑞《胡塞尔的意义理论》，中国社会科学出版社，2012，第57页。
⑤ 参见〔丹〕丹·扎哈维《胡塞尔现象学》，李忠伟译，上海译文出版社，2007，第19页。

时，在当下的意识中，我也已经具有了对未来的预持，保持和预持作为现在的视域包围着它。① 例如我们听一段音乐，我们听到的优美的旋律就是一段意识流，这是一个从保持到实显的现在，再到预持的过程。如果没有视域对过去的保持和对未来的预持，那么我们就只能听到现在的一个单独的声音。对象的视域则是意味着可能的对象未被当下的意识注意，但可能被注意的状态。② 胡塞尔这样表述道："作为确定的、作为多多少少已知的现实的东西对我存在着，它们与现实被知觉的东西结成一体，而它们本身无须被知觉，甚至无须乎直观地呈现。"③ 譬如我坐在教室学习，我所面对的是眼前的书本，以这本书为中心，它的周围对我越来越模糊，我可以知觉到这本书和放置这本书的桌子，但是无法知觉到坐在我后面的同学，我必须回过头才能够知觉到他。尽管如此，我眼前的书以及我身后的同学都处在我周围的世界中。这就是对象的视域。

胡塞尔的视域概念揭示了一种最纯粹的日常状态，我们在家中遇到一张桌子，这是空间中的一个物，作为一种空间中的物，它是一种物质性的东西，那么它必然会具有质量、色彩、形状等等。它通过各个侧面来显示自身，在对象视域下，我们围绕这张桌子走动，它的侧面都会随着我们的走动而变换，以新的方式向我们展现，我们会知觉到不同的宽窄、不同的颜色。事物的这种此在赋予了构成这种对象存在的意义。从这个方面来说，是一种纯粹描述性的意义，这种纯粹描述性的意义保证了空间物的真。但是这种描述世界的方式忽略了一个方面，即我们所遇见的桌子，它不仅仅是作为一个空间物而存在的，它并不是因为"是一张桌子"而有意义，它的意义更在于它被赋予了特定的价值表达：例如制作精美、使用方便，是我们日常生活中不可或缺的家具。所以，我们知觉的对象可以分为两个领域：自然物和价值物。后者本身始终含有作为它们存在之基础的自然物的存在。④ 也就是说，自然物和价值物是始终缠绕一体的。我们知觉到家中的桌子，会立刻想到：这张桌子是用来放置饭菜的或者是用来放置电视、电脑的等等，它总是会以各种途径发挥自己的作用，桌子就是以这种意义在日常状态的时间性中存在。或许经过一段时间后它坏了，或者旧

---

① 郑辟瑞：《胡塞尔的意义理论》，中国社会科学出版社，2012，第131页。
② 郑辟瑞：《胡塞尔的意义理论》，中国社会科学出版社，2012，第132页。
③ 〔德〕胡塞尔：《纯粹现象学通论》，李幼蒸译，商务印书馆，1997，第89页。
④ 参见〔德〕海德格尔《存在论——实际性的解释学》，何卫平译，商务印书馆，2017，第102页。

了不美观了，就会被搁置起来不再使用，但是当我们再次遇见时，依然会回忆起这张桌子曾经的片段。海德格尔也举了一个例子："在地下室的角落里，有一副旧滑雪板，其中一块已经折断了，放在那里的不是不同长度的物质性的东西，而是那个时候的滑雪板，那个曾与某某冒险滑雪的滑雪板。"① 可见，客观地描述一个对象（事物）的存在——这也是逻辑经验（实证）主义所宣扬的——在日常生活世界中是不完整的，一个对象（事物）的自然性质并不足以支撑此物存在于日常世界，它还需要价值性质作为补充。因此，逻辑经验主义所坚持的事实与价值二分并不具有绝对性，认为可以纯粹客观地描述一个事实是错误的，这种观念是对日常世界错误的描述。

（三）事实与价值相勾连的法律适用

既然事实与价值并非绝对二分的，那么作为生活世界一部分的裁判世界，其中的事实与价值自然分享着同样的关系。回到本部分的核心问题中来，首先应当肯定人工智能逻辑推理的精准度，但实际司法裁判中的法律适用并非纯粹的逻辑推理，这也是很多人误解法教义学之所在。法教义学主张概念—体系思维，主张法律适用的逻辑演绎，都是为了保证案件决定的正确性。然而法教义学从来不是价值无涉（value-free）的，甚至法教义学所遭遇的论证难题大体上是价值判断逻辑的难题。② 原因在于，法教义学本身就是一门"理解性"的科学，而非"说明性"的科学。法律适用过程不是为了说明事实与规范之间的因果关系，而是要令推理论证的结果获得证成，这实际上是一种"理解"的方法。不过，法律适用过程尽管不是纯粹的事实因果描述，但也不理所当然皆为价值判断。法律适用的性质其实是事实与价值的统合。下文将对此进行论证。

日常生活中的自然事实附有客观性内涵，然而在法律适用过程中，又不得不面临各种带有价值评价的事实陈述。如此便产生了一个问题：如果法官寻找的事实不一定是客观的，或者无法判断真假，那么如何证明所得结论是正当的呢？要回答这个问题，我们必须区分两种意义上的事实，一是本体论上的事实，一是认识论上的事实。前者是"外部世界中已经发生

---

① 〔德〕海德格尔：《存在论——实际性的解释学》，何卫平译，商务印书馆，2017，第104页。

② 参见舒国滢《逻辑何以解法律论证之困？》，《中国政法大学学报》2018年第2期，第5页。

的事态"，而后者是认知者从世界母体上"撕扯下来的"的论据。① 法律适用无法追寻本体论意义上的事实，因为验证命题的真与事实之符合（真理的符合论）几乎是无法完成的任务，因此必须从认识论的意义上理解法律适用中的事实。这种认识论意义上的事实是存在于"世界母体"之上的，是依赖于外在对象本身的，这界定了事实的客观性，而"撕扯"的意图、能力与手段则刻画了事实的主观性。② 所以，事实的真假依赖于我们对事实的"刻画"或"编织"。这种认识论意义上的事实在司法裁判中被称为"案件事实"。实际上，追寻一种客观性的理念支配着近代实证科学的整个领域，并且一般来说，支配着"科学"这个词的意义的语言用法。但是我们必须注意到，我们所处的生活世界本质上是主观的，而法律适用的过程也必然依存于我们生活世界之中，因此案件事实不可避免地需要价值评价。正如胡塞尔所言："生活世界这种主观的东西与'客观的'世界、'真的'世界之间的对比所显示出来的差别就在于，后者是一种理论的—逻辑的构成物，是原则上不能知觉的东西的……而生活世界中的主观的东西，整个说来，正是以其现实地可被经验到为特征的。"③

尽管案件事实带有一定的价值评价，但必须注意，案件事实的发现，并不是审判者随心所欲的任意探寻，而是必须基于法律规范的框架来寻找。这就是案件事实形成的特殊性。一般来说，案件事实的形成需要经验、逻辑和价值判断三种要素基础。所谓经验既包括一般社会经验，又包括法律共同体的职业经验以及个体知觉和经验；逻辑则主要依赖于演绎逻辑和归纳逻辑；而价值判断在经验无法判定和逻辑无法推知的情况下，可以对案件事实的形成起着重要的作用。④ 不过，严格来说，案件事实并不足以清楚地表达涵摄的思维过程。在实际法律适用过程中，案件事实的形成需要分为两个层次，一个层次是要件事实，另一个层次是裁判事实。一般所称的案件事实实际上是裁判事实。所谓要件事实是根据法律规范的构成要件来进行合法性重述的事实，整个重述必须在类型化和制度化的事实范型的

---

① 参见舒国滢、宋旭光《以证据为根据还是以事实为根据？——与陈波教授商榷》，《政法论丛》2018 年第 1 期，第 45 页。

② 参见舒国滢、宋旭光《以证据为根据还是以事实为根据？——与陈波教授商榷》，《政法论丛》2018 年第 1 期，第 44 页。

③ 参见〔德〕胡塞尔《欧洲科学的危机与超越论的现象学》，王炳文译，商务印书馆，2017，第 161 页。

④ 参见舒国滢、王夏昊、雷磊《法学方法论》，中国政法大学出版社，2018，第 230～245 页。

指引下展开。而裁判事实是法官在得出判决结论时所依据的事实陈述，裁判事实需要要件事实来作为其合法性支撑。要件事实为裁判事实的形成提供了必要的素材，只有法官在要件事实中最终认定的事实才是裁判事实。根据裁判事实的形成过程，我们可以发现，裁判事实在某种程度上极度依赖法官的裁剪，这种强烈的主观性面向导致了以裁判事实为基础的裁判结论往往并不完全一致。这表明裁判事实的个案特质。因此，裁判事实的性质是符合法律规范构成要件的客观性与法官一定程度的价值判断的结合。裁判事实的真不仅要与所发生的自然事实完全符合，而且法官依据当事人的事实陈述所进行裁剪的部分和法律规范的构成要件要素也要基本符合。

从裁判事实的特殊性质我们可以看出，裁判事实的存在是一种描述性与规范性的结合。它的描述性基于法定的证明标准，而规范性来源于法律规范的规定性。因此，人工智能推理取代法官的法律适用过程最大的阻碍在于，人工智能无法进行价值判断，或者说无法进行具有高度复杂性的价值评价。人工智能对价值判断的解决，往往是通过大数据分析来总结以往人们对某个问题的态度，从而根据这些态度做出决策。[1] 法官的法律适用需要对案件事实进行主观上的裁剪，通过价值论辩形成优势意见作为前提，从而得出判决。并且裁剪的程度并非固定的，这种极其不确定的价值权衡过程给人工智能造成了难以逾越的障碍。[2] 可见，无论如何宣称人工智能可以处理价值判断问题，只要不是基于机器自主的判断，就可以认为人工智能无法应对价值问题。一旦人工智能可以基于自主做出价值评价，那么便不再是一个能否取代法官的问题，人类的整个社会秩序都将发生改变。基于上述的讨论，已经可以得出结论，即人工智能不会对法教义学的实践面向构成挑战。

四　人工智能在何种意义上有助于法教义学

尽管对人工智能是否会挑战法教义学这个问题有了较为明确的判断，但也不能顺势得出法教义学不需要人工智能的结论。笔者并非抵制法教义

---

[1]　参见陈景辉《人工智能的法律挑战：应该从哪里开始?》，《比较法研究》2018 年第 5 期，第 141 页。

[2]　一旦人工智能可以处理复杂的价值权衡问题，那么就意味着此时的人工智能已经具备"人类思维"，再探讨人工智能与法律的关系便显得毫无意义，因为那时候的法律能否规制人工智能尚属疑问。

学研究中的科学技术革新，而是想为"人工智能法学热"降降温。法教义学自有其演化（传承）规律，法律概念和教义（原理）并非由某个人（法学家、法官）来确定，这意味着法教义学有其稳固的基础。相比于德国，中国部门法学的教义化程度还不高，还处于亦步亦趋的阶段。但中国在人工智能研究上截然相反，甚至在很多领域已经处于世界前列。这种反差必然导致中国法教义学较难因应人工智能的研究热潮。[①] 因此，法学研究者趋之若鹜地迎向科技也是情理之中了。向科技靠拢是这个时代的需要，这并无问题，存在问题的只是"人工智能取代论"或"算法即法律论"，前者认为人工智能终将取代法官的裁判地位，后者认为算法将成为人工智能时代的法律。这些论断实际上将人的地位降格，而盲目神化人工智能对人类法律秩序的消解。人工智能取代人类来接管这个世界的概率为零，预测人机结合将形成一个超越人类的种族也无疑带有浪漫的科幻主义色彩。[②] 回归现实，必须承认人工智能应当对法教义学研究有所助益，这是科技变革的价值所在。人工智能的变革，或许给法教义学研究范式带来一次转换的契机。

（一）体系思维与问题思维的融贯

现代法教义学秉承的是一种整体性立场，从一些未经证成即被采纳的法律概念、法律教义出发来论证事实与规范的归属问题，这实际上是一种体系思维。与体系思维相对应的是问题思维，它采取一种片段性的省察方式，通过提出尽可能多的观点（推理的前提）来客观上寻获一种可接受的观点，并以此主导结论的得出。可以发现，体系思维关注的焦点是论证的过程，而问题思维关注的是论证的前提。现代法教义学的一个重要理论是将法律论证分为外部证成和内部证成，外部证成处理的就是前提的正当性问题。例如阿列克西就为外部证成设定了六组规则和形式。[③] 但这种处理

---

① 人工智能向生活的广泛渗透在一定程度上加剧了法学研究者的焦虑感。一方面，中国法教义学发展处于起步阶段，无论是对域外知识的学习还是对中国问题的理论准备皆未达到成熟的地步，远不足以应对科技带来的影响；另一方面，人工智能发展变化的速度过于迅猛，人们无法准确预估科技推进的阶段，这种科技进步的不确定性（奇点何时到来？）也令法律人深感焦虑。

② 参见马长山《人工智能的社会风险及其法律规制》，《法律科学（西北政法大学学报）》2018 年第 6 期，第 48 页。

③ 这六组规则和形式分别为：（1）解释的规则和形式；（2）教义学论证的规则和形式；（3）判例适用之规则和形式；（4）普遍实践论证的规则和形式；（5）经验论证的规则和形式；（6）特殊的法律论述形式。参见〔德〕罗伯特·阿列克西《法律论证理论》，舒国滢译，中国法制出版社，2002，第 286～287 页。

前提正当性的方法仅具有学理和逻辑上的意义，在面对现实中形形色色、浩如烟海的疑难问题时，形式化的方法就有些捉襟见肘了。对此，就需要法律论题学出场。

在德国法学家特奥多尔·菲韦格出版《论题学与法学》以后，法学的"论题取向"便重新获得人们的关注，寻找一种与实践之学（法教义学）相匹配的思维方式也成了理论家们的思考重点。相比于体系思维，法律论题学的问题思维无疑与法教义学的实践性格更为适配。法律论题学之所以没有成为现代法教义学的研究范式，一个原因是自然科学方法的繁茂遮蔽了论题学的研究进程，另一个重要原因在于，随着人们社会生活交往日益密切，争议纠纷增多，法律论题学的问题思维很难因应大量的案件，从经济与减负的角度来说，体系思维更适于现代社会纠纷的解决。体系思维一方面能够让法官不耗费过多精力在众多问题之中辨别真与假的问题（法律问题与非法律问题），从无须证成的前提出发迅速把握案情，做出判决；另一方面形式化的推理也令案件解决更具效率，防止案件的不断堆积，对社会秩序的稳定也有着重要的价值。但是刻意忽略对前提的意见交换，也很容易导致结论的不正确或者不可接受性。实际上，寻找前提，或者说寻找和收集意见和常识，然后通过特定程序对此加以甄别和确证，以此来发现和确定隐匿其中的真理和推理的前提。① 这是法教义学必然要做的准备工作，但这项工作并没有被很好地实施。体系思维与问题思维其实并不是非此即彼的，它们总是存在一种交错的关系。体系思维不可避免地要对问题进行思考，正如菲韦格所言："在选择公理本身的过程中，显然还清除不了论题学，因为在这里选择何种实质的原则明显是逻辑上任意的。"② 同时，问题思维方式也不否认体系的存在，甚至体系在问题思维中是潜在的确定秩序。因此，现代法教义学如何将这两种思维结合起来是值得思考的问题。

人工智能或许给体系思维和问题思维的融贯带来了契机。实际上，问题思维始终存在于司法裁判过程中，只是出于效率、经济与形式正当性等原因，刻意遮蔽了这种思维的实践。而人工智能的存在意义正在于使人类从繁重的工作中解放出来，这无疑让司法裁判中的前提的寻找与收集成为可能。

① 参见舒国滢《走近论题学法学》，《现代法学》2011 年第 4 期，第 9 页。
② 〔德〕特奥多尔·菲韦格：《论题学与法学：论法学的基础研究》，舒国滢译，法律出版社，2012，第 91 页。

（二）依靠人工智能建构法律论题目录

为了支撑众多论题的提出，必须寻找某种支撑物，该支撑物能够极为简明地提供一个经常备用的观点汇编（目录），这就产生了论题目录。①相比于亚里士多德构想的"仅仅可思的问题"（nur denkbare Probleme）的论题目录，西塞罗设想的论题目录则更具操作性与实用性。② 西塞罗主要将论题划分为两部分：第一部分的论题是对问题本身的论证，第二部分的论题是从外部进行论证。

第一部分的论题主要包括：（1）定义（definitio）；（2）分部（partitio）；（3）词源（notatio）；（4）同一词根（coniugatis）；（5）属（genus）；（6）种（genere）；（7）相似/类比（similitudine）；（8）差异（differentia）；（9）对立（contrario）；（10）关联（coniunctis）；（11）后件（consequentibus）；（12）前件（antecedentibus）；（13）矛盾（repugnantibus）；（14）原因（causis）；（15）结果（effectis）；（16）对较大、同等和较小事情之间的比较（comparatione）。③ 第二部分的论题则主要来自外部世界的权威确信，如美德、天赋、财富、运气、技能、经验等等。④ 西塞罗通过建构一个法庭论辩的观点汇编，为法律实务者提供一份运用修辞学技术的工具书。

论题目录中的论题既可以是一个概念，也可以是一个命题，这只是表述上的差异而已。现代司法裁判中其实也存在许多论题，例如法律概念、法律原则等，甚至有人认为法典本身就是论题目录。⑤ 如果从这个宽泛的意义来看，要想以人力建构一个法律论题目录的确难度颇大，因为繁多的个案所产生的观点呈倍数增加，并且现实情势的变更也会不断淘汰旧观点

---

① 参见〔德〕特奥多尔·菲韦格《论题学与法学：论法学的基础研究》，舒国滢译，法律出版社，2012，第31页。

② 参见〔德〕特奥多尔·菲韦格《论题学与法学：论法学的基础研究》，舒国滢译，法律出版社，2012，第32页。

③ 参见 Sara Rubinelli, Ars Topica: The Classical Technique of Constructing Arguments from Aristotle to Cicero, Springer Science + Business Media B. V., 2009, pp. 130, 131, 135, 137, 138, 140。也可参见〔古罗马〕西塞罗《地方论》，徐国栋、阿·贝特鲁奇、纪慰民译，《南京大学法律评论》2008 年春秋合卷，第 18 章，第 18 页；以及舒国滢《西塞罗的〈论题术〉研究》，《法制与社会发展》2012 年第 4 期，第 89 ~ 92 页。

④ 参见舒国滢《西塞罗的〈论题术〉研究》，《法制与社会发展》2012 年第 4 期，第 92 页。

⑤ 例如奥特玛·博威克（Ottmar Ballweg）就认为法典和法律本身就包含了地方（论题）目录。参见徐国栋《从"地方论"到"论题目录"——真正的"论题学法学"揭秘》，《甘肃社会科学》2015 年第 4 期，第 202 页。

而出现新观点，指望法官一人掌握这份庞大的论题目录是完全不可能的。这也说明了现代法教义学以概念—体系建构为主导是情理之中的。不过，人工智能的出现或许能重启论题目录的汇编。通过设计一种人工智能程序，来实现众多法律意见、观点的汇编，即将论题目录智能化，这是将论题学重新引入现代法教义学的可行途径。我们可以把这个程序称为"智能化法律论题目录"。由于人工智能具有处理数据的强大能力，因此这份论题目录可以采取一种弹性动态的模式，不断吸取—淘汰对问题提出的观点与意见，并尽可能穷尽包括法典、法律教义、道德准则、政策、法学家格言等在内的所有论题，从而为司法裁判中的法律推理提供真理性程度极高的前提。

　　智能化法律论题目录系统可以从两个方面来设计：以通用论题表述法教义学共同认可的意见准则，以专用论题表述法教义学各部门单独认可的意见准则。通用论题一般从法政策学、法伦理学、法哲学等外部学科中获取，例如社会的共同信念、正义原则、国家政策、法律的融贯性、平等自由原则等；专用论题则从各部门法教义学中获取，例如民法中的诚实信用原则、买卖不破租赁、物权优先于债权等，刑法中的罪刑法定原则、正当防卫、期待可能性等，诉讼法中的排除合理怀疑、认罪认罚从宽、非法证据排除规则等（见表1）。

表1　法教义学论题目录

	通用论题		
1	平等	2	公正
3	自由	4	法治
5	法不溯及既往	6	法不强人所难
7	上位法优于下位法	8	特别法优于一般法
9	尊重规范	10	尊重先例
11	法律具有普遍性	12	法律具有程序性
13	法官有自由裁量的权限	14	法官有不得拒绝裁判的义务
15	推理应当是符合逻辑的	16	裁判结论应当是可接受的
17	尊重不同民族习惯	18	适当借鉴理论学说
19	以道德准则为伦理底线	20	以公平正义为价值追求

专用论题			
民事法教义学		刑事法教义学	
1	意思自治	1	罪刑法定
2	契约自由	2	无罪推定
3	交易应受保护	3	罪刑相应适应
4	平等、效率和诚信价值	4	公正、谦抑和人道价值
5	民法的目的是保护权益	5	刑法的目的是保护法益
6	买卖不破租赁	6	期待可能性
7	不当得利返还规则	7	正当防卫认定规则
8	法律行为理论	8	犯罪构成理论
9	法律解释方法	9	禁止类推解释
10	无主物先占取得	10	侵占罪的构成要件
11	合同的要约与承诺	11	作为犯罪与不作为犯罪
12	物权优先于债权	12	刑法的从旧兼从轻原则
13	无因管理的不当损害赔偿	13	犯罪未遂与犯罪中止
14	过错责任与无过错责任	14	抢劫与抢夺的认定
15	物权法定	15	因果关系
16	物上请求权	16	间接正犯与教唆犯的区分
17	侵权法中的紧急避险	17	刑法中的紧急避险
18	善意第三人制度	18	减刑与假释制度
19	遗产继承的位序	19	不可抗力与意外事件
20	抵押与质押	20	故意与过失

上述法教义学的论题目录只是一种基本归纳，无法穷尽法教义学各部门的论题。仅就上述 60 项论题所引发的分支论题便会有成百上千倍的增加，更何况纷繁的现实个案中还有不断动态产生的意见与观点，这绝非人力所能编纂完成的。智能化法律论题目录可以实现这个目标，基于贝叶斯网构建一个法律论题网，来为法律推理提供尽可能确定的前提。

例如当面对刑事杀人案件时，可能有多种事实陈述，基于这些事实可能会产生不同的意见。法律论题目录以人工智能的贝叶斯网方式呈现给法官，将会使法官获得更具有共识性意见的前提，并以此进行法律证立的活动。这种法律论题网可以初步设计如图 1。

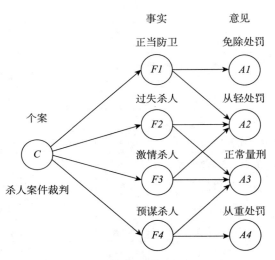

图1　法律论题网局部

注：这只是贝叶斯网应用在法律论题目录上的一种简陋模型，更为精致和专业的模型可以由具有计算机与法学交叉背景人士来设计。本文仅提出一个设想，实际如何操作非本文所能完成。

（三）从一元体系法教义学到多元体系法教义学

人工智能构成法教义学范式转换的助推器，这意味着，一方面人工智能促进了体系思维与问题思维的融贯，使得法教义学朝着更贴近生活实践的方向演化；另一方面人工智能也加快了法教义学内部体系的分化，从一元体系进化到多元体系。

法教义学内部体系的分化并非指分化成多个法律体系，所谓的法教义学内部体系是指法教义学的知识体系与裁判体系。现代法教义学尽管可以分为知识形成与裁判实践两部分，但实际上二者是一个体系的两个方面，即人类信念体系。法教义学的知识形成要经过裁判实践的不断修正，而法教义学的裁判实践是以知识中的概念、教义来处理实际案件，这都是在人类的信念层面进行的。然而，这种一元体系较难应对的问题在于：知识与实践并非一一对应的关系，具体来说即知识中的概念、要素与实践中的事实无法做到完全相符，因此无法通过真理符合论的检验，否认法教义学的科学性。这实际上才是法教义学最大的挑战，如果法教义学不具备科学性，那么法教义学的知识就很难说是客观的，裁判的结论也自然不具备正确性承诺。以往对这一难题的消解进路为转换对真理的认识，即从真理符合论转化为真理共识论。认为法教义学追求的不是绝对的真理，而是一种似真性，或者说经过论辩形成的法律教义是一种多数人的共同意见，这种共同意见无限接近真理，因此可以视其为真的。不过，这种真理观很容易遭到非议，一个初步的质疑在于：如何确定某个共同意见是多数人所持有的？这个质疑以往不容易解决，但人工智能的存在能够轻而易举地指出哪条意见是多数人持有的，从而消解这一质疑。然而最致命的质疑是：所谓的是否被视为真可以根据人数的多寡来评价吗？尽管经过理性论辩所形成的知识（优势意见）的确具备一定程度的客观性，但如何保证多数人的共同意见是正确的呢？（如何确保精英、权威或者专业人士的共同意见不会犯错？）如果真理不具有正确性，那么似真这一概念便毫无意义。

实际上，我们没有必要放弃对法教义学信念体系的符合论辩护，因为符合论本身就是达到真理最无可置疑的标准。不过此处并非坚持一种纯粹的符合论（名实相副），而是对其进行一定程度的修正，即基于符合论的融贯论。这是因为，人工智能的出现，可能对法教义学范式转换产生深刻的影响。一个最直接的表现就是从信念的一元体系发展为信念—数据—智能的多元体系。作为信念体系的辅助手段，人工智能系统可以将人类信念难以判断的问题直观化。一方面，通过对论题的数据化可以产生确定无疑的多数意见，法官可以在自身信念中选择是否接受这些意见。另一方面，智能化系统可以对证据进行高度正确性的判定，因此法官可以基于确信的信念进行事实推理，得出具有高度正确性的结论。法教义学的多元体系之间应当是相互融贯的，只要上述两方面可以确保法官具备多数真的信念，那么前提与事实两方面就都具备真的担保。因为融贯论所坚持的不过是一个融贯的信念集合总体中的大多数信念是真的。[1] 显然，人工智能的出现给法教义学带来的不仅是范式的转换，从信念的一元体系转变为信念—数据—智能的多元体系，还为法教义学的科学性提供更具说服力的理论基础。

137

五　结论

面对人工智能对人类生活的全方位革新，法律人心存忧虑实属正常。科学家的想象力可以突破时空界限，但法律人不能如此。因为法律本身是

---

[1]　参见〔美〕唐纳德·戴维森《关于真理与知识的融贯论》，载氏著《真理、意义与方法》，牟博选编，商务印书馆，2011，第338页。

现实的，法教义学更是对现行有效的法律进行研究的学问。法教义学者的工作某种程度上是保守的，他（她）不能超越现实做科幻主义幻想，而应深耕于一定时段内的法秩序与裁判实践之中。"算法即法律论"与"人工智能取代论"无疑是超越现实的幻想。因为无论从法律语言的理解本质角度来看，还是从司法裁判的价值关涉角度来看，这两种论断都是失败的。当然，笔者并非认为法教义学应当排斥科技变革，而保持其自治性。相反，法教义学不可避免地会与人工智能相结合，但这并不意味着人工智能会对法教义学构成颠覆与挑战。人工智能辅助的法教义学，一方面能够更贴近实践与个案，基于问题思维与体系思维的融贯，建构一套智能化法律论题目录；另一方面也从纯粹信念的一元体系演变成信念—数据—智能的多元体系，增强了其科学化的属性。在人工智能的帮助下，法教义学论断的真理性得到保证，它不是单纯的符合论，也非寻求一种共识论，而是基于认可符合论的融贯论。只要法官信念中大多数论断是真的，那么整个推理就能保证是大体正确的。这或许就是人工智能给法教义学带来的变革。我们应当对人工智能保持乐观态度，所谓的"黑箱"带来的威胁本质上并不能归结为科技本身，就算没有"科技黑箱"，也存在"交往黑箱"，这实际上是人类社会始终存在的风险。相信法教义学者能够控制这种风险，并借助人工智能进一步推进法教义学发展。

法学研究中还原论认知地位探究

吴昱萌[*]

摘　要： 还原论在人类认识活动中至关重要，其在面向法律的研究中也同样重要。还原论一方面保护了法律规范性的独特品质，另一方面保护了对法律的认知。它是一种认识规范和认知便利。还原论不仅是获取对法律的认知的保护，也是坚定认识事物信念的情感保护。这些保护在面向法律的研究中有着不可替代的作用。面向法律的研究若抛弃还原论，其后果是要么走上形而上学的道路，要么成为自然科学的"阶下囚"。

关键字： 还原论　法知识论　归纳　情感价值

还原论（reductionism）或译作"化约论"，指"认为每种东西都是一种更为简单的或更为基本的东西的集合体或组合物"[①] 这样一种观点。还原的核心在于"归约"（reduction），这种归约展开为两个层面：其一是认为事物其整体或内部仍然是可以分解的；其二是认为将事物分解后进行调整（甚至删减），可以将事物转化为其他事物。这种归约的观点也同样应用于解决未知问题，认为某个问题可以通过归约的方式转化为其他的问题，而转化后的问题在解决上优于原问题。由于人类获得知识主要以解决问题的方式来完成，因此还原论也同样扮演了认识规范的角色，其历史可追溯至两千多年以前，且至今仍在影响着我们的认知过程。

在面向法律的研究中，还原论常常被认为是一种"科学统一主义"影响下的纲领，其目的是将一切问题都还原为某种最为基本或最为普遍的"科学原则"。"科学统一主义"的作用要旨意在确定一切事物的本质都是简单的，而这种要旨一定程度上忽略了法律本身的复杂性。还原论在20世纪60～70年代遭到了决定性的失败，这种失败也引发了面向法律的研究对于还原论的思考。目前的研究结果显示，还原论在一定程度上突破了应然与实然之间的壁垒，并招致了一些不必要的麻烦。

＊　吴昱萌，中国政法大学法学院博士研究生。
①　参见《不列颠百科全书》（第14卷），中国大百科全书出版社，1999，第185页。

本文分为三个部分。第一部分尝试阐明还原论是法学独特性的重要保证，并且指出反还原的理论其自身具有某种不可化解的内在矛盾；第二部分说明还原和归纳的关系，指出还原在获取对于法律的知识上具有不可替代的作用；第三部分说明法律规范性的品质决定了面向法律的研究既不能是单纯的分析也不能是单纯的综合，而是在两者之间保持中立的价值研究，而还原论恰好是支撑这种价值研究的重要手段。由于面向法律的研究是一种价值研究，这种价值研究有三个面向：道义价值、知识价值和情感价值。还原论在价值研究中展现的正是情感价值———一种对于能够获取知识的肯定的情感。

还原论错了吗？

本体论问题、认识论问题和语言学问题始终萦绕在人类认识过程中。如不解答，则人类认知将不可能。还原论能够在一定程度上消解这三个问题，并且发展出了与这三个问题相关联的理论。对于本体论问题，以原子论和分子论为回应，认为存在之物由原子构成。其亦为唯物主义的滥觞。对于认识论问题，发展出知识论和理论还原，借以规范和促进人类认知。对于语言，则将无穷无尽的本体问题转化为语言学问题，以便将形而上学清除出哲学领域。还原论的三种形态以此而来，即：本体的还原论、理论的还原论和语义还原论。本体的还原论相信一切事物都由更为基本的、简单的本体所构成，在未找到那个最为基本的、不可分割的本体之前，还原可以一直进行下去。理论的还原论认为高一层次的理论（复杂理论）可以借由低一层次（或更为简单、广泛）的理论来解释。语义还原论认为某一理论中任一最小的语言单位（通常是语词）都可以直接由另一理论中的最小语言单位予以报告（relay）。这对应着哲学史上的三次转型，而还原论也随着这三次转型不断充实着自身。

尽管还原论极大地促进了人们对世界的认识，但对于面向法律的研究而言，还原论的地位非常不利，因为它试图清除学科的独立性。还原论试图用更加清晰明确的语言描述尚未被清楚描述的事物，抑或是用较为成功的理论来替代前景并不明朗的理论，以便于增进我们对事物的认知。我们所处的世界目前最成功的理论是物理学，尤其是以还原论为纲领的经典物理学。它提供了丰富的专业术语和有力的解释方案，并且始终试图影响我们生活的全部，这有时候也涉及法律。由于我们对外部世界的了解远远超过了我们对自身的了解，因此在我们面对诸如法律这种完全依附人类而产生的对象时，总是倾向于利用我们更为熟悉的理论来解释，用更为丰富的词汇加以描述，也即求助于物理学及奠基于它的诸学科如化学、生理学等。这些理论充满智慧，强而有力，求助于它们的结果通常易于被人们接受。然而对于所有面向法律的研究而言，这种将一切未知通过理论上的还原化约为物理学成果的行动无异于宣告世界只有物理学一个学科，而且只需要这一个就够了。除了取悦物理学家外，这种理论简直一无是处。

面向法律的研究因为法律规范的特性而显得与众不同，它与物理学面向的对象大相径庭，差距甚至不啻天壤。在没有获得决定性的突破之前，所有面向法律的研究都必须"自说自话"。这让人觉得面向法律的研究与其说是研究法律，不如说在设法自圆其说。有鉴于这般境况，面向法律的研究时刻都在遭受来自其他科学的冲击，不仅限于自然科学，也包括各种社会科学。哲学、社会学、人类学和史学等社会科学在面对法律之规范和效力时各有所长，各种理论在解释力上有时甚至优于面向法律的研究其自身理论，因此选择使用其他社会科学研究之手段或理论替代面向法律的研究之手段或理论的趋势很难避免。面向法律的研究自身难以招架这些外来和尚的念经大队，更何况其自身也硬不到可以打铁的地步。久而久之，面向法律的研究连"法律科学"这个称号能否保住都要画个问号。

自然科学在如旋风一般席卷了人类认知之后便留给了人们一个欲罢不能的许诺：一切事物都能用更为基本的范畴和更为广泛适用的理论加以界定，同时，也必然存在一项简单易懂且包含一切的理论为世界的基本样貌提供最终的解释。这项简单的理论只包含那些最为基本的概念或范畴，却足以解释世间万有。这种"万有理论"即便对于面向法律的研究而言也是十分令人着迷的。一切复杂如果都能通过还原来达到简单，那么对法律的认知将迎来一个光明的未来，一切法律之上的乌云都将被瞬间拔除。人们不再为专业枯燥的术语而苦恼，也不必担心实践中可能会出错，就因为获得了这个"法宝"的加持。尽管想法很有吸引力，但这显然忽视了法律本身的复杂性。还原论的纲领隐含一个前提，即一切事物都应当简单且都必然是简单的。但法律似乎就要跟这条前提叫板，"一切事物都应当尽可能简单，但不能过于简单化"①。试图用单一或简单的理论来对法律进行说明的尝试都忽略了法律自身的时空特性，这些时空特性往往都是无法还原

---

① 〔德〕齐佩利乌斯：《法哲学》，金振豹译，北京大学出版社，2013，第 1 页。

的。而法律本身的复杂性又表明，它由很多奠基于不同领域的方面构成，而这些方面可能长时间都在各自为战。这些方面每一个都对法律至关重要，执着于其中某一个方面并宣称其就是法律的本质只能造成顾此失彼的后果，最终得到一个对法律的不完整的认识。

显而易见，依赖自然科学的发展对法律进行还原的尝试有着很大的局限性。由于自然科学自身并无可指摘之处，故造成问题的责任就只能由还原论来承担。"法律的万有理论"已经被证明是个梦幻泡影，关注它的人已经寥寥无几。而试图将面向法律的研究的特有理论还原为其他学科之理论的尝试，却一直都没有停止。一些法律研究学者认为，其他学科染指面向法律的研究，不免将本不属于法律的认知对象带入面向法律的研究当中。长此以往，面向法律的研究最终都会和其他学科混为一谈，其最终结果就是"迷失自我"。要想正本清源，应当提倡一个"纯粹"的面向法律的研究。这可能是凯尔森提出"纯粹法理论"的一个动机。① 凯尔森的目的并非创造一个挂着纯粹之名的形而上学怪物，而是打算开创一个"法的纯粹科学"②，这个科学是可以且应当和物理学、社会学或心理学等其他科学并列的学科。换句话说，这种纯粹是一种学科上的排他性，目的是独立自主且能够学科自省。这种独立最终的结果是提供对法律的认识途径。说到底它的核心还是一种法的认识论。

理论的目的是提供认识方法，纯粹的法理论其目的是提供纯粹有关法律的认识方法，并且需要排除其他学科的一些认识理论，因此这个法的纯粹科学任务很繁重。一方面，它要排除自然科学对其影响，另一方面它也要排除其他社会科学的意趣。前者表现为对还原论纲领的抗拒，后者则表现为避而不谈其他社会科学所必须明确的目的论意旨，即促进人类社会向最优发展的终极意趣。除此之外，想要提供认识理论，必须得到认识论上本体论前提的保护，确保该理论不是谈论有角之兔有翼之马的童话故事。凯尔森通过规范论来满足这个前提条件，即确立规范为法的纯粹科学的认识对象。但就是这个规范，表明了还原论的方法不仅无法被排除，甚至是必要的。

规范的应然效力得自其他的规范，规范的授予链条在规范体系之内畅通无碍，问题出在规范体系不可能是无穷无尽的。总得有一个不由其他规

---

① 参见〔奥〕凯尔森《纯粹法理论》，张书友译，中国法制出版社，2008，第37~38页。
② 〔英〕丹尼斯·劳埃德：《法理学》，许章润译，法律出版社，2007，第132页。

范授予其效力的规范作为效力的最终来源，这个规范叫作基础规范。基础规范的效力不能来自其他的规范，那么它要么是个不证自明的道德立场，要么是由一些实效确立的。前者是一个关联了特定立场的自然法传统，后者则跨越了应然与实然的鸿沟，总而言之两者都不是法的纯粹科学所希望看到的。但如果在实效层面不能获得应然效力的来源，则对法的认识将会完全进入意义领域，使得法变成一种"解释框架"①。如果对法律的全部认识都来自对法律的解释，则会出现另一个问题，这使问题关注的重心从法律本身转向了提出一套普遍性较强的解释标准。如果这套解释标准局限在法律内部，那么对法律的解释将进入"解释学循环"，从而要么使问题进入本体论的无休止的争论当中，要么干脆承认自己所有的工作就是在循环论证。但如果解释标准延展至法律之外，则一切工作实际上变成了"用某种其他理论解释法律"。因此要么承担本体论的诘难，在本体的梦幻中无休止地挣扎，要么扛起还原论的武器，为解释做个了断。故而无论是从知识的角度出发还是就纯粹做一个有利的决策而言，还原论都至关重要。凯尔森采取的反还原论的手段未能如愿，而仅仅是一种"逻辑演练"②。马默则满怀同情地表示，凯尔森取得了部分成功，但仍然免不了为法律提供一个还原论的解释。③

上面的论述表明，尽管还原论一直都是面向法律的研究始终摆脱不了的幽灵，但还原论为更好认识法律发挥的作用仍然是无可匹敌的。主张反对还原论可能基于以下两个考虑：其一是还原论要求在本体上将法律分解成为某些和社会现实相关的因素，从而导致必须面对应然与实然两分的"铁律"；其二是还原论会导致其他学科的认知对象进入面向法律的研究当中，其必然会招致从研究对象到研究手段都混乱不堪的结果。从现实上看，这两条考虑并非没有道理。但以此为借口将所有错误都归罪于还原论，则是矫枉过正的不公。这两项观点中后者较易反驳：之所以做出理论上的还原，其核心还是认知便利。对认识对象的认识依赖认识的手段，而对自然科学认识手段的依赖明显强于对面向法律的研究之认识手段的依赖。一如前文所述，只因为自然科学的解释力较强。解释力强弱，与还原无关，故还原论并没有错。而前一观点则要求必须对法本体做出一个合理的解释。如果可以确定法律仍然与某些社会现实相关联，则必然与还原论

① 参见〔美〕马默《法哲学》，孙海波、王进译，北京大学出版社，2014，第16页。
② 〔英〕丹尼斯·劳埃德：《法理学》，许章润译，法律出版社，2007，第153页。
③ 参见〔美〕马默《法哲学》，孙海波、王进译，北京大学出版社，2014，第30页。

的立场相关联；如果能够确定法律是一个与现实完全无关的事物，那么法律要么是一套纯粹的概念，要么是一个不接受本体论前提保护的什么东西。一些观点主张法本体是一个被"本体论承诺"承诺出来的本体，但本体论承诺将认识论的核心问题即认识关系转化成为一系列的语言学问题，在某种程度上依然趋附了某种还原论的立场，即将法律还原成为法律语言的尝试。由此可知，放弃还原论的尝试等同于放弃对法律的认识，而这明显不符合人类试图更好地认识法律的愿望。作为认识便利和认识规范还原论并没有错，如果硬要说还原论有什么问题，恐怕只有还原论许诺的"世界的本质是简单"与法律的复杂性相抵触这一点。

归纳与还原

在论述了还原论的理论价值后，仍需要为面向法律的研究的知识价值做一个浅显的辩护。人类借助料定外部世界的方法来获取有关物质世界的知识，但若真如此，反而无法确定面向法律的研究具有知识价值，因为法律不是物质世界的直接产物。因此，也无法通过主张科学的办法来主张面向法律的研究是具有知识价值的。这无异于宣告面向法律的研究是不产生知识的，相关理论和结论也都没有知识价值——该结论不符合常理。法律尽管完全依赖于人，但并不意味着法律不具有被料定为认识对象的条件。法律可以被视为一个确定的认识对象，其自身的时空特性说明其不仅仅存在于人类精神中，更是始终与外部世界相联系。法律同时也试图影响外部世界，它通过提供行动理由来规范人类的行为。这说明法律依赖外部世界，且总在试图影响外部世界。如果一个事物在特性和功用上都具有外部特性，应当把它当作一个外部实在来看待。故法律当中所有的外部实在部分接受经验法庭的审判，也接受归纳作为获取知识的基本手段。因此有足够的理由相信通过归纳获得的对法律的认识其知识地位是确定的。

不可否认的是，归纳是有缺陷的。通过归纳获得的知识，其一般性是有条件的。形式上确定不疑的知识通常依赖三段论来获得，通过"大的推出小的（从一般到个别）"这样一个演绎原则来确保形式上的正确，即前提必须蕴含其结论。归纳论证做不到这一点，它满足不了形式上的要求，因此无法受到形式上的保护而显得缺乏说服力。一个经验者如果试图完全通过经验来获得对法律的认知是不现实的。经验者由于不能穷尽全部的经验对象，因此通过经验归纳的方式无法获得具有一般性的知识。即便我们通过这种不完全的归纳获得了所谓的知识，这种知识也很容易被一两个反例证伪。

假设经验者能够穷尽其经验对象，其获得的知识是否能够满足一般性的要求？在这一点上，尽管可以从不完全归纳过渡到完全归纳，但依旧不能满足对于知识一般性的需求，因为穷尽全部经验对象所得的经验材料并不直接等价于一般。假设存在一个集合 A，这个集合中的元素为经验者通过经验其经验对象而产生的经验材料，那么该集合表示为：

$$A = \{经验材料 1 号, 经验材料 2 号, 经验材料 3 号, \cdots\cdots, 经验材料 n 号, \cdots\cdots\}$$

假设经验者穷尽了无限的经验对象，那么，其获得的经验材料所组成的集合的基数是无限大的，则集合 A 是一个拥有无穷多个元素的可列集。

假设有关所有经验对象的知识组成了一个集合 B，那么这个集合表示为：

$$B = \{有关经验对象的知识\}$$

这也就是说，集合 B 是一个只有一个元素的集合，这个元素就是有关经验对象的知识。集合 A 和集合 B 不等势，也没有确定的对应关系能够保证集合 A 中的元素都能映射到集合 B 中。很难说通过穷尽全部经验对象就能够获取有关经验对象的一般性知识。

归纳对于一般性的知识而言并不是万全之策，这一点对人类认知而言是个巨大的打击。如果一直拘泥于此，很容易陷入怀疑论的泥坑里。归纳的方法对于人类获取知识而言厥功甚伟，其作用不能被无视。如若想满足获取知识的形式上的需求，则需要另一些补救措施。例如：增加一个条件，使得归纳论证转变为演绎论证，增加一个蕴含结论的前提，即可将归纳所得的材料转化为一般性结论，以此来满足形式上的要求。增加自然齐一律为前提，可以将归纳论证转变为形式上的演绎论证，这样就避免了归纳带来的问题。尽管自然齐一律自身有着相当大的局限[①]，其运用也受到限制，但这仍然不失为获取知识的一条重要途径。它是这样作用的：

经验材料 1 号

经验材料 2 号

---

① 参见陈波《归纳问题：罗素与金岳霖——中西哲学交流的一个案例》，《社会科学论坛》2011 年第 9 期，第 7 页。

经验材料 3 号

······

经验材料 n 号

······

自然是齐一的。

有关经验对象的一般性的知识

可以认为自然齐一律在作为全部的集合 A 和作为一般的集合 B 之间确定了一个映射 $f: A \rightarrow B$。在这里，集合 A 中的每一个元素在集合 B 中都有唯一一个元素与之相对应，也就是说，每一个经验材料（原象）都有一个唯一的一般性知识（象）与之相对应。由此可知，自然齐一律为归纳论证提供了一个形式上的保护。

如前所述，归纳在人类认知中扮演了极为重要的角色。同理，法律也受到归纳的泽被。法律在其发现的过程中无可避免地涉及有关归纳的问题。很难想象一部成文法律从天而降成为人们行动之指导这样的事情。因此仍然应当把目光集中在法律在实际生活中不断积累不断完善并最终显示出其样貌上。以罗马法为例，其创制过程可以被看作一系列程序的不断累积。罗马帝国在处于领土扩张时期时，需要面对的问题是处理那些被占领地区民众的诉讼请求。早先用来调整罗马本地公民法律关系的法律并不一定适用于被占领地区，这就给法律工作带来很大的压力。罗马的法律人将罗马的市民法推广到对异邦人都适用，于是出现了"万民法"。这几乎是一种法律从无到有的情景，其发展过程撮其要旨罗列如下：①

1. 生活在罗马共同体中的民众有一套自己的法律。这是一系列习惯，其履行拥有一套复杂的程序，近乎宗教仪式。

2. 随着国家版图的扩张，更多"异邦人"被纳入罗马共同体中。新加入的民众带来新的法律关系，这些法律关系同等受到罗马共同体原有法律的调整。

3. "异邦人"无法充分履行罗马共同体原有法律所要求的程序，

---

① 参见〔法〕菲利普·尼摩《什么是西方：西方文明的五大来源》，阎雪梅译，广西师范大学出版社，2009，第 21~27 页。亦可参见〔意〕朱塞佩·格罗索《罗马法史》，黄风译，中国政法大学出版社，2018，第 195~211 页。

且受限于风俗习惯与宗教之因素，亦不能充分理解该法律。这在一定程度上带来了法律实践上的困难。这些困难为罗马负责处理外邦事务的"行政长官"带来了巨大的压力。

4. "行政长官"需要用来自不同地域、代表不同风俗的当事人都能听懂的语言来保证对法律的理解，在履行程序上也如是。这些都在一定程度上赋予了"行政长官"一些权力来创制法律，既包括法律术语，也包括创制新的程式。他们将这些创造的程式记录下来，并以布告的形式广而告之。

5. "行政长官"在不断轮换的过程中对这些程式去粗取精，裁汰冗余。他们一方面要继承先辈的法律遗产，一方面试图提出新的程式以应付新的问题。

6. 法律在这种继承和创新的滚动过程中不断完善。

很显然，罗马法律的创制过程体现为一种精神财富的创造过程。这种精神财富的创造并非一拍脑门的灵感或者天外飞仙的恩赐，而是人类实践经验的总结。这种经验的积累以一个"经验教训—实践检验"的模式展开，并且将成果以归纳的形式积累下来。如前所述，经验者无法穷尽其经验对象，即便经验者能够穷尽经验对象，其穷尽经验对象所得的经验材料也并不能成为一般性的应然效力的来源。罗马法的创制是工程量巨大的不完全归纳的过程。这个过程持续了数百年时间。如何能够保证这种不完全归纳的效力，就成了保证法律之规范的合理性和合法性的关键问题。在这个节骨眼上，得益于罗马和希腊文化的联系不断加深，罗马开始从希腊文化中寻找能够支持其法律创制工程的精神支援。其中斯多葛主义哲学流派因希腊—罗马文化交融而成为罗马法创制的有力支持。[①] 对于斯多葛主义而言，一切万国之法都是对于唯一基本法则的模仿。这个法则不依赖于人身而属于物质世界，因此是一种"自然法则"（law of nature）。[②] 但这个"自然法则"对于罗马法而言有什么必要吗？

如前所述，对于一项不完全归纳而言由于前提并不蕴含其结论，必须寻找一个能够作为归纳效力之保障的前提。这个前提就是自然齐一律。该前提在一定程度上将归纳论证转变为演绎论证，尽管其受到重重限制及各

---

① 参见〔英〕亨利·梅因《古代法》，郭亮译，法律出版社，2016，第30页。

② 〔英〕亨利·梅因：《古代法》，郭亮译，法律出版社，2016，第31页。

种责难。但如果没有这项保证，人类将永远无法从归纳中得到结论。因此支持通过归纳获取规范的一个必要保证，不是对于归纳本身的信念，而是作为一切模仿来源的"自然法则"。换句话说，这个"自然法则"事实上扮演了归纳论证中"自然齐一律"的角色。用一个交通灯的例子来说明它是这样作用的：

> 阿妮看到交通灯变为红灯，于是她停下来等待；
> 米尔看到交通灯变为红灯，于是她停下来等待；
> 泽茜看到交通灯变为红灯，于是她停下来等待；
> 刘早萌看到交通灯变为红灯，于是她停下来等待；
> 绒毛熊麻豆看到交通灯变为红灯，于是它停下来等待；
>
> 存在一个"真法"，这个"真法"是"看到交通灯变为红色，应当停下来等待"。一切看到交通灯变为红色要停下来等待都是对"真法"的模仿。

> 看到交通灯变为红色，应当停下来等待。

这就从两方面说明了问题。一个是规范的内容上，"自然法则"充当了获取规范的必要手段（一个必要前提）；另一个是就效力而言，"自然法则"充当了效力的一个指标。毋宁说，它才是效力的真正来源。当然对于自然法则自身而言，其始源则是另一个问题，无论其源于某一至高存在还是源于人类心灵，无论其为主观造物还是客观存在，都不妨碍结论的获取，因为该问题实为一哲学和宗教问题，不应由面向法律的研究来关注。

上述论证说明，通过归纳获得的有关法律的知识是受到辩护的。对于规范而言，其内容来自一系列的对现实经验的归纳，而规范的效力则追溯至提供了对效力之信念的自然法则那里。如果能够肯定归纳在面向法律的研究中的地位是受到辩护的，则我们也确定面向法律的研究所提供的知识能够接受还原论。当这部分知识再现法律发现的过程时，还原论亦被确认真实无误。不仅如此，当开始追溯某一项规范的效力时，我们所做的其实是将还原对应回归纳，而对效力的信念取决于对还原论的信念。如果彻底抛弃还原论，人类失去的不仅仅是对效力的信念，更是通过归纳获得规范的全部，因为人类将不再确信使规范取得效力的那个"自然齐一律"，也就是形式保护。

分析还是综合?

前文所述都试图表明还原论在面向法律的研究中必要且必须。为了将面向法律的研究与自然科学区分开来而抛弃还原论是不明智的,它只能起到相反的作用。而就获得知识而言,面向法律的研究需要为其知识地位进行辩护。辩护的结果要求解释另一个问题,就是面向法律的研究提供的究竟是何种知识。一个浅显的解决手段是将知识分为分析的知识和综合的知识,之后逐条考虑面向法律的研究是否会在两个阵营之间"选队站"。

(1)假定面向法律的研究只是分析的

分析以命题为展开,故需要先考虑命题。命题需要做出判断,故从判断开始。假设一个命题是:

地球是圆的。

它确实是一个命题,因为它对地球的某一个性质做出了判断。有判断就有真假,因此命题有真值。对于上面的命题而言,毫无疑问可以确定地球在二维平面上的投影是个圆形,因此上述命题是真命题。

上述结论应划归自然科学门下。它依赖数学、地理学、天体物理学等学科的结论来为它提供辩护。法律是一套体系化的概念,这些概念都能够展开为一系列的命题。但这些命题显然是没有真值的。仍然以交通灯为例证,有命题:

看到交通灯变为红色,应当停下来等待。

"应当"是个应然判断,它不可能有真值。所有的规范命题都没有真值,产生的价值是道义上的价值。

分析以意义为根据。一个分析性的命题并不依赖于事实,也不依赖于经验。在命题的构成上,词项不指称经验对象而指称概念。进行一项分析性的研究可以避免经验事实的不完全归纳带来的不确定,因此是最为稳妥的手段。稳妥是法律应当具有的特征,这样可以避免人们谈到规范时会无所适从。但就知识而言,分析不产生新的知识,而且它需要一个能够为它提供无穷无尽概念的来源。这肯定是个难以实现的愿望,因为这是假定存在一个能够不断产生可供分析的概念的概念系统。这个概念系统必须能够无限运作下去,否则总有一天概念的来源会枯竭,从而穷尽所有可供分析的概念。虽然说这样就完成了对某个有穷事物的分解工作,但也宣告了该事物已经失去了在人类认识工作中的地位。如果假定法律作为认识的对象完全是一项分析的事业，要么是假定了法律就是那个能够自动且无穷无尽产生概念的概念系统，要么就是存有试图利用概念穷尽所有经验事实的妄想。

分析只能在完全理想化的语言中才能进行下去。这种理想化的语言实际上是一种纯粹的逻辑方法。但法律仍然因为其面向实践的特征而必须将其逻辑结构向实践经验开放，这导致任何起始于法律的分析始终都处于理想下降到现实的过程当中。笔者依然试图将这个过程理解为法律的一项既有异于哲学又区别于自然科学的特征。如果这个特征消亡了，面向法律的研究要么合并到哲学中，要么纯粹是自然科学的。如若试图维持这个不上不下的状态，则需要法律一直都坚持某种上下平衡的策略。上下的平衡表现为多方面的平衡，甚至可以被理解为多元化的平衡。但无论于特殊和一般之间如何运动，还原论都是取得平衡的一个重要保证。

（2）假定面向法律的研究只是综合的

这种假设实际上是假定与法律相关的一切问题都是以事实为根据的，并且研究这些问题的手段也应当采取综合的方法。这实际上是试图采取自然科学的手段来研究与法律相关的问题。自然科学的研究建立在对经验的归纳之上，通过对经验的归纳提出有依据的假设，再凭借对假设进行证成或证伪来完成知识的生产工作。但自然科学生产知识的流程并不完全适用于面向法律的研究。自然科学通过产生描述性的知识来扩展人类对外部世界的认识。法律则需要面对大量评价性的内容，而这些评价性的内容无法做出与真假相关的判断，它提供的情感价值明显要高于其知识价值。这表明由于规范本身的特殊性，仅仅强调综合这一方面显然达不到更好认识法律的要求。不管怎样，法律仍然表现为一个规范的概念体系。综合的方法在理解法律创制方面颇有助益，但不足以辅助深究规范和效力的根本来源问题。

上述论证意在表明面向法律的研究不应独断地划归分析阵营或综合阵营。法律自身的特殊性致使面向法律的研究一直都在分析和综合之间徘徊不定。将面向法律的研究理解为一个纯粹的分析事业很容易让人产生"法律的概念天国"的奇思妙想，使其最终成长为一个形而上学的怪胎。但将面向法律的研究理解为一项综合性的事业则走上了另一条道路，这条道路就是追随着自然科学的发展将法律理解成为一个科学研究的对象，利用实验和假说来增加对法的理解。这种将面向法律的研究与自然科学对等起来的想法一如前文所述，只因为自然科学的解释力远远强于面向法律的研究其自身理论提供的解释力。这条道路有个危险的终点，即将法律中全部评价性的内容与人脑的神经官能联系起来，从而将面向法律的研究划归到神经科学当中。尽管听起来匪夷所思，但是这种"心脑同一论"的论调一直都受到不少人的吹捧。

面向法律的研究提供的知识，如果不能独断地划归到分析或综合的阵营当中，至少也可以宣称这种知识既不是（康德所谓的）先天的，也不是后天的，或者说不仅仅是其中之一。如果人类总能通过面向法律的研究获得一些新的知识，那么至少可以明确，无论是规范还是面向法律的研究的评价性结论，其中总有部分是直接指称经验或依赖感觉判断的。那么这一部分的知识就一定能够通过还原论将其再现出来。任何一项理论都旨在贡献知识，面向法律的研究亦不例外。以此说明还原论在面向法律的研究中具有重要作用并无不妥，除非面向法律的研究其理论发疯宣称自己没有知识价值。

结论与展望

法律有它独特的品质和特别的魅力。法律既不超然，也不流俗；既不在万里高空飞翔，也不在泥地里打滚。它有它自己的位置且它应当有它自己的位置，而还原论是法律获得且保有自己位置的一个重要保证。

主张还原论可能会被认为是主张基础主义，即为了终止无穷推理而设下某种条件，声称某些事物可以作为基础来终止推理无穷。这种基础主义在认识论中非常重要，在面向法律的研究中也并非没有先例①。但主张还原论并非主张基础主义，并非要将规范的内容和效力都追溯到某些不可穷究的基础当中。它只是为理解规范和效力提出一个合理的解释，并试图再现其生成过程。

主张还原论有时会被误解为主张自然主义②，即主张自然能够解释一切问题。还原论的初衷并非如此，它只是一种认知便利。如果不需求这种便利也不必强求。经典的自然科学理论重视还原论的作用，但现代科学的

---

① 基础主义是一种认识论立场，它确信某些信念具备与其他信念不同的地位，这些信念不需要经由其他信念辩护，而是可以合理地由感官直接得来。这些信念就是"基础信念"。如可以类比，则凯尔森的"基础规范"多少可以被看成有些基础主义的成分在内。

② 此处指"科学的自然主义"或"进化论的自然主义"。有关自然主义，理查德·黑尔曾指出："……自然主义理论的错误在于，由于它们试图从事实陈述中推导出价值判断，致使它们忽略了价值判断中的规定性因素或赞许因素。"参见〔英〕黑尔《道德语言》，万俊人译，商务印书馆，1999，第80页。

进展已经对古典时代留下的遗产产生了巨大的冲击，其中也包括还原论。量子物理学的发展使学者重新拾起了对整体论的兴趣，"延迟选择"实验、弦理论等理论物理学成果让学者们有足够的理由确信还原论已经过时。声称还原论在面向法律的研究中已经过时却为时尚早，因为抛弃还原论的结果是将面向法律的研究驱赶到与自然科学完全对立的一面，要么走上形而上学道路，要么投入心灵哲学的怀抱①。将面向法律的研究等价于形而上学是一种灾难，它会将一切价值判断都视为儿戏，从而使得一切法律实践都等价于概念的游戏。主张心灵哲学则等同于宣布法律事业是一项人类心灵的事业，因为法律之中那些价值、愿望、意图甚至意义等都是心灵的面向。法律的作用绝对不仅仅是帮助人们料定心—物关系这么简单。法律中的价值判断、面向法律的研究中一切的评价性研究手段和其必然结论，其作用如果仅仅是将心灵凸显到可以和一切社会现实相媲美的程度，那法律将立刻演变为一套实用度极高的占卜技术和心灵诊疗术。倘若如此，法典将成为预言书，"法律科学"则会变成一个笑话。在确定法律事业仅仅是"促进人类高尚"的工作之前，法律不能被认定只是一项人类心灵的事业。但要想维护法律之特殊品质，还原论仍然是一种必要。

　　面向法律的研究始终都是一种价值研究，它试图寻找价值判断的最终归宿。没有归宿的价值判断将漂泊无依，或随风而去，或只能在水面或流沙上安家。为价值判断寻找客观依据就是试图让无处容身的价值判断能有所依靠。但将目光聚焦在标准上往往忽视了价值本身。法律作为一种价值判断，这种价值并不只体现为道义，也体现为知识和情感。法律的复杂性表明，即便是确定的价值判断的标准，有的时候也并不十分稳固。甚至，法律的绝大部分都表现为情感状态。站在这个角度上讲，还原论拥有无可匹敌的最终极价值。这个终极价值就是还原论的情感价值。规范性学科都或多或少主张一些情感价值，无论它是道义上的还是认识上的。如果说规范主张的情感价值是道义上的，那还原论主张的情感价值就是认识上的。它始终在保护认知，并鼓励说：无论有多困难，事物总是可以被认识的。对规范性的理论有着"尽情尽理"的期许并不过分，但无论是尽理还是尽情，还原论都是不可或缺的。

---

① 心灵哲学在某种程度上和量子力学达成了共识。参见〔美〕托马斯·内格尔《心灵和宇宙：对唯物论的新达尔文主义自然观的诘问》，张卜天译，商务印书馆，2017，第18页。

中国传统社会"孝"之法哲学反思[*]

钱继磊[**]

摘 要：虽然"孝"曾经在中国特定社会发挥了重要作用，但毕竟社会环境变化巨大。若要使"孝"在当下中国社会更具生命力和解释力，就既不能一味拒斥，又不能全盘继承，应从法哲学视角进行理性反思，以便为"孝"在当今中国社会的限度提供前提性基础，为中国传统资源与法治理念有效转化与融合提供前提性理论基础。从中国传统社会"孝"之滥觞以及"孝"、《孝经》与《易经》的渊源关系来进行审视和反思，传统社会的"孝"在当下中国社会的合理性之限度是值得讨论的论题。我们要立基于当下社会并着眼于未来良好文明社会的构建，为中国传统资源如何与当下法治有效融合提供可能。

关键词：中国传统社会 "孝" 法哲学 《周易》

一 问题的提出

近年来，我国出现了国学热，尤其是儒学热现象，其中"孝"是其所倡导的重要内容。因此，孝成了热门字眼。至于其受到如此重视的原因，有人认为与当前中国社会家庭伦理关系的式微不无关系，即老子所言的"六亲不和，有慈孝"①。从更深层次看，中国这种家庭伦理关系的变迁与中国特定社会发展阶段不无关系。中国近代史随着西学东渐及西方社会生活方式对中国传统社会生活方式的冲击而被动展开。过去几十年，随着中国快速融入全球社会，建立在西方社会生活方式基础之上的规则体系、社会结构、价值判准等对中国传统社会生活方式以及与之相适应的儒家主导

---

* 基金项目：教育部人文社科重点研究基地重大项目（17JJD820004）；山东省社科规划优势学科项目（19BYSJ04）；济南大学科研基金重点项目（16ZD01）。

** 钱继磊，法学博士（后），齐鲁工业大学政法学院副教授。

① 《道德经》第十八章。

的与农耕文明相一致的规则体系、社会结构、价值判准等带来的冲击和瓦解尤甚。如从更一般角度，中国所面临的问题不仅是自身特有问题，还有融入西方价值判准主导下的社会生活方式所带来的一般性问题，即在人类的物质生活越来越丰富的同时，人类的精神生活日趋萎缩，人与人之间的关系，包括家庭成员间的关系，越来越冷漠。有论者指出，这种困境主要归因于"个人主义发展趋向的极端化"和"工具理性对人类生活的主宰"①。面对中国当前社会出现的种种问题，乃至面对整个人类出现的诸多困境，有论者试图并倡导从中国传统智慧中寻求解决之道，恢复发扬或改造中国传统"孝"来解决中国当前面临的家庭伦理关系式微问题。这种探索与努力值得肯定，却不能成为停止反思的理由和借口。因为虽然"孝"曾经对当时中国特定社会发挥了极其重要的作用，但毕竟社会环境发生了巨大变化，我们还要立基于当下社会并着眼于未来良好文明社会的构建。

在法学界，近年来也有学者对中国的"孝"给予关注，在如何对孝进行创造性转化以使其能够适应当今法治社会等方面探讨与思考并取得一些成果。有学者乐观地认为当下中国已处于"孝治的终结和法治的兴起"时代②。也有学者认为中国传统的"孝"面临"法治难题"，不过这能够通过"社会交换、关系契约、弱者特殊保护等理论"得到破解，而且"通过激励、'攻心'等手段还能够解决孝的纠纷"③。就前者而言，暂且不论其得出的孝治与法治的替代关系这一结论是否准确，需指出的是，其背后忽视了两者在制度层面与社会实效层面的差异。换言之，即便在立法层面孝治终结和法治兴起，也无法忽视传统孝在社会层面具有的持久影响力。就后者，即便是社会交换、关系契约及弱者保护等在理论层面可破解孝之当下法治难题，但这也并非意味着孝作为一种悠久传统所产生的现实影响力已消失。另一方面，对于孝所面临的当下法治难题仅通过上述源于西方

---

① 夏纪森：《旁观者的同情：亚当·斯密的伦理学思想研究》，上海三联书店，2015，第1页。

② 喻中认为，孝治是传统中国家国同构和圣贤政治的产物，随着中国社会从圣贤政治到民主政治、从家国同构到家国两分、从家庭人到社会人的转变，传统的孝治也逐渐被法治所取代。修订后的《老年人权益保障法》第17条既体现了法治的精义，又标志着法治在当代中国的兴起。参见喻中《孝治的终结与法治的兴起——从〈老年人权益保障法〉第17条切入》，《山东大学学报》（哲学社会科学版）2015年第2期。

③ 李拥军认为，身份型的"孝"与契约型的法的冲突、"孝"的内在性与法的外部性间的矛盾、"孝"的差别主义与法的普遍主义之间的抵牾，构成了孝道入法的三大难题。李拥军：《"孝"的法治难题及其理论破解》，《学习与探索》2013年第10期。

的这些现代理论来寻求解决方案既显得理论依据不足，也无法为更深层理论剖析与反思提供有力理据。笔者也曾就孝传统在当下社会的复兴现象进行过省思，也仅是从法社会学视角对孝在传统社会的存在合理性进行了阐释，并提出通过"法"与"爱"重塑当下中国孝观念①。不过，这更多是从当下存在的社会现象入手，而从法哲学角度对孝传统的反思依然不足，缺乏更有力、更深入的剖析与阐释。"洞见或透识隐藏于深处的棘手问题是艰难的，因为如果只是把握这一棘手问题的表层，它就会维持原状，仍然得不到解决"，因此，"必须把它'连根拔起'，使它彻底地暴露出来"②，法哲学则是这样一个合适而有力的方法和维度。③

从哲学角度，如果可以不假思索地将孝作为中国当下社会值得期冀的价值加以继承并倡导，则可能意味着它具有跨越时空的普适性价值，而非"地方性知识"④。换言之，正如有论者所提出的，"为什么儒家与世界上绝大多数宗教、哲学和伦理学的学说不同，非要独独从'爱人'中选取出'亲—爱'为爱与仁的源头？……孝亲意识是自然本能的，还是人为的或由文化风俗、社会规范培养出来的？"⑤ 然而，人是一种具有智慧的动物，这种智慧不仅是对过去经验和规则的遵循，还是对人类社会经验基础上的价值及规则体系的反思。所以，有人认为，"哲学的生命在于批判"，"所谓批判，就是指人们对是非曲直和真善美的重新审定，是一种建立在对经验世界的反省和思考之上的理性活动"⑥。可以说，人类社会的进步无不建立在这种理性批判基础上。因为我们的世界和社会无时无刻不在发生着变化，人的认识也在不断更新，这就使得我们有必要重新审视和界定人类

---

① 钱继磊：《当下中国"孝"崇拜之省思》，《北方法学》2018 年第 1 期。
② 维特根斯坦：《札记》，转引自〔法〕皮埃尔·布迪厄、〔美〕华康德《实践与反思——反思社会学导引》，李猛、李康译，邓正来校，中央编译出版社，1998，第 1 页。
③ 何谓"法哲学"，其实是一个具有歧义的概念。有人认为法哲学即法律哲学，即英美等国的法理学，如美国博登海默就将其论著命名为《法理学——法律哲学与法律方法》。也有学者认为法律哲学是哲学的一个分支，是哲学的一部分，如德国法学家拉德布鲁赫。本文所述的法哲学则是从方法论角度而言的。在笔者看来，与哲学类似，法哲学的生命与核心也在于反思与批判，只不过这种反思具有法内在的精神与品格。而近现代法的最核心理念则离不开平等，即不平等绝对与法理念之精神不相容。由此，本文主要是基于审视和反思视角，以法治所蕴含的平等共识性理念为依凭，试图突破过去将传统孝视为"天经地义"之普适真理观和至上伦理观，寻求中国传统社会"孝"的合理性边界和限度，为使之现代社会进行创造性转化和承继并与现代法治相协调提供理论前提性基础。
④ 参见〔美〕克利福德·吉尔兹《地方性知识：阐释人类学论文集》，王海龙等译，中央编译出版社，2004。
⑤ 张祥龙：《孝意识的时间分析》，《北京大学学报》（哲学社会科学版）2006 年第 1 期。
⑥ 杨汉超：《哲学的生命在于批判》，《广西社会科学》2004 年第 7 期。

认识成果。由此，对孝也需要我们首先进行合理性反思，尤其需对其可能限度进行反思。限于篇幅，本文拟仅对孝在中国早期社会的出现从法哲学视角进行审视与反思。这并非旨在解构孝，而是为孝在当今中国社会的限度提供前提性基础，为使孝在当下中国社会更具生命力和解释力提供必要前提，为中国传统资源如何与法治理念有效转化融合提供可能。

二 从"孝"之滥觞看其天经地义

孝文化在我国可谓源远流长。据记载，早在夏朝舜就以大孝父母闻名天下。从语义看，"孝"乃"善事父母者，从老省，从子，子承老也"①。古文字学家唐兰认为，"孝""即'老'之本字，'子'挽扶之，会意"，即"孝"就是孝顺，善事父母，要对父母尽心奉养，而且应绝对服从之意。② 然而，据既有文献，"孝"最初意指祭或祭祀先祖，以示对祖先的崇拜与追思。《虞司寇壶》曰："虞嗣寇白吹乍（作）宝壶，用享用孝。"③《论语·泰伯》则有，"子曰：'禹，吾无间然矣。菲饮食而致孝乎鬼神，恶衣服而致美乎黻冕，卑宫室而尽力乎沟洫"④。由此，有论者认为，"孝"上部的"老"其实并非"老"，而从字形上看是"尸"，下部是"子"，整个字看起来"是一群孝子在祭祀祖先"⑤，"孝"字最早的意思也印证了此观点。《诗经》中也多次出现"孝"，但都与祭祀有关，"'孝子'指的是主人的嗣子，是在庙中能够纪念祖先业绩而参加盛大祭祀活动的人"，"'孝孙'指的是能够替代祖父的尸，并供人祭拜"⑥。儒家经典《孝经》认为，孝"德之本也，教之所由生也"⑦，孝乃"天之经也，地之义也，民之行也"⑧。由此，"孝"理念具有了至高地位，被视为普遍性行为规范。殷商时期的商王武丁的太子则称为"孝己"。据记载，春秋战国时期的诸多王侯都以"孝"为名号，如鲁孝公、晋孝侯、秦孝公、赵孝成王、燕孝王等。汉代以来的最高掌权者也多对《孝经》表现出异常关

---

① 转引自周延良《"孝"义考原——兼论先秦儒家"孝"的伦理观》，《孔子研究》2011年第2期。

② 转引自杨代欣《〈孝经〉与孝道》，《文史杂志》2015年第1期。

③ 《虞司寇壶》。

④ 《论语·泰伯》。

⑤ 陈爱平：《图说孝道》，重庆出版社，2008，第3页。

⑥ 杨代欣：《〈孝经〉与孝道》，《文史杂志》2015年第1期。

⑦ 《孝经·开宗明义》。

⑧ 《孝经·三才章》。

注，不仅公开提倡，甚至有不少人还亲自参与对其注释，比如，梁武帝的《孝经义疏》、梁简帝的《孝经疏》、后魏孝明帝的《孝经义》、唐玄宗的《孝经注》等。后来出现的《二十四孝》更是家喻户晓，各位主人公被奉为孝行为的楷模。如果说《论语》《孝经》《春秋繁露》《弟子规》等儒家经典及后来的《二十四孝》更多是从正面强调何为孝，如何行孝，以及孝的典范等，即礼所要求应如何为的问题，那么律法中所强调的是，当礼未做到时如何规制问题，即"出礼入刑""出孝入刑"，通过严刑峻法强制实施。由此，在中国传统社会，孝长期处于至上地位，成为天经地义的普遍性真理，容不得半点质疑与反思。时至今日，一谈到对孝的质疑和反思，仍然有不少人心理上难以接受。

然是否如《孝经》所说，孝乃天经地义的德行呢？从理性角度来看，孝的出现并非如此简单。《说文解字》解释，"孝，善事父母者，从老省，从子，子承老也"①。可见，孝应以能够明确父母为前提，即应出现在一夫一妻制成为主要婚姻家庭方式的社会。据人类学研究，世界范围内早期先民都经历了群婚、族外婚（普那鲁亚婚）、对偶婚和单偶婚（即一夫一妻制）家庭的渐变历程。孟子说，"舜尽事亲之道，而瞽瞍底豫，瞽瞍底豫而天下化，瞽瞍底豫，而天下之为父母者定，此谓之大孝"②。后来，"4000 多年前的舜帝被儒家奉推为二十四孝之首"③，成为行孝的鼻祖和源头。然据研究发现，与世界范围内的其他早期先民的发展一样，商族婚姻家庭制度也经历了群婚、族外婚（普那鲁亚婚）、对偶婚和单偶婚即一夫一妻制家庭的渐变历程。至于被儒家奉为孝之鼻祖的大舜帝所生活的时代，根据"眩弟并淫，危害厥兄"④ 来推断，为族外婚（普那鲁亚婚）的野蛮时代。郭沫若就曾指出，文献中的帝舜即与商族起源有关的帝喾，是殷人的上帝。与其婚配的娥皇、女英，亦即姜嫄和简狄，可在甲骨卜辞中找到二人的名迹，即"娥"和"羲京"。故中国有史以前之传说，其可信者如帝王诞生之知有母而不知有父，且均系野合，表明社会的初期是男女杂交或血族群婚。娥皇、女英为姊妹而以舜为公夫，舜与象为兄弟而兄弟"并淫"，这正表明娥皇、女英互为族外婚（普那鲁亚婚），舜与象亦互为

---

① 转引自周延良《"孝"义考原——兼论先秦儒家"孝"的伦理观》，《孔子研究》2011 年第 2 期。
② 《孟子·离娄上》。
③ 陈大络：《释孝——兼论舜之孝道对后世的影响》，《2010 中国（诸城）大舜文化学术研讨会论文集》。
④ 《诗经·天问》。

族外婚（普那鲁亚婚）。这种普那鲁亚家族的亚血族群婚制，就男女而言为多妻多夫，就子女而言则为多父多母。在卜辞中确有多父多母的征迹。以商末三勾兵铭文中"多父"而论，郭沫若认为普那鲁亚婚制一直保存到殷商末期。① 由此，儒家经典所推至的大舜行孝的故事未必是客观事实。对于大舜至孝故事的真实性，早在 20 世纪 30 年代，顾颉刚就提出过质疑。他发现，"时代愈后，传说中的中心人物愈放愈大"。比如大舜，在孔子时代，只是一个"无为而治"的圣君，到了《尧典》里就成了一个"家齐而后国治"的圣人，然到孟子时代，舜又成了"一个孝子的模范了"②。也就是说，舜被奉为孝子，是直到战国才出现的事。中国历史上记载较早的另一个孝道故事则是关于殷商时期"孝己"的。据说，他是殷高宗武丁的儿子，对父母很孝顺。可惜他母亲早亡，而父亲又误听了后母的话，致使他在被放逐中死了，后人非常怀念他。然"孝己"在商代的卜辞里曾作为"兄己""父己""小王父己"，说明他曾代摄国政，没有证据证明他因放逐而死。而"孝己"这一称谓则出现在《庄子·外物》，《荀子》的《性恶》《大略》，《战国策》的《秦策》《燕策》以及《吕氏春秋·必己》等战国时代的文献中。③ 据此，有论者认为，不论是大舜至孝的故事，还是"孝己"的故事，"显然只是后人的附会"④。

　　另外，从"孝"出现的情况看，通常认为，从商代卜辞中便可见"考"和"老"二字。因在古代"考""老"二字与"孝"相通，所以卜辞中有"考""老"二字，也就说明卜辞中已出现"孝"字。然有研究查证，商代卜辞中的"考""老"二字均没有一个证明可与"孝"相通，其中所有的"孝"最多是"征人方路上的一个地名"⑤。"历考已发现的殷、周金文，商器尚无'孝'字，周器自恭王以后则累见。"⑥ 也就是说，西周之前，中国社会既没有出现"孝"字，也没有关于孝子的故事，孝、孝子、孝道则滥觞于西周。

---

① 郭沫若：《卜辞中的古代社会》，载《中国古代社会研究》（外二种），河北教育出版社，2000，第 200～218 页。
② 顾颉刚编著《古史辨》第一册，上海古籍出版社，1982，第 60 页。
③ 郑慧生：《商代"孝"道质疑》，《史学月刊》1986 年第 5 期。
④ 郑慧生：《商代"孝"道质疑》，《史学月刊》1986 年第 5 期。
⑤ 郑慧生：《商代"孝"道质疑》，《史学月刊》1986 年第 5 期。
⑥ 舒大刚：《〈周易〉、金文"孝享"释义》，《周易研究》2002 年第 4 期。

三　从孝之思想理论源于《周易》看其天经地义

《易经》是中国乃至世界上一部举足轻重的哲学著作，饱含中国人的智慧。就连对中国传统哲学颇有偏见的德国哲学家黑格尔也对《易经》做了较为高的评价，认为"它充满了中国的智慧"①，且具有绝对的权威。同时，《易经》也是儒家经典中一部重要文本。有论者认为，孝道、孝文化及其代表文献《孝经》都与《周易》有着密不可分的关系。比如，"《周易》的'天人合一'思想奠定了《孝经》'孝道通天'理论的哲学基础"，"《周易》的上下尊卑观念提供了《孝经》等级制孝道的伦理思想依据"，"《周易》的君主主义和民本主义意识提供了《孝经》'以孝治天下'理论的政治思想来源"②。也有论者通过对《孝经》各章节与《周易》进行对比性精深研读，总结出两者间存在内部勾连的 10 个例子，从而得出结论认为，曾子所主持的"《孝经》著述同样蕴藏着《周易》的思想基因"③。还有论者认为，"孝道是中国传统专制文化的现实与历史基础，孝是忠的前提，忠是孝的延伸。而《周易》则建构了孝道的理论基础"④。如果说孝是对《周易》理论和精神的承继和发扬，那么需明确的前提是《周易》与《易经》的关系问题。详言之，需要思考的是，《周易》与《易经》是不是一回事，《周易》本身是不是静止且一成不变的理论体系，《周易》自身的各组成部分是不是完整一体的。

我们知道，《易经》是中国最古老的文献之一，被誉为"群经之首，大道之源"⑤，是中华文化的根。有人认为，《易经》大约在新石器时代就诞生了⑥。不过，对于《易经》成书年代，有多种说法：顾颉刚、张岱年等人的西周初年说，李镜池的西周晚期说，郭沫若的春秋时期说等。⑦　由

---

① 〔德〕黑格尔：《哲学史讲演录》第 1 卷，贺麟等译，商务印书馆，1981，第 120 页。
② 康学伟：《论〈孝经〉孝道思想的理论构建源于〈周易〉》，《社会科学战线》2010 年第 3 期。
③ 曾祥芹：《〈孝经〉〈大学〉对〈周易〉的读以致用——阅读的"潜水作业"之二》，《高校图书馆工作》2014 年第 3 期。
④ 谭德贵：《〈周易〉对传统孝道文化的影响》，《山东师范大学学报》（人文社会科学版）2005 年第 3 期。
⑤ 周玉山：《易学文献原论（一）》，《周易研究》1993 年第 4 期。
⑥ 史善刚：《论河图洛书与八卦起源》，《史学月刊》2007 年第 8 期；史善刚、赵金昭：《论炎黄时代之易卦》，《中州学刊》2007 年第 3 期。
⑦ 参见史善刚、董延寿《〈易经〉成书时代考》，《中州学刊》2009 年第 2 期。

于论旨所限，本文不对其成书年代详考。但不论哪种说法，都表明《易经》自身经历了漫长历程。据说，历史上《易经》有三种，即所谓的"三易"：一是产生于神农时代的《连山易》，二是产生于黄帝时代的《归藏易》，三才是周之《易》①。可见，虽前两者已失传，我们今天所说的《周易》只不过是"三易"之一。就《周易》本身，也由两部分组成，即周之《易经》和《易传》，不过我们今天看到的只有周之《易经》了。由此，人们往往将《易经》与《周易》等同。至于《易传》则是在周之《易》诞生几百年后的人阐释前者而形成的十篇文章，即"十翼"②。其中的一些阐解文字未必符合周之《易》的原意。因此，在某种意义上，《易传》之"十翼"不应归入《周易》，更不能称为《易经》。

如前所述，"孝"在古文献中多与祭祀有关，以示对祖先的崇拜与追思。直到西周时期，才具有了"亲亲""尊尊""长长"理念。到孔子时，则问道，"今之孝者，是谓能养，至于犬马，皆能有养，不敬，何以别乎?"③ 可见，"孝"已从"养亲"转为"敬亲"。其弟子曾子则认为"孝"有三种："大孝尊亲，其次弗辱，其下能养。"④ 孟子则将"孝"与"仁"结合起来，认为"仁以实，事亲是也"⑤，"舜尽事亲之道，而瞽瞍底豫，瞽瞍底豫而天下化，瞽瞍底豫，而天下之为父母者定，此谓之大孝"⑥。在《孝经》中则将"孝"提高到至上地位，倡导"以孝治天下"，并对孝系统化，尤其提出"五等之孝"，从而也将"孝"与"忠"紧密勾连起来，将尊卑贵贱的等级制理念深深植入其中。在《开宗明义章》中所提出的"夫孝，始于事亲，中于事君，终于立身"⑦ 就明显体现了这一点。可见，"孝"由最初祭祀，对先祖追思到"养亲""敬亲"，再到"顺亲"，最后是"移孝作忠"，完成了其体系化。这种思想在以后的经典中始终贯穿，如《弟子规》等。而《二十四孝》等则是其具体体现。可见，"孝"与中国传统社会的以血缘关系为纽带建立起来的宗法等级制度具有

---

① 为了将通常人们所说的包括周之《易经》和《易传》的《周易》与周之《易经》区别开来，此处将除《易传》之外的周之《易经》称为周之《易》。

② 对其成书年代有不晚于孔子说、春秋末期说、战国初期与中期说、战国中期与晚期说、秦汉时期说等。王杰：《寻求儒家思想形而上的价值依据——〈易传〉儒道结合的政治思想》，《周易研究》2005 年第 1 期。

③ 《论语·为政》。

④ 《礼记》。

⑤ 《孟子·离娄上》。

⑥ 《孟子·离娄上》。

⑦ 《孝经·开明宗义章》。

一致性。

　　如果说"孝"道、《孝经》之思想理论源自《周易》，那就是说《周易》中也应具有这种尊卑等级思想。然如前所述，《周易》并非一成不变的静止状态，而是经历了数千年漫长历程，且又有周之《易》和《易传》。因此，这就需要审视地梳理《孝经》之孝道与《易》之间的具体关系。研究发现，从最早的《连山易》《归藏易》，到后来的周之《易》，乃至再后来的《易传》，其在一些基础性问题上存有很大分歧。在宇宙产生先后顺序问题上，《连山易》认为"艮卦"在先，《归藏易》则认为"坤卦"在先，到周之《易》则认为"乾卦"在先了。即便孰先孰后问题与当时所处特定社会生产生活方式与水平有密切关系，这也说明，在此问题上并没有严格且一成不变的先后次序。由此，有论者认为，"在当时的人们看来，64 卦是先天平等的，……64 卦只有时间上的先后差异，而没有地位与作用的尊卑差异"①。在家庭伦理关系方面，不论是艮卦为父，还是坤卦为母，或是乾父坤母，也只有时间上先后差异，看不出明显的尊卑贵贱来。虽然各个版本都强调天地人，并指出人为贵，然这并非指人类为尊天地自然为卑，而是指人虽为自然之物，但在时间先后次序上，人应敬畏天地。可见，在周之《易》中，虽然讲天地、阳阴、男女并强调其间的和谐与互动，但这并非意味着总是天为尊、地为卑，阳为尊、阴为卑，男为尊、女为卑，而是在某些地方体现出没有尊卑之分的平等地位的和谐有序。据考证，周之《易》中直接提到"孝"的是第 18 卦"蛊卦"初六爻辞："干父之蛊，有子，考无咎。厉，终极。"其大意为，能继承父亲的事业就是孝子。没有灾难，虽有危险，结果还是吉利。此处看不到父子间的尊卑贵贱。就男女夫妻关系，周之《易》中第 53 卦"渐卦"九五爻辞中说："鸿渐于陵。妇三岁不孕，终莫之胜，吉。"意思是说：一个妇女虽然几年都未生育，最终还是能生育的，不会受到凌辱，因此还是吉祥的。这与《礼记》中所记的当时丈夫休弃妻子的"七出"之首即"无子"之大罪状也并非相符。另外，在第 9 卦"小畜"六三爻卦中说"舆说（脱）辐。夫妻反目"。意即车身与车轮相脱离，夫妻俩互相埋怨。有人认为这意味着将男女双方同构于婚姻这一有机整体中，视为不可分割的两方面，反映出对女性的尊敬。② 周之《易》中还记载了商周人对祖母、母亲极为

---

　　①　谭德贵：《〈周易〉对传统孝道文化的影响》，《山东师范大学学报》（人文社会科学版）2005 年第 3 期。

　　②　从希斌：《易经中的法律现象》，天津古籍出版社，1995，第 155～160 页。

尊重的史实，如第35卦"晋卦"六二爻辞为"晋如，愁如，贞吉，受兹介福于其王母"，意即进攻迫降敌人，占得吉兆。之所以获得这样的福祐，是因为受了祖母庇护。同样在第18卦"蛊卦"九二爻辞中说，"干母之蛊，不可贞"，意即继承母亲的事业，吉凶无法占问。这些都表明"女性在人们心目中占据一定的位置，在乞请神明、祖先指示能否联姻的权利方面，男女双方还是大致平等的"。① 第62卦"小过"六二爻辞："过其祖，遇其妣。不及其君，遇其臣。无咎。"此意即祖父可批评，祖母可称赞；君王也有缺点，臣子也可夸奖；没有灾祸。此爻辞既体现出对女性的尊重，也透露出君臣间并非后来那种等级森严的尊卑关系。

　　由上，在包括周之《易》在内的《易经》中看不到明显的尊卑贵贱等级理念，这与《孝经》之孝道所倡导的以"顺亲"和服从为显著特点的理念截然不同，也看不到一点"移孝作忠"的元素。问题是，为何有论者将《孝经》的理论渊源追溯到《周易》呢？仔细考查就可发现，前述论者所说的《周易》并非本文所说的周之《易》，而是后人对周之《易》阐释的《易传》"十翼"。因为《易传》的《系辞上传》开篇就说，"天尊地卑，乾坤定矣。卑高以陈，贵贱位矣。……乾道成男，坤道成女。乾知大始，坤作成物"②。这明显规定了天尊地卑、阳尊阴卑的理念，进而就很自然地推演出人类社会中夫尊妇卑、父尊子卑、君尊臣卑等血缘与社会关系的高低贵贱尊卑。可见，《易传》虽也讲天地人，讲乾坤、阴阳、男女，然它们间的关系排列已与周之《易》截然不同了。《易传》一开始就将周之《易》中的平等理念完全抛弃，以尊卑贵贱等级理念完全代替之。尽管表面上似乎继承了"天人合一"思想，但实质上此时的天、地、人内部及它们间已不具有平等意义，而都有了尊卑贵贱。《易传》对周之《易》的自我发挥还可从对第2卦"坤卦"的阐解"文言传"中看到，其解读乾坤之关系时说："坤道其顺乎，承天时而行。阴虽有美，含之以从王事，弗敢成也。地道也，妻道也，臣道也。地道无成而代有终也。"③这就明确指出了乾坤关系即夫妻关系、君臣关系、天地关系，坤之道即妻之道、臣之道、地之道。《易传》的《象传》对周之《易》的第37卦"家人"卦辞"家人，利女贞"的解释则更突出男尊女卑思想："家人，女正位乎内，男正位乎外。男女正，天地之大义也。家人有严君焉，父母

---

① 从希斌：《易经中的法律现象》，天津古籍出版社，1995，第164页。

② 《易传·系辞上传》。

③ 《易传·文言传》。

之谓也。父父、子子、兄兄、弟弟、夫夫、妇妇，而家道正。正家，而天下定矣。"① 这种阐释更加突出强调父母、夫妻、父子、兄弟之间的尊卑等级次序。就父子间，子女需按尊卑行事，不得越位，谈不上平等，这样才算"孝"。②

《易传》对周之《易》的这种阐释与推理，其实古人也曾产生过质疑。早在东汉时，哲学家王充就指出，"儒者论曰：天地故生人，此言妄矣！夫天地合气，人偶自生也。犹夫妇合气，子则自生矣。且夫妇不气，非当时欲得生子，情欲动而后合，合而生子矣。且夫妇不故生子，以知天地不故生子也"③。王充从唯物论自然科学角度揭示了子女与父母的关系。从此视角，夫妇生子女不一定是有意而为之，乃是情欲冲动的结果，是人的动物性使然。因此，父母对于子女，并不存在必然尊卑之分，只有在来到这个世界的时间上存在先后差异，更推不出彼此人格上的不平等。有论者可能认为，王充这种论断只谈了子女与父母的出生方面，然子女生下来需父母一二十年的抚养与培养才能长大成人。而儒家所主张的子女对于父母之孝主要是从养育角度来谈的，所以，才有"慈乌尚反哺，羔羊尤跪足……孝主体寒暑，慈枝固本末"④，"鸟兽尚知哺育恩"⑤，"不化为孝子顺妇者，与禽兽何以"⑥。尽管如此，也推不出子女与父母间的尊卑等级、人格上的不平等来。因为对于自然界中的动物植物，其对幼子的呵护与喂养是一种本能，是其物种于外界环境长期适应进化的结果。如果一个物种不能适应其外在环境，则在物竞天择的自然规律下就会走向灭绝。由此，对于动物的行为，我们无法做道德评价。比如，对于狼吃羊，实乃其生物性本能。不能因为狼吃了羊就说狼是恶狼。善恶道德评价应仅限于人类的行为。而且，动物界父母抚养其幼子，幼子成年后，彼此间就具有了完全独立性，不再有这样的关系，甚至会争斗和残杀。由此，从慈乌、羔羊之类的行为也无法推出人类父母与子女间的尊卑和人格上的不平等。东汉末年大儒孔融则认为，"父之于子，当有何亲？论其本意，实为情欲发耳。

---

① 《易传彖传（上下）》。
② 谭德贵：《〈周易〉对传统孝道文化的影响》，《山东师范大学学报》（人文社会科学版）2005 年第 3 期。
③ （东汉）王充：《论衡》，中华书局，1982，第 126 页。
④ 《劝孝歌》。
⑤ 《劝报亲恩歌》。
⑥ 《文昌帝元旦劝孝文》。

子之于母，亦复奚为？比如物寄瓶中，出则离也"①，被称为父母子女无恩论。他不仅承认了王充的自然科学基础上的情欲论，还由对父母子女关系推出了物寄论。其理论至少有三层意思：一是父母子女间的相互关系不存在尊卑之分；二是子女对父母的依附是有时间限制的，而非终生；三是子女成年后，对父母没有顺从、孝顺的天然义务。在主张"以孝治天下"的时代，这断然是"大逆不道"的，孔融最后被曹操下令"下狱弃市；时年五十六岁；妻子皆被诛"②。尽管孔融之死并非完全归咎于上述言论，但定与此密不可分。孔融的这种观点与佛家早期的"沙门不敬王者，不孝父母"的众生平等观类似，似乎与今天被世界主要国家地区普遍认可的父母与子女平等人格下的新型监护制颇有几分相仿。

为何周之《易》中那种父子、夫妻、君臣间尚存的平等关系在《易传》中完全消失，被明确系统的尊卑贵贱等级秩序观完全替代了呢？稍加研究便可发现，《易传》比周之《易》晚了至少几百年，通常认为由孔子、曾子及其他孔子后学所作。囿于论旨所限，本文不对作者具体考证。但可以肯定，《易传》乃主要由儒家弟子完成，主要体现的是儒家思想学说。除了将周之《易》"天人合一"的宇宙运行原理进行系统化之外，《易传》还将注意力集中到社会世事人伦方面，且《易传》中所谈的"天人合一"更多的不是在自然宇宙意义上，而是从道德人伦视角来构筑起其思想原点，来看待"天""人"二者间的关系。简言之，《易传》将周之《易》道德化了，儒家化了。不过在先秦时期，虽儒家开始强调父子、夫妻、君臣的尊卑等级，但还未达到后来的程度和地步。孔子时代虽也谈子之"孝"，但也强调父之"慈"。"父慈"与"子孝"间形成一种类似平等的权利义务关系。这里的"父慈"与"子孝"间是一种对等、互动关系，即"父慈"才能要求"子孝"。反言之，如果父不慈，则子就没有单向度的尽"孝"义务，即子不孝未必是违反伦理道德标准的，未必就不正义。这一点可从儒家所倡导的"五伦"之一的"父子有亲"中推出。"'父子有亲'表明的是父子间的关系应该是互相亲爱，而不是单方面的服从。"③ 其实，诸侯王与周天子间也有类似关系，并不存在诸侯王单向度地向周天子尽忠的逻辑与价值标准。姚中秋称此为中国传统的"自由人

① （南朝宋）范晔：《后汉书》卷七〇《郑孔荀列传》，中州古籍出版社，1996。
② （南朝宋）范晔：《后汉书》卷七〇《郑孔荀列传》，中州古籍出版社，1996。
③ 夏纪森：《从〈大学〉、〈中庸〉与〈论语〉看儒家的德治观》，《法治与德治国际学术研讨会》（暂未出版），第337页。

透过书面契约所建立的君臣关系"①。但到了《孝经》里则完全看不到这种"父慈"与"子孝"的对等关系，一味强调子之"孝"。这种子对父的无条件、无限度永恒的顺孝变成了天经地义的第一道德伦理标尺。

四　对孝之天经地义的进一步反思

由上，"孝"在中国传统社会中的至上地位是逐渐形成的。尽管《孝经》等儒家经典提出了尊行孝道乃天经地义，但这种理论体系是一种道德伦理内部视角的建构。若从"大历史"观②，则可以且需要对孝之道德理论构建进行外部视角的审视与反思。其实本文上面所提及的王充、孔融就是从唯物实证的角度对儒家"孝"之正当性进行质疑。依据中国主流传统，甚至在当下许多人的眼里，只要对孝有半点的不顺从、质疑或反思，则立马被视为禽兽不如、大逆不道的不肖子孙而被唾骂。究竟是从儒家道德伦理，还是从类似于唯物实证论者的外部视角来看孝？本文对于孰是孰非无意给出个结论，但此两者论证的背后揭示出一个深层次的哲学问题，即道德伦理的善恶判断与唯物实证论的真实是非判断间的矛盾。这是一个让全人类都困惑难解的哲学难题。也正是由于此，英国近代哲学家休谟提出了"是"（is）如何推导出"应当"（ought）的休谟问题③。西方社会的自然法学派与实证主义法学派间的世纪论战其实也是基于这样一个哲学论题④。囿于论旨所限，本文并不对休谟问题展开具体讨论。但值得注意的是，"根据休谟'是'与'应当'的区分，'能够'不一定意味着'应当'，或者说，技术上能够的东西，并不总是规范上应当实现的东西"⑤。简言之，如果既真实又良善美好那是最好的，但现实往往是，客观真实的未必就是良善美好的，认为杜撰虚构的、非真实的也可能是良善美好的。

① 秋风：《儒家宪政主义之源与流——敬答袁伟时老师》，载陈明、朱汉民主编《原道》第18辑，首都师范大学出版社，2011，第316页。

② 美籍华人黄仁宇先生于1985年其《万历十五年》自序中第一次提出了"大历史"（macrohistory）的观念，他说《万历十五年》虽然只叙述明末一个短时间的事迹，却属于"大历史"的范畴。"大历史"与"小历史"（microhistory）不同，不斤斤计较人物短时片面的贤愚得失，也不是只抓住一言一事，借题发挥，而是要勾画当时社会整体面貌。参见〔美〕黄仁宇《万历十五年》，中华书局，2007。

③ 〔英〕大卫·休谟：《人性论》（下），关文运译，郑之骧校，商务印书馆，1996，第509页。

④ 刘云林：《自然法学派和实证法学派论争的法伦理启示》，《伦理学研究》2012年第1期。

⑤ 童世骏：《批判与实践——论哈贝马斯的批判理论》，三联书店，2007，第308页。

就中国传统社会"孝"论的理论构建历程，其中的诸多论据故事等并非真实存在，而被人为刻意夸大了。如果认为真实才是人们所应提倡的，那么这种"孝"的理论体系构建的正当性就成问题。如果认为只要是对社会、对人类有益，即便人为杜撰的虚假东西，那也是良善且值得人们提倡和追求的，那么这种"孝"理论体系的建构则可能正当。

进一步要问的是，后者是否一定就是正当的呢？在讨论这一问题前，首先要阐明的是何为良善，即善恶的标准以及确定的程序规则问题。对于这一问题，在不同时空社会中，可能会有不同的途径和规则。如果从同情式的中国传统社会的情形看，"孝""忠"理论体系具有很强的适应性，与当时的家国天下体系以及农耕文明的社会结构和生活方式高度契合性。中国这种传统社会是以自足自给为主导的自然、半自然经济，人普遍生活于费孝通笔下"生于斯、长于斯"的"熟人社会"①。在这种社会结构下，人主要生活在家族以及由家族成员编织的社会之网中。社会中单个个人间并没有太多竞争，如果有，也仅是各个家族间的地位权势之争，所以才将个人成就视为"光宗耀祖"的基业。可以说，中国传统社会的这种"孝""忠"等级秩序观对于维持传统社会秩序、家庭和睦等都起到了不可替代的作用。然而这种以血缘关系为纽带构筑的社会结构与秩序无法完全适应当下陌生人的"开放社会"②。"孝"以血缘关系为纽带作为构筑人际关系及社会秩序的支点。血缘关系是人的自然性和生物性特征，是与人的身份相一致且个人无法改变的东西。因而，这种理论在指导"开放社会"里彼此毫无关系的陌生人间的关系时就显得苍白无力，也无法很好地解决陌生人间的竞争关系。当下"开放社会"还强调"公德"意义上的公民意识与责任，这也是与传统社会的重要区别之所在。而传统的"孝"由于建立在血缘关系家庭伦理上，对于熟人与陌生人自然无法做到一视同仁地平等对待，即"较强调'私德'领域，相对而言，'公德'领域容易被忽视"③。另外，由于当下的"开放社会"是一个政治组织的市民社会，自然就需在基本共识的前提下就道德标准进行合理性商谈，即摒弃道德一元化思维，而是理性商谈多元道德的共识思维。这类似于罗尔斯的"重叠共

---

① 费孝通：《乡土中国》，北京大学出版社，1998，第9页。
② 参见〔英〕卡尔·波普尔《开放社会及其敌人》第一卷，郑一明等译，中国社会科学出版社，1999。
③ 张世良：《儒学慈孝文化对现代社会的省思》，《青岛科技大学学报》（社会科学版）2014年第3期。

识"①，或哈贝马斯的"商谈理论"②，即强调程序正义与程序规则问题。

结　语

本文并非旨在对传统"孝"进行虚无主义解构或非理性的颠覆、拒斥，而是提出在对其进行合理继承和创造性转化之前，应对其进行理性的法哲学反思，以为"孝"在当今中国社会的限度提供前提性基础，为中国传统资源如何与当下法治理念有效转化与融合提供前提性理论基础。由此，就当下特定社会，传统社会的"孝"在当下中国社会的合理性之限度具有讨论价值和意义。然这是一个十分棘手而复杂的问题，需要学界长时间持续地集体理性而智慧地思考。

---

① 参见〔美〕约翰·罗尔斯《正义论》，何怀宏等译，中国社会科学出版社，2001。
② 〔德〕哈贝马斯：《在事实与规范之间：关于法律和民主法治国的商谈理论》，童世骏译，三联书店，2003。

反思中西二元法律文化:近代法学家的遗产

胡　成[*]

摘　要:清末变法以来,中西二元法律文化的矛盾和冲突成为中国近代法学家的精神背景。基于对中西二元法律文化的反思,沈家本提出"会通中西"说,蔡枢衡主张"迁社会以就法律",居正提出"重建中国法系",王伯琦主张"法马德牛"并驱,吴经熊提出"超越东西方"的自然法。从经济到法系到道德到人性,核心理论逐渐加深,自主意识也一步步增强;这些近代法学家的遗产值得我们重视。

关键词:沈家本　蔡枢衡　居正　王伯琦　吴经熊

1840年鸦片战争后,随着西方国家用坚船利炮打开中国门户,传统中国遭遇李鸿章所谓"三千余年一大变局",经济社会结构发生剧烈变化。20世纪初,清廷在内外交迫下力图变法以救时局,遂于1902年任命沈家本、伍廷芳为修律大臣,采纳西洋法律制度,革新大清既有律例,清末变法由此发端。

在一系列的整理旧籍、译介西法、考察东西洋法制、培养和延揽法律人才以及改革旧律、制定新律的清末法律改革活动中,《钦定大清刑律》的形成和颁布乃是其中耗时最长和争议最多的。晚清著名的礼法之争便主要围绕该法展开。[①]在这场礼法之争中,以张之洞、劳乃宣等人为代表的"礼教派"和以沈家本为首、杨度等人参与其间的"法理派"立足各自立场就其中改革宗旨、修法目标、立法原则、法律原理、罪名废立、罚则轻重及法条语言等抽象或具体问题相互辩论、阐发思想,在宪政编查馆复核《刑律草案》时即已引起轩然大波,甚至在资政院审议期间出现肢体冲突,其激烈交锋之论争影响由院内到院外,由舆论传播至全国,成为影响晚清

---

[*]　胡成,北京大学法学院博士研究生。

①　参见梁治平《礼教与法律:法律移植时代的文化冲突》,上海书店出版社,2013,第2~3页。

新旧思想何去何从的一次大会战。①

王伯琦曾以狄骥准则法与技术法之法律规范二分法来看待清末礼法之争。准则法是强要任何人遵守的作为或不作为的法则，而技术法则是在可能范围内用以确保准则法被遵守或实施的法则，准则法是目的，技术法是方法。② 他以为中国自春秋战国以降，儒法二争不过集中于技术法之争，而清末变法的礼法之争性质则不同往昔，因为集中于准则法的内容方面。③也就是说，清末礼法之争的实质乃是中西准则法之争，中西道德内容之争，这一观点可谓鞭辟入里。在这场开启中国法制近代化的论争中，为什么要以西洋准则法代替中国准则法，中西道德观念各自为何，孰优孰劣，各有何优劣，如何取舍，是何关系，可否融合，如何融合等种种问题，应是"礼教派"与"法理派"的理论难点，也是进行深入探讨的契机。"礼教派"占了历史传统之优势，又树立了因俗制法的相对论观念，明确地反对一味效仿西方而不顾传统。但与此相对，开启法制现代化进程的"法理派"本应就根本问题下足功夫方能旗鼓相当，可惜其过于依赖政治王牌"收回领事裁判权"，并直接将西方文明及其政制视为先进的普遍公理，欲与之趋新求同，反而遮掩了更深层次的问题，限制了其作为，诚为可惜之处。

清末变法的礼法之争实质是中西二元法律文化及其所代表的道德之争，这场争论所探讨而未能解决的问题则成为后来者所必须面对和反思的问题。20世纪50年代，已逾知天命之年的吴经熊在自传中谈起自己曾于30年代末撰文表达对西方文明与中国接触的真实感想。"中国现在已经变了"，像西风中的叶子，像落入扬子江的花，被卷入世界的旋涡，"她不再是她自己，她的未来成了一个未知的命运"，中国的灵魂正经历着历史上最痛苦的时期，正处于揪心的紊乱之中，旋律结束了，而和谐有待形成。吴氏并表示，这种感想在他写作自传的年代仍在持续着。④ 吴氏此言乃感慨于中国人自清末以来在中西文明对立冲突中所形成的精神紊乱和焦虑。这既是一个大的时代背景，亦是那个时代每一位中国有识之士的精神底

---

① 参见黄源盛《中国法史导论》，台北：元照出版有限公司，2012，第365~366页。
② 参见王伯琦《近代法律思潮与中国固有文化》，清华大学出版社，2005，第10~13页。也有译作"规范的法律规则"和"建设的或技术的法律规则"。参见〔法〕狄骥《宪法论》，钱克新译，商务印书馆，1959，第78~79页。
③ 参见王伯琦《近代法律思潮与中国固有文化》，清华大学出版社，2005，第29页。
④ 参见吴经熊《超越东西方——吴经熊自传》，周伟驰译，社会科学文献出版社，2013，第6页。

色。表现在法律层面，则是中西二元法律文化的矛盾，使得有自主意识的法学家们不得不对两者的冲突进行比较、甄别、选择以及调和等思考。这些法律之思，自清末变法以来便未曾断绝，许多具有代表性的法学家都从不同角度给出不同的答案，但至今未能形成一个完美的解答。中西二元法律文化的矛盾如今依旧是我们的困惑，欲对之获得更好的解答，离不开对这些近代法学家的遗产进行整理和反思。

一 沈家本的"会通中西"

蔡枢衡曾将晚清礼法之争的"法理派"称为"沈派"，礼教派称为"反沈派"①。固然在晚清立法活动中，修律大臣屡有变易，而唯有沈家本基本上始终其事，故而变法修律，沈家本的影响不可谓不大，"法理派"以沈家本为首无可厚非。但是，必须强调，沈家本本人的思想与"法理派"不尽相同，因此不能将沈家本本人的观点与"法理派"的观点等同视之。

对于西方法学，沈家本自然是倍加称誉的，其中一个重要原因便是，沈家本认为是法律昌明和进步使得西方国家得以强盛。他还认为，中西有着同样的过去，但西方国家后来因法学进步而强盛，那么中国也应该以之为师；他更举日本采用西法而致富国强民的例子以强化中国也应取法西方的观念。故而，沈氏热心向国人推荐西方译作，并组织修订法律馆，多方延揽东西方留洋人才翻译西法，并对之逐字逐句反复研讨。② 但是，沈家本一生治律，以精熟旧律鸣于朝野，他并不主张完全抛弃中国法系传统。在沈家本看来，新学旧学（或西学中学），各有其是，就真理之探求来说，实际上是无所谓新旧的，新旧之界限也将不复存在。沈家本更以为，

> 夫吾国旧学，自成法系，精微之处，仁至义尽，新学要旨，已在包涵之内，乌可弁髦等视，不复研求。新学往往从旧学推演而出，事变愈多，法理愈密，然大要总不外情理二字。无论旧学、新学，不能舍情理而别为法也。所贵融会而贯通之，保守经常，革除弊俗，旧不俱废，新亦相当，但期推行尽利，正未可持门户之见也。③

---

① 参见蔡枢衡《中国法理自觉的发展》，清华大学出版社，2005，第 31 页。
② 参见李贵连《沈家本评传》（增补版），中国民主法制出版社，2016，第 132～134 页。
③ 沈家本：《寄簃文存》，商务印书馆，2015，第 210 页。

沈氏此言之中未将新旧学决然对立，并以较为审慎的态度主张"旧不俱废"，并认为新学往往从旧学中推演而出。更可贵者，沈氏此言，一则明确提出我国旧学自成法系，二则认为新学要旨已在旧学包含之内。沈氏一生搜罗大量中国法律旧籍，通过考订研求、比较中西，他得出结论：中西法律，同异参半，西法要旨，旧律皆已包含。为此他举了大量旧律事例加以证明，显示出其深厚的律学功底及精湛见识，只是未能详论旧律中许多规定暗合、合于泰西之法、欧洲制度、东西各国、近世新学说之原因。因此他强调，其时中国法学既需推崇西法，亦需探讨中法，既要征于今，也要考之古，若不深究中律之本而与西法杂糅，只能凿枘不入，无法会通。不只如此，沈氏重视旧律，还在于其主张对前人学说、旧日案情进行推论阐发，大可与新学说互相发明。因为新学理也不过有赖于学者之论说，必定无法适用于各处之人情。

新学旧学各有其是，致力于会通中西乃至相互发明乃沈家本对待中国法律文化与西方法律文化的基本出发点。只是问题的关键在于，如何判断孰是孰非，如何会通中西。如上引沈家本所言，新学旧学法理大要总不过"情理"二字，无论新学旧学都不能违背"情理"，而且融会贯通之处也正是在于这作为法理大要的"情理"。如是，沈家本提出"情理"一词作为判断是非、会通中西之关键点。那么，问题接着便在于何为"情理"。沈家本提出了"义、序、礼、情"这四个方面，大概"情理"便是指贯彻于法律中的这四端。从沈家本所举之例来看，"义"大概意指依法定罪，"序"大概意指罚当其罪，"礼"指人伦，"情"则指人性。也即，中西法学各有其是，应取其合于"情理"者进行融会贯通；判断法律之是否良善之标准乃在于视其是否合乎"情理"，具体言之，则不过"义、序、礼、情"这四端①。

综合看来，沈家本能够平等看待中西法学，并不抱以将两者对立的成见，认为中西法学各有其是，且具有可以融会贯通和相互发明之处。因此，他对于中西法律文化持有"择其善者而从之，其不善者而改之"的立场，不仅如此，他还提出判断良善、达成中西会通的关键之处在于"情理"，合乎"情理"与否则可依据"义、序、礼、情"这四个方面进行衡量。只是，对这四个方面，沈家本并未进行系统而深入的论述，以致其显得含糊而笼统，实难以作为衡量依据；兼之，对"义、序、礼、情"这四

---

① 参见李贵连《沈家本评传》（增补版），中国民主法制出版社，2016，第142～143页。

个方面之间的关系如何，可否有冲突，冲突如何化解等也未加以详细说明。尽管如此，沈家本可说已经触及了礼法之争的根本议题，而且对如何看待中西方法律文化，如何处理中西方法律文化之间的关系等问题作出了清楚而融贯的初步回答。

二　蔡枢衡的"迁社会以就法律"

20 世纪 40 年代前后，在抗日战争硝烟弥漫之时，蔡枢衡为中国法学学术描绘了一幅"次殖民地风景"图，他直言，中国近代法学虽已有数十年历史，但就内容与实质而言，纵谓中国尚无法学文化似亦非过当，因为中国法学文化大半为翻译文化、移植文化，此正是法学亡国之现象。① 诸多乱象病征，蔡枢衡以为，即是中国的"次殖民地"社会性质在法学上之反映。所以他疾呼，今后法学建设应有自我意识、民族觉醒、国家自觉。

回顾晚清礼法之争，蔡枢衡视之为"沈派"与"反沈派"的立场对立。他指出，沈派的先天缺陷，乃民族自我意识之缺陷；而反沈派对新法的反感，则是民族自觉的表现。同时他又指出，反沈派只注意历史，忽略了现实，而且视野非常局限。因为他们的看法无法超出农业社会的常识和经验，只注意到中国乃农业社会性质的历史，而未认识到海禁大开后，中国的农业已不是自给自足、独立自主的农业，中国成为外国工业原料的供给者、过剩产品的消费者和过剩资本的接受者；他们的视野也仅限于农业社会，而看不到民族的工商业，更意识不到农业社会向工商业社会进化的历史趋势。所以反沈派只看到新法律对农业社会秩序的不适应性，却未看到其对于工商业社会秩序的适应性。反之，沈派尽管坐吃收回法权的立法政策，取消了新法与社会不适合、与历史不连接的问题，但因为无意识地迎合了中国近百年来的"殖民地"身份，因而其遗产被当作胜利果实继承了下来。②

蔡枢衡所描绘的法学"殖民地风景"以及对礼法之争进行批判反思的依据都在于，他为中国当前的社会性质做了一个"唯物论"的基本判断。他认为，社会和法律、政治和法律、社会和政治间的关系都是本质和现象、形式和内容间的关系，形式是内容的属性，现象是本质的表现。法律

---

① 参见蔡枢衡《中国法理自觉的发展》，清华大学出版社，2005，第 25 页。

② 参见蔡枢衡《中国法理自觉的发展》，清华大学出版社，2005，第 31 ~ 40 页。

乃达到政治目的的手段，而政治本身也不过为维持社会秩序、促进人类历史发展和完成历史过程而存在的一种组织。① 此即是说，法律乃社会的反映，反映社会性质的法律即具有合理性，而社会性质的决定性因素在于经济基础。他描绘出中国社会的各种脱节、矛盾和不自然，各种"折中的拼合"，其根源在于不平等条约破坏了中国的独立自主性，其结果便是，中国的社会性质虽然被束缚在农业社会，但实质是外国工商业的附属品，因而绑架中国农业的外国工商业才是中国社会性质的经济基础，此也即中国半殖民地、次殖民地的经济特色。所以，三十年来的中国法就是这个身份的反映。②总结来说，中国新法律只合于中国社会中占主导地位的外国工商业，而不合于中国传统所代表的农业；中国法律与社会的矛盾实质为新道德与旧礼法，或说是新法律与旧道德之间的冲突。反沈派的主张其实根本在于维护旧道德，欲迁新法律以就旧道德。③

蔡枢衡认为旧道德与新法律乃势若水火、绝难并存，因而须在两者之间择一高低、区分善恶。新法律与旧道德，孰善孰恶？蔡氏提出这一问题，并给出了坚决的回答：

> 若不否认个人主义、自由主义与民主主义为打开封建社会、家族制度及君主专制政治僵局之方法，不否认中国近代史上康梁维新、戊戌政变、武汉起义、护法运动以及十七年之北伐、前年之发动对日抗战之一贯线索不外自由平等及民主实现之企求，则新法律优于一切旧道德之信念，宜不至于放弃。④

他坚信此等观念乃不以任何人之直观为标准，不以个人主观空想为前提，不以个人利害得失为准绳，不为尚古非今之态度所拘囿，不为东方西方的地域观念所蒙蔽的合理解答。不仅坚信新法之善，蔡氏复以为，清末以来采用新法，五四运动推翻礼教，然流弊日生，法律自法律，社会自社会，人各道其所谓道，各德其所谓德，新道德尚未建成，旧道德破坏未尽，新法律与旧道德之互不融洽，绝非五四运动之目的，亦非新法律之初衷所在；其缘故在于，列强之压迫与榨取使民族工商业不能健全、合理、

---

① 参见蔡枢衡《中国法理自觉的发展》，清华大学出版社，2005，第43~45页。
② 参见蔡枢衡《中国法理自觉的发展》，清华大学出版社，2005，第47页。
③ 参见蔡枢衡《中国法理自觉的发展》，清华大学出版社，2005，第39页。
④ 蔡枢衡：《中国法理自觉的发展》，清华大学出版社，2005，第81页。

依计划发展，从而使得新的社会基本秩序无法形成，整个社会不能上轨道；所以五四运动的理想虽佳，却无足以使之实现的条件，新法目的虽善，苦无与之相适应的社会基础。如何解决新法律与旧道德之矛盾？蔡氏认为不在新法律的修正，而在于旧道德及其所依赖的物质基础的消失。人力所能做的，乃致力于"迁社会以就法律"。①

但问题在于，一旦抗战胜利，中国复又获得独立自主性，在中国经济成分内占主导的外国工商业及其所代表的金融资本主义成分也即消失，或者失却其主导地位，那么新法的合理性是否也即宣告丧失，须全部让位于旧律。蔡枢衡的答案自然是否定的。原因在于下一阶段的中国法必是现阶段之中国法之抛弃和保存，而非全盘推翻；更重要的原因在于，旧律及其技术与精神已经完成其使命，除非中国社会倒退至农业社会，而事实上他坚信抗战胜利后的中国社会必然是工商业第一的社会。

这就涉及蔡枢衡所坚持的社会进化论。简言之，社会是进化的，进化的规律是由渔猎社会进化至游牧社会，由游牧社会进化至农业社会，由农业社会进化至工商业社会②；工商业社会依西洋历史发展来看又有19世纪初期和中期的产业资本主义阶段以及19世纪末以来的金融资本主义阶段。各个社会阶段各有社会特征及与其相适应的社会秩序，也各有其法律及精神。依据这样一种社会进化论，蔡枢衡强调，中国旧法制和西洋近现代法制，也即旧道德与新法律的差别，并非"东"与"西"的差别，而是中世纪社会与近现代社会的差别，是农村法农人法与都会法工商人法的差别。③ 因此，采用新法律获得正当性的根本在于其符合中国社会由农业社会前进至工商业社会的方向，此也即是以新法律改造社会，迁社会以就新法律的正当性所在。

可以说，蔡枢衡从分析中国社会的经济性质出发，吸纳了西方法的抽象原则，以法律反映社会，迁社会以就法律，论证中国近代以来采用新法也即西法的正当性，在逻辑上是能够自洽的。但是，对于蔡枢衡的基础理论，还是有许多值得反思的地方，诸如蔡氏的"社会进化论"是西方历史经验的总结，还是人类社会的普遍规律？一个特定时代的社会为何只可被归结为一种确定的社会形态？各个阶段的社会形态之间为何必然是取代和被取代的关系？社会必然是单线条进化的吗？

---

① 参见蔡枢衡《中国法理自觉的发展》，清华大学出版社，2005，第80~82页。
② 参见蔡枢衡《中国法理自觉的发展》，清华大学出版社，2005，第19页。
③ 参见蔡枢衡《中国法理自觉的发展》，清华大学出版社，2005，第72页。

三　居正的"重建中国法系"

　　1935 年，中华民国全国司法会议召开，司法界、学界均达成一种共识：我国法律制度的演进，尚未能适合我国民族国家的生存；要应时代演进、社会需要和民族国家的生存，确立一种中国本位之新法系。① 此次会议催生了一个当时唯一的法学团体以施行会议共识：中华民国法学会。由时任司法院院长居正任理事长。该法学会纲领共六条，"虽未指出吾人对中国法律的具体改进意见与方针，但如何重建自我的、觉醒的、创造性的、三民主义化的法系，则已于纲领中具体言之"②。该纲领的主要目标乃是："本昌明中华民族固有文化之精神，因而研究世界先进法治国家之律令，以期能创造适合国情顺应时代之法制，形成与大陆、英美鼎足而三之中华新法系。"③ 由此，一场由居正为核心发起的建设中国新法系的运动和思潮发端，从而奠定了法律民族化运动的意识形态和基本内容基础。

　　这场法律民族化运动的基本观念，无疑乃对晚清礼法之争中"法为谁而立"问题思考和解答的继续，对中国法律对西方亦步亦趋现象的反思。居正尤注意司法领域面临的信任危机，即民众对司法抱有根深蒂固的偏见，其原因在于时人所谓当时的中国法律乃是一种"'看不见中国'的中国法律"④。人民以"现在法律因为不是本国的，所以往往人民以为是者，法律以为非；人民以为非者，法律以为是。法律距国民的感情日远，欲人民信仰法律，信仰政府，岂非南辕而北辙？"⑤ 此即描述了当时民众观念与法律精神产生了重大的认知偏差，从而导致了民众对于政府及法律的信任下降。这一现象的描述，实际上，仍是对于晚清以来中国社会之传统观

---

① 参见洪兰友《本刊之使命》，《中华法学杂志》1936 年新编第 1 期"弁言"，转引自江照信《一段鲜为人知的民国司法志》，载居正《法律哲学导论》，商务印书馆，2012，第 134 页。

② 洪兰友：《法学会纲领释义》，《中华法学杂志》第 4 卷第 1 期，转引自江照信《一段鲜为人知的民国司法志》，载居正《法律哲学导论》，商务印书馆，2012，第 135 页。

③ 《法学会宣言》，《中华法学杂志》新编第 1 期，转引自江照信《一段鲜为人知的民国司法志》，载居正《法律哲学导论》，商务印书馆，2012，第 136 页。

④ 阮毅成：《怎样建设中国本位的法律》，民国 24 年（1935 年）6 月 3 日在中央广播台讲，《南京政治评论》第 156 期，转引自江照信《一段鲜为人知的民国司法志》，载居正《法律哲学导论》，商务印书馆，2012，第 133 页。

⑤ 阮毅成：《所企望于全国司法会议者》，《东方杂志》第 32 卷第 10 期，1935 年，转引自江照信《一段鲜为人知的民国司法志》，载居正《法律哲学导论》，商务印书馆，2012，第 138 页。

念与中国新法律精神之间的矛盾，中国传统法律文化与新法所追求西方法律精神之间的冲突的反映。

1943 年中华民国法学会第二次年会于重庆召开，居正在发言中指出自己的两个志愿，一是倡导"党化司法"，一是"重建中国法系"。① 1944年，居正于《中华法学杂志》发表《中国法系之重新建立》一文，乃是他就重新建设中国法系初次进行系统论述，1946 年由大东书局出版的《为什么要重建中国法系》一书则是居正基于前文补充了绪论、结论并进行校对而成。在《为什么要重建中国法系》中，居正首先叙述提出这一命题的缘由，要之则谓人类生存于天演时代，中国文化要同世界他国赛跑竞争，便如孙中山所说，"一面要迎头赶上，一面要从根救起"，这迎头赶上，必须从根救起，也只有从根救起，才能迎头赶上。对于我们生于斯、长于斯、聚国族于斯的中国，绝不能数典忘祖。此乃居正所自述其于中华民国法学会年会中要揭橥重建中国法系的原因。如何重建中国法系？方法为何？居正借《大学》所云"物有本末，事有始终"指出研究法学及探讨任何一国法律，须先考察它"过去如何"，"现在如何"，进而观察它"未来如何"。

居正指出，中国法系自清代中叶我国与列强相遇，因彼此法律内容多有龃龉因而列强不愿其在华侨民受中国法律支配，更因清政府"以夷制夷"之谬见各国率相取得领事裁判权，已呈动摇倾覆之兆。清末始行变法修律，一直至民国初年，种种变法修律制法成果，要么因袭此前礼治，要么完全继受他国法律，东抄西袭，缺乏中心思想。因此，他认为，中国的法律今后应既非因袭旧规，亦非继承外国，而是秉承国父遗教，苦心经营创造，即偶有撷取各国所长，亦必详为折中以期于至善。此不啻为居正所谓"重建中国法系"工作所持之基本立场。他更强调，"重建中国法系"绝不是"提倡复古"，而是要以革命的立法，进取创造，为中国法系争取一个新的生命，开辟一个新的纪元。

那么"重建中国法系"以什么为目标？居正提出对于中国未来法律的"理想倾向"。② 第一个方面是：由过去的礼治进入现代的法治。居正认为"我们"已步入革命建国的新时代，当然要以革命的立法，克服历史中不合理的部分，建立一个法治的国家，但是对于过去的"礼治"也不应该一

---

① 《中华法学杂志》新编第 3 卷第 1 期，转引自江照信《一段鲜为人知的民国司法志》，载居正《法律哲学导论》，商务印书馆，2012，第 138 页。

② 参见居正《法律哲学导论》，商务印书馆，2012，第 73～76 页。

概予以否定。① 第二个方面是：由农业社会国家进入农工业社会国家。居正以为，中国数千年来均以农业立国，至近百年来，海禁大开，各国以其工商业势力入侵，借不平等条约实施政治及经济的压迫，使国民经济发生剧变，驯至次殖民地地位；如今不平等条约已获撤销，国民经济发展之方向应为农业与工业并进。② 第三个方面是：由家族生活本位进入民族生活本位。居正以为古代宗法制度以及农业经济使得家族本位成为我国社会的特色，形成社会本位的法律制度。这些制度以现代眼光看来，合理的固然不能说没有，但多是不合理的。而欧美则极端注重个人主义，只是近来也注意到其中的弊端，产生改革趋势。因此在这家族本位与个人本位的对照之下，居正认为两者都不可取。居正的立场似倾向于欧美法律学者所提倡的"社会本位"，但他觉得这个"社会本位"范围无法确定，所以可取的做法乃是遵照遗教，创立民族生活本位的法律。第四个方面是：以三民主义为最高指导原则。居正强调，一国的法律绝不能以模仿他国为能事；中华民国以三民主义立国，而三民主义是国父集古今中外政治法律制度之大成而发明的崇高主义，故重建中国法系应以三民主义为指导，将其落实到具体的法律规范及其运行之中。③

总的来说，对于旧道德与新文化之间的矛盾、冲突与融合，居正拟以"法系"比较的视角予以分析和解答，提出"中国法系"的概念，并以"重建中国法系"之倡言来应对"看不见中国"的中国法律现象以及实现法律强国之理想，可以说，居正为中华民国法学会递交了一份达到纲领要求的理论成果。但是，就"重建中国法系"这一命题来说，居正所作对"中国法系"之系统论述只是对中国法律及其精神之过去、现在与将来所

---

① 因为一则礼治在过去曾有其自身之使命，甚至相比较印度法系和罗马法系也有其较为温和、绝无宗教色彩等优点。二则须认清，"礼"其实并非中国所独有，各国各有其"礼"，只不过我国"礼"的范围特别广泛，礼治又纳入法律领域，公法、司法界限模糊不清。三则，"礼"到现在仍不失为社会规范之一，只不过未必附有法律的强制力罢了，因为社会规范除了法律以外，还有道德、宗教、习俗和传统的生活方式等等，任何国家绝不能够单靠法律来治理。参见居正《法律哲学导论》，商务印书馆，2012，第76～80页。

② 居正以为我们必须跟上时代的进步。其一，从前政府对于人民生活消极放任，而现在的国民政府须积极培养和扶助人民的经济生活。其二，从前各国政府大都漠视农工福利问题，自社会主义后则改弦更张，"我们"三民主义之国，当然要特别注意农工福利问题。其三，从前认为一般属私法的事件，现在要使之与公共利益相结合。其四，从前法律大都偏重私人利益，而现在则认为团体利益无论何处应在私人利益之上。参见居正《法律哲学导论》，商务印书馆，2012，第83页。

③ 参见居正《法律哲学导论》，商务印书馆，2012，第76～94页。

作之分析与思考，并未论证何以中国的法律传统可成为"中国法系"这一可与大陆法系、英美法系并提的自成系统的法系。就根本原理来看，虽然居正的理想倾向是进入"农工业社会"和"民族生活本位"，似是对西方"工商业社会"与"社会本位"之经验与理论之修正，但理由无非西方已有改革趋势，"我们"应紧跟时代的进步。此"紧跟""进步"难道不是对西方最先进之理念亦步亦趋？

四　王伯琦的"法马德牛"并驱

1955年王伯琦发表《当今中国法律二大问题的提出》，坦言"近年来"萦于心头的中国法律问题越来越多、越来越严重，其中一个重要问题便是：采自西洋的现行法律，在其以个人观念为基础的核心上与我国传统观念发生了矛盾。王伯琦认为该问题本质上乃是法律与道德的关系问题，也是中西文化之间存在的鸿沟。①

如前所述，王伯琦以狄骥之准则法与技术法之二分，来分析中国历史上儒法二争之实质以及清末法制变革的特质。他的结论是，自春秋战国以来之儒法相争，论点不过在于刑名增删、刑罚轻重或教化与刑罚如何运用以臻至治等技术法问题，对于准则法的内容其实并无异议；而清末"礼法之争"的性质完全不同往昔，乃集中于准则法内容方面的讨论。② 此意即争论的实质乃是中西准则法之争、中西道德之争。自清末变法以来，除袁世凯1914年仿《暂行章程》而公布《补充条例》犹如旧法制之回光返照以外，传统的伦常礼教制度无论在刑法上还是民法上早已有了巨大改变，立法皆是整套地采自西洋且是追求采纳西洋最新立法；自国民政府定都南京之后，不到五年即完成两部民刑大法③。如吴经熊所说，翻开新民法，将其各条仔细研究一遍，再和德意志民法及瑞士民法逐条对校，"倒有百分之九十五是有来历的，不是照账誊录，就是改头换面"，然而，"无巧不成事，刚好泰西最新法律思想和立法趋势，和中国原有的民族心理适相吻合，简直是天衣无缝！"吴经熊的理由是西方法律思想已从其刻薄寡恩的个人主义立场转向同舟共济、休戚相关的连带主义了；西方法制与我国固

---

① 参见王伯琦《近代法律思潮与中国固有文化》，清华大学出版社，2005，第400页。
② 参见王伯琦《近代法律思潮与中国固有文化》，清华大学出版社，2005，第29页。
③ 参见王伯琦《近代法律思潮与中国固有文化》，清华大学出版社，2005，第29~31页。

有人生哲学一天近似一天。① 王伯琦对吴经熊所谓西方最新法律思想和立法趋势与我国固有民族心理和人生哲学吻合得"天衣无缝"产生了疑问。

为此，王伯琦以自然法思想的发展为线索回顾了西方法律思想发展的历程，着重于分析西方近代法律思想的趋势。通过回顾，王伯琦认为西方的道德、自然法的内容，其出发点是个人，从个人而到人性，人性即是理性，理性的内涵即是自由意志，由理性的发挥到认识个人的自然地位，再由个人自然地位而至个人自然权利，而至个人与个人之间的平等互助博爱。康德以后，个人自然权利被抬得太高，而至忽略了自然法中关于群律的部分，终而与理性主义脱节。19世纪末所谓自然法复兴，也是理性主义复活；所谓理性主义复活，即是自然法中关于群律的部分又被重视；西方法律即由权利本位转为社会本位。但是这并不意味着个人主义被打倒了；不仅不被打倒，相反它仍是现代法律制度的中心。而我国固有道德观念脱离不了伦常关系，没有独立的个人观念，既无个人，也无从谈起理性；不只没有个人，而且兼以家族来代替社会；只有道德的义务观念，而没有权利观念。西方新道德强调社会本位，而社会无非人与人之间的关系，我国伦常观念、家族主义亦是讲求人与人之间的关系，只是这个人具有特定身份而已；在这一点上，固有道德伦理与西洋最新道德观念在形式上似乎相合。但是，西方新道德乃是以个人为其出发点的，其基础在于个人人格观念，中国固有道德却对此付之阙如，故而中西观念在其交错点上虽形式相合，但一经引申，便南辕北辙了。因此，王伯琦以为吴经熊所谓"天衣无缝"固有其缘由，但这件"天衣"穿在西方正合其时，而在中国则不合时宜。② 王伯琦对此进行总结，自清末变法修律，我国开始采纳西方法律制度；国民政府定都南京后，很顺利地便引进整套的西方最新立法，行之几近30年，似乎未觉有所扞格。西方法律制度在中国生根了吗？我们的法律观念与20世纪新思潮接轨了吗？王伯琦的回答是，貌合神离。"惟其貌合，乃可不觉其神离，而惟其不觉其神离，往往沉湎于貌合。这是很危险的现象。"③

如上所述，可知王伯琦以为清末以来的采用新法与我国的固有道德及社会心理是不相适宜的，因此这些法律并没有在人心上建立稳固的基础，最终也不免无法发挥真正的效力。那么应该废弃这些法律制度，或者重新

---

① 参见王伯琦《近代法律思潮与中国固有文化》，清华大学出版社，2005，第172~176页。

② 参见王伯琦《近代法律思潮与中国固有文化》，清华大学出版社，2005，第49~58页。

③ 参见王伯琦《近代法律思潮与中国固有文化》，清华大学出版社，2005，第5页。

制定而恢复礼教吗？王伯琦的答案是否定的。王伯琦将上述与社会脱节的立法现象称为"超前立法"。他认为，一则这种超前立法现象不独在中国才有，其他国家也在所难免，尤其在社会动荡之时，更不足怪。二则，一些早熟的立法，在一时之效力方面或许要大打折扣，但是对启迪人民意识有极大作用，可称之为"法教"。这些法律若假以时日，未尝不能在社会上生根结果。三则，各国法律之间的相互借鉴与采纳，亦属常事。哪能再有绝对独特的文化及法制？不必认为我们的法律抄袭他国，并非土生土长而对之蔑视。①

然而，毕竟法律与社会的差距仍是很大，国人义务本位的观念距离法律所采社会本位毕竟隔了一个权利本位阶段，出路何在？王伯琦以为，使现有社会道德追上法律，这是必然之事，也是唯一出路，因为社会是进步的，绝不可能原路返回。我们所能做的是如何加速使其追上。② 如何加速，从何下手？王伯琦认为关键点就在于个人人格观念及权利观念的树立与发扬。因为对我国来说，义务观念极其浓厚，倘要达致权利与义务相混合的社会本位法制，获得个体与总体间的平衡，须使权利观念或个人观念抬头。③

王伯琦还以道德与法律之间的关系来分析上述"超前立法"问题。如庞德所说，法律必须稳定，但又不能静止不变。④ 法律须有安宁秩序，但又须适应变化的社会。随着社会变化而产生的新道德则是促使法律变化的力量。因而，一方面，要求得稳定，须使法律获得严格适用，而不容道德力量侵入；另一方面，要使得法律与变迁的社会相适应，又不得不容许新道德力量侵入。王伯琦认为，一般来说，法律应较为保守，道德超前，社会才能安定。但是，中国的"超前立法"情形是承载新道德的法律超前，而社会道德落后。王伯琦提及法国一位名为 Georges Renard 的法学家曾讲过的一个故事，他说曾在瑞士见过一部奇怪的车子，车前同时驾了一匹马和一头牛。马与牛如何并驾齐驱？常人觉得会很矛盾，但据说那部车子走得不快不慢、四平八稳。⑤ 王伯琦以此牛马并驱的事例，认为西方乃是德马法牛并驾而天下太平。但中国的情形是法马德牛并驱，明智的做法当然

---

① 参见王伯琦《近代法律思潮与中国固有文化》，清华大学出版社，2005，第72~75页。
② 参见王伯琦《近代法律思潮与中国固有文化》，清华大学出版社，2005，第7页。
③ 参见王伯琦《近代法律思潮与中国固有文化》，清华大学出版社，2005，第76页。
④ 〔美〕罗斯科·庞德：《法律史解释》，邓正来译，商务印书馆，2013，第1页。
⑤ 参见王伯琦《近代法律思潮与中国固有文化》，清华大学出版社，2005，第407页。

不会是一面策马奔腾一面拉牛回头，而是一面把马多拉住一些，一面把牛多鞭笞几下。也即是说，王伯琦认为中国应该把含糊的总体观念拉住一些，把个体的人格观念多加以鞭笞，才能使得中国道德观念赶上现有法律，使得固有道德赶上西方文化。①

王伯琦曾以为，民国以来大量继受西洋最新法制，表面上似是可以行之无阻。但实际上，西方的立法是有出发点的，而"我们"的社会立法是没有出发点的，从"好"的方面说，倒也少了个人观念的牵制；从坏的方面说，恰似没有根的浮萍，到处随风飘荡，只有风力的转向，没有自主的立场。② 王伯琦揭露了中国传统道德观念与西方最新法律的表面相合而本质相异，使人不致沉湎于表面的相似而忽略了中西道德观念冲突的深层问题，更提醒人们不要误解社会本位而致轻视个人权利观念。他更明确指出西方道德与中国固有道德的鸿沟即在于个人观念之有无。因而基于中国义务观念浓厚的历史传统，他指出中国文明赶上西方文明的途径之一便是要发扬个人人格和权利观念。

我们可以从王伯琦的论述中得出一种法律发展的模式，即西方是由义务本位进化至权利本位继而进化至社会本位的，那么中国所遵循的方向也是如此。他所谓"超前立法"则是这一观念的体现，其中隐含的逻辑是，中国目前虽未达到社会本位但终以社会本位为前进方向，那么体现社会本位的立法则是引领潮流，是"超前"的。他所谓超前立法的出路，即以"社会本位"为参照而提出的。那么，何以西方法律发展的这一模式就必然适用于中国呢？为何西方前进的方向便也代表中国前进的方向呢？何以要采用西方的道德和理想呢？中国的前进方向又是什么？不对这些问题进行回答，那么王伯琦的理论便也只是随西风飘荡，只有风力转向，没有自主立场。

五 吴经熊的"超越东西方"

"成为我这一代的中国人，就是成为一个非常困惑的人……生而为我这一代的中国人，便意味着要冒数不尽的生死之险。风气与意识形态一直如此灼热的迅疾演变着，以致有时我一直被旋风夹裹，从未立足于坚实之

---

① 参见王伯琦《近代法律思潮与中国固有文化》，清华大学出版社，2005，第450页。
② 参见王伯琦《近代法律思潮与中国固有文化》，清华大学出版社，2005，第57页。

地。鸟有归巢，树扎根于土，我的心何处休憩？"① 吴经熊一生多变，在动荡的局势中，在风气骤变的时代潮流中，他始终寻求着一个心灵可以皈依之所。体现在法学思想上，早期的他先后留学美、法、德，同时受霍姆斯、惹尼、施塔姆勒、庞德等人的影响，呈现现实主义的、理想主义的、分析哲学的、心理学的、社会学的等多种因素和方法。中期的他更多地以怀疑论的姿态，观察到其所处时代精神中怀疑一切的特征以及中心思想的缺乏，并认为新的法学建设正在破坏之中酝酿。直到 20 世纪 50 年代，吴经熊将其思想体系筑基于中世纪思想家托马斯·阿奎那的自然法体系之上，从而获得一种坚实的法学根基，这个法学根基使得他基于普遍人性的立场提出一种"超越东西方"的自然法；这既是他所认为的中西方文明融合的立足点，也是人类文明前进的方向。②

在中西法律文化比较方面，吴氏早在其发表的第一篇法学论文，即 1921 年发表于《密歇根法律评论》上的《中国古法典与其他中国法律及法律思想资料选辑》一文中，便立意于消除西方对中国旧法制的野蛮印象并提出收回治外法权的直接主张。他直接表明文章的目的，便是"尝试使世界信服，中国法律思想足以接受近代的社会法理学。希望列强能放弃把治外法权和领事裁判权加诸于这个最早论及自由与正义的国家之上"③。因此，在这篇向西方译介中国传统法律文献的文章中，吴氏用西方法学流派的方式呈现中国古典法律思想；他明确提出，中国古代在法学领域发展出了四个流派：其一是以老子为鼻祖的自然法学派；其二是以孔子为首，文王为典范的人文学派；其三是以商鞅为领导人物的实证学派；其四是以班固为代表的历史学派。④ 不难发现，吴经熊忽略了特定中西法律思想的不同背景和不同内涵，而直接将中国传统思想比拟西方法学流派的做法，其立意是十分清楚的。他用西方人更为熟悉的概念想让他们能够更多地同情和理解中国这个古老的国度，并且在理论层面上，透露出转化中国传统思想以符合西方法学精神的用意。1933 年，在为中华民国民法的颁布和

① 王伯琦：《近代法律思潮与中国固有文化》，清华大学出版社，2005，序二第 5～6 页。

② 关于吴经熊法学思想的转变历程，可以参考胡成《超越东西方：吴经熊自然法思想研究》，硕士学位论文，上海师范大学，2016，第 7～21 页。

③ 吴经熊：《吴经熊法学文选》，孙伟、李冬松编译，中国政法大学出版社，2012，第 118 页。

④ 参见 John C. H. Wu, *Juridical Essays and Studies*, Shanghai：The Commercial Press，1936，p. 206。中译文参见吴经熊《吴经熊法学文选》，孙伟、李冬松编译，中国政法大学出版社，2012，第 118 页。

施行进行宣传的那篇文章中，也是同样的立意，所以才能提出西方最新法律思想与立法趋势和中国固有民族心理与人生哲学吻合得"天衣无缝"的说法。① 正是这种说法，如前所述，成了王伯琦着力攻击的对象。相较而言，吴经熊固有其缘由，也可以提醒我们去进一步阐明是否有共通之处，王伯琦强调中国相比西方应该把含糊的总体观念拉住一些，把个体的人格观念多加以鞭笞的主张似更为具体也更切合历史趋势。

在服膺于阿奎那的自然法理论之后，吴经熊则更多地从自然法的角度指出中西方相通之处。吴氏将中庸的思想与托马斯法哲学中永恒法、自然法和人法构成的连续序列相比较，认为"天命之谓性"指称的乃是永恒法，"率性之谓道"则与托马斯对自然法的定义相合，"修道之谓教"则意指源出于自然法的人法。② 典型的文章是其于1978年所作《孟子的人性论与自然法》一文。在该文中，吴氏指出孟子所谓的人性，乃是人之所以为人区别于鸟兽虎狼的特有的"常性"，此"常性"即人与人之间必要部分的相同；孟子的"性善论"，并非意味着人天生就是完满的，但人类道德人格的完全发展根植于人性之中。人类的职责，就是尽量充分地实现自我的本性，直至理性和德性的涵养足以充塞和统辖全身。所以，对孟子而言，为善，便是实行仁义礼智诸般德行，避恶即不做违背这些德行的事情：这就是自然法的要求。③ 吴氏进一步指出，在孟子的学说中，"天命"乃指上帝的规范意志，其铭刻于人类，形成人之所以为人的本性：自然法原则便渊源于这种本性。④ 联系吴经熊基督教的背景，可知此处吴氏将孟子具有善端的人性归于一个超越的客观意志：上帝。正是从这一点，人性之中所蕴含的基本善念，乃是上帝及其永恒法的一部分，是自然法之源头所在；由此，自然法的核心原则形成，随着人类理性的推演，自然法的一系列箴规形成；也正是由于这一普遍的人性基础，中西方法律文化的相同之处有了一个客观的基石。因此，吴氏明确提出，中华文化的基本出发点，已有超越东西的意趣了。⑤

吴经熊从最基本人性的根基出发，指出中西法律文化的共通之处，又

---

① 参见吴经熊《法律哲学研究》，清华大学出版社，2005，第172~176页。
② 参见吴经熊《正义之源泉：自然法研究》，张薇薇译，法律出版社，2015，第310~311页。
③ 参见吴经熊《法律哲学研究》，清华大学出版社，2005，第230~237页。
④ 参见胡成《超越东西方：吴经熊自然法思想研究》，硕士学位论文，上海师范大学，2016，第30页。
⑤ 吴经熊：《内心悦乐之源泉》，台北：东大图书有限公司，1983，第27页。

因为其奉行托马斯主义的自然法体系，认为人法中真正成为法的部分乃是从自然法中推演而出的，因而提出一种超越东西方的自然法乃是人类文明前进的方向，无论中西。这样就避免了将西方法律演进的规律用作中国法律演进方向的做法，而相比较下，晚清礼法之争的"法理派"、蔡枢衡、居正、王伯琦等皆未能免于落入此等窠臼。此外，也在理论基础上避免了王伯琦质疑的中西法律文化"貌合神离"的问题，因为王伯琦在历史发展趋势上指出两者是"神离"的，吴经熊则指出在根本人性上是"神合"的。但是，必须指出的是，吴经熊的理论多失于抽象和概要，很难从实践层面提出具体的指导方向。而且，这种基于普遍的人性观如何证明，其对法律产生的作用究竟如何体现普遍性而导致中西的根本相通，是需要从历史文化和实证经验中加以审视的问题。

六　结语

自清末变法、礼法之争以来，中西二元法律文化及其背后的道德之争，是近代以来每一位具有自主意识的法学家所萦怀不去的问题。沈家本提出以"情理"达成"会通中西"，以其时代背景能平等看待中西二元法律文化实属难得，但其所主张只是提出初步且概要的回答。蔡枢衡看到了中国法学的"次殖民地风景"及法律与社会的脱节，因而提出改造社会以迁就业已形成的西方法律图景。居正反思中国法律看不见"中国"，故而提出"重建中国法系"，但其发展目标仍是以西方改革趋势作为参照。王伯琦认为中国法律与社会脱节是因为中国的"超前立法"，要想解决这个问题，需要把含糊的总体观念拉住一些，把个体的人格观念多加以鞭笞，使得中国道德观念赶上西方文化。吴经熊指明基于普遍人性立场的自然法作为中西文明融合的立足点和前进方向。

综观看来，自沈家本以后，蔡枢衡等人从经济基础到法律文明，再到道德基础，再到人性根基，近代以来的中国法学家对中西二元法律文化的冲突、调整与融合的思考逐渐深入。蔡枢衡、居正、王伯琦更多自觉或不自觉地以西方法律发展趋势作为中国法律发展的目标，及至吴经熊早期也反映出相似的倾向，只是到后期，吴经熊经过对西方法律思想的反思之后，逐渐更多地探讨中西法律文化的相通之处，并指出中国文化对人类文明的贡献。在自主意识层面，蔡枢衡实则具有强烈的批判和反思精神，但惜则未能将反思运用到其以西方法律发展趋势为本的历史进化观上；居正提出"重建中国法系"应是具备鲜明的民族主义色彩，但其未能理论充分并自洽地证成中国法系的精神特质，并不加反思地将西方立法趋势用作"重建"的指导；王伯琦同样以义务本位进至权利本位进至社会本位的西方法律发展趋势为本，但可贵的是，针对中国义务观念极其浓厚的具体情况，他认为若要达致权利与义务相混合的社会本位法制，须使权利观念或个人观念抬头，因而是自主地结合中国具体国情并提出切实的手段；吴经熊中后期能够做到平等地对待和反思中西方法律文化，并逐渐宣扬中国文化的优势之处：应该说，基于中国法律传统的自主意识在逐步提升。当今的法律学子和研究者仍处在中西方法律文化的冲突、激荡、交会与融合之中，近代中国的文明转型和法律转型仍未定型。前辈们的思考自有其时代局限之处，但我们应该认真对待前人的遗产，吸取其中的营养。

论地方人大立法"不抵触"原则

——以伦理评价为分析视角

李　涛[*]

摘　要：遵守"不抵触"原则是保障地方人大立法质量的前提。近期发生的"立法僭越""立法放水""立法割据"等抵触案例，呈现"主体的高能性""内容的隐蔽性""环节的多层性"等特点。地方人大"不抵触"原则主要与立法体制纵向变革有关，技术评价是"不抵触"原则的主流评价标准，但不足以防范破坏法制统一的立法事件发生，需要引入价值评价。伦理具有客观性，符合我国的国情，且能嵌入地方人大立法语境之中，能够担负起对"不抵触"原则进行价值评价的任务。伦理评价对象包括立法主体、程序、内容和执行四个方面。构建"不抵触"原则伦理评价机制，需要完善立法程序、功能、监督和推动公众参与。

关键词：地方立法　不抵触　评价标准　伦理评价对象　评价机制

一　问题的提出——案例与特点

（一）抵触立法的案例

"不抵触"是地方人大立法的"红线"，抵触案例产生的负面影响不可低估。有些地方立法通过"僭越""放水""割据"等方式冲击"不抵触"的底线，损害了法制统一，影响较为广泛的案例有以下三个。

1. 突破法律保留、法律优位的"立法僭越"

2015 年 10 月，潘洪斌骑着一辆从老家湖州拖来的电动自行车，被执勤的交警拦下。根据当时的《杭州市道路交通安全管理条例》（以下简称"杭州条例"），交警扣留了他的电动车并要求托运回原籍，托运费自付。

　＊　李涛，南京大学法学院博士研究生，江苏省扬州市人大常委会法工委立法处处长，本文为扬州市法学会 2020 年立项课题。

潘洪斌不服，致信全国人大常委会法工委要求对杭州条例增设的行政强制措施开展备案审查。在全国人大常委会法工委的监督下，2017年6月28日，杭州市人大常委会修改该条例。[①] 根据《行政强制法》规定，"行政强制措施由法律设定"，"法律中未设定行政强制措施的，行政法规、地方性法规不得设定行政强制措施"。显而易见，公安机关扣留电动车并要求托运回原籍的规定突破了法律优位的底线。即便《行政强制法》规定，"尚未制定法律、行政法规，且属于地方性事务的，地方性法规可以设定本法第九条第二项、第三项的行政强制措施"，但我国有专门的《中华人民共和国道路交通安全法》，排除适用此规定，且扣留并托运是新设定的行政强制措施。可见，杭州条例是一种"僭越"立法，试图规定应当由法律规定的内容。

2. 触碰政策底线的"立法放水"

2017年，地方立法领域最著名的事件之一是甘肃祁连山生态环境保护领域出现的"立法放水"。《中华人民共和国自然保护区条例》是国务院公布施行的行政法规，规定了禁止在自然保护区内进行"砍伐、放牧、狩猎、捕捞、采药、开垦、烧荒、开矿、采石、挖沙"等10类活动。《甘肃祁连山国家级自然保护区条例》（以下简称"甘肃条例"）缩减为禁止进行"狩猎、垦荒、烧荒"等3类活动[②]，造成的后果是祁连山国家级自然保护区生态遭到严重破坏，有关政府官员被问责。2018年全国第二十四次地方立法工作座谈会上，全国人大常委会法工委主任沈春耀"旧事重提"，认为是"在放任、放松"。[③] 单纯从立法技术层面分析，甘肃条例规定的3类行为有"等"字兜底，并不必然与上位法相抵触。正如沈春耀所言，"甘肃条例的问题，不是立法技术出了问题，而是立法政策出了问题，放松了监管责任、放任了违法行为"[④]。"立法放水"以一种懈怠、放纵的方式，无视中央政策对生态环境的高度关注，为行政权的任性开了绿灯。

3. 专注地方利益的"立法割据"

继2016年上海大学22位研究生致全国31个省区市《关于撤销或者废止著名商标制度的建议书》后，2017年，108名研究生联名致信全国人

---

① 邢丙银：《一封信推动地方法规修改》，《浙江人大》2018年第6期。
② 《中办国办就甘肃祁连山国家级自然保护区生态环境问题发出通报》，《人民日报》2018年7月21日。
③ 朱宁宁：《勾画地方立法工作"路线图"》，《浙江人大》2018年第10期。
④ 朱宁宁：《勾画地方立法工作"路线图"》，《浙江人大》2018年第10期。

大常委会法工委，表达了对地方性法规和政府规章乱象丛生的地方著名商标特殊保护制度的担忧，请求全国人大常委会法工委开展著名商标地方立法调研。此后，全国人大常委会法工委致函地方人大、国务院法制办，建议开展法规清理。① 在 108 名研究生《献礼世界知识产权日　知识产权研究生致全国人大法工委请求开展著名商标地方立法调研的建议》中，围绕地方著名商标特殊保护制度产生两种意见，其中一种意见认为"现行各地著名商标制度，是对地方品牌建设和企业品牌发展的重大激励举措和重要基础工程，多年来取得了明显的成绩，起到了积极的作用，对地方发展贡献很大"②。这代表了此类规则出现的原因：地方人大或者地方政府通过立法积极获取地方利益，造成的恶果是割裂了统一的市场，导致经济上的"割据"，构成事实上的抵触。

（二）抵触案例的特点

地方人大立法违反"不抵触"原则，损害法制统一的例子并不鲜见，③ 需要给予重点关注。关注重点不仅是案例对法制统一造成的破坏、对中央政策的抵触、对公民权利的侵犯，还有抵触性案例呈现的特点，主要有三方面。

1. 主体的高能性

地方立法权的扩容，不免有"一放就乱"的争议。对"乱"的关注实质是对地方人大立法权任性的担忧。近期出现的"立法僭越""立法放水""立法割据"等抵触性案例，制定机关主要集中在行使地方立法权多年的省、较大市和省会人大及其常委会，并不是经验不丰富的、新获得立法权的设区的市。发生抵触案例的地方，民意机构立法经验丰富，且不乏民主法治发展比较充分的地区。从立法能力看，属于"高能型立法选手"。当然，抵触性案例发生在立法经验丰富的地方有客观原因。这些地方行使地方立法权多年，立法数量多、基数大，抵触概率客观上大于基数较小的新获得立法权的地方。但不能否定主观因素的影响。地方立法权限空间狭窄，具有立法权的地方人大，在"问题导向"立法支配下，背负着社会公

---

① 沈春耀：《全国人民代表大会常务委员会法制工作委员会关于十二届全国人大以来暨 2017 年备案审查工作情况的报告——2017 年 12 月 24 日在第十二届全国人民代表大会常务委员会第三十一次会议上》，《中国人大》2018 年第 1 期。

② 《献礼世界知识产权日 知识产权研究生致全国人大法工委请求开展著名商标地方立法调研的建议》，http://ip. dlut. edu. cn/info/1102/1552. htm.

③ 蒲晓磊：《法规、司法解释与法律抵触怎么办》，《法制日报》2016 年 6 月 6 日。

众、区域长官希望通过立法提供法治保障的重任。然而，多年的立法实践并没有产生几部"扬眉吐气"的法律法规。随着立法智识的增长，行使地方立法权的技术逐渐熟稔。中央专属立法权、法律优位等令人艳羡的立法空间考验着地方民意机构的"慎独"能力，试图通过"权力偷袭权利""地方博弈中央"等方式，寻求地方人大立法在权限上的突破。

2. 内容的隐蔽性

地方人大立法的抵触案例中，抵触性规则没有如同想象的那样，会出现在自主性或者先行性立法中，恰恰出现在被认为上位法依据充分的实施性立法中。实施性立法因为有上位法支撑，立法难度较小，逻辑上认为与上位法出现抵触的可能性较小。按照立法界的说法，立一部法，关键的、要紧的就几条。实施性立法中多数条款沿袭上位法的规定，抵触性条款往往是关键的、要紧的那几条，甚至是个别语句。如，杭州条例"扣留电动车并托运回原籍"的规定，隐藏在与上位法重复率较高的其他条款中。若不是实施中受到行政管理相对人的质疑，很难被发现。甘肃条例也是如此，从技术层面看，甘肃条例甚至不存在抵触。这凸显地方人大立法抵触内容的隐蔽性。

3. 环节的多层性

法不仅是"制度性事实"①，还包括司法、执法等适应规范的行为。鉴于地方立法权限狭窄，地方性法规的执行主体主要是行政机关，鲜能涉及司法机关。如果甘肃条例的执行机关充分理解上位法的精神，理解"等"背后还包括其他7类禁止性行为，那么，在实务操作中，同样可以做到不抵触，避免"立法放水"。中央环保督察组分别向广东、甘肃反馈情况，"甘肃祁连山国家级自然保护区内已设置采矿、探矿权144宗，2014年国务院批准调整保护区划界后，甘肃省国土资源厅仍然违法违规在保护区内审批和延续采矿权9宗、探矿权5宗"②，显示甘肃条例的执行主体省国土资源厅认为"狩猎、垦荒、烧荒"等活动中并不包括"采石、开矿"等其他7类禁止性行为。有人指出，"政策执行机构如同权力一样，具有为寻求自身生存空间而无限扩张的本性，直到遇到障碍为止"③。技

---

① 〔英〕麦考密克、〔奥〕魏因贝格尔：《制度法论》，周叶谦译，中国政法大学出版社，1994，第64页。

② 寇江泽：《中央环保督察组分别向广东甘肃反馈情况》，《人民日报》2017年4月14日。

③ 邹万平、颜玲：《政策终结的深层阻滞因素——组织利益因素》，《经济导刊》2011年第4期。

术层面不明显存在抵触的甘肃条例之所以成为备受关注的抵触性立法案
例，主因在于执行机关视甘肃条例为扩张权力的工具，努力开凿有利于扩
大政府利益的制度空间。以掩耳盗铃的方式执行甘肃条例，位于更高层级
的行政法规被束之高阁。说明甘肃省"立法放水"事件发生抵触事实主要
是在执行环节。可以大胆推测，当年省政府提交省人大审议的法规草案本
身就没有写全 10 项禁止性行为，以便执行时能够达到放开采矿管制等
目的。

二　央地立法体制下的"不抵触"原则

（一）新中国成立以来立法体制的沿革

把我国统一多层次的立法体制比喻成"皮"，地方人大立法就是附着
"皮"上的"毛"。离开立法体制谈"不抵触"，是无源之水、无本之木。
新中国成立以来我国立法体制经历了数次变革，横向表现为中央立法权在
全国人民代表大会、全国人民代表大会常务委员会和国务院及其政府部门
之间的分配，纵向表现为央地立法权的配置。地方人大立法"不抵触"原
则主要与立法体制纵向变革有关，央地立法体制的发展学界多以三阶段论
总结。杨临宏教授提出地方立法发展"三阶段论"，即萌芽（从 1949 年新
中国成立到 1954 年宪法颁布）、取消（从 1954 年宪法颁布至 1979 年《中
华人民共和国地方各级人民代表大会和地方各级人民政府组织法》颁布）、
完备（1979 年《中华人民共和国地方各级人民代表大会和地方各级人民
政府组织法》颁布至 2011 年）。[①] 周旺生教授提出中央与地方相当分权阶
段（新中国成立至 1954 年普选的全国人民代表大会召开前）、中国立法蒙
受重大挫折的失败的阶段（1957 年反右斗争扩大化至 1978 年底党的十一
届三中全会召开）、新的转折阶段（1978 年底党的十一届三中全会召开至
1999 年）。[②] 封丽霞教授更宏观地提出"二阶段论"，即第一阶段（1949
年至 1979 年）从分权走向集权，第二阶段（1979 年至 2008 年）从集权
走向分权。[③] 有研究在考察我国非物质文化遗产地方人大立法时指出，非

---

① 杨临宏：《立法法：原理与制度》，云南大学出版社，2011，第 97～99 页。
② 周旺生：《中国立法五十年（上）——1949—1999 年中国立法检视》，《法制与社会发展》2000 年第 5 期。
③ 封丽霞：《中央与地方立法关系法治化研究》，北京大学出版社，2008，第 294～308 页。

遗地方人大立法经历了萌芽（20 世纪 50 年代中后期）、探索（改革开放至 2001 年 3 月）、发展（2001 年 3 月～2011 年 6 月）、繁荣四个时期,①作为投射的"影像"反映了地方人大立法体制的变迁。

党的十八大以来，随着全面推进依法治国战略部署的实施，改革和完善地方立法体制摆上了党中央的重要议事日程。2013 年 11 月 12 日，党的十八届三中全会提出，"逐步增加有地方立法权的较大的市数量"。此后，启动修改《立法法》的进程。2014 年 10 月 23 日，党的十八届四中全会提出："明确地方立法权限和范围，依法赋予设区的市地方立法权。"为落实党的十八届四中全会关于"依法赋予设区的市地方立法权"的精神，2015 年 3 月 15 日，十二届全国人大三次会议通过的修改后的《立法法》明确规定："设区的市人民代表大会及其常务委员会根据本市的具体情况和实际需要，在不同宪法、法律、行政法规和本省、自治区的地方性法规相抵触的前提下，可以对城乡建设与管理、环境保护、历史文化保护等方面的事项制定地方性法规。"至此，地方立法权扩大至所有设区的市，地方人大立法主体总数达 354 个。

综上，我国地方人大立法发展可以分为五个阶段，第一阶段：萌芽阶段。从新中国成立之初（1949 年 12 月）到"五四宪法"颁布（1954 年）。第二阶段：探索阶段。从"五四宪法"颁布（1954 年）到 20 世纪 50 年代中后期。第三阶段：挫折阶段。50 年代中后期到十一届三中全会召开。第四阶段：发展阶段。从十一届三中全会以来至 2015 年《立法法》修订。第五阶段：繁荣时期。2015 年《立法法》修订以来。

地方人大立法权是由中央立法授予的，没有中央立法就没有地方立法。根据《中国人民政治协商会议共同纲领》，中央人民政府委员会是中央人民政府行使立法权力的唯一主体，不存在"严格意义上的地方立法活动"。② 1954 年宪法规定，除全国人大和民族自治机关之外，其他国家机关都没有立法权。在地方人大立法发展的前三个阶段，没有"不抵触"的说法。1979 年 7 月 1 日，五届全国人大第二次会议审议通过的《地方各级人民代表大会和地方各级人民政府组织法》第 6 条、第 27 条规定：省、自治区、直辖市人民代表大会及其常委会，在和国家宪法、法律、政策、法令、政令不抵触的前提下，可以制定和颁布地方性法规。地方立法权扩

---

① 李涛：《非物质文化遗产地方立法的实证分析》，《湖湘论坛》2018 年第 5 期。

② 杨临宏：《立法法：原理与制度》，云南大学出版社，2011，第 97 页。

容过程中，"不抵触"原则规定没有变化，2000 年《立法法》、2015 年《立法法》和 2018 年修订的宪法第 100 条第 2 款进一步对地方人大立法必须遵守"不抵触"原则进行了确认。

（二）"不抵触"原则的技术评价倾向

学界对"不抵触"原则多有讨论，主要观点有两种，一是集权不抵触。以周旺生为代表，将不抵触分为"直接不抵触""间接不抵触"。前者指不与具体规范抵触，后者指不与法的精神、原则抵触。① 杨临萍②、胡建淼③、苗连营④、牛振宇⑤等学者的观点未能出此窠臼。二是分权不抵触。这种观点认为地方立法既不与上位法具体规范抵触，又不与上位法精神、原则相抵触，将会抑制地方立法的活力，需要通过扩大地方立法权激发地方人大立法活力。封丽霞提出"合理引进'影响范围'标准中的若干因素来对中央与地方的立法职责与权限进行界定"⑥。孙波提出"地方专属立法权"⑦ 概念。表达了学界希望通过适当分界的方法，改变央地立法权能畸轻畸重的现象。丁祖年、谢勇等实务界人士撰文表达了对地方立法规范与事实的疏离⑧，不抵触与有特色、可操作之间的抵牾⑨等的关注。

"集权不抵触说"与"分权不抵触说"体现了中央集权主义与地方分权主义之间的矛盾纠结。"集权不抵触说"强调中央立法权的权威性、统领性、主导性，把地方立法"抵触"的范围具有全面性的特征演绎到了极致。主张央地立法权的配置应当遵守"央为地纲"的原则，是建制化央地立法权配置的理论渊源。"分权不抵触说"试图在极度狭窄的地方立法空间中寻找可能的罅隙，不绝对排斥法制统一。但基于"集权不抵触说"，任何扩张地方立法权的理论和实践都会构成实质的地方分权主义，将造成

① 周旺生：《立法学》，法律出版社，2009，第 284 页。
② 杨临萍：《中国司法审查若干前沿问题》，人民法院出版社，2006，第 91～92 页。
③ 胡建淼：《法律规范之间抵触标准研究》，《中国法学》2016 年第 3 期。
④ 苗连营：《论地方立法工作中"不抵触"标准的认定》，《法学家》1996 年第 5 期。
⑤ 牛振宇：《地方立法创新空间探析——以"不抵触"原则的解读为视角》，《地方立法研究》2017 年第 6 期。
⑥ 封丽霞：《中央与地方立法权限的划分标准："重要程度"还是"影响范围"?》，《法制与社会发展》2008 年第 5 期。
⑦ 孙波：《论地方专属立法权》，《当代法学》2008 年第 2 期。
⑧ 丁祖年、郑春燕：《中国地方立法的现实与转型》，《地方立法研究》2016 年第 1 期。
⑨ 谢勇：《概念的成长：破解地方立法"不抵触""有特色"的理论困境》，《求索》2017 年第 12 期。

抵触性立法。尽管这两种观点相互之间碰撞激烈，但是，不论是集权主义还是分权主义，都是围绕央地立法权的配置问题展开。两者试图通过各种技术性的分类、标准，找到分割抵触与不抵触的"黄金点"，事实上，均囿于技术评价的范畴。技术评价对多数一般性抵触立法可以做出准确的判断，但高能的民意机构、隐蔽的抵触内容以及抵触环节的多层次性，使得技术评价在抵触立法的判断中具有僵化的特征，抵触立法只能依靠公民的立法审查建议、知识精英的立法建言，甚至中央巡视督查等非常规的方式发现。说明"不抵触"原则的技术评价与立法实践之间没有做到无缝对接，需要引入价值评价予以补充。郭云忠认为，"法律实证研究始于技术而终于伦理"。"不抵触"原则的实证研究也不例外，在技术评价鞭长莫及的空间内，需要引入伦理评价方法，以期全方位把握"不抵触"原则，避免法制统一遭到破坏。

三　"不抵触"原则的伦理评价

（一）伦理评价何以成为可能？

多元价值观的客观存在，导致开展价值评价时难以界定共同的基准，使得价值评价变成困难的问题。除非有客观性、共识性的概念作为价值评价的载体，能够堪当此重任的载体舍伦理莫取。

1. 伦理具有客观性

中西方对伦理与道德的概念颇为纠结，常常视之为相同、相近。实质上，相较于道德的概念，伦理更具有客观性。西方哲学特别是康德以降，伦理更是被"实践理性"吞噬，话语体系式微。但黑格尔仍然成功实现了伦理与道德的分离。他指出伦理与道德"具有本质上不同的意义"[①]。"道德是个体性、主观性的，伦理则是社会性和客观性的。"[②] "无论法的东西和道德的东西都不能自为地实存，而必须以伦理的东西为其承担者和基础，因为法欠缺主观性的环节，而道德仅仅具有主观性的环节，所以法和道德本身都缺乏现实性。"[③] 简言之，伦理是道德和法的中介，道德和法

---

① 〔德〕黑格尔：《法哲学原理》，范扬、张企泰译，商务印书馆，1961，第48页。
② 樊浩：《道德世界："预定的和谐"——以黑格尔道德哲学为学术资源的研究》，《南京政治学院学报》2006年第1期。
③ 〔德〕黑格尔：《法哲学原理》，范扬、张企泰译，商务印书馆，1961，第186页。

是附着在伦理之树上的藤蔓。与伦理相比，"德毋宁应该说是一种伦理上的造诣"①。造诣体现为经过主观改造后的升华。因此，较伦理而言，道德具有主观性，如同正义一般有一张"普罗透斯"的脸，不能承担起价值评价的任务。

2. 伦理是研究中国问题的"价值共识"

伦理不仅具有客观性的特征，对研究中国问题还具有契合性的特征。樊浩教授认为，"在精神世界，数千年的人类文明逐渐形成两大轴心，即以出世超越为'轴心'的宗教型文化和以入世超越为'轴心'的伦理型文化"②。西方法治与宗教密切相关，受到宗教型文化的深刻影响。伯尔曼指出，"最先让西方人懂得现代法律制度是怎么回事的，正是教会"③。中国法制史的发展与伦理存在密切联系。《唐律疏议》名言"德礼为政教之本，刑罚为政教之用，犹昏晓阳秋相须而成者也"，是伦理思想影响中国古代法制史的极好表现。瞿同祖指出，"古代法律可说全为儒家的伦理思想和礼教所支配"④。伦理问题的中国色彩不仅体现在法律渊源上，还表现在中西方对待伦理与道德的分歧上。樊浩指出，"从总体上看，中国伦理—道德的历史哲学形态和历史哲学发展的主流，是伦理与道德的合一，而合一的真义，是道德话语掩盖下的伦理强势，道德始终服务并服从于伦理。它与西方自由意志背景下道德的强势形成相反相成的形态"⑤。他呼吁，当西方在宣示"上帝与我们同在"时，我们也应当读出"伦理与我们同在"。⑥ 可见，伦理更能成为价值评价中的共识性话语。

3. 伦理可以嵌入地方人大立法语境

刘爱龙认为，"在制定法律的过程中，立法技术水平的高低以及对立法技术的应用直接决定着立法的质量与效益。而立法技术水平的高低和对立法技术的应用，除了受到立法者法律专业素养等非伦理性因素影响外，还受到法的制度伦理、立法者职业道德等伦理性因素的影响"⑦。地方人大立法中"不抵触"原则的技术评价，是通过立法技术分析，运用三段论

---

① 〔德〕黑格尔：《法哲学原理》，范扬、张企泰译，商务印书馆，1961，第170页。
② 樊浩：《伦理道德：如何造就现代文明的"中国精神哲学形态"》，《江海学刊》2018年第5期。
③ 〔美〕伯尔曼：《法律与宗教》，梁治平译，中国政法大学出版社，2003，第52页。
④ 瞿同祖：《中国法律与中国社会》，商务印书馆，2010，第375～376页。
⑤ 樊浩：《"伦理"—"道德"的历史哲学形态》，《学习与探索》2011年第1期。
⑥ 樊浩：《伦理，如何"与'我们'同在"？》，《天津社会科学》2013年第5期。
⑦ 刘爱龙：《"法律的内在道德"抑或"立法技术的伦理正当性"——从"富勒困境"谈起》，《江海学刊》2010年第2期。

的法律推理方法，得出是否存在抵触的判断。即宪法、法律和行政法规作为大前提，地方性法规可能的抵触内容作为小前提，如果地方性法规的内容没有侵犯中央专属立法权、法律优位等，没有超出规定的立法权限，没有与现行有效的上位法反向而行，则不构成抵触。反之亦然。但技术评价是冰冷的、机械的，法的形成来自实践，技术评价只能看清实体性法规的"骨骼、血肉"，"灵魂"的东西需要借助价值层面的分析工具。伦理属于客观精神的范畴，能和技术评价共同形成"不抵触"原则评价的合力。

（二）伦理内涵

"伦理"一词最早出现于亚里士多德的《尼可马可伦理学》。希腊"伦理"概念的最初意义是"灵长类生物生长的持久生存地"。[①] 在黑格尔的伦理哲学话语中，"持久生存地"与"实体"的内涵相近。黑格尔提出"伦理性的实体包含着同自己概念合一的自为地存在的自我意识，它是家庭和民族的现实精神"[②]。黑格尔所指的"实体"就是家庭和民族。伦理不是指的家庭和民族，而是个体的人与实体之间的关系，伦理行为是指个人与实体之间发生的行为。"伦理就是个别性的人作为家庭成员或民族公民而存在；伦理行为就是个体作为家庭成员和民族公民而行动。"[③] 当然，通过"持久生存地"概念能够达到更好的理解效果。根据德国学者劳尔斯·黑尔德的诠释，"持久生存地"之所以需要伦理，根源于人的世界中的一对矛盾：个体自由的意识和行为的交往性质——个体在意识中追求自由，行动却具有相互性。这一矛盾导致行为期待的不确定性，进而产生对行为可靠性的期待。这种期待推进人的行为习惯的发展：那些产生可靠预期的恒久自明、被强化的习惯，被称为"德性"而得到鼓励。由此便生成交往行动的可靠空间：那些可以导致可靠性预期的行为被称为"伦理"，这种可靠空间即"伦理场"。[④]

阿尔蒙德认为，政治学的核心概念是"政治体系"，政治体系是一个包括环境、输入、转换、输出和反馈等部分的系统。[⑤] 地方人大立法体系

---

① 樊浩：《"伦理"—"道德"的历史哲学形态》，《学习与探索》2011年第1期。
② 〔德〕黑格尔：《法哲学原理》，范扬、张企泰译，商务印书馆，1961，第197页。
③ 樊浩：《"伦"的传统及其"终结"与"后伦理时代"——中国传统道德哲学和德国古典哲学的对话与互释》，《哲学研究》2007年第6期。
④ 樊浩：《"伦理"—"道德"的历史哲学形态》，《学习与探索》2011年第1期。
⑤ 〔美〕加布里埃尔·A.阿尔蒙德：《比较政治学——体系、过程和政策》，曹沛霖、郑世平、公婷、陈峰译，上海译文出版社，1987，第2页。

中也存在这些系统。在环境部分，地方人大立法权会受到政治、经济、文化、社会等环境的影响；在输入部分，会与党委、人大、政府和公众等立法主体发生交往；在转换部分，会与多元利益主体等发生交往；在输出部分，会与履行地方性法规公布权、备案审查权的主体发生交往；在反馈部分，会与执法、司法主体等发生交往。在交往中形成的"可靠性预期的行为"而不是"不靠谱的自由行为"是地方人大立法中的伦理，"伦理场"则是地方人大立法体系。

（三）伦理评价的对象

伦理学的含义有三部分：人的行为的一套规则；对价值、善与恶、正确与错误、可欲求和不可欲求的判断的研究；责任或义务，或我们为什么"应当"以某种方式去行动的理论。[①] 第一部分是主体伦理，涉及的是地方人大立法主体的行为；第二部分是价值判断，涉及的是地方性法规的内容；第三部分是客体伦理，重点讨论立法者"应当"遵循什么样的立法程序去制定地方性法规，执法、司法者适用地方性法规时"应当"怎样去适用。

1. 地方人大立法主体

我国地方人大立法遵循"党委领导、人大主导、政府依托、各方参与"的工作格局，这一立法工作格局中和了结构主义与功能主义的观点。结构主义强调"有权制定机关"在立法中的主体作用。功能主义主张对法的形成产生实质影响的就是立法主体。"党委领导、人大主导、政府依托、各方参与"承认结构主义，指出人大主导立法，是有权制定机关。同时，没有回避功能主义的主张，指出党委、人大、政府以及各方（可以使用公众的概念替换）在立法工作中的作用。地方人大及其常委会主导立法不等于它是地方性法规的唯一立法主体。如果承认了这种说辞，那么还可以认为地方人大常委会法工委中的承办人员是立法主体。实际上，"立法四方"在地方性法规的形成中均发挥着作用，是地方人大立法的实质主体。对地方人大立法主体进行伦理评价，就是对立法工作格局中存在的"立法四方"的评价。

2. 地方人大立法程序

地方人大立法不能仅是合法律性的，同时也应当具有合法性。"合法

---

① 袁方主编《社会研究方法教程》，北京大学出版社，1997，第 764 页以下。

律性""合法性"一字之差，区别在于合法律性侧重建制化立法程序的过滤，并不主张规范性与事实性的统一；合法性侧重体现法律承受者对法的认同，是法的应然状态与实然状态的统一。合法律性的法强调法的强制力，追求法律承受者事实上的服从，追求立法程序等建制化的"权杖"赋予立法活动合法律性的外衣。但是，合法性的观点认为经历立法程序的过滤，不是法之所以为法的原因，立法活动还需要法律承受者的认同。地方性法规的合法性最基本的条件之一是立法程序应当是正当的、合理的、符合伦理要求的，应当具有包容性、协商性的特征，对于各种意见的吸收具有开放性，使得地方性法规能够尽可能地吸收民意，寻找"重叠共识"，体现最大公约数，否则"走程序"产生的法是不符合伦理的。

3. 地方性法规的实体内容

地方性法规所承载的制度内容符合伦理追求，遵循主流的道德原则，存在具有时代特征的价值判断，至少应当符合两个方面的要求。第一，基本伦理要求。不仅看其文本中规定的"立法目的"是如何关注普遍福利的，还要分析具体条款是否包含可能侵犯普遍福利的不正当部门利益。如果地方性法规的实体内容"尽管口头上侈谈什么普遍福利，骨子里却保留着它自己的特殊利益，并且倾向于把侈谈普遍福利的语言当作追求普遍福利的行动的代替品"①，那么，这样的法规倾向于谋取部门利益而轻视公共利益，成为公权力侵犯私权利或者为公权力谋利的工具，是违背委托—服务伦理的。如，甘肃祁连山生态环境遭到破坏的"立法放水"事件。当然，基本伦理要求也适用于地方性法规的执行领域。第二，位阶伦理要求。我国是单一制国家，历史上有"大一统"的传统，这一传统为人们普遍认可，是客观存在的伦理。历史记载的分裂或者地方割据，给国家、社会和人民带来苦难，公众普遍不希望这种情形发生。可以说，地方服从中央是"可靠的预期行为"。地方性法规的内容僭越中央立法，突破法律保留、法律优位则是有悖于位阶伦理要求的。"立法僭越""立法割据"等抵触性立法案例是违背位阶伦理要求的典型。

4. 地方性法规的执行领域

地方人大立法伦理评价的外延包括执行领域。执行主体需要理解地方性法规蕴含的伦理性，以符合"一定的伦理追求、道德原则和价值判断"的方式执行地方性法规。如，《义务教育法》第 2 条第 3 款规定义务教育

---

① 〔德〕黑格尔：《精神现象学》，贺麟、王玖兴译，上海人民出版社，2013，第 58 页。

不收学费、杂费，《北京市实施〈中华人民共和国义务教育法〉办法》第2条第2款不仅规定义务教育不收学费、杂费，还规定逐步实行免费提供教科书制度，在提供福利方面超出了国家法律的规定，对学生更为有利，显然不构成抵触。但执行主体将《北京市实施〈中华人民共和国义务教育法〉办法》弃之不顾，在逐步实现免费提供教科书制度方面懈怠、不作为，是违背立法伦理的表现。假设潘洪斌没有向全国人大常委会提出备案审查申请，而是向司法机关提出行政诉讼，司法机关依据杭州条例判处潘洪斌败诉，司法机关的判决行为同样不符合伦理评价。

四　伦理评价的展开

在上述讨论中，对地方人大立法"不抵触"原则伦理评价的对象进行了梳理，运用伦理学的分类方法，将伦理评价的对象分为主体、程序、实体和执行四个方面。结合伦理内涵，需要依托四种对象，对伦理评价依次展开，以讨论伦理评价的对象需要采取什么样的行为才符合"可靠预期性"，什么样的行为是不违反伦理的行为。

（一）　主体伦理

地方人大立法主体由党委、人大、政府和公众组成，各主体是否具有"可靠性预期行为"是判断是否违反伦理的关键。中国共产党是我国唯一的执政党，是当代中国"同心圆"式政治结构的中轴。① 其领导核心力量地位的取得与西方宪政体制下政党通过竞选获取执政地位不同，其执政的合法性源于通过近百年艰苦卓绝的奋斗，领导人民在革命、改革、建设方面的表现。既有缔造之功，又有优良绩效带来执政合法性认同。在此基础上，中国共产党根据时代变化要求不断调适，既保持自身先进性，又以为人民服务为宗旨，不断满足人民期待，获得人民对其行使权力的赞同。人民的赞同和认可是其执政合法性的关键。这些合法性资源成为党领导立法的正当性伦理渊源。因此，维护和服从党的领导符合地方人大立法主体伦理，在地方人大立法的各阶段应当自觉体现党的领导。如，在议程设置上，地方党委可以提出立法建议、审定立法规划和计划；在内容设置上，地方党委可以审定法规案、领导法规案的审议和通过；在组织保障上，应

---

① 周尚君：《党管政法：党与政法关系的演进》，《法学研究》2017年第1期。

当赋予其审定人大代表资格、推荐重要立法岗位干部等权力。

地方人大、政府、公众等在立法过程中服从本级党委领导，是主体遵守横向伦理的过程，往往忽视存在纵向的伦理。地方党委领导相对于中央集中统一领导，仍存在一个伦理性问题，那就是地方应当服从中央。如果地方党委在制定大政方针等方面与中央集中统一领导发生冲突，不服从中央同样也是一种不可靠、不预期的行为。地方人大立法中的一些抵触案例正是对"地方服从中央"伦理的违背，突出表现在"上有政策，下有对策"。毛主席特别强调党的政策重要性，他指出，"政策和策略是党的生命，各级领导同志务必充分注意，万万不可粗心大意"①。中央立法贯彻党中央的政策，地方人大立法贯彻地方党委的政策。但当地方党委不贯彻党中央的政策，地方人大立法可能会陷入不伦理的境地。要求地方人大立法不得与党的政策相抵触，在地方党委政策与党中央的政策出现抵触时，应当服从党中央的政策，这是在纵向上坚持党的领导的表现。

甘肃祁连山"立法放水"事件，表象是将上位法 10 类禁止行为缩减为 3 类禁止行为。规定的 3 类禁止行为在现实中并不常见，反而其余 7 类禁止行为是亟须规范禁止的，尽管修改三次，却视而不见。党的十八大以来，党中央对环境生态保护高度关注，环境保护政策日渐趋严，大力倡导绿色发展理念，甘肃条例本质上抵触党的政策，"立法放水"无疑是偷奸耍滑的行为。党的十八届四中全会提出，"全面实施一对夫妇可生育两个孩子政策"，有些地方性法规规定"超生即辞退"则面临抵触风险。作为十八届三中全会的重要论断之一，"发挥市场在资源配置中的决定性作用"写入党章后，地方性法规通过设定规则阻滞全国市场统一的行为同样是抵触行为。如，"地方性法规中直接规定以审计结果作为竣工结算依据，或者规定建设单位应当在招标文件或合同中要求以审计结果作为竣工结算依据的条款"②。这些违反"地方服从中央"伦理的情形，单纯以技术评价很难发现。

（二）程序伦理

1. 是否经历立法程序

中国传统的法律文化具有"重实体，轻程序"的特点，随着法治进步

---

① 《毛泽东选集》（第 4 卷），人民出版社，1991，第 1298 页。
② 沈春耀：《全国人民代表大会常务委员会法制工作委员会关于十二届全国人大以来暨 2017 年备案审查工作情况的报告——2017 年 12 月 24 日在第十二届全国人民代表大会常务委员会第三十一次会议上》，《中国人大》2018 年第 1 期。

和受正当法律程序理念的影响，公众对程序的认知能力不断提高，过去对程序轻视的态度有了较大的改观。"走程序""洗白""进入程序就知道结果"等情形备受民间诟病，不仅消解了公众对程序的信任，还损害了法的合法性基础。程序成为"可靠性预期行为"反而是一种不"可靠性预期行为"。鉴于占有材料的匮乏，不能复原甘肃条例产生的过程。如果允许推测，甘肃条例可能是"走程序"的产物，内容承载了区域长官、部门利益的"重托"，立法程序仅是为条例"镀金"，导致甘肃条例沦为破坏生态环境、掳掠自然资源的工具。

相同的立法程序因实际运作不同会产生不同的理解，立法程序在操作阶段会呈现不同形态。各地立法程序中规定的"广泛征求意见""根据需要""等""有关方面""重大事项""综合性、全局性、基础性"等等，在实际操作中会预留较多的制度空间。以隔次审议制度为例，地方人大常委会一般每隔两个月召开一次会议，按照隔次审议的原则，一部地方性法规进入人大常委会审议阶段后，一般会有 4 个月的时间进行审查、审议以及征求社会意见等程序。但实际操作中，不能完全避免通过增开常委会会议的方式让立法时间变短，以满足法规早日或者按照长官意志出台的愿望。这就需要不折不扣地落实这些原则性较强的制度，简而化之，将会削弱立法程序的完整性。

2. 程序是否正当

程序正当性与程序伦理的内涵存在极大的契合。程序如何可靠，如何符合预期，不仅取决于立法过程是否遵守了程序，是否经过了"走程序"，还关涉程序本身是否正当。如果按照规定的内容不折不扣地完成立法程序，但程序并不被"共体"或"持久生存地"认可，缺少正当性，立法仍然可能违背伦理。纳粹德国时期，执政集团严格遵守立法程序，仍然可以制造人间祸患。不正当立法程序亦能够产生"毒树之果"。刘爱龙认为，"对立法程序生成的伦理机理的探讨，事实上就是对其正当性、合法性探讨"①。正当法律程序具备的交涉性和反思性能够避免程序违法。经历正当立法程序反复"蒸煮"，各方磋商、分段博弈，法规经过了千锤百炼，可以避免程序成为一体化意志的工具，确保法规内容取得最大共识。

3. 程序参与人的行为是否符合伦理

（1）人大代表

人大代表对地方性法规案履行审议职责。如果参与审议地方性法规案

---

① 刘爱龙：《正当立法程序生成的伦理机理》，《河北法学》2008 年第 5 期。

的人大代表履职不能或者履职不作为，则违反立法伦理。在利益多元化的条件下，如果地方人大及其常委会的审议主体缺乏代表性，意味着没有真正代表人民履行代表职务，选民利益不能被代表，剩下的将只有政府部门之间的博弈。社会精英的丰富知识固然有利于法律的完善，但比例过高，势必会弱化代表的普遍性。促进人大代表特别是常委会组成人员积极履职，仍然是推动人大代表作为程序参与人的行为符合立法伦理要求的必要举措。地方人大立法制定主体主要是地方人大常委会。由于常委会会期短，加之其他议题穿插其中，常委会有些组成人员在时间上、精力上和专业水平上都会受到影响，对法规案的审议可能出现"搭便车"现象。即将完善地方性法规的任务"托付"给法制工作委员会，暗自相信即便自己不贡献智慧，别的委员也会发表好的建议，法规总会顺利出台。"搭便车"行为对于公众而言并不违反伦理，公众没有公共职务，不领取工资福利，没有代表头衔。公众根据自己的利益需要参与地方人大立法，不算是"可靠性预期行为"。但常委会组成人员，特别是专职常委会组成人员，既是代表，也是公职人员，对法规案审议持"搭便车"的态度则有悖职业伦理。

（2）立法官僚

韦伯认为官僚对于西方法治进程具有重要的推动作用。① 王理万提出的立法官僚概念，是指在立法机关中专职从事法律制定、由非民选专业立法人员组成的法制工作部门，在国家立法规划、法案起草、法律解释的过程中，以立法/法律专业知识为基础，从而在一定程度上支配和主导了法律制定，成为游离于传统理论中民意代表、执政党决策者与行政机关之外的"隐形立法者"。② 地方人大立法是一项专业性很强的工作，一些立法权限、立法语言规范并不在人大代表的知识体系内。立法官僚成为事实上的"隐形立法者"③，有了"篡夺"立法权④的可能。按照黑格尔伦理哲学，伦理的共体包括家庭和民族。官僚的私心相对于家庭而言至少从家庭伦理的角度看无可非议。但官僚进入科层制的机构中，面向的"共体"是"民族"。此时的伦理要求立法官僚应当具有大局观，"持续生存地"不仅

① 〔德〕韦伯：《儒教与道教》，王容芬译，商务印书馆，1995，第200页。
② 王理万：《立法官僚化：理解中国立法过程的新视角》，《中国法律评论》2016年第2期，第135页。
③ 卢群星：《隐性立法者：中国立法工作者的作用及其正当性难题》，《浙江大学学报》（人文社会科学版）2013年第2期。
④ 王理万：《立法官僚化：理解中国立法过程的新视角》，《中国法律评论》2016年第2期。

是家庭、部门，还有所在的行政区域。面对地方性法规具有不符合法律的内容和抵触的情形，立法官僚不能任由一些无端侵犯公民权利、破坏社会和谐的制度进入地方性法规中，需要有"直谏"的勇气。

（三）实体伦理

1. 经济人假设理论

经济人假设来源于斯密的《国富论》[1]，经过经济学人的打磨研究，出现了不少流派，但自利和理性仍是构成经济人假设理论的核心。詹姆斯·M.布坎南所代表的公共选择学派认为，政治其实也是一种市场，政治组织和政治家在政治市场上从事政治活动的目的也是追求自身利益的最大化，从而将经济人假设理论引入政治领域，打破了政府及公务人员"公正""中立"的神圣光环，一定程度上揭示出了政府部门的机构臃肿、效率低下、官员腐败、政策失灵等问题的根源。[2] 休谟的"无赖原则"[3] 进一步佐证了经济人假设理论引入政治制度领域的可能，提示在制度设计时，不应过分强调行政机关的"公共人"立场。

2. 起草部门的"经济人"视角

政府部门是地方性法规草案的起草主力。对政府起草部门而言，起草地方性法规案体现的是利益表达。一方面聚焦公共事业的发展，展示出行政公共性的一面，是"公共人"；另一方面，不可否认希望有一部法为其在具体工作中"撑腰"，通过立法谋取不当的部门利益，是"经济人"。作为"经济人"其视角主要聚焦三个方面。

第一，考虑行政管理效率，希望通过立法摆脱行政中烦琐的束缚。摆脱束缚的情形包括两种：一是公权力侵犯私权利时，私权利能够顺从，如政府在从事农贸市场管理时，需要推动农贸市场升级改造，希望农贸市场的经营管理者将其私有摊位交由政府统一改造，经营管理者能够顺从政府权力，不提多余的条件，不"为难"公权力；二是公权力行使受到法律、行政法规的限制时，希望通过地方性法规打"擦边球"，提高行政效率，如《行政强制法》第44条规定了违法建筑拆除需要履行的救

---

① 〔英〕亚当·斯密：《国民财富的性质和原因的研究》，郭大力、王亚南译，商务印书馆，1972，第14页。

② 黄锐：《我国政府"经济人"的基本特征分析》，《湘潮》（下半月）（理论）2009年第4期。

③ 刘军宁等编《市场社会与公共秩序》，三联书店，1996，第10页。

济程序，常常会使一幢违法建筑的拆除变得时间冗长，而行政绩效压力让行政机关难以喘息，于是希望通过地方性法规规定对"正在建设"的违法建筑可以即查即拆，提高行政效率，以至于能在"锦标赛"式的晋升中获得优势。

第二，扩张行政权力范围，希望通过立法攫取其他行政部门的权力。行政组织具有自我膨胀的天性，在履行法定职责的同时，行政权力难免会触及其他行政部门的"疆域"或者行政职责划分语焉不详的行政管理地带。起草部门依仗提供法规草案的优势，植入"权力设想"，意图使之法定化，完成权力扩张。此外，对一些"棘手"的权力，可能会通过推脱的方式交于其他部门。如，公安部门和城市管理部门对城市养犬的管理权会互相"谦让"。因为，城市养犬管理难度大、矛盾多，管理不好会受到行政首长和区域公众的苛责，这种权力不要也罢，这是一种反利益的博弈，胜者通过推诿责任获得了部门利益。

第三，服从当地经济发展需要，希望通过立法实现地方保护。"利益的多元化使立法利益的含量越来越高，法律背后是经济利益，许多法律的冲突实际是经济利益之争。"① 伴随市场经济体制的建立，全国市场繁荣，地方市场也蓬勃发展，地方之间的经济竞争变得激烈。推动本地 GDP 增长，俨然成为地方党委的中心工作。在地方利益动机的驱动下，地方保护现象以各种形式蔓延并扩展到包括法律领域在内的许多方面，成为阻碍市场统一和法制发展的严重问题。② 地方人大坚持党的领导，不免要通过立法为地方发展提供"法制保障"，打着"地方特色"的旗帜，将不当地方利益法制化。

3. 家庭式伦理与国家伦理的冲突

黑格尔指出，"在考察伦理时永远只有两种观点可能：或者从实体性出发，或者原子式地进行探讨，即以单个人为基础而逐渐提高"③。他否定了原子式地进行探讨，只能从实体性出发，而伦理实体包括"作为精神的直接实体性的家庭"④、"处于家庭和国家之间的差别的阶段的市民社会"⑤ 和国家三类。从可靠性预期行为分析，政府部门将不当利益法制化

① 蔡定剑：《法律冲突及其解决的途径》，《中国法学》1999 年第 3 期。
② 封丽霞：《试析转型期地方保护主义的成因》，《中国党政干部论坛》2007 年第 1 期。
③ 〔德〕黑格尔：《法哲学原理》，范扬、张企泰译，商务印书馆，1961，第 198 页。
④ 〔德〕黑格尔：《法哲学原理》，范扬、张企泰译，商务印书馆，1961，第 199 页。
⑤ 〔德〕黑格尔：《法哲学原理》，范扬、张企泰译，商务印书馆，1961，第 224 页。

符合部门伦理，是"家庭式的伦理"，但不符合国家伦理，展现的是局部的家庭之爱，并以损害国家普遍利益为代价。以家庭式伦理评价政府部门的行政行为，降低了政府部门的伦理标准。需要指出，这不是社群主义者主张的"公益政治学"与自由主义者主张的"权利政治学"的冲突。前者强调公共利益优先于个人权利地位，后者强调个人权利优先于公共利益。[①] 而是樊浩教授所称的"集团行为的伦理—道德悖论"[②]。即一些集团行为以内部伦理评价，未必受千夫所指，或许会受到一部分人认可，但若以国家伦理评价，则构成不伦理。拉德布鲁赫指出，"法律对于司法一般为路标，对行政则一般是栅栏——行政的路标是'国家利益至上原则'"[③]。说明法律更多地考虑限制行政机关的权力，政府部门的行政行为应当遵循"国家利益至上原则"，以国家伦理为皈依，摒弃部门局部的不当利益，不能将家庭式伦理作为行政行为的伦理评价标准。

（四）执行伦理

地方性法规因立法空间所限，不能规定民事基本制度、犯罪和刑罚等，绝大多数地方性法规是行政法性质，执行机关是政府部门，司法机关鲜有适用地方性法规的案例。地方性法规抵触情形容易出现在执行环节，逻辑在于，抵触条款若在立法环节被发现，将会在地方性法规正式成为法前被排除。因此，地方性法规执行环节遵守国家伦理要求显得十分重要。与政府起草地方性法规表现相同，执行机关也具有"公共人""经济人"的双层身份，既有公共性，又有自利性。以家庭伦理评价政府执行地方性法规的行为定然不妥，同样应当上升到国家伦理的高度加以评价，不能对利用公权力谋取部门利益听之任之。马克思在《法兰西内战》中对公务人员由"社会公仆"向"社会主人"转变提出警告。马克思认为，无产阶级在取得执政权力后，需要警惕代表公权力的公职人员最初的革命热情衰减，忘掉初心，最后成为新的革命对象。代表公权力的公职人员需要遵守的发展规律是"人民公仆"—"人民主人"—"人民公仆"否定之否定的辩证运动，提示执法机关在执行地方性法规的过程中，懂得敬畏私权利主体，懂得尊重权利是制约权力的终极密钥。也如哈耶克所言，"留给执

---

① 参见俞可平《民主与陀螺》，北京大学出版社，2006，第 58 页。
② 樊浩：《当前中国伦理道德状况及其精神哲学分析》，《中国社会科学》2009 年第 4 期。
③ 〔德〕拉德布鲁赫：《法学导论》，米健译，商务印书馆，2013，第 183 页。

掌强制权力的执行机构的行动自由，应当减少到最低限度"①。

五 "不抵触"原则伦理评价机制的构建

（一）立法程序

有学者认为，在某种意义上，立法程序的正当性意味着合伦理性。②
"不抵触"原则伦理评价机制的构建，加强其正当性是关键。

1. 制衡

地方人大立法中的"抵触"条款，曾有民意的外观，却留有部门利益
侵蚀的痕迹。此中的主因在于立法程序失灵导致行政部门的"部门化倾
向"。在地方人大立法实践活动中，主要存在以政府为主的提案主体和以
人大为主的审议主体。如果两者之间缺乏必要的制衡，程序的分化功能会
被消解，二者对于地方立法中制度设计的内容出现"一边倒"的趋势。导
致的可能后果是：提案主体提交的法规草案中夹杂的部门利益，经民意机
构确认，部门利益可以冠以合法之名，而这些基于部门利益产生的地方性
法规条款，又是最有可能突破法制统一的地方立法"红线"的"抵触"
条款。民意机构履行审议、审查职能，如果与提案主体的政府机关在程序
运作中发生"一条龙"式的混同，结果要么是提案主体主导了地方性法规
的形成，立法机关沦为"橡皮图章""盖章局"，要么提案主体的立法需
求被民意机构"包办"。两种情况均是立法"走程序"的表现。当然，出
现上述不利情形的前提是提案主体和审议、审查主体在立法程序中出现
"一家亲"式的温和局面。但只要立法程序能够充分发挥程序对主体的分
化功能，部门利益受到民主力量的制衡，就能够剔除隐藏在地方性法规中
的不伦理因素，防止极端的立法产生。

2. 公开

公开是防止权力变质的有效方式，是正当法律程序的一般性要求，地
方人大立法程序的公开功能应当进一步扩展。一是精确提炼、普遍宣传敏
感条款。法规草案公布后敏感条款应当作为公开的重点，需要立法机关在
制定过程中积极解读法规草案中的敏感内容，吸引"异议者"。如，杭州

---

① 〔英〕哈耶克：《通往奴役之路》，王明毅、冯兴元等译，中国社会科学出版社，1997，
第 95 页。

② 刘爱龙：《正当立法程序生成的伦理机理》，《河北法学》2008 年第 5 期。

条例中设置的行政强制条款，不经过专业解读，隐藏在法规中的细枝末节难以被发现。不提炼出敏感条款，公众在理解上会感到费时费力，失去关注的兴趣。借助媒体宣传加强对地方性法规敏感条款的细致解读，包括可能涉及的立法权限问题、生效后适用问题等等，扩大社会知情面。二是避免"立法突袭"。地方性法规公布成为正式的法后，立即进行修改的可能性较小。正式公布前，可以考虑就拟确定为正式文本的法规内容再次征求公众意见，防止表决时增加未公开过的新条款，形成立法突袭。三是重视媒体和专家学者的观点。在公众中，媒体、专家两类群体发表的观点合理性较强，需要充分重视。如，在某市制定违法建筑防控和处置条例时，拟规定对违法建筑即查即拆的制度。有些媒体抓住"即查即拆"制度开展宣传。媒体工作者非研究法学的专家学者，报道内容并不表露观点的倾向性，但媒体对事物敏锐性强，且与人大、政府的有关部门进行了交流，形成的"新闻点"抽取自地方性法规中"关键的几条"，这无疑提供了可供立法机关研究的敏感条款。专家学者重学理分析，可以提供理论支撑，有利于消除法律偏重实践需求所表现出来的直观感性认识，直观感性认识可能导致的后果是抵触上位法。

3. 辩论

密尔指出，"意见的统一是无可取的，除非是所有对立意见经过最充分和最自由的较量的结果，而意见的分歧也并非坏事而倒是好事"①，反映辩论具有揭开真理真相的作用。地方人大立法程序与《立法法》基本相同。《立法法》规定，"各代表团审议法律案时，提案人应当派人听取意见，回答询问"，"常务委员会分组会议审议法律案时，提案人应当派人听取意见，回答询问"。这一规定有了辩论的萌芽，但由于"听取意见，回答询问"具有单向性的特征，辩论要求双向互动，辩论并没有成为立法程序中的必备内容。在人民代表大会或者人民代表大会常务委员会审议法律案环节，《立法法》第 21 条和第 29 条第 5 款规定了对法律案的"讨论"制度。相对于辩论而言，讨论更偏向于一种温和的沟通交流，不是实质上的辩论条款。

辩论具有一定的西方话语特征，未必符合国人交流习惯。但由于辩论更能体现民主，通过辩论程序，能够促进不同主体之间的思想交流，使法律法规更多地凝聚理性。虽然，可能会降低效率。王石认为，"组织的治

---

① 〔英〕密尔：《论自由·代议制政府》，康慨译，湖南文艺出版社，2011，第 47 页。

理，需要把美好的愿景落实为切实的具体行动，在这个转化过程中，充分探讨、凝聚共识有时候比效率更重要，会上各种声音争争吵吵，看似慢，实际上有慢的价值，吵而不破，折中妥协，才是治理应有的常态"①，反映了辩论的价值。辩论在诉讼领域被普遍使用，具有对抗利益的两造之间充分辩论，能够有效释放不满情绪，发挥程序可以吸收不满的功能。地方人大立法中，提案主体和审议主体实质上是代表不同利益的两造，通过辩论，立法程序能满足法律承受者对立法程序伦理性的要求。区别于一般性的"抬杠"，辩论必须遵守一定的议事规则，而非各执一词，必须基于文明、理性，而非胡搅蛮缠，并且需要有公正的中立者对辩论结果进行总结陈词。《立法法》规定的法律委员会统一审议制度，为辩论程序提供了中立裁判的平台。

4. 听证

听证一词来源于英美法系司法程序中的重要内容，后逐步进入行政、司法领域，1996 年《行政处罚法》的通过标志着我国听证制度的确立。《立法法》第 36 条第 1 款、第 2 款规定了立法听证制度。听证制度区别于论证会、座谈会的特征在于其具有较强的针对性，涉及听证参与者（利益相关者）的切实利益。听证者对此具有高度的注意力，为支持或辩驳拟设定的制度，必然会不遗余力地储备丰富的信息。这时的参与者行为俨然区别普通公众的"搭便车"行为，尽管符合参与听证要求的人数量少，但凝聚的是较多的公众理性。"法案中的矛盾必然会暴露得更加充分，意见更加全面。"② 此中暴露的矛盾可能是"抵触"内容的尖尖角。当然，立法听证虽有诸多益处，但鉴于听证制度在我国仍处于探索阶段，发展尚不成熟，不足之处比较明显。如，听证实施还没有达到普遍化的程度；利益集团会"抱团"参加，普通公众缺少组织难以参加，听证结论观点呈现"一边倒"；陈述人、参与者选择不具有代表性；听证参与者辩论意识不足；听证结论的法律效果问题。

5. 预审

地方性法规一般会主动体现党委意志，但地方人大立法遭遇地方党委的过度干预，服从党委领导的政治伦理会促使民意机构屈从党委意志。

---

① 王石：《规则为什么重要》，载〔美〕亨利·罗伯特《罗伯特议事规则》（第 11 版），袁天鹏、孙涤译，格致出版社、上海人民出版社，2015，第 3 页。

② 阮荣祥、赵泛主编《地方立法的理论与实践》（第二版），社会科学文献出版社，2011，第 304 页。

"立法屈从"不是指不贯彻党委意志，而是需要贯彻的本级党委意志与上一级党委的政策、法律法规发生冲突时，为服从地方党委意志，民意机构不得不采纳有悖党中央政策的情形。"2014 年到 2016 年，习近平总书记多次对祁连山生态环境问题作出重要批示，要求加紧解决突出问题，抓好环境违法问题整治，推进祁连山生态保护和修复。这方面工作进展缓慢，相关情况没有明显改善，一个主要原因就是王三运对中央指示消极应付，搞形式主义、做表面文章，未认真督促相关部门抓好整改落实，更未对相关领导干部进行严肃问责。"① 彼时，甘肃条例如火如荼地实施。试想，若甘肃人大常委会对此类条款启动申请全国人大常委会预审，在全国人大常委会预审不予通过的情形下，来自甘肃省委的压力必然会被抵消，亦不会爆出"立法放水"事件。因此，建立预审制度十分必要。区别于备案审查制度，预审制度主要审查少数条款的合法性、合理性。但预审制度必须是一种常态化的制度，否则，一味寻求上一级民意机构的临时"庇护"，不利于民意机构开展工作。从某种意义上讲，会被认为是对本级党委的"阳奉阴违"。相对于聪明的人，聪明的制度更能管长远。

（二）立法功能

发生抵触的重要原因在于地方人大立法的权限过窄，但"我国中央权威和行政权力十分强大，决定了立法事权相对集中于中央有其必然性"②，且中央立法权是"母权"，地方立法权由中央立法权授予。因此，中央集权主义的立法体制一时不会发生大的变化。如果地方人大仍然在有限的权限范围内开展立法工作，法的适用性较低，不仅有损地方人大立法的权威，势必也会造成立法资源的浪费。相比在中央集权主义与地方分权主义之间纠结，为地方人大立法寻求合适的功能定位更为务实，以此避免具有"理性经济人"特征的起草部门"铤而走险"，实施反伦理的立法。

1. 将地方立法作为中央立法的延伸

改革开放以来，地方人大立法已有 40 余年的历史。2015 年全面赋予设区的市地方立法权，地方人大立法主体达到 354 个。如此庞大数量的地方立法主体"乐此不疲"地开展地方立法，从数量上对完善中国特色社会主义法律体系贡献巨大。需要看到，地方性法规本身所应当具备的法的规

---

① 甘纪研：《从政治上认清和解决"七个有之"问题》，《中国纪检监察》2018 年第 8 期。

② 刘剑文、侯卓：《事权划分法治化的中国路径》，《中国社会科学》2017 年第 2 期。

范作用不强。地方性法规内容主要是地方行政部门职责的"立法确认"、党委中心工作的宣誓、辖于中央立法下的行政处罚规定等。低能的司法和行政适用状态让区域民众从地方性法规中不能感触到法应当具有的诸如指引、评价、惩罚、强制、教育等功能。在适用法律时，有上位法依据的，司法机关首先考虑的是适用地方性法规的上位法律、行政法规。加之，法律、行政法规数量充足，地方性法规能够被适用于行政、司法的条文，绝大多数可以在法律、行政法规等上位法中找到支撑。其中能够被行政执法和司法审判适用的条文，则会有抵触风险。

中央立法调适的利益影响广泛，地方虽然关注中央立法但缺乏建制化的组织参与其中。《立法法》在推进民主立法方面做出了一系列的努力，但主要以"自上而下"的方式有序扩大公众参与，在民意选择上具有一定的局部性，容易导致中央立法在吸纳民意方面具有不全面、不均衡的缺陷。具有地方立法权的区域分布相对均衡，由省、设区的市在本行政区域内公布法律草案征求公众意见，并将"讨论"法律草案纳入常委会会议议程，形成法律草案意见书呈报全国人大及其常委会，供中央立法决策。这必然会增强中央立法了解民情、民意的针对性，354 个具有立法权的地方如同"八爪鱼"的触角，避免了自上而下吸纳民意的弊端，较全面地吸吮民意的理性精髓，有利于夯实中央立法的正当性基础。

2. 少数地区试点赋予专属立法权

地方人大立法遵循"不抵触、有特色、可操作"的立法原则。其中，"不抵触"原则是地方人大立法不可逾越的红线。这一红线恰如地方人大立法原则中的"三八线"，逾越可能引起冲突，但有助于"有特色、可操作"；不冲破虽可以使央地立法权和谐相处，但"有特色、可操作"的空间将受到挤压，构成地方人大立法原则中的"二律背反"现象。有人认为，"在任何一种社会制度安排中，利益冲突是必然的，造成利益冲突的原因是多方面的，但真正的根由在于制度安排的内在缺陷及制度刚性"①。地方人大立法原则中的"二律背反"现象背后的本质是央地立法权的冲突，表明央地立法制度安排仍存在完善的空间。

地方人大立法的一项重要制度功能是先行先试。中央立法调整的利益涉及面宽广，稍有不慎会对国家社会产生普遍不利的影响。地方人大立法主要针对一个区域内的事务，试错带来的可能代价较小。在全国人大及其

---

① 叶普万：《制度变迁中的利益冲突及解决途径》，《经济体制改革》2004 年第 4 期。

常委会对经济特区授权立法已有一定的经验积累的情况下，对普通的地方进行授权立法有利于缓解中央集权主义与地方分权主义之间产生的紧张关系。"特别是随着改革开放的不断深入，各地方出现异常情况的概率会越来越大，所以，普通的地方行政区域应当有获得全国人大及其常委会授权立法的机会。"①

（三）立法监督

一切权力都需要监督，否则难免会滥用，地方立法权也不例外。加之，代议制立法并不采用古希腊城邦的直接民主的形式，而是由代表民意的人大代表负责。人大代表是社会精英人物，但无论是哪个领域的精英，包括精通立法技术的"立法官僚"，其仍是有限理性，不可能包罗万象地了解社会各领域的知识。地方人大立法抵触案例的出现，说明地方人大立法监督尚不完善。监督倾向于技术评价，但也有利于伦理评价。特别是不具有法律专业素养的监督主体，在以旁观者身份监督立法行为时，表达的是一种朴素主张，符合一般的伦理要求。

1. 监督主体

"在我国，任何组织和个人，都可以根据宪法赋予的控告权、申诉权，对同宪法、法律、行政法规相抵触的地方性法规或地方规章向有关机关提出审查请求，其构成立法监督程序的启动。"② 如地方人大立法机构的上一级立法机构可以通过批准、备案、撤销、裁决等方式开展立法监督。本级和下级人大在执法检查过程中，通过监督法律的实施和监督执法工作，推进地方性法规的贯彻落实并发现执法行为中的薄弱环节、存在问题，从中寻找可能的抵触，提出"改、废、释"的建议。包括媒体、专家学者在内的公众同样可以就地方性法规抵触的方面向制定机关、批准机关或者备案审查机关提出建议。地方人大及其常委会还可以开展自我监督。

2. 监督方式

地方性法规的内容是思想认识的范畴，其正确性、合法性需要实践检验，并在实践检验中修正完善。监督作为检验其正确性、合法性的方式，存在多种方式。主要分为非建制化的监督方式和建制化的监督方式。非建制化的监督方式包括公民、舆论、社会组织等方面的监督，这些监督方式

---

① 刘松山：《中国立法问题研究》，知识产权出版社，2016，第 88 页。
② 汤唯、毕可志等：《地方立法的民主化与科学化构想》，北京大学出版社，2002，第 368 页。

有利于发现地方人大立法中的"抵触"情形，鉴于对抵触的认定，主要通过建制化的监督方式。非建制化的方式一般会融入建制化的方式之中，且最终由建制化的方式确认。因此，对非建制化的监督方式不予赘述。建制化的监督则主要根据法律、法规，由有关监督主体开展的程序化、常态化的监督，主要包括以下几种。

一是执法检查。把地方性法规的执法检查作为人大履职行权的重点工作之一，督促"一府两院"认真执行地方性法规，做到依法行政、公正司法。同时，通过执法检查发现实施中存在的问题，发现抵触情形自觉启动修法、废法、释法程序。

二是立法评估。加强对地方性法规立法前论证和立法后评估工作，通过对法律法规实施情况的检查评估，以群众是否满意为标准，及时发现法律法规实施中的新情况新问题，实施开展对法规的修订完善，做到与时俱进。

三是程序监督。程序监督主要是依法定程序对地方性法规的形成过程和实体内容开展的监督。常见的监督方式有：（1）批准，如省级人大常委会批准设区的市人大及其常委会通过的地方性法规；（2）备案，如《立法法》第98条第1款第2项规定，"省、自治区、直辖市的人民代表大会及其常务委员会制定的地方性法规，报全国人民代表大会常务委员会和国务院备案；设区的市、自治州的人民代表大会及其常务委员会制定的地方性法规，由省、自治区的人民代表大会常务委员会报全国人民代表大会常务委员会和国务院备案"；（3）改变和撤销，《立法法》第97条第1款第4项规定，"省、自治区、直辖市的人民代表大会有权改变或者撤销它的常务委员会制定的和批准的不适当的地方性法规"。

四是法律清理。法律清理是指地方人大及其常委会在职权范围内，按照一定的方法，对本区域内地方性法规进行自我审查，甄别其是否可以继续适用或者需要"改、废、释"。"法律是一个带有许多大厅、房间、凹角、拐角的大厦，在同一时间里想用一盏探照灯照亮每一间房间、凹角和拐角是极为困难的，尤其当技术知识和经验受到局限的情况下，照明系统不适当或至少不完备时，情形就更是如此了。"[①] 需要地方人大立法机构通过法律清理的方式开展自我监督。随着时间的推移和经济社会的不断进

---

① 〔美〕E.博登海默：《法理学：法律哲学与法律方法》，邓正来译，中国政法大学出版社，2004，第217页。

步，客观形势会发生一些变化，特别是基于上位法的变化或者机构改革带来政府职能的变化，法律清理变得极其重要，也是及时消除抵触可能的必要之举。但开展法律清理不应当仅仅针对上位法的立、改、废、释，还要关注党的政策变化、现代行政理念的新要求以及公众需求变化。

五是备案审查。《立法法》第 98 条第 1 款第 2 项规定了一般地方人大立法备案制度，地方性法规需要报全国人大常委会和国务院备案。通过备案并不能解决对地方人大立法的监督问题，关键在于审查。目前提请审查主要包括主动审查和被动审查两种类型，分为因法定职权提起备案审查，有关组织、个人提起的备案审查，以及备案时的自然审查等三种情形。增强地方性法规的审查效果，一方面需要完善备案审查机制，另一方面需要增强备案审查能力。这两方面恰是当下备案审查的弱项所在。

（四）公众参与

公众参与的"搭便车"行为与社会物质条件存在一定的联系。推动公众由参与立法的"消极公民"转向"积极公民"，需要高度繁荣的市场经济、充分发展的市民社会、"关键少数"运用法治思维和法治方式的极度娴熟等等。但充分条件尚不完全具备时，应当在实现必要条件上下功夫。

1. 立法选题与公众需求的一致性

地方人大立法过程中，有各种公众参与立法的渠道。如民意机构召开的座谈会、论证会、听证会，或者公开征集公众意见的电函信息。公众参与是否能够为地方人大立法"不抵触"原则带来益处，不在于是否参与，而在于是否深度参与。公众对立法项目、草案内容不熟悉，参与效率势必低下。因此，除了在立法过程中强化对公众的引导，还要在立法选题上尽量与公众需求同频共振。立法选题与公众需求同频共振的关键是"出题人"是谁。拉德布鲁赫指出，"法律的具体创新基本上要尽其所能地作出这样一些规定，即它们在没有附加任何其他影响的情况下，发展了与人民生活现实紧密相关的习惯"①。如果"出题人"是公权力机关，法的内容不免会增加"其他影响"，那么作为"答题者"的公众未必对题目有兴趣，参与度自然低下。如果立法选题与公众需求存在极大关联，是发展"与人民生活现实紧密相关的习惯"，公众参与的兴趣必然高于行政机关因治理需求而选定的"题目"。实际上，法律规范很多时候建立在人们实践

---

① 〔德〕拉德布鲁赫：《法学导论》，米健译，商务印书馆，2013，第 14 页。

的基础上，是在长期的生产和生活实践中摸索出来的经验总结。地方人大立法做到"不抵触"，既要不抵触上位法、立法精神，又要理解和把握自己所处社会的脉搏，了解、符合公众的期望，立法选题符合人民愿望，被人民所接受。对公众而言，"计划经济"式的立法选题模式，是通过立法供给来实现公众对立法产品的消费，不问消费者是否有消费需求。

2. 实质公开是公众参与的前提

地方人大立法权行使过程中，立法公开并非难事，公布法规草案等公开征求意见也成为一种常态。为什么通过公布法规草案等方式难以预防抵触现象的发生呢？一是地方性法规内容具有一定的专业性。如会涉及央地立法权限的辨识、专业法律概念的理解以及法的适用等环节。若不是像"潘洪斌案"直接损害行政管理相对人的切实利益，公众对公布的法规草案提出意见需要花费相当多的成本，一般公众不愿意向民意机构提出自己的观点，而是"静待花开"。二是地方性法规没有正式公布前，内容存在变数。民意机构对公布的草案中的敏感条款不愿做过多的解读，防止正式法规文本有变，使得过去的解读成为"自打嘴巴"，以致敏感条款通过后，民意机构才会对其进行解读。但敏感条款已经成为具有法律效力的规定，这些敏感条款很可能与上位法发生抵触。三是公开地方性法规后，除人大代表或者常委会委员外，可能开展针对性研究的主要有两类人群：一类是媒体，一类是专家学者。媒体主要从地方性法规中抓取吸引公众眼球的新闻点，曲解的可能性较大，且媒体表达具有政治引导性。民意机构对"新闻点"未必关注。专家学者与民意机构之间具有相对密切的联系，有些专家会被聘请为民意机构的立法咨询专家。但专家由于没有全程参与立法，对法规内容的了解浮于表面，且由于缺少实际治理经验，发表的理论性较强的意见难以被民意机构接受。

如果公众认为地方人大立法公开只是"做样子"，不能使公众实质性参与，显然是区域民众不能接受的。"丧失对参与地方立法活动的期待值"[1] 有悖伦理要求。一是加强宣传。没有广泛的宣传，公众对地方性法规的理解就会停留在肤浅的层面，不可能提出有见地的意见建议，只有把地方性法规的宣传贯穿于立法工作的全过程，通过普法宣传，提高社会知晓率，让公众明了立法目的、立法原则、立法内容，才能为立法监督、公众参与创造良好的民意基础。二是深度参与。科学设计立法座谈会、论证

---

① 胡戎恩：《中国地方立法研究》，法律出版社，2018，第129页。

会、听证会，精心挑选参加对象，为参会对象提供更多的立法信息。公布草案内容附有一定的立法解释，尽量使用公众看得懂的语言，保证公众意见能提得出。利用信息技术扩大立法参与的受众面。三是突出重点。地方人大立法应当充分重视知识分子、利益相关者、激进的教授、自称的"代言人"和大众媒体等重点群体，认真研究"新闻点"、建言书。

韩国宪法裁判所制度及其发展路向[*]

程金池[**]

摘　要：韩国的宪法裁判所制度已经走过了三十余年的历程，其在韩国的法治国家建设，特别是宪法的保障、司法的正义、国民人权的保护中扮演了重要的角色。本文主要考察了宪法裁判所的制度特色及运行现状，并重点分析了其在组织构成扩大化、法院判决诉愿化、司法结构多元化方面的改革动向。对于处于起步阶段的我国宪法监督制度来说，当前要推进合宪性审查工作，应把重点放在组织机构的健全、运行程序的完善以及本国特色制度的构建上。

关键词：宪法裁判所　韩国　宪法监督　合宪性审查

韩国现行的宪法监督制度始于 1987 年第六共和国宪法规定的宪法裁判所制度。其作为大陆法系国家，主要借鉴了德国的宪法法院模式，设立了专司宪法监督的独立机构——宪法裁判所[①]。在此之前，韩国在不同的历史阶段也设立过不同的宪法保障制度。比如在 1948 年、1972 年、1980 年第一、四、五共和国时期曾设立过宪法委员会，1960 年第二共和国时期曾设立与现行宪法监督制度类似的宪法裁判所，1962 年第三共和国还曾设立过普通法院司法审查制度，只不过这些都没有真正地运行及发挥其应有的作用。直到现行的宪法裁判所的设立，才真正建立起宪法保障机制。宪法裁判所自运行以来，基于其在树立宪法权威及保障人权方面的成效，不仅赢得国民的高度信赖，也受到国外的高度肯定。[②]

---

　*　基金项目：此论文为江苏省高校哲学社会科学研究项目"依宪治国背景下完善全国人大及其常委会宪法监督职权研究"（项目编号：2016SJD82001）的阶段性成果。
　**　程金池，江苏理工学院财税法学研究中心讲师。
　①　也译为宪法法院。
　②　〔韩〕李皇熙：《对宪法裁判所的牵制研究》，《仁荷大学法学研究》2019 年第 3 号，第 427 页。

一 现行宪法裁判所制度的特色

韩国现行的宪法裁判所制度建立三十多年来，在机构组成、审判权限、审理程序等方面已经形成了一套自己的制度特色。

（一）机构组成合理

韩国的宪法明确规定宪法裁判所由包括所长在内的9名裁判官①组成。这些裁判官由总统、国会、大法院大法官各提名3名人选并由总统统一任命。这样制度设计的目的在于尽可能地调和行政、立法、司法三权之间的平衡，从而保障公正及宪法的权威性。

韩国的宪法规定只有拥有法官资格的人才能被选为宪法裁判所的裁判官。② 裁判官的任期为6年，可以连任，退休年龄为70岁③，其身份受宪法保障，除了受到弹劾或监禁以上刑罚外不得被罢免。宪法裁判所的法官任职资格要求十分严格。裁判官被禁止参加政党、参与政治活动，同时不得兼任国会或地方议会的议员、国会及政府或法院的公务员、法人及其他团体的顾问或职员，以保证其政治中立性。

除了宪法裁判所所长、裁判官外，宪法裁判所的组织还包括裁判官会议、宪法裁判所辅助机构。裁判官会议由全体裁判官组成，议长由所长担任。会议决议时必须有7名以上的裁判官出席，决议超过半数的人赞成才可以通过。④ 裁判官会议主要表决以下事项：①宪法裁判所规则的制定及修订；②预算的要求、预备金的支出及决算；③行政事务处处长、次长的任免提请和宪法研究官及三级以上公务员的任免；④其他重大的需要由所长附议的事项。宪法裁判所辅助机构包括行政事务处以及具有特定国家公务员身份的宪法研究官、宪法研究官辅、宪法研究员。行政事务处主要负责处理宪法裁判所的一般行政事务，宪法研究官、宪法研究官辅、宪法研究员主要以宪法裁判所所长的名义从事案件审理及审判的相关调查及研究。⑤

---

① 也译为法官，这里为了与普通法院的法官有所区别，统一翻译为裁判官。
② 韩国《宪法》第111条第2款。
③ 韩国《宪法裁判所法》制定时规定宪法裁判所裁判官的退休年龄为65岁，宪法裁判所所长的退休年龄为70岁。2014年修订后退休年龄统一为70岁。
④ 〔韩〕权宁星：《宪法学原论》，法文社，2005，第1120页。
⑤ 〔韩〕许营：《韩国宪法论》，博英社，2009，第828页。

（二）审判权限多样

韩国宪法裁判所的权限主要有法律的合宪性审查权、弹劾审判权、违宪政党解散审判权、权限争议审判权以及宪法诉愿审判权这五大项。

1. 法律的合宪性审查权

法律的合宪性审查也称为违宪法律审查，是宪法裁判所权限的核心部分。在韩国，法律的合宪性审查提起主体是普通法院（包括军事法院），当某一项法律是否合宪的问题可能影响某一件适用该法律的案件时，管辖法院可依职权或当事人的申请，提请宪法裁判所就该项法律进行合宪性审查。合宪性审查的对象主要包括两大类：一类是形式上的法律；另一类是实质上的法律，比如与法律具有同等效力的条约、紧急命令及紧急财政经济命令，甚至立法的不作为也包括在内。

与德国不同，韩国宪法裁判所对法律的合宪性审查并不包括"抽象的司法审查"，而仅限于具体的个案性审查，即只有当法律的合宪性问题影响普通法院个案审判时，才可以进行审查。此外，为了避免历史上曾出现的违宪审查制度有名无实的现象重演，韩国现行宪法裁判所制度对违宪程序做了一项重要的改进。在现行制度下，普通法院不再是当事人提请违宪审查的障碍，因为当审查要求被普通法院拒绝时[1]，当事人可以选择向宪法裁判所提请合宪性审查。[2] 虽然这种请求被归为宪法诉愿，但实质上是法律合宪性审查申请。[3]

2. 弹劾审判权

韩国的宪法规定了针对高位阶公务人员等的弹劾制度。在韩国，由于总统、大臣及其他高位阶行政官员和法官等受到法律上的身份保障，如果其在职务上有重大犯罪，一般的司法程序是无法对其追究责任的，只有宪法裁判所才有权对其进行弹劾审判。弹劾制度分为两个程序，首先由国会负责弹劾追诉程序，确认后再由宪法裁判所负责弹劾罢免的审判程序。

可以弹劾罢免的对象包括：①总统、总理、各行政部长；②宪法裁判所裁判官及司法部法官；③中央选举委员会委员、监察院院长、监察委

---

① 王祯军：《韩国违宪审查制度探析》，《文化学刊》2009 年第 6 期，第 85 页。

② 韩国《宪法裁判所法》第 68 条第 2 款规定当某一项法律违宪与否成为该案审判的前提，而当事人所提出的违宪法律审查申请被管辖法院否决时，该当事人可以直接向宪法裁判所提起宪法诉愿。

③ 吴东镐：《论韩国宪法法院的权限及功能》，《延边党校学报》2007 年第 3 期，第 65 页。

员；④其他法律规定的公务人员。韩国宪法裁判所的弹劾审判并不是刑事裁判，而是像美国、德国一样属于惩戒性质的处罚。① 因此一旦通过了罢免被请求人的决定，被罢免者自做出罢免决定之日起 5 年内不得担任公职，且不免除其民事或刑事责任。

3. 违宪政党解散审判权

韩国的宪法规定当某一政党的目的或活动违背了民主的基本秩序时，行政部门可以向宪法裁判所起诉解散该政党。当某一政党经过宪法裁判所审判后确认存在违宪行为时，则可以做出解散该政党的决定。判决一旦生效，该政党即被解散，并由国家选举管理委员会根据相关规定予以执行。与此同时，被解散的政党禁止以相同的目的成立"代替政党"，其所属议员也自动丧失议员资格。

4. 权限争议审判权

韩国的宪法裁判所还拥有国家机关权限争议审判权。当国家机关、地方政府相互间发生权限争议时，其中一方可以向宪法裁判所提起权限争议诉讼。不过对于宪法裁判所来说，只有起诉方因被起诉方的作为或不作为明显地侵害了其宪法所规定的职权时才会受理案件。②

为了防止由于权限争议的纷争久拖未决而影响了双方职权的行使，韩国对宪法裁判所的权限争议审理规定了严格的诉讼时效，即根据《宪法裁判所法》的规定，当事方应从自知道权限争议起 60 天内或产生权限争议的 180 天内向宪法裁判所提起诉讼，且该期限属于不可变期限，超过期限不予受理。

5. 宪法诉愿审判权

宪法诉愿是指当公民基本权由于公权力的作为或不作为而受侵害时，通过宪法裁判程序保障其基本权的权利救济制度。韩国的宪法诉愿包括两大类，即权利救济模式的宪法诉愿和违宪审查模式的宪法诉愿。③ 所谓的权利救济模式的宪法诉愿是指对于公权力的行使或不行使所引起的基本权侵害，当事人向宪法裁判所提起的宪法诉愿。④ 违宪审查模式的宪法诉愿是指在具体案件中，当某一项法律违宪与否成为该案审判的前提，而当事

---

① 〔韩〕权宁星：《宪法学原论》，法文社，2005，第 898 页。
② 〔韩〕金哲洙：《宪法学概论》，博英社，2006，第 1532 页。
③ 〔韩〕许营：《韩国宪法论》，博英社，2009，第 848 页。
④ 韩国《宪法裁判所法》第 68 条第 1 款规定因公权力的行使或不行使而使得宪法所规定的基本权受到侵害了的人，除了法院的判决之外，可向宪法裁判所提请宪法诉愿审判。

人所提出的法律合宪性审查申请被管辖法院否决时，该当事人可以直接向宪法裁判所提起的宪法诉愿。违宪审查模式的宪法诉愿属于韩国特有的宪法诉愿制度。

提起宪法诉愿的主体包括所有国民①。宪法诉愿审判请求的范围包括公权力的作为和不作为两种情况。这里的国家公权力不仅包括立法机关、行政机关、司法机关的公权力，还包括公共组织的权力作为以及事实行为。这里要注意的是属于司法机关作为的法院判决被排除在外。虽然法院的判决也属于公权力的作为，但是，在韩国其并不属于宪法诉愿的对象，所以如果法院的判决侵害了公民的基本权，是没有其他救济手段的。

(三) 审理程序（一般审理程序）规范

不同类型的宪法审判有不同的审理程序，这里只简单地介绍审判的一般审理程序。韩国的宪法裁判所设有全员裁判部和指定裁判部。全员裁判部由所有裁判官构成，在审理案件时必须 7 人以上的裁判官出席才可以开庭。指定裁判部则由 3 名裁判官组成，主要负责案件的要件审查。

宪法裁判所的审理方式分为口头辩论及书面审理两种。弹劾审判、违宪政党解散审判、权限争议审判主要是以口头辩论的方式公开进行，而法律的合宪性审查、宪法诉愿审判主要以非公开的书面审理为原则，如果当事人提出要求，必要时也可以辩论的方式进行。对于不同类型的审判，若要下达违宪判定，需要的裁判官赞成比例要求是不一样的。比如在弹劾审判、违宪政党解散审判、法律的合宪性审查、宪法诉愿审判中，做出弹劾或政党解散、违宪法律的决定以及对于宪法诉愿的确认判决需要 6 人以上裁判官的赞成才可以。而其他的决定，比如权限争议审判或行政性决定只要过半数的裁判官同意就可以了。

宪法裁判所下达的违宪判决对法院及其他国家机关及地方政府具有拘束力，而被宣告违宪的相关法律法规或条款自判决下达之日起失效。如果判定违宪的是刑法的相关法律法规或条款的话，则具有溯及力。不过如果此刑法的相关法律法规或条款之前有被宣告为合宪的话，则从合宪决定下达的次日起其效力丧失。考虑到违宪判决的结果有可能会导致立法上的空白或是对立法权的侵害等各种不利结果，因此，为了避免此类情况的发生，韩国的宪法裁判制度还规定了各种变形决定，即除了单纯违宪和认容

---

① 国民包括自然人、法人，如果是外国人的话可限制其资格。

决定①之外，还有限定违宪、限定合宪、宪法不合致、立法追求、违宪不宣言等形式的决定。与此同时，在违宪决定中，还可以裁决部分无效或是相关法规无效的决定。在宪法诉愿中可以对确认违宪前提的条款宣告无效。

二 宪法裁判所制度的运行现状

（一）宪法裁判所受理案件整体情况

表 1 是韩国宪法裁判所自 1988 年 9 月 1 日设立以来至 2019 年 12 月 31 日所受理案件的整体情况。

表 1 1988 年 9 月 1 日~2019 年 12 月 31 日宪法裁判所受理案件整体情况

单位：件

类型		受理	已处理									未结
			违宪	宪法不合致	限定违宪	限定合宪	认容	合宪及弃却①	却下②	撤回及其他	合计	
法律合宪性		988	287	78	18	7	0	351	73	123	937	51
弹劾审判		2	0	0	0	0	1	1	0	0	2	0
政党解散		2	0	0	0	0	1	0	1	0	2	0
权限争议		110	0	0	0	0	19	22	39	19	99	11
宪法诉愿	宪诉1	29602	112	73	20	0	709	7749	19580	738	28981	621
	宪诉2	7670	246	104	32	21	0	2326	4383	128	7240	430
	合计	37272	358	177	52	21	709	10075	23963	866	36221	1051
总计		38374	645	255	70	28	730	10449	24076	1008	37261	1113

数据来源：韩国宪法裁判所网站：http://www.ccourt.go.kr/cckhome/kor/info/selectEventGeneralStats.do，访问日期：2020 年 1 月 8 日。

①弃却决定是指宪法裁判所对于那些诉讼请求是合法的，但请求人的主张理由不成立的案件所做出的决定。

②却下决定是指宪法裁判所对于诉讼请求不合法的案件所做出的决定。

从表 1 可以了解到，截至 2019 年年末，韩国宪法裁判所共受理案件 38374 件，其中结案 37261 件，在审 1113 件。从案件的类型来看，受理最多的是宪法诉愿审判案件，属于宪法第 68 条第 1 款所规定的宪法诉愿案

---

① 认容决定是指宪法裁判所对于诉讼请求合法且请求人所主张的理由成立的案件做出的决定。

件（以下简称为“宪诉1”案件①）有 29602 件，占比约为 77.1%，宪法第 68 条第 2 款规定的宪法诉愿案件（以下简称为“宪诉2”案件）有 7670 件，占比约为 20.0%，二者加起来 37272 件，约占案件总数的 97.1%。仅次于宪法诉愿审判案件的是法律的合宪性审查，有 988 件，占比 2.6%。权限争议审判案件 110 件，占比 0.29%。弹劾审判案件和违宪政党解散审判案件由于本身的特殊性，所以不是很多，各有 2 件，占比几乎可以忽略。

（二）确认违宪类案件情况

表 2 是韩国宪法裁判所自 1988 年 9 月 1 日设立以来至 2019 年 12 月 31 日确认违宪类案件的整体情况。

表 2 1988 年 9 月 1 日~2019 年 12 月 31 日宪法裁判所确认违宪类案件整体情况

单位：件

类型		单纯违宪	宪法不合致	限定违宪	限定合宪	认容	合计
法律合宪性		287	78	18	7	0	390
弹劾审判		0	0	0	0	1	1
政党解散		0	0	0	0	1	1
权限争议		0	0	0	0	19	19
宪法诉愿	宪诉 1	112	73	20	0	709	914
	宪诉 2	246	104	32	21	0	403
总计		645	255	70	28	730	1728

数据来源：韩国宪法裁判所网站：http://www. ccourt. go. kr/cckhome/kor/info/selectEventGeneralStats. do，访问日期：2020 年 1 月 8 日。

从表 2 可以了解到，截止到 2019 年年末，宪法裁判所判定的违宪类决定共有 1728 件，占已结案件的 4.5%。其中法律合宪性审查案件为 390 件，“宪诉2”案件为 403 件。“宪诉2”案件是当事人虽然想提起法律合宪性申请但是被法院驳回，后又向宪法裁判所请求宪法诉愿审判的案件。从这一点可以看出韩国的普通法院与宪法裁判所对于法律或者法律解释存

① 韩国宪法裁判制度中，对于依据《宪法裁判所法》第 68 条第 1、2 款规定提起宪法诉愿的案件分别简称为“헌마”和“헌바”，其他的像法律合宪性审查案件称为“헌가”，弹劾审判案件简称为“헌나”，违宪政党解散案件简称为“헌다”，权限争议审判案件简称为“헌라”。为了描述的便利，这里仅把依据第 68 条第 1、2 款规定提起宪法诉愿简称为宪诉1、宪诉2。

在一定的偏差。弹劾审判和违宪政党解散审判各有 1 例案件做出认容决定，分别是 2017 年前总统朴槿惠弹劾罢免案[①]和 2014 年的统合进步党解散案[②]。这两个案件裁决结果显示了韩国宪法裁判所在维护宪法权威及民主秩序方面发挥了其应有的作用。

（三）近 7 年来宪法裁判所受理情况

表 3 是韩国宪法裁判所最近 7 年来案件受理的整体情况。

表 3　最近 7 年韩国宪法裁判所案件受理整体情况

单位：件

类型		2013 年	2014 年	2015 年	2016 年	2017 年	2018 年	2019 年
法律合宪性		28	26	37	20	35	17	31
弹劾审判		0	0	0	0	1	0	0
政党解散		1	0	1	0	0	0	0
权限争议		3	1	8	9	2	2	6
宪法诉愿	宪诉 1	982	1440	1325	1379	1987	1819	2062
	宪诉 2	466	502	488	542	602	589	631
总计		1480	1969	1859	1950	2627	2427	2730

数据来源：韩国宪法裁判所网站：http://www.ccourt.go.kr/cckhome/kor/info/selectEventGeneralStats.do，访问日期：2020 年 1 月 8 日。

从表 3 可以了解到，近几年来，韩国宪法裁判所受理的案件总体呈上升趋势。其中法律合宪性案件、弹劾审判案件、政党解散案件、权限争议案件以及"宪诉 2"案件总体保持一个平稳的态势。而变化最大的就是"宪诉 1"案件，从表 3 可以看出其增加的幅度还是比较大的，2019 年比 2013 年受理案件增长了一倍多。这一方面表明韩国国民基本权保护意识的提高；另一方面也说明宪法裁判所的业务量在大幅增加，给裁判官的审判工作带来新的挑战。

---

① 2016 年 12 月 9 日，韩国国会以 234 票赞成、56 票反对，通过总统朴槿惠弹劾案。次年 3 月 10 日，韩国宪法裁判所的 8 名裁判官以全体赞成的判决决定通过朴槿惠弹劾案（宪裁 2017.3.10 선고 2016 헌나 1）。朴槿惠也成为韩国历史上首位被弹劾下台的总统。

② 2014 年 12 月 19 日，韩国宪法裁判所 9 名裁判官当天以 8 票赞成、1 票反对的结果通过了判决（宪裁 2014.12.19 선고 2013 헌나 1）决定解散"亲朝"的统合进步党，党所属 5 名国会议员的议员资格也随之被剥夺。

三 韩国宪法裁判所制度的最新发展动向

经过 30 多年的发展，韩国宪法裁判所以积极的姿态履行着保障宪法及国民人权的职责，已经成为韩国国民信任度最高的国家机关之一。尽管如此，因忧虑其独立缺失及权力滥用，批判声也渐渐多了起来，① 对于宪法裁判所的改革呼声不绝于耳。下面主要从组织构成扩大化、法院判决诉愿化、司法结构多元化三个方面去窥探韩国宪法裁判所制度的发展动向。

（一）组织构成的扩大化

首先是裁判官的资格范围。韩国学界普遍认为把裁判官仅限于有法官资格的规定过于限定化了。虽说宪法裁判所的裁判官需要高度的专业化、精通化、经验化的人才能胜任，但也不代表说就只有法官才适合。因此，很多学者主张扩大裁判官的资格范围，一是大学教授，主要是法学或政治学专业的教授；一是有一定公职经历者。② 韩国的宪法研究咨询委员会结果报告书中就提到裁判官的资格不仅要向法学教授，同时也应向拥有国政管理经历的人开放。③

另外是裁判官的任命方式。现行韩国宪法裁判所制度在设立时，为了权力的制衡及裁判的公正，规定 9 名裁判官分别由总统、国会、大法官各选 3 人进行任命。从形式上看，这很民主与公正，但实际情况有时并非如此。比如说如果国会是由总统所在的党占大多数的话，就相当于执政党掌握了 6 名裁判官，就无法保证其独立性。对此，韩国学界建议由国会直接选出裁判官的方式更能体现全体国民的意愿，是一个更好的方案。④

对于上述组织机构方面的问题，不仅学界一直在呼吁要大力改革，近几年韩国的政界人士也纷纷提出相关的修宪案。比如现任总统文在寅在2018 年提出的修宪案（三）里面就对宪法裁判所制度提出了如下修订意

---

① 讽刺宪法裁判所为"帝王宪法裁判所"，批评其导致社会的"政治司法化"（judicialization of politics）。参见〔韩〕崔真原《宪裁判决之后：政治司法化带来政党的恶化》，《政治和评论》2009 年第 5 卷，第 217 页。

② 〔韩〕崔熙洙：《与宪法裁判所构成、任命等相关的改正方案》，《宪法学研究》2011 年第 17 卷，第 177 页。

③ 〔韩〕金河十：《韩国宪法裁判制度的成果和课题》，载 *The Justice* 2015 年第 146 卷，第 108 页。

④ 〔韩〕南福宪：《现行宪法中宪法裁判所的改革方向——以总统提议的修宪案为中心》，《国家法研究》2018 年第 14 卷，第 62 页。

见：①宪法裁判所裁判官构成多样化，不具备法官资格者也能被选为裁判官；②删除了总统的裁判官任命权条款，以期进一步增强宪法裁判所的独立性以及强化合议制的作用。虽然国会最后没有通过此修宪案，但是这预示着宪法裁判所组织机构改革的方向。

（二）法院判决的诉愿化

韩国宪法裁判所的宪法诉愿权限中排除了法院的判决，多数学者认为这种规定违反宪法诉愿制度的本原宗旨，主张其存在违宪性。① 因为宪法诉愿制度产生的历史背景或者就其本质来说就是为了对公权力的作为进行处分，尤其是司法裁判。如要排除法院的判决，则应在宪法中以直接或间接方式规定之，但韩国的宪法并没有此类规定。另外，宪法诉愿制度有利于缓和宪法解释的矛盾和冲突，如果把法院判决排除在外，则大大减弱了这一作用。所以，很多学者认为现行的宪法裁判所制度已经发展成熟，有条件也有能力把法院的判决纳入宪法诉愿中来，从而更好地发挥其权利救济及宪法维护的作用。

（三）司法结构的多元化

从法律制度的类型来看，韩国属于大陆法系，其宪法裁判所制度主要模仿的是德国的宪法法院制度，但又并非完全移植。如果从司法的结构来看，其司法制度采取的是美国式的一元司法结构，而宪法裁判所制度采取的是以多元的司法结构为主的大陆法系结构。因此，可以说韩国宪法裁判所制度是德国型宪法法院制度和美国型司法审查制度的混合型制度。韩国宪法第107条第1款属于德国式的具体规范，而第2款采用的是美国式的司法审查规定。② 对于前者来说，以作为实体法的《宪法裁判所法》作为依据解决了效力的问题等。而对于后者来说，由于韩国并非判例法国家，因此运行起来似乎有些错位。

对于此问题，韩国学界多数主张将韩国的司法结构从美国式的一元结

---

① 〔韩〕朴炅澈：《宪法秩序中裁判诉愿禁止的违宪性》，《公法研究》2010年第38卷，第154页。

② 韩国宪法第107条规定：①当法律是否违反宪法成为审判的前提时，法院提请宪法裁判所就其进行审判；②当命令、规则或处分是否违反宪法或法律成为审判的前提时，大法院享有对其进行最终审查的权限。

构改成大陆法系的多元司法结构。① 具体来说，将司法机关分为宪法裁判所、一般大法院（民事大法院、刑事大法院）、行政大法院、劳动大法院、财政大法院、社会大法院等，对应各个法律领域。另外，宪法诉愿以及宪法的最终解释权明确由宪法裁判所负责。这样的话，宪法裁判所的权限不仅包括原来的法律合宪性审查权、权限争议审判权、违宪政党解散审判权、宪法诉愿审判权，还可增加总统和国会议员的选举诉讼审判权以及宪法的最终解释权。这样的改革还有一个好处就是法院的判决可以作为宪法诉愿的审判对象，且可以把范围只限于终审判决。

四　韩国宪法裁判所制度对我国宪法监督制度的启示

党的十九大报告中提出要"加强宪法实施和监督，推进合宪性审查工作，维护宪法权威"，这标志着我国的宪法监督制度进入了一个合宪性审查新阶段。如何在现有的框架下让合宪性审查工作运转起来，或许从韩国的宪法裁判所制度运行这三十多年来的经验及教训中可以得到些许启示。

（一）健全宪法监督组织机构

要推进宪法监督工作的开展，首先要健全宪法监督的组织机构。从韩国宪法裁判所制度的发展来看，组织机构的完善应向专业化、常态化的方向发展。比如 2018 年宪法修正案第 44 条将全国人大"法律委员会"更名为"宪法和法律委员会"。其后，经由全国人大常委会决定，宪法和法律委员会被赋予"推进合宪性审查"的新工作职责。② 这里在宪法和法律委员会委员的资格及选任上，应兼顾专业性、经验性、普遍性，比如要具体地规定只有具有知识专业、经验丰富、德高望重的法官、法学教授以及国家公务员才有资格担任。

（二）完善宪法监督运行程序

合宪性审查工作的真正运作，还需要一套行之有效的宪法监督实施程序。目前我国宪法监督实施缺少专门的程序法，而相关的法律法规更多的

---

① 〔韩〕南福宪：《现行宪法中宪法裁判所的改革方向——以总统提议的修宪案为中心》，《国家法研究》2018 年第 14 卷，第 60～61 页。

② 张翔：《"合宪性审查时代"的宪法学：基础与前瞻》，《环球法律评论》2019 年第 2 期，第 6 页。

是实体性的规定而缺少程序性规定，这给合宪性审查工作的展开造成一定的困难。要解决这一问题，从短期来看可以通过修改《立法法》《全国人民代表大会组织法》等宪法监督实施相关的法律法规来统筹完善合宪性审查工作程序，使得合宪性审查工作能够快速、有效、真正地开展起来。而从长期来看还是需要制定专门的宪法监督实施程序法来规范宪法监督，特别是合宪性审查工作的运作。

（三）构建中国特色宪法监督制度

任何国家的宪法监督制度都是植根于其国家政治体制与国情的。像韩国采用的就是宪法法院型监督模式，其特色就是设立专门的宪法裁判所负责宪法监督的工作。我国是立法机关型宪法监督模式，这样的政治体制决定了我们必须立足于人大制度来完善我国的宪法监督体制。① 只有这样，宪法监督机制才能够更好地运作，从而真正地发挥其保障宪法权威、维护公平正义、保护公民人权的作用。

---

① 刘志刚：《宪法实施监督机构研究》，复旦大学出版社，2019，第2页。

问题、结构与论证逻辑

——对一篇博士学位论文的修改建议

谢　晖*

【作者按】这里刊出的，是我对所指导的博士学位论文《法学范畴分类的主体性认知研究》所提的修改建议，同时，也附录了我对所指导的硕士学位论文《从防卫到正当防卫——关于正当防卫制度的知识考古学》和《德国"文化斗争"时期政教分离法律研究》两文初稿所提的修改建议。这些修改建议，在我的微信朋友圈分期发出后，引起不少朋友的兴趣。承蒙侯欣一和夏纪森两位教授之不弃，向我约稿，说整理一下发表在《法律与伦理》上，考虑到它可能对文科导师们探讨如何指导学生撰写学位论文有一定帮助，故欣然应允。为了保持我"修改建议"的原貌，除了形式加工外，内容基本未加改动，只是增加了我给学生单独写的一段话：如何看待学位论文和导师研究领域、方向、课题以及导师学术思想的关系。如上的处理，可能会给读者阅读带来一些不便，因为毕竟"修改建议"是直接针对论文初稿的，而读者手头又没有初稿。为此给读者带来的阅读负担和困惑，我先行在这里表示抱歉了！

对第一章 "绪论：作为研究对象的法学范畴分类" 之修改意见

1. 内容

目前1.1法学"范畴"分类的集合面向，建议改为"本文的宗旨及思想基础"。下设三部分内容：

1.1.1　法学范畴分类：概念还是集合？

1.1.2　法学范畴分类：客观还是主观？

1.1.3　本文的理论资源：从主体理论、意向性理论（特别是塞尔的）

---

*　谢晖，中南大学特聘教授、博士生导师，哲学博士。

和主体间性理论到原型范畴理论。

其中 1.1.2 和 1.1.3 是建议新加的。这样一来，一是一开场就让人了解你全文的基本观点以及理论资源，二是让人感到你对相关理论的把握是通透的。不需要太多的文字，每个增加的部分用一两千字就可以了。

2. 技术

（1）凡是对学术现状提出或得出的整体性评价或结论，请用脚注列出参考文献。

（2）凡脚注中已有论著名者，正文一律不要出现，以节约文字。

（3）尽量避免一段话或相邻的数段话多次出现同一位学者的名字，第一次出现后，后文可用该学（论）者、他等代指。

（4）介绍学者观点时，无须介绍其单位，以节约文字。

3. 逻辑

从法学范畴理论研究之综述，为何要转向法律认知科学研究之综述？目前显得太突兀。在这之间最好有一个更妥帖、更符合逻辑的过渡和交代。尽管你在文初已隐约提及（如果按我上述修改意见 1.1.2 修改，可能会更好一些），但不了解你研究路数者乍一看，会觉得目前这个过渡有些莫名其妙，甚至有些驴唇不对马嘴。

4. 视野

目前有关国内法律认知科学之综述，视野有些促狭，这部分缘由是尽管前些年国内有些学者对法律认知科学做了很有意义的探索，但毕竟一涉及认知理论的深层，法律学者大都不太在行。故建议不妨参考一下哲学界的相关研究，例如丁峻的研究，就很深入。（1）他有医学解剖学功底；（2）他有很深的哲学、美学造诣；（3）他数十年一直从神经认知学出发，研究思维问题、社会问题，见解独特，观点精辟；（4）尽管他不专研法律认知，但其一些观点（如"意识建构原理"理论）相信会对你目前研究的这一问题有很大启发。正文不宜综述的话，用一个注释加以说明，也好。

5. 态度

根据"原型范畴理论"研究法学范畴问题，仍是在法学客观范畴理论基础上"接着说"或"伴着说"，而不是"打断了说"或"抛开了说"。况且事实上，你的研究也不可能打断别人的研究，甚至也抛开不了别人的研究。这是学术研究的一般态度。因此，对既有理论，请抱着"同情理解"的态度；对自己可能的创新（你只是开辟了该问题的一个研究视角，这已经很不容易了），最好避免通过"推翻"别人的观点来实现（除非你真能推翻）。谦虚点，没坏处！

对第二章"一种客体视角：法学范畴分类的传统叙事"之修改建议

1. 内容

目前该章之 2.1.1、2.1.2、2.1.3 往前看，与第一章 1.2.1 有不少重复（主要在资料）；往后看，与该章 2.2.2 也有不少重复之处（主要在内容），产生这一问题的原因在第二章的结构和思路上。

2. 结构与思路及修改建议

（1）目前 2.1 整节的结构设计不错，但思路有问题。该节的思路不是论列学者们的著述（如果有必要，可以把这里的介绍挪移到 1.2.1），而是重点介绍、分析法学客观范畴论的三个面向：本质面向、二元面向和体系（逻辑）面向。并在分析中初步揭示其面临的尴尬。

（2）建议目前 2.2 的主题专论法学客观范畴论（传统叙事）的理论来源，从而把目前 2.2.1 拆分为三目：2.2.1 法学客观范畴本质面向的理论来源，2.2.2 法学客观范畴二元面向的理论来源（不只是亚里士多德），2.2.3 法学客观范畴体系（逻辑）面向的理论来源。

（3）把目前的 2.2.2 和 2.3.2 合并，作为 2.3，整体性、系统性地检讨法学客观范畴论面临的困境和存在的缺陷，可分为 2.3.1 法学客观范畴本质面向的困境及缘由、2.3.2 法学客观范畴二元面向的困境及缘由（上述两方面你目前在 2.3.2 中已经涉及，但需再深入）、2.3.3 法学客观范畴体系（逻辑）面向的困境及缘由（这一问题你在目前 2.3.2 中未涉及，属于要补充的内容）。

（4）保存目前 2.4……解构与建构的题目，也设三目。其中 2.4.1 解构法学客观范畴的理论资源之一——维特根斯坦及其"家族相似理论"；2.4.2 解构法学客观范畴的理论资源之二——莱考夫及其"认知语言学"（这两部分在你目前论述基础上再分别加上这些理论对解构法学客观范畴论的认知作用）；2.4.3，用你目前 2.4 的内容，题目可稍加改动，主要讲建构，并用一定篇幅说明"认知语言学"对建构新的法学范畴论（主体范畴论）的本体启示和工具价值。

3. 判断

有些判断过大，但支持不够。如：

"亚里士多德之后，许多思想家都对客观范畴理论进行了批判式继承。"

但你在举例的时候就直接跳到康德和黑格尔，对于漫长的罗马及中世纪哲学家的思考，近代哲学家除康德、黑格尔之外的休谟、洛克、笛卡尔、胡塞尔、海德格尔、伽达默尔、拉康、哈贝马斯等的相关论述，概未提及。据我对你的了解，这些学者及其论述你都曾涉略过。不妨通过恰当的注释加以说明，至少表明你对这个问题有较为整体的、通透的认识，尽量不给人留下断裂、不连贯、不通透感。

4. 引证

我注意到，你引证了不少英文著作。这里面值得注意的问题是：当该著有较为权威的中文译本时，究竟引用英文还是中文？我倾向于引用中文原文，原因有三。

（1）你的读者主要在汉语世界。

（2）相关译者经常是该领域的专家，甚至是著名学者。以你所引用的维特根斯坦的《哲学研究》为例，据我所知，大陆就出版过 5 个译本，分别是涂纪亮、陈嘉映、李步楼、汤潮等、韩林合的译本。这些学者大都是研究相关领域的大家，特别是涂纪亮，一辈子都在研究分析哲学。

（3）当然，如果你的翻译能够超越这些学者的翻译或者你能指出这些学者之相关段落的翻译有误，那倒未尝不可。因为我手头恰好有其中三个译本（涂纪亮、陈嘉映、汤潮等），发现你目前的翻译确实读起来通顺、简洁，能对应你的问题。但有些地方也平添了一些内容（"游戏"那一段）。请你特别注意。

5. 意旨

无论你在本章第四节介绍维特根斯坦的"家族相似"，还是莱考夫的"认知语言学"，其目的都是为你后文的反驳，特别是新的建构提供充足的理由或理论资源、分析工具，因此，为了论述周备起见，如有条件，不妨再考察一下维特根斯坦与莱考夫之后的学者对"家族相似""认知语言学"的反思和批判，并最好提出你对这些批判的批判，以尽量预防别人对你有关"法学主体范畴"之建构提出质疑。

对第三章"法学范畴分类思维形成中的主体性认知"之修改意见

1. 表述形式

目前大段大段的论述较多，容易给读者带来不必要的阅读负担。建议尽量在目之下，能对标题进行分级处理，或者每一段以疑问句的方式开问，然后围绕问题有层次地展开。我已经通过 3.1.1 给你提供了示范，仅供你参考。

2. 工具与内容

（1）目前分析工具和分析对象之间存在明显"两张皮"的现象，从而明显有些"跳"，一会儿谈法学原型范畴之分析工具（理论来源），一会儿谈法学原型范畴，一会儿又逃离法学，以其他事物为例谈原型范畴。

（2）克服这一问题很不容易，但你要学着尽量去克服，把分析工具自觉地、自然地代入你对问题的分析中。即以原型范畴理论为工具，紧紧围绕法学原型范畴之讨论，不要让你的论述工具冲淡你的论述主题。

（3）毫无疑问，要自然而然地把法学范畴代入你的分析工具中予以说明，是需要花大气力的。在这方面，桑本谦的相关论文可以给你很大的帮助。你可以发现，他的所有论著，几乎无不透着经济分析的那点"把戏"，但他的文章中很少罗列经济分析常识 ABC。能像他一样娴熟地运用一种分析方法分析你的问题，分析工具才属于你。

（4）当然，对原型范畴理论以及认知语言学，法学界总体上不太熟悉，你在文中以适当的篇幅介绍一下是无妨的。但一定要注意克服"两张皮"和内容跳跃问题。

3. 法学范畴与法律范畴

要注意，法学范畴分类建立的直接基础不是一般的客观事实，而是法律及法制这种理性化了的制度事实。制度事实本身并非纯粹经验世界，它已然是理性实践世界。人们对这种制度事实的感知，可以是经验的，但法学范畴分类者对它的感知，绝不是经验的。这就决定了你在引用认知心理学的原理，以重构法学范畴时，必须考虑法学范畴的事实基础以及其认知主体问题。这也和下一问题——例与证——紧密相关。

4. 例与证

你在 3.2.1 这节文字中，主要以物为示例，这很好，但存在以下问题。

（1）以什么为例？建议最好突出以法律、判例中的概念——如"物""人""主体""行为""权利"等为例证，这样，会让人感觉你的论文是紧扣法学原型范畴这个主题而展开的。否则，按照目前文中的例，会造成例与文章主题的剥离感，或"两张皮"的感觉。

（2）以例证什么？你在本章中，多以"物"为例，但以"物"为例证的论述，不是以例证例，而是以例证理。即你的例迈向一般性的说明，把诸如"主体""公民""法人""行为""权利""义务""责任""财产"等概念都代入原型范畴论中时，能否得出和把"物"代入其中一样的结论？这些无须太多文字，哪怕用一条较长的注释说明亦可，这样，避免给人"孤证"的印象，因为以原型"物"为例证，毕竟好说明，如果换以原型"行为"为例证，我想说明的难度可能就要增大。结合下文，还有例的均衡和普泛的例两个问题。

（3）例的均衡问题。如你在文中有一段，之前对英美法系只字未提，而用1200字左右的篇幅介绍大陆法系各国法律之规定，下一段却忽然冒出不到100字英美法系的相关话题，可谓一带而过，接着再转向大陆法系。这既显得很突兀，也显得不太严肃。故如果要对两者都涉及，最好注意例的均衡问题。遇到其他类似问题，请同样考量。

（4）普泛的例。尽量用典型的例，不用普泛的例。

5. 重复等技术问题

（1）你大概生怕读者不清楚原型范畴论和客观范畴论的区别，故每涉及法学客观范畴论和法学原型范畴论，总喜欢再提及前两者，导致文中内容重复多见，请在修改中竭力克服。

（2）注意章节之间的逻辑关联。例如第二章你已经谈到了维特根斯坦和莱考夫，本章一开始你论述了奥斯汀、扎德、罗施，以及你愿接受的艾兰克，他们之间在理论上的承递关系是什么？如何从前者过渡到后者？是不是后者的论述对法学原型范畴理论比前者更有帮助？如果是，要不要把前者挪移到后章，或者把后者挪移到前章，以便一来让读者更能整体性地把握原型范畴论，二来从新的一章（本章）开始，不再纠缠原型范畴理论本身，而专注于以它为工具，加大对法学客观范畴论的批判，并初步亮出法学原型范畴论的基本观点（这条仅供你参考）？

6. 一则学术信息

文中，你强调"部分不能解释整体的性质"。记得前几年学界有一种观点，叫"宇宙全息论"，其基本结论是任何细微的部分都表现着整体，即借由部分可以推知整体。这种理论尽管未被实证，但作为一种假说，也受到不少学者支持。不知它对你这里论述"格式塔"有没有另一视角的作用？能否帮助你深化现在的学术观点？

对第四章"法学范畴分类语言形成中的主体性认知"之修改意见

1. 既有问题

我针对前几章，特别是第三章所指出的问题，在本章中依然存在，有些还表现得有过之而无不及，故绝大部分意见这里不再重复，其中一个问题我在后面再详细讲。

2. 本章的主旨

本章主旨与核心，应当是以认知语言学四类认知对象之（3）（4）——我给你做了处理，见正文批注——来解构法学客观范畴论的两个主要结论"实体秩序"和"镜像反映"，因此：

a. 你理应在文中充分展现（3）（4）对法学客观范畴论上述两个核心观点的解构能力和解构效力，而不是大段大段地、反复地介绍（3）（4），甚至（1）（2）是什么；

b. 同时，你也理应在此解构基础上进一步结构或建构以认知语言学为认识工具的新法学范畴——法学原型范畴，从而展现（3）（4）甚至（1）（2）——对法学主体范畴的两种（或者四种）结构功能和结构效力；

c. 在这些努力中，进一步探究并展现本章主题：法学范畴分类语言形成中的主体性认知问题。

然而，本章目前既没有运用（3）（4）对客观范畴论之两个主要结论做解构工作，从而就没有，也不可能真正有说服力地做法学原型范畴的建构工作，也没有很好地实现对本章题旨——法学范畴分类语言形成中的主体性认知的论证。导致如此的根本原因，就在于昨天我业已指出的问题：对工具与内容的处理不得力。

3. 再谈工具与内容

我经过对本章部分内容的统计，发现只有两个目（4.1.2 和 4.3.2）大约 5000 字比较好地贯彻了专门探究法学原型范畴的宗旨，其他四节要么整体地介绍认知语言学（4.1.1、4.2.1），而基本未涉及它和法学原型范畴的关系，要么大部分内容在介绍认知语言学学者们的观点及其例证（4.2.2、4.3.1）。这给人的明显感觉是，你在文中主要做普及或论证认知语言学的工作，反倒在运用它来解构既有法学范畴，建构新法学范畴时，蜻蜓点水、一带而过、语焉不详。除了该章及各节的导语，我对这四节内容做了"陈述工具"和"法学范畴论述"两方面之文字量的对比，结果如下：

（1）4.1.1 直接或间接涉及内容（法学范畴）的文字 1099 字，直接介绍和论述工具的文字却达 3892 字（加注释）；

（2）4.2.1 则更甚，直接涉及内容的文字仅 103 字，而介绍和论述工具的文字竟然达到 7022 字（含注释）；

（3）4.2.2 的情形是，直接涉及内容的文字大约 1800 字，而介绍和论述工具的文字大约 6200 字（加注释）；

（4）4.3.1 的情形是，直接涉及内容的文字大约 1800 字，而介绍和论述工具的文字大约 2500 字（加注释）。

从中不难看出，文章的内容论证和工具介绍及论述，仅在文字量方面，就存在严重的失衡。我理解你介绍和论述工具的用心，是为了加强对内容的解构、结构和论证，但两个方面过于失衡，导致给人的印象是你在论述认知语言学，而偶尔提及的法学范畴，不过是给你的认知语言学有心无心地提供一些例证而已。

因此，如何真正围绕你的内容展开，让工具为你的内容服务，而不是反过来文章内容为你的工具服务，这是你下一步修改时必须下大力气解决的问题。如果文章是备烧的菜，工具是一堆柴火，那么，柴火的作用就是把菜煮熟。你把菜和柴火放在一起，甚至用菜来煮柴火，不仅本末倒置，甚至以末噬本。

问题很严重，但改起来未必很难，因你毕竟有认知语言学的功底，也有法学的修养，如果你把所介绍或论述的那些认知语言学的例证（日常生活场景和用语）改换为法律生活以及法学学术场景和用语，可能会事半功倍地解决问题。

4. 判断作为范畴例证的功能

我注意到，你在文中多次以诸如"民法是私法""房屋是物"等判断来例证法学原型范畴，我认为，这对于你论证原型范畴而言，是非常好的例证。但这种例证，毕竟是用来说明"原型"的。因此，尽量围绕"原型"而例证，避免初识者误认为你说的范畴就是这样的判断。这要求行文中继续发挥你优雅的文字功夫，以之真正说明在法学原型范畴中，人类作为精神主体、语言创造和使用者、范畴命名者、判断发出者，在法学范畴分类中应有的地位——法学范畴分类不能只见物而不见人。

5. 法学论文

一言以蔽之，你要竭力使这篇很有创意的论文写得更像法学论文，而不要给人留下和法学有距离，甚至有很大距离的印象。如果这样，就太遗憾了！

6. 一点资料

文中或隐或显，涉及一些命名的话题。建议对哲学史上两种命名理论——罗素、维特根斯坦等的"摹状词论"（《逻辑哲学论》《哲学语法》）和克里普克等的"历史因果命名论"（《命名与必然性》）——略加温习，或许对强化本章的论证有所帮助。

对第五章"法学范畴分类主体性认知的修辞学探讨"之修改意见

1. 值得喝彩

第五章是本论文我已阅读过的部分中写得最精彩的一章，不但观点新颖，而且说理精当；不但工具运用合理，而且赖之深入阐述主题，真正表现了你应有的法学学术功底和哲学学术功底，也体现了你的文字驾驭能力和表达的从容自信。如果全文都能写得如本章一样，以我的眼光，就堪称真正优秀的法学博士学位论文了。当然，还存在一些问题。

2. 范畴与修辞的衔接

第二、三、四章集中探讨法学原型范畴问题，本章转入对法学原型范畴形式归位的探讨，与前几章之间多少有些张力。特别是对认知语言学和修辞学都比较陌生的学者和读者来说，理解起来就更为费劲。这样，如何找到法学原型范畴的修辞学属性，并在前几章中，让读者跟着你的思路，心悦诚服地接受本章的论述及观点，我目前能给你的主意有两点：

（1）在认知语言学及其哲学背景内部寻溯其修辞学的灵感，并把其自觉地代入法学原型范畴中；

（2）把上述观点在前四章的行文中自然地贯彻，但又避免刻意表达的嫌疑。

3. 本文中修辞的界定

建议在目前 5.1 节下，再设两目，并把 5.2 的内容做些调整、扩充和完善。具体如下。

（1）5.1.1 作为修辞格的隐喻和作为制度修辞的隐喻。除了简略阐述几种不同的修辞理论外，重点论证隐喻以及隐喻在制度修辞中的独特意义，以便顺理成章地引出下一问题。

（2）5.1.2 隐喻和法学原型范畴的关系导论。提纲挈领地论述法学原型范畴的隐喻修辞属性，并为后面几节系统地展开该问题的论述提供观点，创造条件。

（3）把目前 5.2.1 的主要内容作为 5.1.1 的内容，并适当润饰，以便和前几章及后文相衔接。

（4）把目前 5.2.2 的导语扩展一下，和目前 5.2 的导语结合，作为新的 5.2 的导语。

（5）把目前 5.2.2 的两项内容，分别作为 5.2.1 和 5.2.2，并把标题分别改为"5.2.1 隐喻思维：法学原型范畴中本体的形成""5.2.2 隐喻思维：法学原型范畴中喻体的形成"。在目前基础上，对两节内容做适当展开的论述。

4. 部分内容之完善

如 1. 所述，目前 5.3.1、5.3.2、5.4.1、5.4.2、5.5.1 等目都论述得比较完善，观点新颖清晰，论证深入圆润，文字表达也很精彩，但 5.5.2 有点浅尝辄止。5.5.2 的内容，不但要展现并深入论证你现在对该目所设定的主题：法律的修辞认知确定性——这是一个和制度修辞学有关演绎逻辑的大前提是修辞、归纳逻辑的结论是修辞以及类比逻辑的类比参照是修辞紧密相关的话题。而且要用恰当的文字引出下一章，因此，如何把该问题引向深入，不给人留下虎头蛇尾的印象，并与下章衔接得当，是本章修改的另一任务。

5. 导师的观点

这篇论文和余地的论文一样，是循着我倡导的制度修辞学所延伸出来的选题。作为我指导的学生，我们团队的制度修辞学理论无论如何，在这里是要"大张旗鼓"地引出来的话题——无论你对目前的研究赞同、批评还是补充我的既有论述。特别是隐喻的制度修辞学属性，我之前没有更多地考虑过，现在看来是很值得一提的话题，也是你在这里可能对导师的观点予以丰满、佐证或者证伪的处所，同时，法律的修辞认知确定性与制度修辞的命题之间如何关联，也很值得你借之而完善。很多人讳言学生对老师思想或学术观点的赞同、批判或完善，我从不讳言，因为这是一个学术团队谋图持续发展、更大建树必须要做的工作。

对第六章"重回实践：法学范畴分类主体性认知研究之启示及结语"之修改意见

1. 总评

本章与结语写得也是比较成熟的，能够紧扣法学范畴，特别是司法实践中出现的与范畴相关的问题，结合认知语言学和原型范畴理论予以深刻论述，这很不错。但仍有以下问题需要认真处理。

2. 更改

目前章、节、目的题目需要做一些更正。

（1）章标题改为"法学范畴分类主体性认知之实践检视"。

（2）6.1.1 标题改为"冷冻胚胎范畴分类的'共同特征命题'及评论"。

（3）6.1.2 标题改为"冷冻胚胎范畴分类的'比较分析命题'及评论"。

（4）6.1.3 标题改为"冷冻胚胎范畴分类的'国情、伦理、利益命题'及评论"。

（5）6.2.1 标题改为"从法学原型范畴出发对冷冻胚胎三个范畴命题之批判"。目下再分三个小标题：

a. 以法学原型范畴解构人体胚胎的"共同特征命题"；

b. 以法学原型范畴解构人体胚胎的"典型例证（比较分析）命题"；

c. 以法学原型范畴解构人体胚胎的"国情、伦理、经济命题"。

（6）6.2.2 标题改为"'选择性突显'：法学原型范畴视角的立法技艺"。

（7）余论改为"结语：法学范畴的认知基础和修辞维度"。

3. 结构

在 6.3 下，设两目：

（1）6.3.1 法学范畴分类，一种隐喻修辞实践；

（2）6.3.2 原型法学范畴，一种以隐喻性的典型制度修辞。

在结语中，增加一部分：审视原型法学范畴的制度修辞属性。

4. 补强

对目前的 6.1.1、6.1.2、6.1.3 三目，请做以下三方面修改。

（1）尽量简化对三种观点（或命题）之介绍，指出其核心观点就可。

（2）除了分别介绍三种不同的学术观点（分析方法或命题）之外，最好能同时指出该三个命题各自所面临的困境和问题。当然，必须结合其分析人类胚胎问题时所存在的逻辑漏洞来分析。

（3）在分析其困境和问题时，简要提及即可，即只是为下文进一步展开的论述和批判做预备，以免与下文的论述产生重复。

5. 调整

因为上述更改和补强的需要，建议做两方面的修改。

（1）把目前 6.2.1 的第一段话拆分成三个部分，分别添加到 6.1.1、6.1.2、6.1.3 中，作为对"共同特征命题"、"比较分析命题"和"国情、伦理、利益命题"的评论（见我在正文的审阅批注）。须特别注意的是，挪移过去后要继续拓展、补强并圆润，强化评论色彩。

（2）目前 6.2.1，你采取不细分标题，一论到底的方式，缺乏层次感。根据我建议再分为 3 个子标题后，需要把现在该目下的大段论述拆分开来，根据标题内容予以调整，并注意调整后的逻辑结构。

6. 补充

为了文章更加完善，我建议在第五章增加一目，在"更改"中述及，即：6.3.2 原型法学范畴，一种以隐喻为枢纽的典型制度修辞。

同时，在结语中，我建议增加一个结语节点，亦在"更改"中述及，即：审视原型法学范畴的制度修辞属性。

上述两部分内容，目前文中没有，需要认真补充。望能结合制度修辞学理论，妥为处理，并与全文保持协调。

7. 提炼

你的结语，写得很精彩，把全文的核心观点都提纲挈领地表现其中。但目前用加粗字体表现的部分，提炼不够。期望能够凝练标题，能用几个字概括凝练的内容，尽量不要用一大段话来概括之。

8. 资料

根据我给你提的这些修改意见，再给你推荐两本书，或许对你有帮助——特别是如何对法律或法学中的既有范畴进行认知语言学剖析时。这两本书是：（1）张敏著《认知语言学与汉语名词短语》；（2）格雷马斯著《结构语义学：方法研究》。

9. 共勉

作为一名初入学门的学子，这是你第一次学习写一篇 20 余万字的长论文，也是在学习系统地写一部体系化的书。在我看来，就论题本身讲，这是一个以认知语言学为工具，以重构法学范畴为内容和目的的明显具有创新性的话题。你经过一年多的准备，近一年的写作，目前达到这个程度实属不易。我给你提出了这么多修改意见，是期望你：（1）能够把论文修改得更加合理、完善，精益求精，不辜负大家的期望；（2）促使你进一步思考并掌握一部学术著作、一篇长论文究竟该如何谋篇布局，突出重点，刨除枝节（当然，这方面的很多技巧问题，我们都还在路上）；（3）真正敬畏学术，做一位严谨、认真、有学术责任心的学者。我相信，凭借你的聪慧、勤奋和博学，一定能把论文改得更好！

附 1：

对硕士学位论文《从防卫到正当防卫—— 关于正当防卫制度的知识考古学》之修改建议

1. 总评

这是近十年来，我所看过的最值得称赞的一篇硕士学位论文！一位才 24 岁的小姑娘，就能把一篇 50000 余字的学位论文写得如此流畅、饱满、富有创意，令我不得不称道。我觉得除了逻辑布局和思想深度外，在表意、论证等方面，你都已经超越了老师。当然目前也存在一些问题。这两方面可具体总结如下。

（1）行文风格：不拘于目前我国盛行的学术论文之行文风格，流畅自然，可读性极强。

（2）论证方式：把叙事和论证能够紧密地结合起来，真正掌握了"论证"的要旨——放弃斩钉截铁的独白，而刻意把自己置入某种事实或分析的逻辑陷阱中，然后巧妙地从这一陷阱中走出，使文章具有立体感，也不乏充实感。这种论证方式，在我指导过的学生中，之前能娴熟地把握和运用的只有桑本谦，之后，就要看你了！

（3）逻辑结构：文章初看在逻辑结构上似乎没啥大的问题，细品则过于讲究美学的对称，每章下皆分二节，使需要展开的内容有时无法展开，导致"形胜于质"。

（4）思想深度：描述性的内容过多，论证也过多纠缠于这些描述性的现象，而没有借此展开更深入的思想讨论。特别是第三部分的讨论，就明显有虎头蛇尾之嫌。

2. 建议

（1）给第二部分提供两种资料，用以完善你的论证。

a. 唐代陈子昂的《复仇议》和柳宗元的《驳复仇议》。

b.《情绪心理学》（版本很多，挑一本好些的）。"激情状态"是一个重要的心理学词，"激愤"是激情的一种。就"激情"的性质和状态，做些必要的补强。除此之外：

c. 对复仇在中国史上的论证视角，可稍加扩展：从荆轲刺秦、博浪刺秦、"三户"覆秦，直到引清入关、驱除鞑虏，以及历朝历代的揭竿起义等，在一定意义上，就是一连串的复仇史。

（2）第三部分请提炼为三节。

a. 社会契约——欧美模式。注意的问题有：社会契约论思想最早来自古波斯；中国先秦思想家对"民""君"关系的论述，可否解释为一种独特的社会契约思想？伊壁鸠鲁有关契约论的思想，可参考马克思在其博士学位论文中的论述，比何著更系统、更精彩。蒋先福的《契约文明：法治文明的源与流》，也可供你参考。

b. 国家赋权——苏联模式。对国家赋权模式在公共利益优先的当代世界所产生的实际影响予以考察并论述。这部分拟再展开。

c. 礼法宽恕——中国古典模式。在很大程度上，它是家族主义的。可参见滋贺秀三、瞿同祖、梁治平的相关论述。

d. 上述三种模式介绍结束后，再补强三种模式所带来的应有反思。目前反思明显不够。

（3）第四部分

a. 对有关制度的论述，特别是有关制度理念的论述，请参考我对制度五要素的论述（作为老师的学生，在论文中不出现老师的相关论述是很有问题的，说明你对他的观点基本不了解——除非你的老师没有学术建树；这个问题，无论现在，还是未来，必须得注意）。

b. 注意有关推论的准确性（看我的批阅），以及狂欢的舆情是如何被结构在法治中的。

c. 注意第四部分两节之间的逻辑和文字衔接。

3. 其他

（1）注释中有不少内容，只有叙述，请说明来源。

（2）请慎用也许、可能等模棱两可的词汇，要使用，须说明条件。

（3）尚有一些文字错漏，请认真校对。

附 2：

对硕士学位论文《德国"文化斗争"时期政教分离法律研究》的初阅意见和建议

1. 问题

你能选择这样一个题目进行研究和讨论，我从你选题到现在一直都很支持，也以为你作为名牌大学毕业的本科生，一定能够写出一篇很不错的硕士学位论文。但我在详阅了文章大约三分之一的内容，翻阅了文章全部内容后，觉得虽然透过文章第三部分，可推知你对该时期的有关法律在资料上是比较熟悉的，但综观全篇，目前做得还很不够。主要表现在三方面。

（1）全文主要表现为采用以叙为主的方式，企图陈述（而不是阐述）"文化斗争"时期政教分离的法律，但目前存在问题。

a. 叙述缺乏一条主线（甚至理应贯穿全篇的概念——什么是"文化斗争"时期，也缺乏基本交代）。无论对相关话题既有论述的综述，还是你对"文化斗争"前后历史进程的回忆，都缺乏章法，给人感觉一是蜻蜓点水，二是云里雾里。

b. 叙述是混乱的，前后不搭的，段落与段落之间是脱节的。

c. 缺乏叙述策略。其实无论是政权驾驭教权的中世纪前期，还是教权控制俗权的中世纪后期，抑或你所研究的"文化斗争"时期，都充满了相当对立的故事。如果你把这些故事能够妥当地结构在你的叙述中，把政权和教权围绕法律的博弈、较量、偶尔妥协的过程客观描述出来，并让叙事本身说话、说理，应当会写得十分精彩。但现在不是，你没做到。

（2）文章的目的是"研究"这一时期的法律，但目前一方面，你用过多相当平庸且逻辑不太连贯的叙事冲淡了研究，另一方面，在第三部分，也只是罗列了这期间所颁布的法律，在第四部分，则又是泛泛地讲了讲这些法律所导致的反复，以及简要地论及俗（政）权失败的缘由，缺乏对这些法律的认真研究。对所罗列的三类法律——教育法、刑事法以及民事法——在"文化斗争"和"政教分离"中的实际作用以及何以失败的深层问题，语焉不详，因此，本"研究"的任务没有完成。

（3）这样一来，你在本文中：既未能像史学学生那样思考问题，也未能像法科学生那样思考问题；既缺乏精彩的历史叙事，也缺乏基本（而不是深入）的学理论证。

2. 建议

看来，要愉快地完成这篇文章，你还需要付出很多的努力。目前我只能建议你能做到如下几点。

（1）认真关注行文时上下文之间、前后段之间、每个章节之间的逻辑关联，琢磨如何在行文中让人一看就是一气呵成的，而避免给人前言不搭后语的印象。

（2）凡是上文提出了问题的地方，下文一定紧紧围绕上文的问题展开。避免上文提出了问题，下文却完全对所提出的问题不理不睬，顾左右而言他，让人对你前文的问题和后文的叙述之间的关系，如坠云里雾里。

（3）以你的综述部分（第一部分之二）为例，目前，你所见到的和你主题相关的国内外论文不多，国内间接相关者仅4篇，国外相关者也只有5篇。但你的介绍极为粗疏，缺乏必要的逻辑安排。建议总体上对各篇文章各自的分析视角、研究对象、主要观点等做较为详细的介绍，并说明目前这9篇论文，和你所要研究的主题有何关系。把这些文章对你的启发作用通过你的综述自然地体现出来，而不是刻意强调"对笔者许多启示"云云。具体来说，请注意如下几点。

a. 对国内研究和国外研究分别加标题，以方便读者了解。

b. 无论是对国内，还是对国外相关研究的综述，最好从中提炼出几种不同的学术观点来。目前的介绍，平铺直叙，给人不得要领的感觉。

c. 介绍之后，重点展现目前的研究有何问题，有何缺漏，如何去填补这些缺漏，以便自然而然地展示你下文将要展开的研究是必要的。另外，第一部分还可增加：

d. 本文的分析方法和可能的创新之处。

（4）最好做到述、论得兼，如果做不到，至少要达到叙述的文字通顺、明白晓畅、逻辑连贯，避免目前这种让人不堪卒读的情形。

3. 技术

我不知道你的学士学位论文是谁指导的，似乎从中没有学会行文的基本要求。但这也没关系，修改时一定要注意两点。

（1）每句话的表意必须清晰，目前我详阅的部分存在多处表意不清，叫人费猜的句子、段落。我在已经详阅的部分有标明，请参见。

（2）对正文中提到的你明白，但读者不明白的事件、观点、术语、人物等请用注释的方式予以说明。

4. 修改

请认真修改，你认为修改得不错后：

（1）请你师兄高中意博士生给你系统地把把关；

（2）高中意那边过关后再交给我；

（3）目前文章写得不尽如人意，不是你的能力不够，是你这几年下功夫明显不够；

（4）如果改得还不到位，就继续修改，并放在下个学期答辩。

人物访谈

权利实现的差序格局与良性违宪

——郝铁川教授访谈

郝铁川　夏纪森[*]

郝铁川教授简介：

郝铁川，史学博士，法学博士后，华东政法大学教授、博士生导师，享受国务院政府特殊津贴。中国国家法制讲师团成员，曾任中国法律思想史学会会长、中国比较法学会副会长，华东政法学院副院长，中共上海市委宣传部副部长，上海金山区区长，中央人民政府驻香港联络办公室宣传文化体育工作部部长，现任上海市文史研究馆党组书记、馆长，兼任杭州师范大学法学院院长。1983 年以来，先后在《人民日报》《求是》《中国社会科学》《中国法学》《法学研究》等国家级报刊发表论文二百多篇，出版个人专著十五部，在学术界提出了许多产生很大影响的学术观点。

被访者：郝铁川（以下简称"郝"）

采访者：夏纪森（以下简称"夏"）

夏：郝老师，您好！非常感谢您能接受我们的采访。早在 2002 年，您就提出了"权利实现的差序格局"这一重要的范畴，当时引起了很大的反响。能否请您谈谈"权利实现的差序格局"的具体内涵？

郝：通过对相关史料的考察，我发现世界各国的权利实现的不平等性惊人的一致。这种不平等体现为权利实现中的个体差异、地区差异和群体差异。我把它称为权利实现的"差序格局"。所谓权利实现的"差序格局"，是指权利实现中的一种状态，包含两层意思：第一，现实中的权利主体是逐步扩大的，即一部分人先享有法定权利，然后推而广之及于其他人；第二，现实中不同种类（政治、经济、文化、社会等）权利的法律化及其实现是循序渐进而非一蹴而就的。传统的身份社会是一种"义务"的差序格局，现代社会则是一种"权利"的差序格局。

---

[*]　夏纪森，法学博士、常州大学史良法学院教授。

夏：您当时为何会提出这个范畴？

郝：自休谟以后，权利的二分法（应然权利与实然权利）成了一种经典。然而，这种划分忽视了一个对权利主体而言最为重要的步骤：自身的权利如何从应然转化为实然？无疑，应然权利的法定化是权利实现的一个最重要的途径，尽管权利的法定化并不等于权利的实现。我试图考察的正是权利的实现过程，因而更乐意接受在应然权利和实然权利之中加入"法定权利"的权利三分法。其中，应然权利（idealistic rights）是指道德权利，即权利主体应当享有的权利；法定权利（legal rights）是由立法（国内立法和国际立法）加以确认的那些应然权利；实然权利（actual rights）是指权利主体能够实际享有的应然权利和法定权利。三种权利并非并行关系，而是层级关系，其中有很大一部分是重叠的。

近年来，中国学术界论证权利的普遍性（即应然权利）卓有成效、臻于成熟，但对法定权利和实然权利的研究基本上还停留在古典自然法学派的水平上，尤其是对权利不平等的考察还欠火候。我的兴趣在于从社会历史的角度，以实证方法考察历时性的权利不平等以及由此衍生的应然权利的实现问题。

夏：您是如何论证"权利实现的差序格局"的？

郝：我的论证进路分为两个方向，分别是西方国家权利实现的经验和清末新政以后中国公民权利实现的经验。通过对丹麦、荷兰、瑞典等西方十国财产权、言论自由权和信仰自由权实现序列的系统考察，不难发现权利主体范围逐步扩大，权利种类循序渐进地增多，权利享有和实现的程度日益提高，这是西方主要国家权利发展和实现的一种普遍现象。从权利主体来看，先是男性公民享有政治权利，再扩及女性公民，然后扩及所有民族的公民；而在男性公民中，又是有一定财产数额的男性公民先享有政治权利，然后推广到无财产的其他男性公民。从权利种类来看，公民先实现的是人身、财产和政治权利，再到经济文化权利，然后到社会权利。

以美国为例，美国作为现代法制最为完备的国家之一，在规定公民的基本权利方面的立法差异为全世界做出了"榜样"。众所周知，实现男性与女性公民之间、白人与黑人之间在美国宪法上的平等经历了一百多年的时间。根据美国宪法，诸如衣、食、住和受教育的权利，工作、休息、劳动保护和社会保障的权利，等等，不属于"人权"范畴。美国迄今没有加入《经济、社会及文化权利国际公约》，不保障社会弱势群体免于饥饿和匮乏的权利。美国学者 L. 亨金直言不讳地指出："我们为之自豪的民权法案是设计用来支持'消极的权利',来保护个人自由和权利不受侵犯;在积极促进自由或权利的享有方面,它们并不涉及社会或法律。国会不必拨款以使得穷人能够真正享受他们的权利,而且它甚至可以运用拨款的权力阻碍穷人对这些权利的享有。例如,为生孩子提供财政援助而不为人工流产提供财政援助。宪法不要求国会制定法律补充 20 世纪的福利权利或保证福利的利益得到平等享受。"对劳动者的权利,美国的立法经历了从不承认、限制到承认的过程。19 世纪 70 年代,美国的劳动关系还主要靠合同法来调整。19 世纪 70 年代以后,劳动立法才逐步建立。对于工人的结社权,19 世纪 90 年代法院还通过判例予以禁止,把劳工联盟视为一种"非法联名体"。直到 1933 年国会才通过《国家工业复兴法》确认了工会的组织权,但不久后在 1935 年 5 月该法便被联邦最高法院认定违宪而归于无效。

夏:那清末新政以后中国公民权利实现的经验如何?

郝:相比而言,西方的现代化属于原发型或先发型,而中国的现代化属于追赶型或后发型。在这种背景下,中国急于通过大规模立法来实现不同种类的权利。

从清末新政到国民党在中国大陆统治结束的近 50 年间,历届政府完成了西方三百多年才逐步实现的公民基本政治、经济、社会和文化权利,以及特殊群体(残疾人、妇女、儿童)权利等方面的立法任务。但中西近代法制史有一个显著不同:西方法制比较务实,注重"刚性",不能实现的权利一般不写进法律,因此法律生效之日往往就是权利实现之时;中国法制比较"浪漫",有"宣言"的特点,短时间内把知道的权利都写进法律,但法律生效之日未必就是公民权利的真正实现之时。

在清末新政时期,经济(财产、营业自由等)权利的实现在所有权利的实现中是最好的,其中最明显的表现为公民的营业自由权利。出于振兴实业的目的,清政府先后颁行了《商人通例》《公司律》《破产律》《商标注册试办章程》《公司注册试办章程》等一系列经济法律。这些法律彻底改变了重农抑商这一流行了两千年的基本国策,保护并奖励工商业的发展,大大促进了私人资本主义的发展。部分公民受教育权得到实现。1904年 1 月,清政府公布《奏定学堂章程》,因在阴历癸卯年公布,又称"癸卯学制"。这是中国近代由中央政府颁布并首次得到施行的全国性法定学制系统,标志着中国公民受教育权被法律所承认。公民政治权利实现的程度最低。清朝政府采取的策略是经济、教育控制适当放开,而政治控制相对强化。所以《钦定宪法大纲》虽然规定了公民享有言论、出版、结社、游行、集会等权利，但无不加上"于法律范围之内"而予以限制。

在北洋政府时期，公民实现的经济权利增多。北洋政府除沿用清朝法律中关于保障公民财产权和营业自由权的规定之外，还颁布了一系列确认和维护私人权益、促进工商业发展的法律法规。公民受教育权得到完善，实现受教育权的人数也增多。形成于 1912 ～1913 年间法定的壬子癸丑学制，正式确认了男女平等的受教育权，不分男女儿童，都应接受义务教育，初等教育阶段可以男女同校，废止清末高等教育中的所谓保人制度。这一时期公民政治权利方面的实现程度依然很低。

在国民党政府时期，公民经济权利的实现情况不如以前，主要表现为民营工业发展的增长速度不如清末新政和北洋政府时期。公民受教育权的实现程度较前有所推进。公民政治权利的实现水平较前降低。从 1928 年到 1947 年 12 月，是国民党政府的所谓训政时期。"训政"的核心是"以党治国""一切权力皆由党集中、由党实施"。公民的选举权与被选权在"训政"中被停止行使 20 年之久。1947 年颁布的《中华民国宪法》关于公民权利的规定，比以往任何一部宪法性文件都要具体。但就在该宪法生效的同一天，国民党政府又公布了《戡乱时期危害国家紧急治罪条例》，1948 年 5 月修正了《戒严法》，还制定了《动员戡乱时期临时条款》。这些法律规定，只要当局认为有必要，便可以相应理由限制公民的各项自由权利。

在确立了社会主义制度的中国，也并不意味着所有公民、所有权利在立法上平等。以公民选举权为例，1953 年的中国选举法对农村与城市每一代表所代表的人口数作了不同规定，即自治州、县为 4∶1；省、自治区为 5∶1；全国为 8∶1。1995 年新的选举法即使有所调整，也仅仅是统一把各级人民代表大会中的农村代表与城市代表所代表的人数改为 4∶1；同时规定，在直辖市、市、市辖区，每一位农村代表所代表的人口数，应多于市区每一位代表所代表的人口数。除了选举权之外，农民的其他权利也未得到立法的重视。例如，中国的劳动权仅是部分人的权利，仅是城市户籍拥有者的权利。与立法确认不同主体享有不同权利相伴随的是，中国公民权利的实现也是个逐步扩大的过程。以公民受教育权的实现为例，1949 年以后，中国公民受教育权的实现状况大体上可以划分为三个阶段：中华人民共和国成立的第一个 10 年，公民享有受教育权的人数大大超过以前，发展良好；第二、三个 10 年，因国家经济困难和频繁的政治运动等原因，公民受教育权的实现程度不如前 10 年；改革开放以来，公民受教育权的实现水平逐年提高。

夏：**通过对中外公民权利实现状况的系统考察，您发现了怎样的权利实现规律？**

郝：第一，一部分人先享有权利，然后渐进地推而广之。比如在选举权方面，西方国家一般都经过从直接财产限制和与财产有关的住所限制、教育程度限制、性别限制和民族种族限制，到逐步减少乃至消灭这些限制的过程；中国也经历过一个相似的过程。在受教育权方面，享有此项权利的公民人数是逐步增加的。第二，不同种类的权利不是同时实现的，而是错落有致的。如在教育权方面，大部分欧美国家和中国走的是"先经济、后教育"的道路：先满足公民的经济权利，然后满足公民的受教育权利。日本等国家则是"先教育、后经济"，政府优先满足公民受教育权利，然后满足公民的经济权利。另外在西方，马歇尔认为权利的实现分为"民事权利"（18 世纪）、"政治权利"（19 世纪）、"社会权利"（20 世纪）等三个阶段。在 1949 年以后，中国的权利实现则是经历了"政治权利"（新中国成立初期公民就享有选举权）、"民事权利"（1986 年《民法通则》才实施）、"社会权利"（20 世纪 90 年代社会保障制度才逐步建立）三个阶段。这两种情况就是我所说的"差（权利主体逐步扩大）序（权利种类逐步增多）格局"。

公民权利的享有和实现，与近现代民主政治的发展进程应当是同步进行的。从公民主体意识、身份、地位和诉求上讲，两者几无二致。民主政治的存在和运行是需要一定条件的。王沪宁认为民主政治的条件分为前提性条件和运转性条件：前者包括主权国家、社会一体化、社会成员具备理性等；后者包括：（1）物质条件——地理条件、物质设施等，（2）经济条件——能够保障社会成员基本生活水平和基本福利的经济制度，（3）法制条件，（4）智力条件——社会整体的教育水平、社会成员对社会发展各个方面的认识水平，（5）心智条件，（6）安全条件。显而易见，在历史发展进程中这些条件不仅制约着民主政治的运作和实现，也制约着公民权利的享有和实现 。

夏：**通过探究每个时期权利实现中的差序格局，您发现权利实现与当时的经济条件密切相关，两者的关系具体展现为何种样态？**

郝：不难解释形成公民权利实现差序格局的原因，即丰衣足食的人才有时间和精力去做一个热心实践自己法律权利的公民。富庶的社会产生健全的权利，健全的公民才能行使健全的权利。

具体而言，较多财产拥有者在如下方面具有实现权利的优势。第一，富者在实现政治权利方面具有优势。在现实中，富者在实现被选举权方面具有优势的现象并不罕见。现代民主选举是一种竞选活动，经济实力是基础。因此，竞选必然表现为富者之间的竞争。第二，富者在实现经济、社会、文化权利方面具有优势。经济、社会、文化权利的核心价值是平等，其目的在于最大限度地减少两极分化，实现人与人之间的结果公平。但是，这类权利是否能成为宪法保护的公民基本权利，是否具有可诉性，在学界有争论，在不同的国家亦有不同的处理方法。其原因在于这类权利与公民政治权利有所不同，后者称为消极权利，强调国家的不作为并且能够进入司法程序，获得司法保护和救济；而前者称为积极权利，其实现要求国家积极主动承担给付、服务和干预职能，没有国家各种资源的提供，这类权利就难以实现。鉴于经济、社会及文化权利的实现有更强的条件要求和依赖性，因此联合国大会通过的《经济、社会及文化权利国际公约》第2条明确规定，各个缔约国对该公约承担的义务之一，是"采取步骤，以便用一切适当方法，尤其包括用立法方法，逐渐达到本公约中所承认的权利的充分实现"。这类权利的实现是一个"逐渐达到"的渐进过程，主要取决于两方面的因素，一是国家的政治理念愿意承担此项责任，二是国家的经济资源能够承担此项责任。由于有的国家的政治理念排斥经济、社会和文化权利作为法定权利，而将之视为社会福利，这就在主观上制约了此类权利的保障和实现；各国在一定时期内经济资源、物质力量有限并且分布不均，这就使国家承担保障经济、社会和文化权利的职责面临着物质基础的制约。

夏：也就是说，权利实现的程度与一个国家的财政实力和经济发展之间有着千丝万缕的联系？

郝：可以这么说。公民能否在立法上实现平等，绝不是立法者可以随心所欲决定的，至少要受如下两个因素的制约。第一，受财政实力制约，国家对公民经济、社会和文化方面权利的救济是有限的，不可能采取平均主义的态度。对公民的政治权利的实现，国家可以采取消极的态度，即不要去干预。但对公民的经济、社会和文化方面的权利的实现，国家则需要采取积极的态度，即主动给予救济。显然，救济范围的广狭和救济程度的强弱，不能不受制于国家的财力的强弱。第二，国家总是按照有利于经济发展的标准，对自己认为能够维护经济发展的群体的权利给予优先保障。

为什么近代西方国家在早期都不实行普选制，而把选举权仅仅赋予有较多财产和较高文化的男性公民？因为"有恒产者有恒心"，拥有一定财产的人才怕社会发生动乱而丧失财产，才盼望社会稳定而守住财产。让这些人享有选举权和被选举权，不愁制定不出稳定社会秩序、促进经济发展的法律。当社会富庶了，相对贫穷的人少了，政权巩固了，才会实行普选制。

夏：除了"权利实现的差序格局"，您还提出了"良性违宪"，同样引起学术界的广泛讨论，您是如何界定"良性违宪"的？

郝：改革开放以来，中国出现了不少表面上看似违宪，实际上却符合历史发展趋势的事件。这类违宪的主体包括三类。（1）立法机关。如1978年宪法规定全国人大常委会只能"解释宪法和法律，制定法令"（第25条第3项），没有制定法律的权力，但由于改革开放要求制定大量法律，全国人大常委会在未经修宪，也未作宪法解释的情况下，自行行使立法权，1979年至1982年间共制定了11部法律，这都是违背当时宪法规定的。（2）行政机关。如1988年以前，深圳等经济特区突破1982年宪法关于土地不得买卖、出租的规定，决定将土地使用权出租。（3）国家领导人。1982年宪法第15条规定我国"实行计划经济"，然自1992年以来我国领导人多次提出经济体制改革的目标是"建立社会主义市场经济体制"，显然这是违背当时宪法规定的。这种新提法直到1993年3月29日全国人大八届一次会议通过了宪法修正案才有了宪法根据。上述违宪事件，虽然违背了当时的宪法条文，但符合人民的根本利益，因而可称之为良性违宪。

夏：既然有良性违宪也就有恶性违宪，两者的差异是什么？

郝：我认为两者的批判标准差异主要表现在两方面。第一，是否有利于社会生产力的发展。宪法作为上层建筑的重要组成部分，归根到底要促进社会生产力的发展，这是宪法根本价值所在。社会主义的本质就是解放和发展社会生产力，良性宪法之所以为良性，就因它与社会主义的本质要求相一致；恶性宪法之所以为恶性，就在于它背离了社会主义的根本宗旨。第二，是否有利于维护国家和民族的根本利益。

总之，所谓良性违宪，就是指国家机关的一些举措虽然违背当时宪法的个别条文，却有利于发展社会生产力，有利于维护国家和民族的根本利益，有利于社会行为。

夏：为什么会出现良性违宪这种现象？

郝：原因主要有两个。第一，总的来说，法律相对于社会现实的发展具有滞后性，特别是在社会变革和危急时期更为突出，这导致了良性违宪的产生。这是各国普遍性出现良性违宪的原因。中国的改革开放是一场广泛而深刻的社会变革，它涉及了多方面、多层次制度的改革。这些改革不可能从书本上找现成的方案，也没有他国现成的模式可以照搬，因此冲破原来维护旧体制的法律框架（包括宪法这个根本大法）就是不可避免的。第二，中国的立宪制度不够完善，是造成良性违宪较之别国为多的特殊原因。中国立宪中普遍采用列举式的授权性规范，这种规范实际上是对主体行为的一种法律限制（规定什么做什么，没有规定的则不能做）。采用这样的立法制度的根源乃在于计划经济体制以及与其相适应的政治体制的设置。这样的体制要求主体的一举一动都要通过计划配置，立法就是将已知的权利、权力分配给主体。而进行这样的分配只能在法律中采用列举式的规范，在授权范围之外，主体什么也不能做。列举式授权性规范体现了传统计划经济体制统得过死的弊端，它与今天的改革形势不可避免地发生冲突。因为改革是"摸着石头过河"，如何具体地授权，如何限定主体的活动范围，是无法预知的。此外，市场经济也是一个不能完全为人们所认识和把握的对象，采用列举式的授权性规范立法技术亦与之不相适应。市场经济不同于计划经济的一个特征就是尊重主体的自由选择，采取列举式的授权规范则不利于这种自由选择，而应采用禁止性规范确定主体不可涉足的范围，在被禁止之外的广阔空间里，每一个主体都可以根据"法不禁止即自由"的原则，理性地、自由地行使自己的权利。

夏：尽管良性违宪难以避免，但是其在本质上仍然是违反宪法的，甚至有可能对宪法的权威造成冲击。是不是应该给良性违宪设置一个"控制阀"？

郝：是的。这个"控制阀"表现在两个方面。第一，要有一个权威的违宪鉴定机构。建议在全国人民代表大会下设立一个常设委员会，名称为宪法委员会。其主要职权是对国家机关和领导人的职务性行为进行合宪性审查。如有违宪事件，则进一步鉴定其为良性还是恶性。若为恶性，则理所当然地予以阻止或排除。若为良性，则向人民做出清楚的解释。第二，对良性违宪必须有时间上的限制。即在鉴定某行为为良性违宪之后，必须在一定的时间内，通过法定程序修改宪法，使良性违宪最终转变为合宪。如果没有这种时间限制，会有损人们对宪法权威的认同。

夏：良性违宪理论提出后，受到一定的质疑，比如童之伟教授就认为良性违宪实质上是主张可以有条件地故意违反宪法，这在理论上是非常错误、有害的，付诸实践则必然阻碍我国走向法治社会的进程。对此，您的回应是什么？

郝：我仍然坚持"良性违宪是一个不争的事实"。中国的改革，在前一阶段主要是靠政策推进的，许多政策与法律是冲突的，这已为众人熟知。我仍然坚持对良性违宪一要肯定、二要限制的立场。良性违宪具有不可避免性和合法性，这是由成文法固有的局限性与社会变革之间的矛盾决定的。

第一，法律的保守性和社会变革的发展性相矛盾。在法律体系中，宪法由于其制定和修改的程序最为严格，因而稳定性也最强。与之相应的是，其滞后性亦最为突出，最容易"成为进步与变化的桎梏"，最容易受到社会变革的冲击，但这种冲击能够为宪法"突破性的调整留下余地"。

第二，法律规则的僵硬性和社会变革的灵活性相矛盾。社会变革往往采取原则性和灵活性相结合的办法来推进。例如，为了探索加快改革的途径，在改革开放初期我们设立了深圳经济特区。特区"特"在何处？"特"在它是改革开放的试验区，允许它在深圳这样一个特定地区"闯红灯"，为其他地方的改革提供经验。特区的设立体现了中国人特有的灵活机动处理问题的智慧，虽然深圳的一些做法与当时宪法的某些具体规定不尽吻合，可它却最终导致宪法的更新。

第三，法律的控制性与社会变革的越轨性相矛盾。法律的控制性与人们的越轨行为是对立的，但社会变革时期的越轨行为是难免的。怎样看待越轨行为？21 世纪以来愈来愈多的学者转变了过去对其全盘否定的态度，而承认其有一定的合理性。这是因为某些越轨行为能带来社会体制中所需要的必然性变化。例如，在由马丁·路德·金发起的非暴力反抗运动中，对允许隔离法的破坏把整个国家的注意力都吸引到他们所遭受的不公平待遇上了。这个民权运动终于使那些法律发生了变化。因此，那些促进社会经济政治进步的"越轨"行为，是社会变革的前奏曲，就像起初被视为"越轨"的乡镇企业，经过实践的检验，取得了合法地位，并为国有企业的改革提供了一个有益的参照系。

夏：郝老师，最后能否请您对本次访谈的内容做一个简要总结？

郝：《权利实现的差序格局》《良性违宪》这两篇文章，透露了我的一个最基本的法治理念，那就是：不是社会以法律为基础，而是法律以社会为基础。在一个迫切希望赶快实现法治现代化的发展中国家中，既要防止法律虚无主义，同时也要防止法治浪漫主义。所谓法治浪漫主义，一是不顾法治发展的阶段性，试图一蹴而就；二是不顾法治是受社会的政治经济文化发展水平所制约，而就法治论法治，孤芳自赏。现在世界上发达国家也就二三十个，绝大多数国家处在发展中阶段。许多发展中国家已经照搬学习西方发达国家将近 200 年了，但是就是没有鲤鱼跳龙门，跨入发达国家的行列。这说明橘生淮南则为橘，橘生淮北则为枳。世界上没有一种可以放之四海而皆准的法治模式。相反，条条大路通罗马，发展中国家只能从自己的实际出发去实现法治现代化。我始终相信这三句话。第一，贫穷无法治。法治属于一种奢侈品，没有发达的经济文化，就不会有发达的法治。第二，愚昧无法治。就像这次抗击疫情，有些西方国家一开始竟然认为白种人不会患新冠肺炎，只有黄种人才会生这种病。所以，他们还觉得口罩是生病才需要戴的，所以拒绝戴口罩来防止新冠肺炎，最后碰得头破血流了，才长了见识，采取了封闭、隔离防治措施，戴上了防范疾病的口罩。第三，乱世无法治。有稳定虽然不见得就有法治，但是没稳定是绝对不会有法治的。西方也有一句法律谚语，"枪炮作响法无声"，所以发展中国家要想实现法治现代化，首先是要有稳定的秩序，其次是需要一个高效廉洁的政府。这是美国亨廷顿的学生福山最近反复强调的。

评论与回应

【本组稿件主持侯欣一教授按语】 现代中国秩序的生成是中华文明乃至人类文明中的重大事件，是学人们无论如何也绕不过去的"中国问题"。学人们对其中机理的认知在近二百年中取得了重大进展，赢获了不少思想成果。邓正来教授提出"主体性中国"等概念，并根据他独特的人生体验提出"社会秩序建构的正当性"这个被称为"邓正来问题"的法哲学基本问题，极大地开启了当代中国思想的视域。惜天不与寿，邓正来教授于2013年1月在沪上溘然长逝，成为当代中国学术界的重大损失。孙国东教授在邓正来教授指导下精研哈贝马斯思想，在十多年学术积累的基础之上，近又撰成《公共法哲学：转型中国的法治与正义》一论著，阐发了"作为转型法哲学的公共法哲学"。本组稿件即是围绕此论著展开的评析与回应，值得细细品读。

出场时刻与中国法哲学理论建构

——对《公共法哲学：转型中国的法治与正义》的政治哲学检视

姚选民 *

摘　要： 摒弃偏见观之，《公共法哲学：转型中国的法治与正义》所承载之"转型法哲学"的出场，不仅在当今法学研究领域是一个里程碑式的学术事件，而且进一步开启了真正立基于中国之中国法哲学理论建构的大门。不过，转型法哲学中所强调的出场时刻亦即现代化转型时期背景与超越时空的中国法哲学理论建构之间似乎存在一种"挥之不去"的内在张力，致使其在某种意义上成为一种"提前出场的"中国法哲学理论，具体理据包括：其一，转型法哲学沉浸在一种"虚幻的"中国转型期；其二，转型法哲学欲追求一种"西方化的"法治图景或法秩序构造方式理想状态；其三，转型法哲学浮现出了一种"中华文明"正义秩序。

关键词： 公共法哲学　中国法哲学　法治图景　正义　中国转型时期

批评或赞美，我都很受用，关键要有品位！

——邓正来

一　引言：欣喜之余的困惑

看过周星驰演的一部电影，星爷出演的是一位"无厘头"的厨师。在高潮情节的厨艺大赛中，那位厨师因挫折而突发奇想，创作了一个作品——黯然销魂饭。品尝了那份看似"再普通不过的"叉烧饭后，原本一本正经的评委突然间疯癫，表情显得无限享受，并不断叨念（甚至声嘶力竭地呐喊）："太好吃了！太——好——吃——了——！这是我吃过的最美味的叉烧饭……"有时候读到极其有共鸣的学术文字（或著作或论文），在我脑海里就会即刻闪现这幕情景，似乎只有这幕情节中之情感呈现方式

---

* 姚选民，湖南省社会科学院副研究员、中国反腐败司法研究中心特聘研究员。

方能表达出我内心的体验和享受。诚言之，随着年岁或阅历的增长，在阅读学术文字时的这种"一念过"的移情体验并不常有，尤其是在即将步入不惑之年的年龄阶段，但在读完复旦大学孙国东教授新著《公共法哲学：转型中国的法治与正义》（中国法制出版社 2018 年版）之后，令人惊奇地再度产生了这番情感体验。对此，我不知道是该庆幸自己"依然还年轻"，还是打心底里为作者高兴，钦佩其创作出了这样一部好作品，甚或称之为"传世之作"亦不为过。毋庸讳言，在阅读这部作品的过程中，我就像置身于一座学术宫殿之中，不断呈现的理论学说或思想令人思绪万千，甚至有目不暇接之感，但彼此间又天衣无缝般地整合成了一个论说整体。在该宫殿的每一拐角处似乎都能发现惊喜，而我凝神闭气不想放过每一拐角处之惊喜的贪心，让自己读着读着渐生一种"侯门深似海"式的焦躁感，亦即不时担心自己在其中某个论证环节跟不上作者的思绪。"游历"一遭出来，仍想继续这种精神之旅，生怕某拐角处的"风景"因自己阅读心境的波澜或急促而落下。尽管如此，我亦不敢说自己业已吃透了国东教授的这部大作，不过对于香港大学哲学系慈继伟教授直抒胸臆的推荐语却是深为赞同的，作者"在当今中国的情境中做系统的法哲学理论建构更像是做霍布斯式的开创性努力"①，亦即作者力图像霍布斯一般步入当今大变革时代之思想"无人区"②，自己清理甚或开辟"地基"以建构真正的中国法哲学理论——"转型法哲学"（相较于"公共法哲学"这一称谓，我更倾向于前者，而后者之属概念的意味比较浓，③ 尽管二者都可以用来指称其建构的中国法哲学理论，并没有引起所指混淆之后果④）。与此同时，在阅读该著的欣喜之余，在我内心亦伴生着一种困惑，那就是，作者于转型法哲学中所强调的出场时刻亦即现代化转型时期背景与超越时空之中国法哲学理论建构之间似乎存在一种"挥之不去"的内在张力。在本篇研究文字中，我将详细阐述这种张力，亦即我内心的困惑，以求教于国东教授及学界同人。

---

① 孙国东：《公共法哲学：转型中国的法治与正义》，中国法制出版社，2018，第 540 页（推荐者说）。

② 参见〔英〕霍布斯《利维坦》，黎思复、黎廷弼译，商务印书馆，2017，第 1~7 页（出版说明）。

③ 参见孙国东《公共法哲学：转型中国的法治与正义》，中国法制出版社，2018，第 51、54~63、479 页。

④ 参见孙国东《公共法哲学：转型中国的法治与正义》，中国法制出版社，2018，第 48、477~479 页。

二 为何是一种"中国法哲学理论"?

对任何一种理论学说或思想进行学术检视,首先我们对该理论学说或思想要有一种基本的认识(先别说吃透它),而对该理论学说或思想是否业已具备基本的认识,其中一个重要判准就是,是否能够说出它"好在哪儿"。一如哲学家赵汀阳先生所说:"要回答'好在哪儿',用空话是糊弄不过去的。如果真的知道'好在哪儿'就等于知道了问题所在以及如何解决问题。"① 亦即是说,说出一项研究好在哪里,不仅仅是说出对它的直观阅读体验,更不是随意吹捧,溜须拍马,而是要对该项研究于学界相关领域所居处的学术"水位"有一个基本的判断,亦即要能够说出它赖以立足于学界或思想界的东西。在我看来,国东教授新著在当今学界或思想界赖以立足的东西就是,它呈现了作者的一种"中国法哲学理论"——"转型法哲学"。显然,作者所提出的这种法哲学理论是一种偏向广义的法哲学理论,是将狭义法哲学(即法学界常说的"法律哲学")所旁及甚或深涉的政治哲学问题亦一并处理了(即便如此,亦丝毫不影响其理论的法哲学性质)②。之所以说国东教授的新著呈现了一种称之为"转型法哲学"的中国法哲学理论,我主要是从这样三个方面来认识的:其一,转型法哲学立基于一种中国法哲学问题意识;其二,转型法哲学确立了一个中国法哲学思想框架;其三,转型法哲学勾勒出了一幅中国法哲学理论图谱。

(一) 立基于一种中国法哲学问题意识

面对国东教授的这部著作或相类似的法哲学著作,不少阅读者特别是一些法学界研究者会劈头盖脸不客气地批评说,其研究主要是以一种外部性视角在探讨现代化转型时期的中国法哲学问题,而更期待甚或更应当从内部性视角来探讨该论题。这种批评给人的感觉是,就好像有点荒谬地要求一个研究者要"十八般武艺样样精通",一样没有涉及或未来得及关注就是"不行的"表现。有时候面对这种评论或相类似评论,我似乎能够体会到作者"哑巴吃黄连"式的内心困窘(可能非苦衷),其实在其内心可能会这样申说:本书的研究是有目标限定的,该论题之法哲学层面(亦即

---

① 赵汀阳:《每个人的政治》,社会科学文献出版社,2010,第 3 页(前言)。
② 参见孙国东《公共法哲学:转型中国的法治与正义》,中国法制出版社,2018,第 4 ~ 15、488 ~ 489 页。

广义法哲学层面）之外的学术层面（如法理学层面、部门法学层面等）探讨并非其研究旨趣。①

作者在著作中不仅对其研究目标进行了有意识的限定，而且对其研究之性质的定位亦是很谦逊的。一方面，作者明确定位其研究主要探讨现代化转型时期的中国法哲学问题，主要在做一些"清理地基"工作以待未来可期的真正中国法哲学研究。② 另一方面，作者对其著作之研究使命亦有明确的限定，主要涉及这样两个论题③。一者是"对邓正来意义上'中国（法律）理想图景'的介入性学理分析和实体性理论建构"④，其又包括两个分论题：其一，"从总体上对……'邓正来问题'……本身进行介入性学理分析和实体性理论建构"⑤（见该书"上篇"）；其二，"以对'正义'概念的学理'格义'为例，较为具体地推进关于邓正来意义上'中国（法律）理想图景'的介入性学理分析和实体性理论建构"⑥（见该书"下篇"）。另一者是"基于对法治中国之政治理想与实践约束条件的把握，对中国情境中法治理论模式的介入性学理分析和实体性理论建构"⑦（见该书"中篇"）。当然，对于其研究目标的自我限定以及其著作之研究性质的自我鉴定，作者显然自谦，而在我看来，转型法哲学之所以是一种"中国法哲学理论"，一个重要理据是该理论的出场是基于一种中国法哲学问题意识。⑧ 这样一种中国法哲学问题意识，既可理解为一个中国法哲学问题意识，亦可以理解为一束中国法哲学问题。申言之，说是一个中国法哲学问题意识，主要是指作者称之为"邓正来问题"的，亦即基于中国文化认同的（法律）理想图景问题。⑨ 在作者看来，一方面，邓正来先生不仅提出了中国法学

---

① 参见孙国东《公共法哲学：转型中国的法治与正义》，中国法制出版社，2018，第 24 ~ 25、66 ~ 70、488 ~ 489、501 ~ 502、505 ~ 506 页。

② 参见孙国东《公共法哲学：转型中国的法治与正义》，中国法制出版社，2018，第 504、521 ~ 522、525、530 ~ 531 页。

③ 参见孙国东《公共法哲学：转型中国的法治与正义》，中国法制出版社，2018，第 70 页。

④ 孙国东：《公共法哲学：转型中国的法治与正义》，中国法制出版社，2018，第 66 页。

⑤ 孙国东：《公共法哲学：转型中国的法治与正义》，中国法制出版社，2018，第 70 页。

⑥ 孙国东：《公共法哲学：转型中国的法治与正义》，中国法制出版社，2018，第 71 页。

⑦ 孙国东：《公共法哲学：转型中国的法治与正义》，中国法制出版社，2018，第 67 页。

⑧ 参见孙国东《公共法哲学：转型中国的法治与正义》，中国法制出版社，2018，第 544 页（推荐者说）。

⑨ 参见孙国东《公共法哲学：转型中国的法治与正义》，中国法制出版社，2018，第 78 页注［1］。

研究因受西方现代化范式支配而缺失理想图景的中国法律理想图景问题,①
而且开启了中国法学领域特别是法学理论领域或法哲学领域关于中国现代
性问题的思考,提出了基于中国文化认同的理想图景问题。②

另一方面,主要基于其"理论化的问题处理"③手法,作者不仅揭示
了邓正来先生对 1978 年以来中国法学特别是法学理论或法哲学研究的批
判限度,以及其提出基于中国文化认同之理想图景问题的论证瑕疵,亦即
作者"在福柯式的'话语分析'与邓正来'知识—法学'取径之间进行
尝试对勘,并分析后者社会 - 历史维度的缺位以及由此带来的问题,特别
是对'现代化话语'——即邓正来所谓的'现代化范式'——进行话语
分析的不彻底性和'邓正来问题'出场的不充分性"④,而且在邓先生开
创性工作的基础上更完整地提出或建构了"邓正来问题"⑤。说是一束中
国法哲学问题,主要是指邓正来先生初步提出、作者进一步完善或建构论
证的理论问题即"邓正来问题",它不仅仅是一个内涵极其繁复的转型时
期法哲学问题,而且是一个问题域,亦即一束问题。从某种意义上说,作
者之所以下那么大功夫深度开掘邓正来先生所"触及"或初度提出的中国
理想图景问题或"邓正来问题",是因为他内心所关涉的现代化转型时期
中国法学理论或法哲学研究之"十万个为什么"般的子理论问题束⑥要求
他对该"枢纽问题"亦即"邓正来问题"必须进行一个总解决,否则,
所有的具体法学研究特别是部门法学研究对中国法学问题或法学理论问题
的关注或知识生产都有可能沦落为一种"隔靴搔痒"式的学术探讨,而在
法学思想的学术增量层面没有什么太大的意义。⑦ 由此观之,转型法哲学,
它并不关注中国现代化转型时期"经未定"状态下的具体法律理论问题或
法律运行层面问题,而是主要关注转型时期中国法秩序的顶层设计层面问

---

① 参见邓正来《中国法学向何处去——建构"中国法律理想图景"时代的论纲》(第二
版),商务印书馆,2011,第 36~275 页。

② 参见孙国东《公共法哲学:转型中国的法治与正义》,中国法制出版社,2018,第 75~
81 页。

③ 参见孙国东《公共法哲学:转型中国的法治与正义》,中国法制出版社,2018,第 186~
188 页。

④ 孙国东:《公共法哲学:转型中国的法治与正义》,中国法制出版社,2018,第 82 页。

⑤ 参见孙国东《公共法哲学:转型中国的法治与正义》,中国法制出版社,2018,第 78、
83~126 页。

⑥ 参见孙国东《公共法哲学:转型中国的法治与正义》,中国法制出版社,2018,第 45~
47、253、263、490~491 页。

⑦ 参见孙国东《公共法哲学:转型中国的法治与正义》,中国法制出版社,2018,第 24~
25、501~502、505~506 页。

题亦即广义的法哲学问题，彰显一种浓郁的中国法哲学理论气质。

（二） 确立了一个中国法哲学思想框架

说转型法哲学是一种中国法哲学理论的第二方面理据是，它确立了一个中国法哲学思想框架。当年，美国哲学家约翰·罗尔斯（John Rawls，1921～2002）教授推出他的名著《正义论》，详尽阐发他的公平正义理论，[①] 不意想引发了学界对正义问题的研究狂潮。他的同事哈佛大学罗伯特·诺奇克（Robert Nozick，1938～2002）教授在那部因批判公平正义理论而一时洛阳纸贵的《无政府、国家和乌托邦》一书中这样说道：“《正义论》是政治哲学和道德哲学领域一部有力的、深刻的、精致的、内容广泛的、系统的著作，起码自约翰·斯图亚特·密尔以来，还没有见到可以与之匹敌的作品。它是各种发人深省的思想之源泉，而这些思想被整合进一种优美的整体。现在，政治哲学家们或者必须在罗尔斯的理论框架内工作，或者必须解释不这样做的理由。”[②] 在《公共法哲学：转型中国的法治与正义》出场后，我可以毫无违和感地借用诺奇克的语式说，所有对中国法哲学问题的探讨或理论建构都需要在国东教授所揭示或建构之思想框架的基础上进行，否则，就需要说出不这样做的理由。国东教授关于中国法哲学建构的研究之所以这样基础，在很大程度上是源于他延续了罗尔斯的政治哲学（亦即广义法哲学）思想传统，扎扎实实地从“清理地基”的基础性理论工作做起，颇有几分曾文正公“结硬寨，打呆仗”的学术气质和精神风度。那么，转型法哲学所确立的中国法哲学思想框架是什么呢？在我看来，就是作者所揭示或建构之思考中国法哲学问题甚或中国问题的“结构化情境”理论。[③] 在作者看来，所谓结构化情境，亦“即经由历史的积淀、社会的演化和政治的博弈而形成的某些相对固化的情境”[④]。置于中国这一特定时空的结构化情境（当然亦包括关涉中国的世界结构化情境）是思考中国法哲学问题甚或中国问题所必须承认的社会存在现实，是建构中国法哲学理论的真正“地基”。关于中国这一特定时空的结构化

---

① Cf. John Rawls, *A Theory of Justice*, Cambridge, Massachusetts: The Belknap Press of Harvard University Press, 1971, pp. 3～587.

② 〔美〕罗伯特·诺奇克：《无政府、国家和乌托邦》，姚大志译，中国社会科学出版社，2008，第218页。

③ 参见孙国东《公共法哲学：转型中国的法治与正义》，中国法制出版社，2018，第8～10、180～181页。

④ 孙国东：《公共法哲学：转型中国的法治与正义》，中国法制出版社，2018，第8页。

情境问题甚或关涉中国的世界结构化情境问题，学界并不是没有人在关注①，但是，将之作为思考中国问题特别是中国法哲学问题而进行深入关注，并进行系统理论提炼和建构，却是自国东教授始。在作者看来，思考现代化转型时期中国法哲学问题或中国问题的元结构化情境主要有三个方面：其一，文明型国家的文化或历史遗产；其二，超大规模型国家的社会结构；其三，社会主义政党－国家的政治架构。②而思考现代化转型时期中国法哲学问题甚或中国问题的具体结构化情境，则有仍深嵌在中国社会之中的"差序格局"（不仅包括横向社会关系的"差序格局"，而且包括纵向社会结构的"差序格局"，亦即"传染性的差序格局"）③、强调规则适用一致性而否弃规则之正当性考量的"反正义的公平观"④等社会存在现实。在中国这一特定时空之结构化情境业已被相对系统揭示或建构出来的今天，思考中国法哲学问题（甚或中国问题）或建构中国法哲学理论（甚或中国气派理论），不立基于中国这一特定时空的结构化情境以及关涉中国的世界结构化情境，那么，其思想或理论建构就没有出场或"诞生"的合法性。从此意义上讲，转型法哲学的出场实际上确立了一种"中国法哲学"范畴，只有那些真正立基于中国这一特定时空之结构化情境（包括关涉中国的世界结构化情境）的法学理论研究才能或才有资格称为中国法哲学，⑤否则，就只能是隶属于中国法哲学之外围范畴的辅助性研究（如专业法哲学、政策法哲学等⑥知识生产），亦即仅仅是关于中国法哲学的研究而非真正的中国法哲学研究。如果是这样的话，那么，为真正之中国法哲学建构确立了基本思想框架的转型法哲学，自然是一种中国法哲学理论，无疑义也。

265

---

① 参见邓正来《谁之全球化？何种法哲学？——开放性全球化观与中国法律哲学建构论纲》，商务印书馆，2009，第7～290页；孙国东《公共法哲学：转型中国的法治与正义》，中国法制出版社，2018，第93页注［1］。

② 参见孙国东《公共法哲学：转型中国的法治与正义》，中国法制出版社，2018，第8～9、206～216页。

③ 参见孙国东《公共法哲学：转型中国的法治与正义》，中国法制出版社，2018，第252～266页。

④ 参见孙国东《公共法哲学：转型中国的法治与正义》，中国法制出版社，2018，第316～351页。

⑤ 参见孙国东《公共法哲学：转型中国的法治与正义》，中国法制出版社，2018，第164页。

⑥ 参见孙国东《公共法哲学：转型中国的法治与正义》，中国法制出版社，2018，第50页。

（三）勾勒出一幅中国法哲学理论图谱

说转型法哲学是一种中国法哲学理论的第三方面理据是，它建构了一副中国法哲学基本"骨架"或勾勒出了一幅中国法哲学理论图谱。诚言之，基于一种中国法哲学问题意识以及一个中国法哲学思想框架，就说转型法哲学是一种中国法哲学理论，显然是有些底气不足的，即是说，前述两方面的理据只是反映了转型法哲学的一种"中国法哲学理论"气象或气质。但若其同时揭示出了一副中国法哲学基本"骨架"或一幅中国法哲学理论图谱，则转型法哲学作为一种中国法哲学理论就是名副其实、当之无愧的了。从某种意义上讲，一种法学理论若想进阶到法哲学理论的行列，它不仅必须涉及法哲学理论的实体建构，而且必须涉及应对或解决其所应当关注之国家法秩序的核心问题：一者是中国国家法秩序的核心框架问题，亦即主要是中国之社会基本结构的正义问题；一者是中国国家法秩序之核心框架的运行维续问题，亦即中国国家法落地的法治元问题。而这两大中国国家法秩序的核心问题都囊括在国东教授之转型法哲学的议题范围之中。**就中国国家法秩序的核心框架问题而言**，作者对它的探讨主要是分两步展开的。第一步主要是基于中国社会中"反正义的公平观"这一具体结构化情境，以罗尔斯的公平正义诸原则阐述为参照，① 揭示出了中国社会应实现的"底限正义"诸原则：

> 经济正义（分配正义）原则：国家和社会应当保障（1）拥有同等资质和才能且对自身资质和才能有同等利用意愿的社会成员，以实质性的平等人格获取教育和培训机会、参与职位和地位公平竞争的必要物质条件（实质性的机会公平原则）；（2）以及具有奋斗志向的"最少受惠者"人格独立所必备的生活条件，而不论其自然禀赋如何（差别原则）；
> 政治正义原则：经济、政治与文化的不平等安排以及基于"共同善"对权利的限制，应同时满足如下两个条件：（1）在政治共同体内得到充分的民主商谈（商谈民主原则）；（2）以法律的形式确立下来，并在法律适用中平等地适用于所有人（法治原则）。②

---

① 参见孙国东《公共法哲学：转型中国的法治与正义》，中国法制出版社，2018，第360～372页。

② 孙国东：《公共法哲学：转型中国的法治与正义》，中国法制出版社，2018，第373页。

并说明，这"两个大原则、四个小原则，均形成了'词典式的序列'：经济正义（分配正义）原则总体上优先于政治正义原则；在经济正义（分配正义）原则内部，实质性机会平等原则优先于差别原则；在政治正义原则内部，商谈民主原则优先于法治原则。这种'词典式序列'意味着：如果在先的原则未获得充分满足，即使完全实现在后的其他正义原则，社会基本结构的正义性仍会受到质疑"①。这些底限正义诸原则（包括其说明），显然勾勒出了当今中国之社会基本结构的应然面貌或精神气质。以之为契机，转型法哲学经由对"关联性正义"诸原则亦即底限正义诸原则具体适用之系列评价法则（包括三个向度、六个方面的关联性正义诸评价准则）的揭示，② 为中国社会之底限正义诸原则的真正落地又提供了某种切合中国这一特定时空之结构化情境（包括具体结构化情境）的实践智慧维度指引。③ 第二步经由对共同政治文化（包括四项基本原则和富强民主文明和谐美丽的社会主义现代化奋斗目标等主要内容）范导下之国家中立性正义原则的揭示或建构，进一步推进了关于中国社会之正义问题的探讨，亦即勾勒出了与社会基本结构之底限正义相契合的文化正义或当今中国社会这一特定时空之跨社会体系的罗尔斯式政治正义④图景。⑤ 亦即是说，作者主要通过这样两步，分别从社会基本结构之底限正义诸原则、底限正义诸原则实践之系列评价准则（亦即关联性正义诸评价准则）和共同政治文化范导下之国家中立性正义原则这样三个维度勾勒或形构了关于当今中国国家法秩序之核心框架的法哲学理论。**就中国国家法秩序之核心框架的运行维续问题而言**，作者希图通过隆行法治的途径来解决：一方面，在批判形式主义法治观和工具主义法治观的基础上，力图在中国社会确立"法律的不可随意支配性"的功能主义法治观⑥；另一方面，力图通过逐步改造甚或消解深嵌于中国社会的"差序格局"这一具体结构化情境，为

---

① 孙国东：《公共法哲学：转型中国的法治与正义》，中国法制出版社，2018，第 373 页。

② 参见孙国东《公共法哲学：转型中国的法治与正义》，中国法制出版社，2018，第 386 ~ 430 页。

③ 参见孙国东《公共法哲学：转型中国的法治与正义》，中国法制出版社，2018，第 301 ~ 302 页。

④ 参见孙国东《公共法哲学：转型中国的法治与正义》，中国法制出版社，2018，第 384 页。

⑤ 参见孙国东《公共法哲学：转型中国的法治与正义》，中国法制出版社，2018，第 432 ~ 476 页。

⑥ 参见孙国东《公共法哲学：转型中国的法治与正义》，中国法制出版社，2018，第 196 ~ 251 页。

功能主义法治观在现代化转型时期中国这一特定时空中真正落地创造一种"社会基础秩序"条件①。可见，转型法哲学，不仅是为学界中国法哲学的未来建构清理了"地基"，而且在其业已清理或开拓出的"地基"上为中国社会基本建立起了一副解决国家法秩序之核心问题的法哲学理论"钢筋水泥架结构"或勾勒出了一幅法哲学理论图谱。如果是这样的话，我们有什么理由不认为国东教授的转型法哲学是一种中国法哲学理论？

基于以上三方面的基本理据，在我看来，国东教授的转型法哲学足可以称为一种"中国法哲学理论"。然称转型法哲学为"一种"中国法哲学理论，没有贬低转型法哲学之智性贡献的意思，而是意指作者开启了真正中国法哲学理论构建的大门，亦即期盼随后如雨后春笋般的中国法哲学理论建构高潮。

三　为何是一种"提前出场的"中国法哲学理论？

在今天这样一个学术时代，可谓是天天讲、时时讲理论创新（且别说学术原创），但到真的"龙"来了的时候，"叶公"们却又不知道躲到哪里去了。一方面，我沉浸在阅读国东教授新著的"余音"之中，真心为他有如华东师范大学政治学教授刘擎先生所言之"其深度与创见在中青年学者的作品中无疑属于第一流的水准"②这样的学术成绩而感到自豪。另一方面，在我心中同时萦绕不去地感觉到，转型法哲学作为一种中国法哲学理论来得有些"突兀"，其研究之超越时空的"中国"整体视角与其"出场时刻"的现代化转型时期背景这二者之间存在某种张力。不甚恰切地说，转型法哲学作为一种中国法哲学理论在今天出场就像是一个提前出世或早产的婴儿：为人父母的，似乎都迫切想早点见到自己孩子的降生，但同时于心底深处又希望他/她足月出世。细细一想，这种矛盾的心理其实一点都不矛盾，那就是这一切都是源于父母对自己孩子的爱，真希望他/她能享有人世间百分之百的爱。诚言之，对于转型法哲学的"降生"，我亦有此类似感觉或情感，尽管其不是我的"孩子"，但是其是我所置于其间之时代、学术界的"产儿"。之所以会觉得转型法哲学是一种提前出

---

① 参见孙国东《公共法哲学：转型中国的法治与正义》，中国法制出版社，2018，第252～303页。

② 孙国东：《公共法哲学：转型中国的法治与正义》，中国法制出版社，2018，第541页（推荐者说）。

场的中国法哲学理论，主要有这样三方面的理据：其一，转型法哲学沉浸在"虚幻的"中国转型期，现代化转型时期是难有一般意义上之国家法哲学理论（亦即未来性的或超越时空的法哲学理论）的生存空间的，转型法哲学所赖以为基的"转型期"背景在很大程度上是一种幻象，相对于转型时期这一时代背景，转型法哲学作为一种中国法哲学理论提前出场了；其二，转型法哲学欲追求一种"西方化的"法治图景或法秩序构造方式理想状态，其中所呈现的明显是一种西方社会的法秩序图景或法秩序构造方式理想状态，内生于中国社会的法秩序图景或法秩序构造方式理想状态还没有被凸显或形构出来，相对于尚未"出世"之植根于中国社会的法秩序图景或法秩序构造方式理想状态，转型法哲学作为一种中国法哲学理论提前出场了；其三，转型法哲学浮现出一种"中华文明"正义秩序，"中华文明"正义秩序被浮现出来自然好，但若在转型时期业已将其整体性地浮现出来或业已完成该项工作这一情形无疑表明，转型法哲学作为一种中国法哲学理论提前出场了。

（一）沉浸在一种"虚幻的"中国转型期

认为转型法哲学是一种提前出场的中国法哲学理论的第一方面的理据是，它沉浸在一种"虚幻的"中国转型期。在国东教授的新著中，中国处于现代化转型时期在很大程度上是一个不证自明的前提（更确切地说，仅给予了弱度论证①），抑或说将之作为一个公认的学术论断。诚言之，今天中国仍处于不定型时期或王赓武所言之"经未定"的转型时期，② 这一论断于当今学界在很大程度上可以说是一种通说。虽然如此，即便我于本篇文字中不奢望能够推翻这一论断（因为如法学家林来梵先生所言，许多乐于提出"新说"的学者"没有考虑到，要推翻一种少数说，和推翻一个通说，其所要承担的论证义务是不同的。这可谓是论证义务的一种比例原则。违反了这样的原则，即使观点再新奇，也可能是无根之游谈，根本不可靠"③）但是，已有的一些思考体认仍情不自禁地催促着我试图将该所谓的"通说"问题化，努力将之重新争辩为一个开放性论题，而至于最

---

① 参见孙国东《公共法哲学：转型中国的法治与正义》，中国法制出版社，2018，第 109 ~ 115、228 ~ 230、337、432 ~ 436、490 ~ 491 页。

② 参见孙国东《公共法哲学：转型中国的法治与正义》，中国法制出版社，2018，第 337、432 ~ 436 页。

③ 林来梵：《当前文科的许多研究领域，充斥着大话、套话、空话和假话》，http://www.360doc. com/content/19/0929/11/21327818_863865902. shtml，2019 年 9 月 29 日。

终效果如何则为另一个问题，亦不是我个人所能够加以控制的。

在今天学界或思想界，亦有如转型法哲学所引述甚或阐述的，当今中国仍处于"经未定"的转型时期，其论说之理据主要可归结为三方面。**一者，以现代西方社会之历史演化发展为参照所得出的认识。**西方社会的现代化转型自文艺复兴以来经历了几百年的时间①，那么，中国的现代化转型（且不问这种转型是否可欲）亦当需要好长时间，至少应该不是新中国成立以来 70 年就能够完成的②。**二者，以古代中国应对外来佛教文化冲击这一历史事件的演化历程为参照所得出的认识。**古代中国在应对来自南亚佛教文化之冲击的问题上经历了上千年时间（亦即自两汉至宋代这一时间跨度）③，而现代西方世界对中国的冲击相比佛教文化的冲击更深刻，自然亦需要相仿时间甚至更长的时间来进行消化或回应，中国的现代化转型显然"仍然在路上"。**三者，以西方世界的当代面貌为所谓"现代社会"之发展目标所得出的认识。**跟西方世界的今天面貌（如以英国、美国为代表的现代国家形态）相比，中国社会目前所达到的状态意味着，其现代化转型似乎还要经历一个中长时段的发展历程。这三方面理据貌似言之凿凿，但细思反观起来亦经不起推敲。

就第一、二方面的理据来看，谁说西方世界的现代化转型或古代中国回应外来佛教文化的冲击需要几百年甚或上千年时间，中国回应现代西方文明的冲击就亦非得用上几百年甚或上千年时间？事实胜于雄辩，如果日本人、新加坡人、韩国人等不是西方人的话，那么，它们的现代化转型事实表明，一个文明或国家社会的现代化转型期，可长可短，而其中的关键是解决问题的方法或现代化路径抉择要对路。退一步来讲，中国现代化转型的始期还是一个有争议的问题，比如该书中转型法哲学认为中国社会的现代化转型始于晚清（乃至宋明）④，而历史学家朱维铮先生就认为中国社会的现代化始于晚明（并且认为中国现代化的动力还有内部自发因素，

① 参见〔美〕斯塔夫里阿诺斯《全球通史：从史前史到 21 世纪》（第 7 版修订版），吴象婴等译，北京大学出版社，2012，第 372～375 页。

② 参见孙国东《公共法哲学：转型中国的法治与正义》，中国法制出版社，2018，第 512 页。

③ 参见崔峰《入传、对话与突破——从鸠摩罗什入华传教看印度佛教向中国的输入》，博士学位论文，西北大学，2013，第 283～285 页。

④ 参见孙国东《公共法哲学：转型中国的法治与正义》，中国法制出版社，2018，第 80 页注〔1〕、第 100～109 页。

而不仅仅是西方世界的冲击）。① 如果折中一下算来，那么，今天中国社会的"现代化转型"亦有近五百年时间。既如此，那么，在判断当今中国是否业已走出了应对现代世界演变情势之转型期或现代化转型时期的问题上，党的十九大所提出之中国社会基本矛盾的转换是不是可以算得上是一个分水岭式的标志性事件呢？

就第三方面的理据来说，这种判断理据就更是离谱了。亦即是说，若中国社会成不了现代西方世界那样的社会，那么，中国社会的现代化转型就"永远在路上"。显然，我前述的这些争辩都还是在顺着论辩"对方"的逻辑，还是"顺杆爬"的，亦即预设了现代化甚或现代性是人类社会历史发展之规律性的东西。② 然而，我要进一步争辩的是，不仅前述"对方"那三方面的具体理据是经不起争辩的，而且，作为现代性之表征的现代化，其演化路径亦是一个现代西方世界所制造的、充满了西方中心主义的"神话"。所谓的"现代化"不过是西方世界为应对文艺复兴以来日益复杂化之社会矛盾问题所形成的一种生活方式，它是西方社会中"新时代"社会矛盾运动所产生的结果，并不意指现代西方人所创造的世界就比前现代西方人所置于其间的世界更可欲、更正当。历史事实一大把，就以众所周知的古希腊历史事实为例：从典籍文献视角来看，雅典人的城邦时代生活似乎要优于后来的罗马时代生活。③ 若如此，罗马时代的雅典人是否要返回到其城邦时代去生活？相较于古希腊古罗马时代，在后面的中世纪时代，所谓源远流长之"西方社会"④ 的演化就更是"退步"得离谱了。更进一步讲，有时候这种"返回"还不是可不可能的问题，而是雅典人作为一个族群每时每刻都必须适应现实世界情势变化以追求其想要的社会生活。在此意义上讲，历史没有目的论，现代化或现代性话语就是现代西方人所构设出来的一种以线性史观为学理基础的历史宿命论逻辑陷阱，为其立基于犹太教 - 基督教文化之现代扩张或侵略行为的可欲性或正当性

① 参见朱维铮《走出中世纪》（增订本），中信出版社，2018，第 1～358 页；朱维铮《走出中世纪二集》，复旦大学出版社，2008，第 1～320 页。

② 参见〔美〕斯塔夫里阿诺斯《全球通史：从史前史到 21 世纪》（第 7 版修订版），吴象婴等译，北京大学出版社，2012，第 516 页。

③ 参见〔美〕斯塔夫里阿诺斯《全球通史：从史前史到 21 世纪》（第 7 版修订版），吴象婴等译，北京大学出版社，2012，第 104～122 页；〔英〕西蒙·普莱斯、〔英〕彼得·索恩曼《古典欧洲的诞生：从特洛伊到奥古斯丁》，马百亮译，中信出版社，2019，第 138～140 页。

④ 参见李新宽《西方文明起源时间再认识》，《探索与争鸣》2019 年第 6 期，第 130～138 页。

张目，亦即非西方世界就应永远屈居于西方世界之下，且是"落后""野蛮"等文明负面要素的永恒载体。基于这样一种思想认识逻辑，中国人在一定程度上存在与雅典人相类似的行动逻辑：面对社会情势尤其是世界情势的演化，如现代西方世界的冲击，我们对现代西方文明的吸取并不意味着我们必须追求西方人的"现代化"生活方式，更不是意味着中国社会一定要变得跟西方社会的今天"现代化"面貌一样，而应是这样一种情状，即在全球化时代，我们要适应今天的世界情势矛盾束，力图过一种中国人自己的生活，一种源远流长之中华文化所构设的理想生活或善生活，而不论这种生活"面貌"是否跟西方的"现代化"生活方式存在某种程度上的"家族相似性"，抑或在许多方面拒斥它们的"现代化"生活方式。我们要否定现代性这一建构性话语，拒绝承认现代性是一种规律性的社会存在事实，亦即是说，所谓的"现代"世界并不比"古代"世界更正当、更可欲。现代性是社会矛盾演化的产物，在社会矛盾面前可没有"现代"一词，可没有"现代"价值概念，在今天这样的风险社会时代，我们什么时候"一夜回返"古代世界亦未可知。在现代世界以来的历史上呈现为现代性之产物的国家或社会系统"崩溃"或"崩盘"的情况时有发生，如二战后的德国和日本、冷战期间的苏联等。西方世界的"现代化"生活方式不应是中国人甚或中华民族所追求的，我们亦不一定非得要追求个什么状态，比如不同于西方现代性的"另类现代性"①，而是中华文明要存在下去，牢牢地、稳稳地存在下去。中国发展到今天，尤其是进入了新时代，中华文明在现代世界中继续存在下去的核心矛盾业已基本解决，中国社会正自主地朝自己想要的生活走去。循此逻辑，我们不仅不认为中国或中华民族还没有走出现代世界所谓"适应转型期"，而且不认为现代化转型是我们的追求目标，甚或存在所谓的现代性问题。至于说当今中国还有许多相较于现代西方世界尚未完成的重要事项（如"立宪""立教""立人""立法"等）②，还遭遇到了许多相较于现代西方世界之更重要或更突出的矛盾和问题，如政治正当性问题、文化认同问题等，③ 这些问题也不值得费力争辩：一方面，以某种文明如现代西方文明为发展指向标或者判

---

① 参见孙国东《公共法哲学：转型中国的法治与正义》，中国法制出版社，2018，第31页。

② 参见孙国东《公共法哲学：转型中国的法治与正义》，中国法制出版社，2018，第7~8、490~491、505~506页。

③ 参见孙国东《公共法哲学：转型中国的法治与正义》，中国法制出版社，2018，第109~115页。

准，衍生于其他文明形态之中的国家或社会，其适应环境的演化结果永远不可能达到现代西方社会所谓的"成年"状态，永远都会处在"成长""转型"的路上，因为源于特定时空的种种因素，它们不可能做得与"标准"一致；另一方面，试问哪种类型的社会以及其何种发展阶段不会遭遇政治正当性问题、文化认同问题等这类具有电脑之操作系统般基础意味的矛盾和问题？没有这些矛盾和问题，那还是一个社会或国家吗？关键在于这些矛盾和问题是否主宰了这个社会或国家的"生命"，亦即好比电脑的操作系统要始终维持、不能崩溃。如果这些矛盾和问题能够得到基本解决（其核心表征就是该社会或国家能够捍卫自身安全，并处于稳定演化之中），那么，这个国家或民族如中华民族就业已走出了它所谓"适应转型期"，至于其能否实现"永续国家"发展目标，可能只有天知道。就拥有五千年文明史的中国或中华民族而言，就今天中国或中华民族置身于当今世界万国之间的状态而言，若有人说中国还处于一种所谓的"适应转型期"或"现代化转型期"，我就有点百思不得其解了。

从此意义上讲，若说适应转型期或现代化转型期仍是转型法哲学出场的时代背景，那么，它对中国社会法秩序之核心框架及其运行维续方式的勾勒或形构就意味着转型法哲学作为一种中国法哲学理论业已提前出场了。

（二）欲追求一种"西方化的"法治图景

说转型法哲学是一种提前出场的中国法哲学理论的第二方面理据是，它欲追求一种"西方化的"法治图景或法秩序构造方式理想状态。转型法哲学欲追求一种"西方化的"法治理想图景或法秩序构造方式理想状态主要表现在这样两个方面：**一方面**，认为一个国家要成为社会演化能够彻底根除暴力革命而仅存在政府治理危机的"永续国家"，理想的方式是确立一种"认知开放但运行闭合"的功能主义法治观，亦即确立一种法律不可随意支配的法治理念；[①] **另一方面**，认为中国要真正成为一个"永续国家"，一种切实有效的途径就是改造中国社会的基础秩序，一者是改造国家之政治基础秩序，形成立基于公共商谈或共识政治的公意政治惯习，另一者可以通过逐步弱化"差序格局"这一具体结构化情境的方式改造国家

---

① 参见孙国东《公共法哲学：转型中国的法治与正义》，中国法制出版社，2018，第196~250页。

之社会基础秩序。①

　　具体来讲，**就前一方面而言**，以法律之不可随意支配性为表征的功能主义法治观，它所展现的是一种西方社会的法治理想图景或法秩序构造方式理想状态。在一般情况下，源于法这种现象的发生学使命性质，它天生是政治现象的"仆役"，天生是为政治服务的。然而，法所要拥有的不可随意支配的政治地位，不是在任何人文环境中都能够存在的或可以被容忍的，它必须处于一种宗教信仰文化环境下才有可能或才能够存在。由于作者主要凭靠西方犹太教－基督教社会（亦即狭义西方社会）意义上的法治理论或思想资源在思考法治问题，② 所以我亦主要循着作者所指之"西方社会"意义上的法治方向对功能主义法治观进行审视和反观。易言之，西方法治文明是西方犹太教－基督教信仰文化与文艺复兴以来古希腊古罗马法治文明交合的产物。在犹太教－基督教世界，笼罩在上帝"光辉"之下的社会或国家，其维持正常社会秩序的根本法在很大程度上是上帝的"言行"，亦即作为其载体的宗教教义《圣经》，经由西方中世纪长时段严格执行宗教教义之宗教式国家社会生活的实践和熏陶，西方人拥有了根深蒂固之"遵循规则"的形式主义法治文化底蕴。而文艺复兴运动对古希腊古罗马文化的复兴，特别是对其中古希腊古罗马法治精神的复兴，③ 使得西方人拥有了一定程度之追求实质正义的工具主义法治文化底蕴。在此意义上讲，自文艺复兴运动兴起以来，西方社会在一定程度上逐渐生成了一种形式主义法治观支配工具主义法治观的法治文化结构，而这种法治文化结构最完美的实践则是英国社会的现代转型，④ 在一定程度上实现了避免暴力革命而仅存在政府治理危机的国家延续，亦即一种"永续国家"式演化实践。在此意义上讲，转型法哲学所阐发之法律不可随意支配的功能主义法治观，在很大程度上是西方犹太教－基督教社会亦即西方社会现代以来

---

① 参见孙国东《公共法哲学：转型中国的法治与正义》，中国法制出版社，2018，第 252～301 页。

② 参见孙国东《公共法哲学：转型中国的法治与正义》，中国法制出版社，2018，第 196～250 页。

③ 参见〔美〕斯塔夫里阿诺斯《全球通史：从史前史到 21 世纪》（第 7 版修订版），吴象婴等译，北京大学出版社，2012，第 284～287、372～375 页；〔英〕克里斯·威克姆《罗马帝国的遗产：400—1000》，余乐译，中信出版社，2019，第 39～41 页；〔美〕威廉·乔丹《中世纪盛期的欧洲》，傅翀、吴昕欣译，中信出版社，2019，第 149～152、180～183、280～283 页。

④ 参见〔美〕威廉·乔丹《中世纪盛期的欧洲》，傅翀、吴昕欣译，中信出版社，2019，第 180～183、280～283 页。

所逐渐演化生成之法治文化结构的某种理论表达，彰显着一种"西方化的"法治理想图景或法秩序构造方式理想状态。其实，中国社会亦有其法秩序理想图景或法秩序构造方式理想状态，但主要不是以一种西方意义上之所谓的"法治"秩序的理想图景呈现。申言之，中西方世界其实都在追求它们各自的理想生活或善生活，不过它们各自之理想生活或善生活的支撑框架或法秩序实践模式可能不同。**就西方世界而言**，源于历史传统的影响或社会演化的历史路径依赖，它们追求的理想生活（亦即它们所谓的正义世界）可能主要依赖如犹太教－基督教教义这类规范来支撑或范导，或者说主要凭靠规则来规范和范导。**就中华文明或中国而言**，源于汉代以降以源自先秦特别是西周社会之"儒"或"儒者"群体思想为内核的儒家学说，在以孔子为代表之儒家知识人的努力下①其成为此后中国社会的官方意识形态，逐渐形成了自己一以贯之的关于美好生活或美好秩序状态的想象或努力方向："古之欲明明德于天下者，先治其国；欲治其国者，先齐其家；欲齐其家者，先修其身；欲修其身者，先正其心；欲正其心者，先诚其意；欲诚其意者，先致其知，致知在格物。物格而后知至，知至而后意诚，意诚而后心正，心正而后身修，身修而后家齐，家齐而后国治，国治而后天下平。"（《礼记·大学》）基于这样一种思想认识逻辑，中国人所追求的理想生活或善生活在很大程度上是一种"国治"（包括"天下平"）状态，这种状态主要是建基于"身修""家齐"诸状态之上的，如对家庭幸福的追求、对清官等所表征之国家责任的期待等。亦即是说，西方世界达至其正义世界之善生活的方式手段是对规则秩序的信守，而中国社会达至其"国治"（包括"天下平"）状态之善生活的手段是对"身修""家齐"之"差序格局"化"发包"责任②（亦即只问结果不问过程的"家长"责任）的落实和担当。当然，源于时代变迁，支撑理想生活或善生活之具体法秩序方式自然会有所变异，但支撑这种善生活之法秩序方式的精神气质或路径依赖仍会在很大程度上存在，亦即是说，如果中西方世界关于理想生活或善生活的理想图景或精神气质不变，那么，其支撑理想生活或善生活之法秩序方式形态亦不会有根本性的变化或变迁。就今天中国来说，中国社会"国治"（包括"天下平"）状态之理想生活或善

---

① 参见李幼蒸《儒学解释学：重构中国伦理思想史》（上卷），中国人民大学出版社，2009，第 3～175 页。

② 参见周雪光《中国国家治理的制度逻辑：一个组织学研究》，三联书店，2017，第 86～122 页。

生活实现的法秩序方式，在很大程度上是以官方所冠称之"依法治国"的法秩序方式呈现的①。所谓依法治国，就是"在中国共产党领导下，坚持中国特色社会主义制度，贯彻中国特色社会主义法治理论，形成完备的法律规范体系、高效的法治实施体系、严密的法治监督体系、有力的法治保障体系，形成完善的党内法规体系，坚持依法治国、依法执政、依法行政共同推进，坚持法治国家、法治政府、法治社会一体建设，实现科学立法、严格执法、公正司法、全民守法，促进国家治理体系和治理能力现代化"②。显然，从依法治国的基本内涵来看，依法治国法秩序方式与西方意义上的法治方式存在根本性的差异（尽管其对西方社会特别是现代以来西方社会的法治理论和实践智慧有所析取），却更本真性地反映了中国人追求"国治"（包括"天下平"）状态理想生活或善生活之法秩序方式的独特性。（由于本文主题之限定，我对中国人追求自己理想生活或善生活之法秩序方式独特性的阐发只能于此按而不表。）

就前述后一方面而言，显然，转型法哲学并没有尊重支撑中国人内在之关于何为理想生活或善生活之法秩序方式的历史规定性，甚至认为其是一种"合理但不正当或善"的法秩序方式或形态。③ 不仅如此，甚至单纯为了实现所谓的"西方化的"法治理想图景或法秩序构造方式理想状态而要彻底改造中国人支撑其理想生活或善生活之本土或历史法秩序方式的社会基础秩序。④ 即是说，为了能够让法律不可随意支配的功能主义法治观在中国真正落地，转型法哲学竟然要改造中国社会长久以来相沿成习的社会基础秩序，亦即"差序格局"具体结构化情境。⑤ 虽然在城市化背景下"差序格局"具体结构化情境所赖以为基的社会基础秩序有所演化或变迁，但是这种演化或变迁本身亦依赖"差序格局"结构化情境本身，故而不仅在横向社会关系上依然存在"差序格局"情状，而且在纵向社会结构上亦

---

① 参见姚建宗《改革开放四十年的中国法学——理论进步、形象塑造与发展动因（一）》，《河南大学学报》（社会科学版）2019 年第 4 期，第 30 ~ 41 页。

② 《中共中央关于全面推进依法治国若干重大问题的决定》（2014 年 10 月 23 日中国共产党第十八届中央委员会第四次全体会议通过），《中国共产党第十八届中央委员会第四次全体会议文件汇编》，人民出版社，2014，第 21 页。

③ 参见孙国东《公共法哲学：转型中国的法治与正义》，中国法制出版社，2018，第 10 页。

④ 参见孙国东《公共法哲学：转型中国的法治与正义》，中国法制出版社，2018，第 70 ~ 71、228 ~ 230、262 ~ 266 页。

⑤ 参见孙国东《公共法哲学：转型中国的法治与正义》，中国法制出版社，2018，第 246、252 ~ 301 页。

出现了"传染性的差序格局"现象，如空间性的差序格局、主体性的差序格局和阶层性的差序格局。① 如果是这样的话，还要执意改造中国的社会基础秩序甚或政治基础秩序以建构适合法律不可随意支配之功能主义法治观落地的社会基础环境，这不是典型的削足适履吗？承载这种功能主义法治观的转型法哲学不是倡导"西方化的"法治理想图景或法秩序构造方式理想状态，那又是什么呢？

在此意义上讲，如果实现中国社会"国治"（包括"天下平"）状态之理想生活或善生活的切己法秩序方式或法秩序构造方式理想状态还未得到应有之重视或系统理论整理和建构，那么，转型法哲学作为一种中国法哲学理论不是提前出场了，那又是什么呢？

（三）浮现出一种"中华文明"正义秩序

说转型法哲学是一种提前出场的中国法哲学理论的第三方面理据是，它浮现出了一种"中华文明"正义秩序。转型法哲学主要是通过对中国社会底限正义诸原则以及中国社会文化正义亦即共同政治文化范导下之国家中立性正义原则的阐发浮现出一种"中华文明"正义和秩序的。

就前者即对中国社会底限正义诸原则的阐发而言，转型法哲学基于对现实生活中常见之"反正义的公平观"这一具体结构化情境的反观提出了中国之社会基本结构的正义理想图景，亦即对中国之社会基本结构演化进行范导的价值秩序体系。② 在我看来，转型法哲学对底限正义诸原则的阐发，与其说是对现代化转型时期中国之社会正义秩序图景的想象，不如说是对当今中国之社会正义秩序的某种超拔或揭示。转型法哲学在阐发底限正义诸原则的过程中，表面上似乎是以罗尔斯公平正义诸原则及其理论阐发为参照③，其实质在很大程度上是以对当今中国之社会正义秩序实践为潜在反观对象的。亦即是说，转型法哲学对底限正义诸原则的阐发，其实是将当今中国之社会正义秩序实践的某种理想状态给揭示出来了，至少是浮现了"中华文明"正义秩序的"社会基本结构"正义秩序部分。从某种意义上讲，要想真正理解转型法哲学所揭示之底限正义诸原则图谱的丰

---

① 参见孙国东《公共法哲学：转型中国的法治与正义》，中国法制出版社，2018，第 260 ~ 262、271 ~ 273 页。

② 参见孙国东《公共法哲学：转型中国的法治与正义》，中国法制出版社，2018，第 430 页。

③ 参见孙国东《公共法哲学：转型中国的法治与正义》，中国法制出版社，2018，第 188 ~ 189、360 ~ 372 页。

富内涵，我们需要还原式地回顾中西方社会正义秩序的演化历程。申言之，当今世界各国似乎都存有一系列价值类别，如平等、自由、民主、法治、秩序等价值，但不同文明翼下之国家社会间的不同，或相同国家社会之不同发展阶段间的不同，主要不是其所承载之价值类别或种类数量的不同，而主要是这些价值种类之序列构成或序列图谱间的不同。反观人类社会历史，承载着各色价值序列图谱的社会正义秩序①之所以重要，是因为它维系着一个社会或国家的团结和合作，亦同时意味着一个社会或国家在应对外部异己势力冲击时之集体力量的大小。以一个群体为例，在平等、自由、法治等价值束中，如果该群体在进行利益（既包括物质利益，亦包括精神利益）分配时强调平等价值，以之为正义首要价值，若原来不够重视平等价值的话，那么，正义秩序演化后自然会增强该群体之成员的向心力，进而会提升该群体的集体力量；而如果强调自由价值，以之为正义首要价值，若原来不够重视个体自由的话，则会在强调个体自由的过程中增强整个群体的活力，进而提升该群体的集体力量。从群体激励机制逻辑的普遍性来看，发生在特定群体内部的这种情形于社会或国家层面在很大程度上亦是相似的甚或是一样的。在诸多价值类别或种类中，这些价值种类在特定的社会环境条件下都有可能演化成为该社会或国家之正义秩序的正义首要价值。与较小范围群体之价值束或价值序列作用环境条件有些不同的是，每个社会或国家在很大程度上都会有既定的社会正义秩序历史环境，亦即是说，都业已以特定价值类别或种类为正义首要价值而确立起了社会或国家之集体利益分配机制，形成了相应的一系列社会制度甚或社会基本结构。在西方世界，以其现代转型时期为例。在进行现代转型前的中世纪阶段，其社会正义秩序的正义首要价值源于基督教信仰的深度影响，主要拱卫的是"平等"价值，且显然这种"平等"价值是"上帝之下都是'零'"（这种状态相较于中华文化中的状态，是一种"义务本位"状态，亦即上帝或《圣经》中没说可以做的，都不可以做②）的那种形式上的"平等"。在这种社会正义秩序发生主体作用或产生主体性影响的情况下，社会或国家的集体力量会比较弱，在应对外部异己势力挑战，如渐次兴起之资产阶级性质他国力量的冲击时，就会受到极大震撼，整个社会遂

---

① 参见孙国东《公共法哲学：转型中国的法治与正义》，中国法制出版社，2018，第430页。

② 参见拙著《中国共产党与中华民族伟大复兴——中国崛起的政治哲学解释》，九州出版社，2016，第175~210页。

会不自觉地调整社会正义秩序所表征的价值序列结构或图谱。文艺复兴、宗教改革等社会运动渐次兴起以来，当形式上的"平等"价值逐渐从神权社会之社会正义秩序中解放出来而成为实质性的平等价值时，当将先前为形式上之"平等"价值所辖制的自由价值（亦即排在"平等"价值之后的自由价值）提升为西方世界之社会正义秩序的正义首要价值时，在这种社会正义秩序演化过程中，个体和置于其间之团体或社会集体的利益都能够得到表达和兼顾，无疑能够大幅提升社会或国家的集体力量，① 呵护或捍卫他们自己想要的理想生活或善生活。这一关于现代以来西方世界之社会正义秩序演化的还原式诠释在一定程度上是罗尔斯公平正义诸原则及其理论阐发得以最终"诞生"的社会时代背景。相类似的，在我看来，转型法哲学中的底限正义诸原则及其理论阐发其实亦有其社会时代背景。具言之，以中国应对现代西方世界的冲击这一历史时期为例，在该时期前之古代中国社会中所确立的是一种"家—国—天下"的社会正义秩序，借用源自西方世界的权利义务话语来讲，在这种社会正义秩序中是"自由本位"的，亦即在某种程度上自由价值是社会正义秩序中的正义首要价值。在这种社会正义秩序中，对每个人而言，除开这个时空中社会正义秩序所明确的"禁止的事项"（主要是业已明确的各种"封建"义务）外都可以做，有行动的自由。② 用梁漱溟先生的话来形象地讲，大家"关起门来就是皇帝"③。话粗理不糙，在古代中国社会，每个人都是自由本位的，不过，不同的人由于其社会身份差异又处于不同的自由"水位"。也就是说，在古代中国，社会是一个自由金字塔体系：整体而言，社会地位高的，最高如皇帝，享有的自由是底层人民难以想象的，当然，其责任也大；但是，他们可以选择性地尽角色义务，甚至可能会不尽其角色责任义务，④ 如历史上屡见不鲜的骄奢淫逸之君主、飞扬跋扈之权臣等。古代中国社会的这样一种社会正义秩序，其特点或问题显然是"平等"不够，不仅仅是政治方面的，经济方面的、文化方面的等都是不够的。如果是这样的话，整个社会的团结合作程度如何，整个社会的集体力量如何就可想而知了，尤其

---

① 参见〔美〕斯塔夫里阿诺斯《全球通史：从史前史到 21 世纪》（第 7 版修订版），吴象婴等译，北京大学出版社，2012，第 284～291、375～400 页。

② 参见拙著《中国共产党与中华民族伟大复兴——中国崛起的政治哲学解释》，九州出版社，2016，第 175～210 页。

③ 梁漱溟：《中国文化的命运》，中信出版社，2010，第 162 页。

④ 参见孙国东《公共法哲学：转型中国的法治与正义》，中国法制出版社，2018，第 63～64 页注［1］。

在现代西方社会之集体力量的映衬下。在这种情况下，在面对外部异己势力如现代西方世界的冲击时，给人感觉中国或中华民族是"一盘散沙"这种极大震撼的感观，经历了近百年之长时间的欺凌，就不奇怪了。为应对这种千年未有之大变局的世界情势变化，在适应现代世界之世界结构化情境的过程中，中国的社会正义秩序不得不做适应性调适，不得不将平等价值置于自由价值之上作为近代以来中国之社会正义秩序的正义首要价值，重构古代中国之社会正义秩序所表征的价值序列构成或图谱，而于现实社会正义秩序的演化表现则是立基于文明型国家和超大规模型国家之政党－国家政治架构的成型，亦即今天中国之社会基本结构的成型。在这种社会正义秩序之革命性演化过程中，中国社会的各方力量，特别是居于社会底层、占人口绝大多数之普罗大众的向心力得到了全面激活，整个社会或国家的民族凝聚力得到质的提升，逐渐走出了内忧外困的艰难时局，最终逐步实现中华民族伟大复兴。显然，转型法哲学所阐发的底限正义诸原则及其理论，不仅接续了"中华文明"正义秩序"基因"或价值序列图谱，而且在很大程度上揭示或超拔了近现代乃至当代中国之社会正义秩序演化这一社会时代背景事实。

就后者即对中国社会文化正义亦即共同政治文化范导下之国家中立性正义原则的阐发而言，转型法哲学并不满足于廓清当今中国主体民族或人群所主导实践的底限正义诸原则，而是基于一种长时段历史视野阐发了一种文化正义观或中国地域上的罗尔斯式政治正义观，[①] 亦即共同政治文化范导下的国家中立性正义原则。这种文化正义或罗尔斯式政治正义观，不仅为今天中国社会基本结构之底限正义的真正落地创造良好的文化环境或国家意识形态环境，而且为中华民族真正成为一个政治民族[②]提供了理论支援。也就是说，转型法哲学所阐发的底限正义诸原则以及共同政治文化范导下之国家中立性正义原则，让"中华文明"正义秩序不仅拥有一个坚固、有凝聚力的内核，亦即以政党－国家之政治架构为核心表征的社会基本结构，而且拥有一个名正言顺的文化符号或"名号"，亦即作为政治民族的"中华民族"符号。

在此意义上，如果转型法哲学尚只是中国社会转型时期或现代化转型

---

① 参见孙国东《公共法哲学：转型中国的法治与正义》，中国法制出版社，2018，第71、302～303、384 页。

② 参见任剑涛《从"民族国家"理解"中华民族"》，《清华大学学报》（哲学社会科学版）2019 年第5 期，第1～27 页。

过程中的时代产物，那么，它何以能够浮现出一种"中华文明"正义秩序，而它对"中华文明"正义秩序之整体性的浮现无疑表明它提前出场了。

可见，转型法哲学在今天中国的横空出世，不仅让人震撼，而且令人困惑。让人震撼的是转型法哲学活脱脱就是一种中国法哲学理论，是一种源于其审视对象之超脱性而以超越时空之中国为审视研究对象的法哲学理论；令人困惑的是它又自谦为一种适应转型期或现代化转型时期的法哲学理论——这难道就是国东教授纠结于其中国法哲学理论是称为"转型法哲学"还是"公共法哲学"，最终却又取名为"公共法哲学"[①] 的原因吗？给个"中道的现代主义"或"现实的乌托邦"的说法[②]就能够消解我于本篇评论文字中的困惑？

四　代结语：并非多余的话

上面拉拉杂杂说了一大通，虽说还够不上一种学术"批判"，但国东教授于其新著中的"告诫"，始终让我心有余悸，甚至有点"寝食难安"："推进实体性理论建构，其实蕴含着我对某类批判性研究的拒斥，即用他人提出的理论模式（多为学科内获得较广泛认可的某种理论）去批判另一种理论模式……不客气地说，它在很大程度上不啻为表演性的'理论秀'或意识形态化的'理论游戏'。"[③] 作者的这番话，虽说不上是对其著作做评论或批判的拒斥，更说不上是对学术批判的否定，但是，他对理论建构事业更为倾心、对学术批判"事业"不怎么感冒的心迹，[④] 似较为明显。在某种意义上，这牵涉到一个关于对待理论建构与学术批判之间关系的理论问题。在我看来，理论建构与学术批判之间孰轻孰重亦即理论建构与学术批判之间的关系问题，应该是一个开放性的问题，不能因为学术批判行列中存在"赝品"或伪批判，就对学术批判"意气用事"，亦不能因为自

---

① 参见孙国东《公共法哲学：转型中国的法治与正义》，中国法制出版社，2018，第 517 ~ 518 页。

② 参见孙国东《公共法哲学：转型中国的法治与正义》，中国法制出版社，2018，第 527 页。

③ 孙国东：《公共法哲学：转型中国的法治与正义》，中国法制出版社，2018，第 28 页。

④ 参见孙国东《公共法哲学：转型中国的法治与正义》，中国法制出版社，2018，第 28 ~ 29 页。

己倾心理论建构，就无限高扬这一方面①——许多高超的理论建构是以深度之学术批判为基石的，比如该书就是一个很好的例子。面对今天学界真正学术研究之一定程度上的"万马齐喑"境况（比如"劣币驱逐良币"现象），我们应当对学术批判给予更多的宽容甚或褒扬，以让现有之知识生产享有其应有的智识尊严，即便它可能还没有发挥出我们想要的重要作用。作为现代中国倡导学术批判的标志性旗手，邓正来先生曾说："在我看来，学术批判严格地说是对学术批判之对象本身的一种最高褒奖！是另一种意义上的褒奖！"② 无独有偶，金观涛和刘青峰亦认为："严肃的学术批评和讨论是以逻辑和事实去验证假说是否成立。这种认真而又严峻的坦诚相见，是探索和追求真理所必须经过的步骤。"③ 在其认识上，邓先生还进一步给出了论断理由："因为一方面，当我们选择批判你而不是去批判别人时，这证明了我认可你的观点在学术意义上的重要性，即承认你的观点值得我去进行学术批判；另一方面，当我花费时间、花费精力，用我的生命去阅读与思考你的观点，并为你指出你的观点中可能存在的问题时，这其实是一种最为可贵的智力上的免费服务。"④ 诚哉斯言！在时间越发宝贵的今天，有人愿意花时间和精力指出自己研究中的瑕疵或不足，为自己提供免费的智力服务，我们有什么理由不去肯定（甚至是无条件地肯定）学术批判这类行为。当然，我们亦不应当仅仅局限于对学术批判的一般性肯定，而是应当追求真正、严肃的学术批判。在我看来，严肃的学术批判，不是不痛不痒地对某项研究（或著作或论文）评论或吹捧一番（尽管如邓先生所言，"批评或赞美，我都很受用，关键要有品位！"），而是在检视学术作品的过程中提出具有一定普遍性的理论问题或一般难以察觉的重要问题，当然亦不一定同时要求批评者对这些问题进行解答，因为毕竟评论文字篇幅有限，而这些问题可能不是三言两语能够说得清楚的，有时候评论还是"临时起意"，想求得诺奇克对罗尔斯公平正义理论那番史诗般的严肃学术批判就只能是可遇而不可求了。在此意义上，严肃的学

---

① 参见孙国东《公共法哲学：转型中国的法治与正义》，中国法制出版社，2018，第28 ~ 29 页。

② 邓正来：《法学研究中的学术传统、学术批判、问题意识与学术研究的层面》，载李琦主编《厦门大学法律评论》（总第十三辑），厦门大学出版社，2007，第5 页。

③ 金观涛、刘青峰：《兴盛与危机：论中国社会超稳定结构》，法律出版社，2011，第4 页（1992 年增订本序言）。

④ 邓正来：《法学研究中的学术传统、学术批判、问题意识与学术研究的层面》，载李琦主编《厦门大学法律评论》（总第十三辑），厦门大学出版社，2007，第5 页。

术批判往往表现为被称为"重磅炸弹"之学术书评的形式，^① 而非一般的"豆腐块"评论如大报上的"书评""简评"等。但是，严肃的学术批判亦不是随随便便就能够产生的，它需要有严肃学术研究或高质量理论建构的激发，伟大的研究往往催生深度的评论：伟大的研究或高质量的理论建构需要广博的知识基础，但绝不应是众多学说、理论、思想等知识类型的堆砌，它应该像是被打造成了铜墙铁壁式堡垒的理论"城堡"，用《政治学研究》主编房宁先生的话来讲，真正高质量的研究成果应像是分不清成分的"蜂蜜"，而非成分层垒分明的"巧克力"^②（当然，这只是一种极其理想的状态，姑妄听之）。对于那种铜墙铁壁式的高质量研究成果，评论者若把握不了它就只能在其外墙游走而"不得其门而入"，所生产的评论或批判亦就只能是"隔靴搔痒"，但是，若有幸能够"破壁而入"，其批评效果必定是令人"豁然开朗"，"石破天惊"。对高质量研究进行学术批判，就好比两位侠客过招，他们脑袋里积聚的知识好比身上堆积的肥肉是没有用的，挑战者跟守擂者功夫严重不对称，"三两下"之后在中国人文环境中大家可能会握手言和，但事后绝对星散，从此再不相见，而挑战者功夫了得，虽双方打得"头破血流"，然彼此间仍会惺惺相惜。可以说，理论建构不易，学术批判更难，"盾""矛""矛盾"，在今天中国学界真是一个矛盾！

---

① 参见荣新江《学术训练与学术规范：中国古代史研究入门》，北京大学出版社，2011，第 218~219 页。

② 参见房宁《做了一辈子学问，说几句不招人待见的实话》，https://www.guancha.cn/FangNing/2019_10_15_521285_s.shtml，2019 年 10 月 15 日；孙国东《公共法哲学：转型中国的法治与正义》，中国法制出版社，2018，第 187~188 页注 [1]。

公共知识分子的重新言说[*]

马华灵^{**}

摘　要：20 世纪 90 年代以来，中国知识界的典型特征是，思想家淡出，学问家凸显。这种局面形成的原因是公共性的失落。在这个语境下，任剑涛和孙国东分别出版了《公共的政治哲学》和《公共法哲学：转型中国的法治与正义》，两者都意图回归公共性。然而，公共政治哲学和公共法哲学的共同问题是没有公共的公共性。那么，如何重塑具有公共的公共性呢？重塑公共性的关键是重塑公共知识分子。公共知识分子兼具学问家和思想家的双重身份，他们不同于缺乏学术涵养的"公知"，也不同于缺乏公共情怀的学者。

关键词：公共知识分子　公共政治哲学　公共法哲学

传说古希腊先哲泰勒斯意欲探索宇宙的奥秘，于是一路抬头仰望星空，未曾留意脚下，结果不慎跌入枯井中。一个偶然路经的色雷斯妇女瞧见了，忍不住嘲笑道：你连地上的东西都看不清楚，竟然还想看清楚天上的东西？[①]

这个故事背后隐含着两种知识分子形象。这两种知识分子形象就是梁漱溟所谓的"学问中人"和"问题中人"。1928 年，梁漱溟曾经自况："我始终不是学问中人，也不是事功中人；我想了许久，我是什么人？我大概是问题中人！"[②] 梁漱溟是典型的问题中人，而泰勒斯是典型的学问中人。

学问中人关注的是抽象的学术问题，他们从事学术研究通常是出于对

---

*　上海市社科基金一般项目"施特劳斯的西方自由主义批判研究"（2017BZZ005）；中央高校基本科研业务费项目华东师范大学人文社会科学青年跨学科创新团队项目（2018ECNU-QKT011）。

**　马华灵，复旦大学政治学博士，华东师范大学思勉人文高等研究院青年研究员。

①　〔俄〕舍斯托夫：《在约伯的天平上》，董友等译，上海人民出版社，2004，第 1 页。

②　梁漱溟：《梁漱溟全集》（第四卷），山东人民出版社，1992，第 859 页。

知识的兴趣。因为学问有趣，学问好玩，所以他们就义无反顾地钻进故纸堆中上下求索了。学问中人的典型特征是为学术而学术，他们通常只关心学术问题，不关心现实问题。即便他们关心现实问题，这些现实问题跟他们研究学术问题也没有太大的关联。因此，学问中人是象牙塔中人，他们通常被称为学者、学问家或学术家。这个故事中的泰勒斯就是学问中人的知识分子形象。在那个时刻，他的眼睛只盯着天上的东西，而没有关注地上的东西，所以才被色雷斯妇女笑话，这就像大众经常批评学问中人不接地气一样。

问题中人的出发点通常不是抽象的学术问题，而是具体的现实问题。他们不是为学术而学术，而是为问题而学术。问题中人之所以从事学术研究，是因为他们有人生困惑需要回答，他们有生命体验需要回应，他们有时代问题需要解决。正如梁漱溟所言："我不是'为学问而学问'的。我是感受中国问题之刺激，切志中国问题之解决，从而根追到其历史，其文化，不能不用番心，寻个明白。……从一面说，其动机太接近实用（这正是中国人的短处），不足为产生学问的根源。但从另一面说，它却不是书本上的知识，不是学究式的研究；而是从活问题和活材料，朝夕痹寐以求之一点心得。其中有整个生命在，并非偏于头脑一面之活动；其中有整整四十年生活体验在，并不是一些空名词假概念。"① 因此，问题中人走进象牙塔，是为了解答十字街头的问题，他们通常被称为公共知识分子、思想者或思想家。他们去研究天上的东西，目的是看清楚地上的东西。

自 20 世纪 80 年代以来，中国知识界的四十年就见证了问题中人向学问中人变迁的历史进程。学问中人越来越多，而问题中人越来越少。学术越来越多，而思想越来越少。学术家的特质是学术性、专业性与抽象性，而思想家的品格是思想性、公共性与现实性。此时此刻，我们不禁发问：我们的公共性到底哪里去了？

在这样的学术大环境之下，我们尤其需要一种公共哲学，让早已失落的公共性回归。近年来，中国学术界出版了两部公共哲学专著，一部是2016 年任剑涛教授出版的《公共的政治哲学》，另一部是 2018 年孙国东教授出版的《公共法哲学：转型中国的法治与正义》（以下简称《公共法哲学》）。这两部著作都以公共为关键词，都以公共哲学为旨归。不知道这会不会成为中国学术界的公共转向的萌芽。

① 梁漱溟：《中国文化要义》，上海人民出版社，2005，第 2 页。

然而，《公共的政治哲学》和《公共法哲学》的共同问题是没有公共的公共性。任剑涛的公共政治哲学是没有公共的公共政治哲学，而孙国东的公共法哲学是没有公共的公共法哲学。

那么，重塑具有公共的公共性如何可能呢？这是我们时代的大问题。本文的观点是，重塑公共性的方式是重塑公共知识分子，重塑公共知识分子的方式是公共知识分子的去污名化，而公共知识分子去污名化的方式是区分公共知识分子和公共知道分子。

一　没有公共的公共性

任剑涛的《公共的政治哲学》是一部关于公共性的公共政治哲学著述。他在书中讨论了关于公共的三种政治哲学，分别是自由主义的公共政治哲学、共和主义的公共政治哲学和新左派的公共政治哲学。他还讨论了公共与私人、古典公共与现代公共、公共领域与私人领域、公共理性等与公共性密切相关的理论问题。因此，他的公共政治哲学并不是讨论公共议题的公共政治哲学，而是讨论关于公共的公共政治哲学。

孙国东则在书中明确宣称，《公共法哲学》是一部具有公共性的公共法哲学论著。公共法哲学意图成为法哲学家与公众之间沟通对话的桥梁，因此，它将以法哲学家与公众之间共享的知识为基础，并面向公众所关心的公共议题进行言说。在这个意义上，公共法哲学不是以专业理论知识为基础的专业法哲学，不是为现存秩序提供合法性论证的政策法哲学，也不是以批判专业法哲学的理论预设为旨归的批判法哲学。

虽然这两部著作都以公共为标题，但是两者的共同问题是没有公共的公共性。第一，他们所使用的语言都是缺乏公共性的学术术语。学术术语当然是学术界交流沟通的通用语言，但是这种语言具有极强的专业性，也有很高的准入门槛，并非普通公众可以轻易读懂。这样，一大批并不具有相应专业背景的公众就被排除在这种学术著作之外了。他们的著作并不是面向公众而写作，而是面向学者而写作的。正是如此，尽管他们宣称其著作是关于公共政治哲学和公共法哲学的，但是，这种公共政治哲学是没有公共性的公共政治哲学，这种公共法哲学是没有公共性的公共法哲学。

在任剑涛看来，公共政治哲学具有两个维度："一个维度是针对公共政治哲学的研究者而言的，所谓公共政治哲学的实践导向，不是外在于他们的生活世界而虚拟构想出来的玄妙说辞，而是内在于每个致力研究公共政治哲学问题的研究者日常生活之中的理论表达；另一个维度则是针对所有政治体一般成员而言的，所谓公共政治生活的实践导向，不是在他们的日常生活之外由某种公共政治哲学指引下的个人或群体行动，而是他们自己在日常生活中践行着的政治常识和日用理性……"① 然而，他所使用的高度抽象的学术语言在很大程度上就妨碍了公共政治哲学的公共性。这种学术语言的表述方式似乎与政治体一般成员的日常生活具有很大的距离，一般公众也无法理解这种公共政治哲学到底与他们的日常生活具有怎样的内在关联。表面上看来，这种公共政治哲学企图渗入一般大众的日常生活，实际上却抽离于一般大众的日常生活。因此，这种公共政治哲学反而变成了"外在于他们的生活世界而虚拟构想出来的玄妙说辞"。

孙国东认为，"公共法哲学依赖的知识，是法哲学家与公众很大程度上共享的沟通性知识，这不同于专业法哲学依赖的法哲学理论知识……"② 然而，就笔者的阅读体验而言，《公共法哲学》是一本具有高度专业性的学院派著作。孙国东所使用的学术术语和所调动的学术知识并不是"与公众很大程度上共享的沟通性知识"，反而是"专业法哲学依赖的法哲学理论知识"。没有相关专业知识背景的公众并不能轻易读懂这本大部头著作。对于一般大众而言，这无疑是一部非常艰涩难懂的著作。即便像笔者这样的学院派中人，也要反复细致地阅读，才能把握作者的文本脉络与思想框架。就此而言，《公共法哲学》并不是关于"公共"法哲学的，而只是关于专业法哲学之一种的。

第二，这两本著作的内容实际上都是关于公共性的公共哲学，而不是具有公共性的公共哲学。这两本著作所关心的问题并不是一般意义上的公共议题，而只是跟公共性具有一定关联的理论问题。它们并没有直面我们时代的根本问题，也没有直接言说一般公众所关心的公共议题。例如性别平等问题、教育公平问题、贫富差距问题、环境污染问题、阶级固化问题、食品安全问题、同性恋问题、腐败问题、动物保护问题。这些大家都关心的公共议题并没有进入公共政治哲学与公共法哲学的讨论范畴。两位作者的讨论基本上依旧停留于学院派的专业讨论范畴之内，既没有进入公众的视野，也没有将公众纳入视野。在这个意义上，他们的公共政治哲学和公共法哲学都缺乏公共性。

---

① 任剑涛：《公共的政治哲学》，商务印书馆，2016，第30页。
② 孙国东：《公共法哲学：转型中国的法治与正义》，中国法制出版社，2018，第52页。

任剑涛在《公共的政治哲学》中特别强调公共政治哲学的实践品格。在他看来，这种实践品格具有两个维度。就理论维度而言，公共政治哲学"始终面向政治生活建构公共论说的理论风格"；就现实维度而言，公共政治哲学"努力给予公共政治生活以理性指引的实践特征"。① 然而令人遗憾的是，他在书中并没有为公共政治哲学的实践品格奠定真正具有公共性的基础。他的理论框架和讨论范畴实际上跟公共性和实践性并没有太大的关联。整本书的讨论都是理论性的讨论，而不是实践性的讨论，因此，他的公共政治哲学言说并没有兑现他所承诺的实践性和公共性。在这个意义上，他的公共政治哲学是没有公共性的公共政治哲学。

尽管孙国东宣称他的公共法哲学不是关于公共性的公共法哲学，而是具有公共性的公共法哲学，而实际上，他的公共法哲学依然是关于公共性的公共法哲学。他在书中言道："本书所提倡的公共法哲学，不但意在抗衡各种'言私'之风，抑且旨在倡导真正的'言公'之学——其之为'公'，既呈现为研究对象上对公共论题的关切，亦体现为价值取向上对公共价值目标的坚定守护、对理性之公共运用的自觉践履。"② 然而，他也同样没有兑现他的承诺。他在书中并没有直接面对我们时代的公共议题，而只是在抽象的意义上讨论与公共性相关的理论问题。他在书中所讨论的转型法哲学、功能主义法治观、反正义的公平、底限正义、关联性正义和国家中立性等问题当然与公共性相关，但是这些问题本身并不具有公共性。这些问题并不是一般意义上的公共议题，一般公众也不会对这些问题产生阅读兴趣。正是如此，他的公共法哲学实质上还是学院派的专业法哲学。

孙国东可以通过重新定义公共性的方式来反驳本文的批评：公共法哲学的公共性并不一定要求其讨论对象仅限于公共议题，公共性也可以指他所谓的"结构化情境"，也就是中国现代转型过程中所面临的复杂性问题。然而，如果以这样的方式来界定公共性，那么公共性的含义将无限扩大，以至于最终公共性丧失意义。倘若如此，随便哪种与中国问题相关的专业法哲学就都具有了公共性，如此，公共法哲学如何区别于专业法哲学呢？随便哪种政策法哲学都具有公共性，公共法哲学如何区别于政策法哲学呢？以建构中国法律理想图景为目标的批判法哲学不也具有公共性吗？公

---

① 任剑涛：《公共的政治哲学》，商务印书馆，2016，第26~29页。
② 孙国东：《公共法哲学：转型中国的法治与正义》，中国法制出版社，2018，第42页。

共法哲学又如何区别于批判法哲学呢？因此，一旦迈出扩大公共性内涵的一步，公共法哲学就没有存在的必要了。

一言以蔽之，公共政治哲学和公共法哲学的共同问题是没有公共的公共性。因此，我们的问题是，如何重塑具有公共的公共性。

二　公共知识分子的重新言说

20 世纪 80 年代是思想的时代。没有经历过 20 世纪 80 年代的后辈学人，在大学讲堂上聆听前辈学人讲述那个年代的学界掌故和思想盛况的时候，他们的眼中充满了艳羡不已的目光，恨不能亲身经历那个思想解放的黄金时代。2006 年，查建英出版了《八十年代访谈录》。[①] 她所访谈的文化界名人在书中深情地回忆了他们所经历的 80 年代，那个白衣飘飘的年代瞬间勾起了青年学人的无限向往。那一年，中国知识界一度流行一股浓烈的 80 年代怀旧风，80 年代俨然成为知识人心目中的思想神话。

20 世纪 90 年代是学术的时代。思想逐渐淡出公众的视野，而学术逐渐占据大学的讲堂。1994 年，李泽厚致信《二十一世纪》杂志表达了他的担忧："90 年代大陆学术时尚之一是思想家淡出，学问家凸显，王国维、陈寅恪被抬上天，陈独秀、胡适、鲁迅则'退居二线'。"[②] 王元化却对此不以为然。同年，他言道："最近泽厚将学术界一些人开始出现探讨学术的空气说成是学术出台思想淡出。其实完全用不着担心，这种学术空气还十分微薄，简直成不了什么气候。……要在这样的文化市场使学术挤走思想，恐怕无异梦想。我不认为学术和思想必将陷入非此即彼的矛盾中。思想可以提高学术，学术也可以充实思想。它们之间没有'不是东风压倒西风，便是西风压倒东风'那种势不两立的关系。而且我也不相信思想竟如此脆弱，会被救亡所压倒，被学术所冲淡。"[③] 因此，他呼吁知识人从事"有思想的学术"，产出"有学术的思想"。[④]

然而，他的呼吁并没有扭转整个时代的风向。有思想的学术和有学术的思想依旧是整个知识界未竟的事业。时至今日，学术全面凯旋，而思想节节败退。我们使用着抽象的学术术语，讨论着公众并不关心的问题，写

---

① 查建英主编《八十年代访谈录》，三联书店，2006。
② 李泽厚：《思想家淡出　学问家凸显》，《二十一世纪》1994 年第 23 期，第 159 页。
③ 王元化：《九十年代反思录》，上海书店出版社，2019，第 62 页。
④ 王元化主编《学术集林》（第一卷），上海远东出版社，1994，第 370 页。

作着枯燥乏味的学术论文。在某种程度上，我们的学术似乎已经变成了小圈子的自娱自乐，小范围的自说自话。许多学术论文的读者可能都不超过10个人。如果一篇学术论文有100个读者，那可真是谢天谢地了。如果一篇学术论文有1000个以上读者，那么我们可能会自我怀疑，我们所写的到底是学术论文，还是网络爆文。

数十年前，李泽厚悲叹：思想家淡出，学问家凸显！不料，如今已是一语成谶。在一个到处都是学术家的时代，思想家实在是难能可贵。正如孙国东所引用的常燕生的一段话所言："一千个王国维的出现，抵不住一个梁启超的死亡的损失。"① 这是一个等待思想家的时代，然而我们等待的思想家始终没有踪影。

在这样的时代趋势之下，思想史研究和政治哲学研究中出现了一种奇怪的现象。我们的思想史变成了没有思想的思想史。没有思想的思想史的特征是，只有历史，而没有思想。在这个史料泛滥的时代，我们已经轻易学会了如何爬疏档案馆里的史料，我们已经熟练掌握了从数据库中搜集大量材料的技巧。然而，我们在许多思想史研究作品中只看到眼花缭乱的史料，却没有看到具有原创性的思想。本来，我们的史料是为了服务于我们的思想。可是现在，我们的思想却反过来服务于我们的史料。我们不知不觉地成为史料的奴隶。思想史的思想维度到底哪里去了呢？

我们的政治哲学变成了没有政治的政治哲学。没有政治的政治哲学的特征是，只有哲学，却没有政治。我们研究正义问题，但并不关心发生在我们周围的不正义现象。我们研究公平问题，却对我们时代的教育公平问题置若罔闻。我们研究平等问题，但并不关注数千年来困扰着女性的性别平等问题。这种政治哲学并不关心一般大众都普遍关心的公共议题，而只关注抽象而空洞的专业哲学问题。它跟我们的现实政治离得十万八千里，因此根本无法进入公众的视野。政治哲学的政治维度到底哪里去了呢？

思想史没有思想，而政治哲学没有政治，其中一个关键原因是，许多思想史家和政治哲学家已经丧失了公共情怀。思想史和政治哲学不能背向公众，而应该面向公众。因为思想史和政治哲学本身都是具有公共性的学科。

思想史的研究者通常具有强烈的问题意识，而他们的问题意识往往渊

① 转引自孙国东《公共法哲学：转型中国的法治与正义》，中国法制出版社，2018，第24页。

源于他们独特的生命体验。他们目睹这个世界的黑暗与肮脏，而这激起了他们内心的愤愤不平，他们甚至为此彻夜难眠，辗转反侧。因此，他们感到有话要说，不吐不快。于是，他们希望从历史的故纸堆中寻找问题的答案，而那些影响世界的思想家就成了他们思索这些问题的思想资源。正是如此，他们进入了思想史的研究领域。在这个意义上，思想史天生就是一门具有公共性的学科。如今的思想史之所以丧失了思想性、公共性与现实性，是因为思想史的研究者丧失了问题意识，没有把他们的生命体验注入他们的思想史研究中。他们的问题是没有问题。没有问题的思想史注定是一门僵死而空洞的学科。

而政治哲学是一门用哲学的方法来研究政治的学科。政治是研究对象，而哲学是研究方法。因此，政治哲学的最终目标是探索政治的奥秘，而不是哲学的奥秘。正是这样，政治哲学家应该时时刻刻对现实政治保持敏感。他们不需要直接介入政治，但应该始终关注政治；他们不需要参与公共事件，但应该介入公共议题的讨论。所以，政治哲学天生也是一门具有公共性的学科。而现在的政治哲学却不再关心现实政治，不再讨论公共议题。一般大众根本无法读懂政治哲学作品，政治哲学家也没有打算面向公共写作。于是，政治哲学变成了一门高处不胜寒的学科。

那么，在这样的时代，如何重塑具有公共的公共性呢？这是我们这个时代向我们发出的严峻挑战。重塑公共性的关键是重塑公共知识分子。

曾经，公共知识分子是一个荣耀的称号。早在 2004 年，《南方人物周刊》评选了"影响中国公共知识分子 50 人"。这个名单上的公共知识分子都是文化界赫赫有名的人物。他们曾经影响了一代年轻人的思想倾向与问题意识，如今也依旧塑造着我们这个时代的知识格局与文化品位。毫无疑问，他们是知识界举足轻重的人物。他们中的许多人都具有双重身份：一方面，当他们就公共议题进行公开言说的时候，他们是公共知识分子；另一方面，当他们在自己的专业领域进行学术写作的时候，他们是学院派知识分子。

然而，大约十年后，"公知"已经成为一个耻辱的标签。他们常常激起公众莫名的怒火，因此，他们犹如过街老鼠，人人喊打。公知的标志是，公共太多，知识太少。他们针对各种公共议题进行发言，但是他们并非对各种公共议题都具有相当的知识储备与学术涵养。因此，他们的发言往往引起公众的质疑与反感。然而，公知不是公共知识分子，而是公共知道分子。公共知道分子知道许多事情，但对这些事情往往没有进行深入的研究与细致的思考。公共知识分子的污名化是因为公众把公知等同于公共知识分子了。而实际上，公知只是公共知道分子罢了。公共知识分子与公共知道分子具有截然不同的公共品质。因此，公共知识分子去污名化的关键是区分公共知识分子与公共知道分子。

那么，什么是公共知识分子？公共知识分子是一群从专业领域出发就公共话题在公共空间面向公众进行公开言说的知识分子。因此，公共知识分子首先是学院派知识分子。他们通常具有学者的身份，在大学院校或研究机构中从事学术研究，并且在某个专业领域进行深入的学术研究。但是，公共知识分子又不甘于单纯的学院派知识分子身份。他们往往具有强烈的问题意识、浓厚的家国天下情怀与犀利的批判性精神，所以，他们意图从专业领域出发介入公共议题，并对公共议题进行公开言说。

在这个意义上，公共知识分子不同于公共知道分子。公共知识分子的特征是，从专业出发，走向公共。[1] 公共知识分子通常有自己专精的学术研究领域，他们在这些领域长期耕耘，因此具有了深厚的学理基础和知识储备。正是以这些学理和知识为基础，他们意图从专业领域出发走向公共领域。[2] 他们走向公共的方式是，仅仅针对与他们的专业研究领域相关的公共议题进行公共发言。例如，法学公共知识分子通常针对法律公共议题进行公共发言，而政治学公共知识分子通常针对政治公共议题进行公共发言。他们通常并不针对他们所研究的专业领域以外的公共议题进行跨界发言。

然而，公共知道分子的特征是，公共太多，而知识太少。公共知道分子通常并不从事专门的学术研究，也没有专业的研究领域。他们通常是自媒体流量的产物。他们看起来知道许多，就许多领域的公共话题进行广泛的公共发言。但是，他们往往针对自己知识领域以外的公共议题进行跨界发言。而实际上他们对这些领域并没有专精的深入研究。这样，他们的发言似乎并没有命中要害，也欠缺充分的说服力。正是如此，公共知道分子沦为了公众眼中的"公知"。

公共知识分子也不同于学者。尽管公共知识分子通常也是学者，但是

---

① 波斯纳曾经批评公共知识分子的问题是，公共越多，知识越少。这个问题根源于公共知识分子的跨界发言。因此，从专业出发，走向公共，是公共知识分子避免这个问题的关键。Richard Posner, *Public Intellectuals*, Cambridge：Harvard University Press, 2001, pp. 167 – 220.

② 许纪霖：《中国知识分子十论》，复旦大学出版社，2003，第 33 ~ 78 页。

他们又不甘于只做学者。他们通常有满腔热血，对这个世界的不公平现象充满道德义愤，因此，他们常常在宁静的书斋里拍案而起，义无反顾地对公共事件进行口诛笔伐。他们并非书斋里的两脚书橱，只会两耳不闻窗外事，一心只读圣贤书。恰恰相反，他们常常会走出家中的宁静书斋，走向外面的大千世界，因此，他们的思想品格是：风声雨声读书声，声声入耳；家事国事天下事，事事关心。

然而，学者的特征是，知识太多，公共太少。他们通常在某个专业领域具有扎实的学理和深入的研究，但是他们并不愿意就他们的专业领域相关的公共议题发表公共言论。他们躲进故纸堆里埋头做学问，并不关心外面世界的纷纷扰扰。即便他们关心外面的世界，也对外面世界的公共事件不置一词。而我们的时代就是大批量生产专业学者的时代。我们的学者已经是世界上学术论文发表量最大的知识群体，却可能是世界上读者群最少的知识群体，同样也可能是世界上学术影响力最低的知识群体。在这个意义上，我们的学者已经被我们的时代无情抛弃了，而我们的学者却浑然不觉，依旧执迷不悟地追求毫无意义的学术 GDP。这是一个时代的学术陷阱，而我们正在自掘坟墓。

最后回到我们的问题，如何重塑具有公共的公共性？在本文看来，重塑公共性的途径是重塑公共知识分子。而要重塑公共知识分子，必须把公共知识分子从公知的污名化中抢救出来。公知实际上是公共知道分子，并不是公共知识分子。公共知识分子是一批具有家国天下情怀的知识群体。他们首先是具有深厚学术能力的学院派学者，然后才是具有强烈公共关怀的公共知识分子。公共知识分子的公共路径是，从专业出发，走向公共。

一言以蔽之，一个时代的公共知识分子是一群从权力的密不透风中慢慢撑开生存缝隙的求索者。公共知识分子具有双重身份，他们既是具有专业素养的学术家，又是具有公共关怀的思想家。因此，公共知识分子是有思想的学术和有学术的思想的真正担当者！

转型法哲学如何可能?

——评孙国东《公共法哲学:转型中国的法治与正义》

刘小平[*]

摘　要: 孙国东在《公共法哲学:转型中国的法治与正义》一书中,试图建构一种"作为转型法哲学的公共法哲学"。其功能主义法治观的提出和建构,深刻地体现了这种转型法哲学的理论模式。这一功能主义法治观,建立在"现代性的普遍要求"和中国特殊的实践约束条件这一基本的分析框架之中。然而,通过对其法治理论建构过程的分析,可以看到,这一分析框架还是过于宏大和粗糙,需要进一步加以完善。更重要的问题是,这一分析框架是否足以支撑转型法哲学的理论建构,仍需要进一步加以考量。

关键词: 功能主义法治观　转型法哲学　分析框架

一

徐爱国发表于 2016 年的宏文《论中国法理学的"死亡"》[①] 引发了法学界热烈的讨论。然而,何谓"中国法理学的死亡"? 作为一个学科,中国法理学并无存灭之虞;甚至,作为观点和知识体系,中国法理学还出现了前所未有的繁荣状态。社科法学、法教义学的争论方兴未艾,自然法、系统论法学、社会理论法学你方唱罢我登场,有志于法学理论研究的年轻学者也不断涌现。那么,"中国法理学的死亡"究竟是一种煞有介事的杜撰,还是真的洞察到了其所存在的危机? 如果中国法理学真的存在危机,这种危机又是什么呢?

徐爱国的论断值得我们进一步深思。中国法理学的死亡,与其说是针对知识体系意义上的法理学的宣告,毋宁说是一种更为深层的追问,其指

---

* 刘小平,吉林大学法学院副教授,法学博士。

① 参见徐爱国《论中国法理学的"死亡"》,《中国法律评论》2016 年第 2 期。

向的是作为问题、思想的法理学，而后者构成了作为知识体系的法理学的源头活水。中国法理学的危机，在于缺乏在问题层面对当下中国的法律实践尤其是法治秩序的建构进行回应和反思的法理学。而危机存在的部分原因，正是在于把法理学当成一个自足的知识体系，而失去对问题本身的把握和反思。换言之，"中国法理学的死亡"实际上追问的是，"中国需要一种什么样的法理学"。徐爱国由此指出："旧法律理论和法律意识形态不死亡，一个全新的法学就不会诞生。"①

中国需要一种什么样的法理学？早在2006年，邓正来就在《中国法学向何处去——建构"中国法律理想图景"时代的论纲》一书中，把问题引向对"处于急剧转型中的中国在当下的世界结构中究竟需要一个什么样的法律秩序"②这一实质性问题的思考。中国法理学，需要直面转型中国之法律秩序的建构问题。然而，邓正来之问由于极大地超出了法学人的传统视域，而涉入更具思想性的"古今中西问题"当中，被许多人视为法学外行的呓语。如今十五年过去了，邓正来的追问本身也逐渐被遗忘。

孙国东在《公共法哲学：转型中国的法治与正义》一书中，试图建构一种"作为转型法哲学的公共法哲学"，这就意味着他离开了中国法理学熟悉的知识图谱，而进入邓正来所引出的那个陌生的、前途未卜的问题领域。何谓转型？在孙国东看来，转型中国的核心在于向现代法律秩序转型，对这种法律秩序之性质和走向的思考，构成了法哲学之思的根本。那么，什么样的法哲学能够承载转型法哲学的重任？孙国东别出心裁地提出了一种"公共法哲学"理论。为何是公共法哲学？一方面，中国现代法律秩序的转型内在地处于中国由历史凝结而成的实践约束条件（政治与社会—历史情境）当中，这意味着现代法律秩序的转型不可能沿着单一现代性的道路行进；另一方面，法律秩序本身是与社会秩序、政治秩序的建构深度关联在一起的，由此转型法哲学之思，本身也是一种转型政治哲学之思。面对转型中国现代法律秩序的建构所具有的无与伦比的复杂性，孙国东试图把现代法律秩序的建构转化成一个政治共同体的公共事务问题。中国需要什么样的法律秩序，本身需要一种公共参与和公共证成。由此，公共法哲学，是关于公共参与和公共证成的法哲学。

如何理解孙国东所提出的公共法哲学的理论主张？它是适合于转型中

---

① 徐爱国：《论中国法理学的"死亡"》，《中国法律评论》2016年第2期。

② 邓正来：《中国法学向何处去——建构"中国法律理想图景"时代的论纲》（第二版），商务印书馆，2011，第40页。

国法律秩序建构的法哲学吗？孙国东对公共法哲学的建构是否成功？在这里，笔者并不准备涉入对相对宏大的公共法哲学之建构过程的分析当中去，而是试图把重点放到孙国东对"中国式法治"问题的讨论上。一方面，对于中国现代法律秩序的建构来说，正如孙国东指出的，法治问题是法哲学要讨论的"元问题"；另一方面，他对法治问题的讨论体现了其转型法哲学的理论模式和公共法哲学的内在主旨，由此，其关于法治的讨论在展示出其理论特征的同时，也在相当程度上呈现了其可能的不足和缺陷之处。

二

毋庸讳言，中国法学界关于法治的讨论，呈现越来越深入的趋势。关于法治是什么，一开始是在与"人治"的对照当中，法治获得了其正当性和规范性内涵。而随着对西方法治思想了解的加深，法治的内涵进一步丰富，对法治的理解不再只停留在制度层面，更上升到了价值乃至信仰的层面。目前关于法治的讨论越来越概念化和分析化，围绕着中国需要什么样的法治，形式法治和实质法治之间的论争激烈不休。

孙国东对于法治问题的讨论同样采用了形式法治和实质法治的基本概念框架，但其讨论并不只停留在概念分析的层面上。他对法治问题的讨论采取了其所主张的转型法哲学的理论模式。在中国现代转型的视野下，现代性的普遍要求构成了中国转型的文明底色。而现代性价值，在政体上承诺和预示了一种"永续国家"的现代政体模式。所谓永续国家，即不存在政体危机（政权统治危机），只存在政府危机（政治治理危机）的国家，也即是通过法律保障公民权利和民主制度（政体架构），将政府更迭限制在和平的框架内，从而有效避免暴力革命、政变所导致的"王朝更替"之循环的"后传统国家"①。

法治何以出场？在孙国东那里，是因为它对于永续国家的构造来说是必不可少的。当然，除了法治，构造现代永续国家还需要其他三个必备要件，分别是国家能力、民主制度（问责制政府）和社会正义。② 但是在这四个要素当中，法治具有基础性的地位，其他三个要素在很大程度上都呈

---

① 参见孙国东《公共法哲学：转型中国的法治与正义》，中国法制出版社，2018，第 199～200 页。
② 参见孙国东《公共法哲学：转型中国的法治与正义》，中国法制出版社，2018，第 202 页。

现为和依托于法治这一要素。因此，在中国，正是建构现代"永续国家"这一新型政体的需要，决定了我们必须采取实质法治这一概念。实际上，实质法治正是融合了构造永续国家的其他三大要素的法治概念。

实际上，孙国东对于实质法治的理解包括了两个方面：第一是它所融合的作为永续国家之基础的其他现代性价值，构成了实质法治的所谓"合道德性"的面向；第二，"合伦理性"的面向，即法治除了具备道德普遍主义面向以外，还应容纳特定的文化情境对法治的范导和塑造空间。由此，孙国东把实质法治理解成法律秩序的道德担当（合道德性）和伦理担当（合伦理性）的统一①。

然而，中国实行什么样的法治，不仅取决于现代性的普遍要求及构造永续国家的需要，还受到制约中国转型的"结构化情境"的限制，孙国东称之为法治国家的三大实践约束条件，分别是文明型国家、超大规模型国家和社会主义政党—国家。孙国东指出，正是由于中国情境的特殊性和三大约束性条件，中国法治才是一种有别于西方法治模式的"中国式法治"。由此，要理解和把握"中国式法治"及其规范性要求，就必须在（现代性）永续国家的普遍性要求与转型中国的实践约束条件的"交互比勘"中来实现②。

在转型法哲学的理论视野下，孙国东由此提出了一种"功能主义的法治观"。这种法治观有别于"形式主义法治观"和"工具主义法治观"。形式主义法治观片面主张法律的自主性，与之相反，工具主义法治观片面主张法律的非自主性。而功能主义法治观是服务于中国现代转型的法治观，即是一种具有现代转型意识、政治担当意识和中国情境自觉性的法治观，其政治目标是建构中国式的永续国家。但是孙国东在主张把法律视为实现政治理想的工具的同时，也捍卫法律运行的自主性，孙国东称之为法律的"不可随意支配性"。

三

孙国东建构功能主义法治观，由此不仅仅是在概念层面上讨论问题，

① 参见孙国东《公共法哲学：转型中国的法治与正义》，中国法制出版社，2018，第205页。

② 参见孙国东《公共法哲学：转型中国的法治与正义》，中国法制出版社，2018，第197页。

甚至超出了法律问题本身。通过对现代转型之"中国现代性"的阐释，孙国东立基于新型永续国家的建构这一现代性的普遍要求和体现中国特殊性的三大实践约束条件，来把握"中国式法治"的基本生成机制。这一讨论方式深刻地体现了其转型法哲学的理论模式，既展示了"中国式法治"在普遍性层面的规范性要求，又揭示了其有别于西方法治的特殊性。

作为一种功能主义法治，孙国东主张，法治要服务于中国现代转型和永续国家的建构这一目标。然而，如何保证这种功能主义的法治成其为法治，而不至于在强调法律相对于整体的关联和功能性意义时，丧失掉法治自身的独特品质？孙国东主张要确保法律的"不可随意支配性"，这种"不可随意支配性"既区别于形式主义法治的完全自主性，也区别于工具主义法治的非自主性。正是这种微妙的"不可随意支配性"构成了功能主义法治成其为"法治"的底限保障。

问题是，功能主义法治观如何确保"不可随意支配性"？在强调实在法对于特定目标和社会整体的功能性意义的同时，如何让它在整体上仍然具备某种约束特征？对这个问题的回答将构成功能主义法治成其为"法治"的根本。

功能主义的法治观如何可能具备"不可随意支配性"？对于这个问题仍然要放到孙国东所提供的现代性的普遍要求和中国特定的实践约束条件（或者说"结构性情境"）这一二分框架中加以考量。实际上，这一框架也构成了孙国东转型法哲学的一个基本的分析框架。孙国东转型法哲学所主张的理论的"介入性"和"建构性"特征在很大程度上也是通过这一基本分析框架得以实现的。转型法哲学乃至于公共法哲学的建构，端有赖于在这二者之间实现一种"反思性的平衡"；而在"中国式法治"之理论立场和规范性要求的具体层面，也需要二者的"交互比勘"。然而，无论是"反思平衡"也好，"交互比勘"也罢，如何实现这一过程？"交互比勘"的结果会怎样？孙国东对此却缺乏更为细致具体的分析。

在笔者看来，孙国东对于"现代性的普遍要求"和"中国特定的实践约束条件"之交互的论述过于理想化，也过于粗疏了。二者之间很有可能不仅不能"交互"，也难以实现反思性的"平衡"。很有可能的结果是，一方因素对另一方因素的压倒或吸收。就实现法治的"不可随意支配性"而言，实际上，这两方面的因素所起的作用是不一样的。从历史上来看，中国特殊的情境即孙国东所列举的三大实践约束条件从来没有发展出法治的关键性特征，即法律的"不可随意支配性"。从分析性的层面来看，首先，在作为一个文明型国家的中国历史和传统当中，法律在这一文明体的治理当中向来都只是一个工具，法律从属于德治或者礼治，规则很难获得独立的约束性特征。其次，作为超大规模型国家来说，无论是"中华民族多元一体格局"还是政治统一的目标，都可不依赖于不可随意支配的法律。最后，对于社会主义政党—国家来说，也向来持一种工具论的法律观。对于这三大实践约束条件来说，法律的确在工具和功能的意义上有存在的价值，但难以确保其具有"不可随意支配性"的不可或缺的地位。

法律的"不可随意支配性"地位的获得，恐怕还要依赖于"现代性的普遍要求"。孙国东已经隐含地指出了法律不仅在功能的意义上是构造新型永续国家的工具，法律本身对于永续国家来说也具有构成性意义，并且其他三大要素也是以法治为依托从而得以体现的。因此，正是在"现代性的普遍要求"及永续国家的构造上，法律才既具有功能性意义，又具有"不可随意支配性"的超然和不可或缺的地位。

对于实践约束条件与法治之间可能存在的负面关系，孙国东实际上心知肚明。因此，孙国东强调，三大实践约束条件要服务于建立永续国家的需要，而不是相反。换言之，只有"现代性的普遍要求"才是规定性的。由此，孙国东在主张具有反思性的现代性的同时，也表明其情境主义的考量是一种"反思性的情境主义"。在讨论基于中国既有的"差序格局"建构法治中国的可能性问题时，孙国东进一步从结构功能主义的角度，指出对"差序格局"不能做一种文化本质主义式的理解，而应从功能主义的角度，出于其所具有的"反功能"，进行功能上的"替代"，从而实现在既有文化装置上实现对文化的改造。然而，这种"功能替代"何以可能？既有文化毕竟不是由独立模块搭成的积木，按照需求和目标就可以进行替换。由此，二者交互的结果，很有可能不是一种功能上的"替代"，而是实质性的取而代之。

由此，至少从法律的"不可随意支配性"层面来看，很难实现"现代性的普遍要求"和中国特殊的"实践约束条件"之间的"交互"和"平衡"。二者在功能主义法治观的建构当中的地位是不一样的。很有可能出现"反思性平衡"的结果，就是这一分析架构自身的崩解。

四

在笔者看来，孙国东的转型法哲学的理论模式，极为依赖于其在书中多次提到的现代性的普遍要求和中国特殊的实践约束条件这一基本的分析框架。现代性的普遍要求提供了转型的基本方向和规定性，而对中国特定情境的强调又赋予了转型复杂性和多样性。二者之间的互动赋予了转型法哲学以巨大的理论思考空间和理论张力。然而，这一分析框架还是过于宏大和粗糙，需要进一步加以完善。更大的问题是，这一分析框架是否足以支撑转型法哲学的理论建构？笔者在前文的论述中已经指出了基于这一框架的分析，可能导致框架本身崩解的结果，由此，如何避免转型法哲学不会走向另一种隐藏得更深的"去情境化的普遍主义"或是"封闭的中国特殊论"？

就此而言，孙国东"作为转型法哲学的公共法哲学"，体现了理论上高度的介入意识，对于中国法理学走出知识体系上的故步自封，直面转型中国法律秩序的现实建构而言，意义重大。而其提供的关于公共法哲学的实体建构方案，则需要进一步的完善和理论上的自洽。

现代中国法律秩序的生成机理
与公共法哲学的理论建构

——孙国东博士新著《公共法哲学：
转型中国的法治与正义》札记

魏敦友[*]

摘　要：2005 年邓正来教授以"中国法学向何处去"发问，倡言
"中国法律理想图景"，震撼学界，一举终结了中国学人百多年来盲目向西
方寻求现代中国社会问题解决方案的"知识引进运动"，开启了中国学人
自主探索中国现代法律秩序的先河。然而由于邓正来教授囿于学理层面，
其理论尽管宏大浑廓但不免于凌空蹈虚，缺乏深厚社会—历史内涵。孙国
东博士自觉地承继邓正来教授所开掘的文化自主性立场，将"中国法律理
想图景"论述还原到转型中国的社会—历史场域，运用介入性的学理分析
及实体性理论建构的方法论，深刻洞察到现代中国法律秩序的生成机理，
建构起以转型法哲学为表现形式的公共法哲学体系，对于我们深入地再认
识现代中国秩序之生成意义巨大。

关键词：孙国东　转型中国　现代中国法律秩序　公共法哲学　转型
法哲学

> 我们不仅要关心政治治理术意义的政治，更要关切大写的政治，
> 即作为政治共同体集体目标的政治理想和价值理想。
>
> ——孙国东

邓正来对"中国法律理想图景"的追问，对权利本位论等四种法
学理论模式的批判，堪称批判法哲学的典范。他将各种"专业法哲
学"和"政策法哲学"视为当然前提的"中国法律理想图景"问题
揭示了出来，从而把它们遮蔽或无视的中国法律秩序之文化属性和政

---

* 魏敦友，哲学博士，湖北大学哲学系教授、湖北大学法哲学研究中心主任。

治哲学承诺等关涉中国现代法律秩序建构的根本问题，带入中国法哲学的研究视野。

——孙国东

引 言

当原先一直期待着的复旦大学社会科学高等研究院孙国东博士的"公共法哲学"系列论著最终变成一部厚重的学术巨著《公共法哲学：转型中国的法治与正义》呈现在我面前时，我依然觉得怦然心动，眼前一亮，深感这是一部视域恢宏、体大思精之深沉力作，在当今中国浮躁不安、人云亦云的学术界，真可谓是鹤立鸡群，独步学林。

在不久前应邀为孙国东博士的《公共法哲学：转型中国的法治与正义》一书所作的简短评论中，我郑重其事地写下了这么一段出自肺腑的话：

> 孙国东博士的公共法哲学建构是现代中国思想中的重大创获，它立基于邓正来教授所开掘的中国自主性立场，对法治中国问题进行了全方位透视与深度开掘，在批判普世论与特殊论的基础上，在形式主义法治观与工具主义法治观之外，形成了自己独特的功能主义法治观，倡导立国、立宪、立教、立人、立法五位一体，为现代中国人重新思考转型中国的国家建制、社会重构与文化认同提供了一个崭新的视域。晚清以来是中国现代思想出场的历史性时刻，但在近两百年的时间里，中国现代思想一直表现为反应性的特质，今天我们从孙国东博士所建构的公共法哲学这里，看到了中国现代思想从反应性走向建构性的"重大突破"，可以预期，中国现代学人以中国经验为基础建构现代法律秩序的法哲学原理应为期不远了。①

这绝非溢美之词。今天我依然坚持这一看法。但是要细细分梳其中条理，却不是一件容易的事。我今试从孙国东博士的学术脉络、为学方法及理论建构三个方面略加阐释。我们将会看到，孙国东博士从邓正来教授出

---

① 孙国东：《公共法哲学：转型中国的法治与正义》，中国法制出版社，2018，第546页。下文对该书的引用，随文标注页码。

发，将邓正来教授所申扬的"中国法律理想图景"这个所谓"邓正来问题"还原到中国社会历史大转型的现场，通过介入性的学理分析与实体性的理论建构，最终形成了他的作为公共法哲学的转型法哲学系统或作为转型法哲学的公共法哲学系统，为人们探讨转型中国的法治与正义及现代中国法律秩序的生成机理廓清了道路。

一　继承邓正来，超越邓正来

虽然孙国东博士的学术起点并不是邓正来教授，但是因缘际会，孙国东博士最终师从于邓正来教授，邓正来教授的学术思想所给予孙国东博士的深远影响则是再怎么强调也不过分的。另一方面，可以说孙国东博士对乃师邓正来教授的学术思想也是最熟悉、理解最深刻、阐发最有力度的青年学者。

虽然邓正来教授在人世间仅仅享年 57 岁，但他在社会科学方面的学术贡献在当代中国思想界罕有其匹。在他的众多的论著中，2005 年首先以单篇系列论文发表、次年结集出版的《中国法学向何处去——建构"中国法律理想图景"时代的论纲》一书无疑具有重要的地位，甚至可以说，《中国法学向何处去——建构"中国法律理想图景"时代的论纲》是邓正来教授学术思想历程中一轮辉煌的红日，更可以看成当代中国学术思想界的一声"猴子吼"。它截断众流，对当今中国主流法学理论进行了整体性的病理学式的诊断，认为当代中国主流法学理论深受西方现代化范式宰制而不自觉，不是以中国为思想根据而是以引进西方法律知识/法律制度为鹄的，完全丧失了中国主体性，因而陷入了"整体性危机"。正是在此基础上，邓正来教授提出了中国现代法律秩序建构的历史性使命，必须从当代中国主流法律理论的"迷梦"之无思状态中解放出来，直面被遮蔽、被遗忘、被无视的中国现代法律秩序建构的根本问题，即现代中国人究竟应该共享什么样的良善生活，现代中国人究竟应该生活在何种良善法律秩序之中。正是在这一思想引导之下，邓正来提出了现代中国法律秩序建构的"中国法律理想图景"问题，从而使得现代中国法律秩序的生成机理及其理论构造被纳入思想反思的巨大光芒之中。正因为"中国法律理想图景"的重要性，孙国东博士合情合理地将邓正来教授这种以"理想图景论"为核心的法哲学追问和探究称为"邓正来问题"（参见第 78 页）。现代中国法律秩序建构中的"邓正来问题"，其核心当然是"基于中国文化认同的

（法律）理想图景问题"（第16页），如邓正来教授所明确指出的，"法律哲学的根本问题，同一切文化性质的'身份'问题和政治性质的'认同'问题一样，都来自活生生的具体的世界空间的体验；来自中国法律制度于当下的具体有限的时间性，同时也来自中国法律制度所负载的历史经验和文化记忆"①。此一认识，虽然邓正来教授是以1978年以来的中国法学理论为诊断对象的，但我认为它也完全适用于晚清以来中国知识引进运动的基本情势和内在逻辑，所以那种过滤掉法律的文化特质与历史属性，以为法律仅仅是一种规则的看法是必须审慎再加以批判地考察的。也正是在这个意义上，孙国东博士深刻地指出，

> 邓正来对"中国法律理想图景"的追问，对权利本位论等四种法学理论模式的批判，堪称批判法哲学的典范。他将各种"专业法哲学"和"政策法哲学"视为当然前提的"中国法律理想图景"问题揭示了出来，从而把它们遮蔽或无视的中国法律秩序之文化属性和政治哲学承诺等关涉中国现代法律秩序建构的根本问题，带入中国法哲学的研究视野。（第76～77页）

我更倾向于认为，由于邓正来教授过早地离世，他没有来得及进一步彰明他所谓的"中国法律理想图景"并道成肉身地走向社会与历史，这里当然也有个人气质方面的因由，我所理解的邓正来教授似乎更倾向于提出宏大的理论，他似乎更属于那种不世出的具有韦伯意义上的魅力型特质的人。但是，我认为孙国东博士对邓正来教授所持"知识—法学"立场的严厉批判也是有道理的。孙国东博士指出：

> 由于忽视了法律本身的文本双重性（法学知识生产文本/立法文本）及相应的法律实践之两重性（立法实践/法律实施实践），"知识—法学"取径无力对现实的法律实践是否遵奉"现代化范式"进行评判，从而未能充分地论证"邓正来问题"的出场——这使得其知识社会学取径沦为一种跛足的知识社会学，即"有知识但无社会"的知识社会学，同时亦使其基于知识—法学取径的学术批判，具有王小

---

① 邓正来：《中国法学向何处去——建构"中国法律理想图景"时代的论纲》（第二版），商务印书馆，2011，第14页。

波所说的"批判人而不是批判社会"之倾向。（第16页）

因此，就"邓正来问题"所涵蕴的"中国现代社会秩序的正当性与可欲性"而言，邓正来教授的贡献似乎更在前者，而孙国东博士的贡献则似更在后者，当然两者并不是可以截然区分开来的。实际上，孙国东博士反复强调的介入性的学理分析与实体性的理论建构从某种意义上讲，正是从社会与历史、现实的角度或可欲性角度去具体落实正当性的诉求的。也正是从这个意义上讲，我认为孙国东博士的工作正是从邓正来教授止步的地方开始的。

二　介入性学理分析与实体性理论建构

如果说邓正来教授所倡言的"中国法律理想图景"如一声惊雷将当代中国法学理论的内在本质暴露无遗，但多少也显示出其凌空蹈虚的特质，那么孙国东博士正是要致力于去除邓正来理论的蹈虚性特质，或如他所说的，不能停留于"中国法律理想图景"的"一般性倡导"，并自觉运用介入性学理分析与实体性理论建构两大方法于社会—历史的分析之中。在我看来，正是这两大方法的深入推进，邓正来教授所致力于开掘的立基于"中国法律理想图景"之上的中国自主性立场获得了社会—历史的维度及丰富的思想内涵。

孙国东博士深刻认识到，如果"邓正来问题"构成了我们时代的真问题，它必须基于当下中国的社会—历史规定性而出场。但是邓正来教授仅仅囿于1978年以来的法学理论论说，因而仅在所谓"知识—法学"意义上洞察到中国缺乏"法律理想图景"而无法回答以西方法律理想图景为旨归的"现代化话语"基于何种社会—历史条件而出现，因而也无法回答"邓正来问题"何以成为我们时代的核心问题。在这种思路的引领之下，孙国东博士介入中国明清以降的社会大转型社会—历史语境之中，将"中国法律理想图景"这一"邓正来问题"所内蕴的社会—历史维度展示出来，从而提出了现代中国转型境域之中的文化认同与道统重建等关乎中国现代法律秩序建构内在机理的重大理论问题。

我认为，"转型法哲学"的概念是孙国东博士在当代中国法哲学建构中的一个重要贡献。从邓正来教授的"中国法律理想图景"到孙国东博士的"转型法哲学"是有迹可循的，甚至是一脉相承的，"转型法哲学"概念可以看成形而上的"中国法律理想图景"向形而下的现实历史世界的生成，是孙国东博士所谓在对中国社会历史进行介入性学理分析之上的实体性的思想建构。今天的中国已然进入世界结构之中，不得不面临前所未有的大变革和大调整，孙国东博士甚至称之为"五百年未有之大变局"。对此大变局进行法哲学的观照，由此思考中国现代法律秩序建构的内在机理。它提出法律秩序建构的非自主性，强调法律的政治性与社会—历史性，凸显法律的政治承诺、法律的政治和社会—历史制约性，并高屋建瓴地指出中国的现代转型是"立国""立宪""立教""立人""立法"五位一体的系统工程，立法即是立国、立宪、立教、立人成就的法律实体，其本身也会受到它们的结构性支配。对立宪仍待完善及立教、立人亟待突破的转型中国来说，现代法律秩序的建构仍是进行时。这些真知睿见正是"转型法哲学"的题中应有之义。

孙国东博士的"转型法哲学"所进行的介入性学理分析与实体性理论建构更突出地表现在他关于正义的中国情境的考量及情境化的正义观的建构上。正义观念即使在西方，也如美国法理学家博登海默所说，是一普罗透斯之多变脸，何况在转型中国的情境之下。孙国东博士借鉴了法兰克福学派第三代领袖霍耐特的著名论断"正义论作为社会分析"，将正义理论与特定时空的政治与社会—历史情景相结合，并深入转型中国社会正义问题所依赖的结构化情境之中，慧眼卓识地观察到当下中国人所普遍持有的一种"反正义的公平观"，在对之深入剖析的基础上提出了底限正义及关联性正义的新概念，为超克"反正义的公平观"这种转型中国时期特有的社会现象指明了方向，特别是关联性正义概念极具创造性，它是对普遍正义观与情景正义观的超越，我完全同意赵汀阳先生的观点，孙国东博士关联性正义概念是"最有新意的"，"给出了一种近乎第三条道路的正义观"（第541页）。

三　作为第一哲学的法哲学与公共法哲学的理论诉求

正是通过介入性学理分析与实体性理论建构两大方法的运用，在孙国东博士这里，"邓正来问题"获得了丰满的社会—历史内涵，而似乎因蹈虚凌空而曾受不少学人诟病的"中国法律理想图景"化身为具体的规范性的思想结构，在这个规范性的思想结构之中，法哲学被提升为第一哲学，而孙国东博士原先设想的"转型法哲学"因此获得了公共法哲学的形态。

为什么法哲学必须成为第一哲学？其答案当然也深植于转型中国的内在逻辑结构之中。孙国东博士认识到，一方面，"从规范性的角度来看，现代社会中的社会秩序和政治秩序均建立在法律秩序基础之上，即法律构成了现代社会秩序和政治秩序运行的基本规则"。另一方面，

> 作为实践哲学中最具实践介入性的分支学科，法哲学对"中国法律理想图景"的关切，其实是对"中国现代性问题"的探究。它有助于将法哲学提升为更具思想关怀的"公共法哲学"，也有可能通过确立法哲学作为中国现代转型之"第一哲学"的核心地位而深化中国思想话语的学理逻辑。由于现代社会——政治秩序是基于法律秩序而形成的，对中国这样仍处于现代转型中的"文明型国家"、超大规模型国家乃至社会主义政党——国家来说，如果没有法哲学的思想突破和学理创新，我们不可能形成兼具现代性和中国性的现代法律秩序，以及以这种法律秩序为基础的社会——政治秩序。（第 77 页）

孙国东博士将公共法哲学看成恢复法律作为公共治理秩序的本色，且将公共参与和公共证成纳入法律秩序建构过程之中的法哲学形态，而转型法哲学恰是这样一种公共法哲学形态。因为"中国法律理想图景"指向了法律的文化属性，是中国作为一个政治共同体之文化认同在其法律秩序上的价值表征，而认同问题又涵蕴着对"什么是对我或我们而言良善的生活"这一问题的回答。因此邓正来教授对"中国法律理想图景"的法哲学追问，如孙国东博士所谓，"事实上恢复了法律秩序作为公共法理秩序所具有的公共性质，有可能使法哲学超越法律人的哲学游戏（专业法哲学）和治人者的驭民之术（政策法哲学）。这种超越有可能将法律秩序的公共性和治于人者——法律承受者——的公共关切纳入法哲学的视野中，遂使法哲学成为一种公共法哲学"（第 77 页）。

我认为，孙国东博士特别精彩的一点是他在作为公共法哲学的转型法哲学视角之下论证了一种功能主义法治观。在他看来，"法治"（the rule of law）堪称中国法哲学研究的"元问题"，它是关系到转型中国的关键，如他所说，"从法哲学的视角看，所谓'转型中国'，其实质含义便指涉向现代法律秩序转型的中国。这一历史方位的定向，既包含了我们对现时中国现代法律秩序仍待建构的时代境况之确认，亦蕴含了我们对未来（兼具现代性和中国性的）中国现代法律秩序的理想形态之期待"（第 193

页）。孙国东博士所谓功能主义法治观，正是立基于转型中国的社会—历史境域，从法治对于中国现代转型的积极介入或积极建构而言的，"是对法治之于中国现代转型（中国式永续国家建构）之政治功能的规范性分析"（第233页）。孙国东博士仔细对比了他的功能主义法治观与形式主义法治观、工具主义法治观在政治目标、基本理念、法律的特性、法律与政治的关系及合理性基础五个方面的不同，试图在去情境化的普遍主义与封闭的中国特殊论两种对立的静态的僵化教条化立场之外，寻找政治理想与实践约束条件之间的动态性的"反思性平衡"。这种以中道理性为内在灵魂的动态的功能主义法治观将法治看成动态地形塑立国、立宪、立教、立人及立法五位一体的过程，的确是对固化的形式主义法治观与工具主义法治观的超越。

四　结语

根据我的观察与研究，人类历史上大凡伟大的思想家无不在其早年有自己"认知路途上的震撼性时刻"，我曾在《认知路途上的震撼性时刻》一文中对钱穆、邓正来、李泽厚诸人有所论述。"认知路途上的震撼性时刻"意为思想家早年不经意在某一时刻突然为某一问题所苦，或某一问题不期然而至，以致产生如钱穆先生所言"巨雷轰顶，全心震撼"的心理体验，从此支配其一生一世，此后其所有论说无不围绕此一问题而展开。我观察孙国东博士早年似亦有此一体验。根据孙国东博士自述，早年进大学时即生发如此困惑：为什么西方法治模式在中国会面临那么多挑战？于是一个与中国现代性有关的问题便攫住了少年孙国东：中国究竟应该探索怎样的法制现代化道路？这庶几可以称为孙国东博士"认知路途上的震撼性时刻"。正是这样的"震撼性时刻"开启了他的问题意识，我甚至认为孙国东博士是在为他的问题意识所逼的情况之下而自觉北上师从邓正来教授的，同时我也认为，正是他的问题意识使他并不停留于邓正来的既有论述，而是在乃师邓正来教授的引领之下，大大丰富甚至超越了邓正来教授的论述，进而形成了当代中国学术界一抹亮丽的风景线。

如果将孙国东博士的学术努力放置到邓正来教授的学术脉络之中并将之称为"邓正来—孙国东"范式，那么，从中国近现代学术传统之建构的视角来看，我认为"邓正来—孙国东"范式作为中国现代思想的一种学统建构，完全可以媲美另外两种重要的学统范式，即"钱穆—余英时"范式、"李泽厚—赵汀阳"范式而毫不逊色。如果说"钱穆—余英时"范式是中国处于中西对立结构之中的一种学统建构，其旨趣在于现代中国的文化认同，如果说"李泽厚—赵汀阳"范式是在中国走向世界结构的历史性时刻的一种学统建构，其旨趣在于现代中国的道统重建，那么我似乎可以认为，"邓正来—孙国东"范式是现代中国已然处于全球结构或世界结构之中的一种学统建构，其旨趣在于立基于现代中国的文化认同与道统重建之上，去深入阐发现代中国法律秩序建构的法哲学原理，它因此而比前面两种范式更实在，更具学理性，同时也更具思想性。

当下的孙国东博士正值青春年少时，刚过不惑之年，未来何可限量，且能在此前精研哈贝马斯思想撰成《合法律性与合道德性之间：哈贝马斯商谈合法化理论研究》一书之后，复又致力于深入探究"中国问题"写出《公共法哲学：转型中国的法治与正义》这样的空前力作，心甚叹服，数月以来，我读之不厌，会心处极多，且折服于其视野的博大，思想的深邃，结构的谨严，甚至语言的精美。以上札记，不过蜻蜓点水而已。深以为有国东辈出，实乃中国之幸，现代中国学术的全面繁荣时刻，当为期不远矣！是所望焉！

再谈公共法哲学的思想立场

——答批评者

孙国东[*]

摘　要： 就我们正在努力探索的兼具现代性和中国性的"他种现代性"道路来说，所谓的"中西马"都不是可以直接拿来就用的文化资源，而需置于中国现代转型之价值理想/政治理想与实践约束条件的"反思性平衡"中，予以创造性转化和创新性发展。我们需采用独立于权力逻辑、市场逻辑、传媒逻辑等的自主学术立场，并以那种超越个人价值偏好且具有公共证成前景的实体性内容，对中国情境中政治/法律价值的具体规范性要求进行公共阐释。公共法哲学力图实现程序主义民主观与政治建构主义的结合。

关键词： 现代转型　反思性的情境主义　公共性　功能主义法治观　孤往精神

拙著《公共法哲学：转型中国的法治与正义》出版后，获得了一定的关注，亦受到一些批评。《法律与伦理》愿意提供一个学术交流的平台，让拙著接受几位学人的批判性检视，同时也让我有机会正面回应他们的批评。因此，请允许我对《法律与伦理》编辑部致以由衷的敬意和谢意。在此，我拟就四位书评人的批评，一并我在学术会议、私下交流等场合听到的几种典型的批评意见进行回应。

一　"转型"与"中西之辨"

在题为《出场时刻与中国法哲学理论建构——对〈公共法哲学：转型中国的法治与正义〉的政治哲学检视》的书评中，姚选民对拙著提出的一个根本的批评意见，是认为转型法哲学中所强调的出场时刻，即现代化转

---

*　孙国东，法学博士，复旦大学社会科学高等研究院教授、副院长。

型时期背景与超越时空的中国法哲学理论建构之间似乎存在一种"挥之不去"的内在张力，致使其在某种意义上讲成了一种"提前出场的"中国法哲学理论。选民列举了三个方面的理据：其一，转型法哲学沉浸在一种"虚幻的"中国转型期；其二，转型法哲学欲追求一种"西方化的"法治图景或法秩序构造方式理想状态；其三，转型法哲学浮现出了一种"中华文明"正义秩序。选民在此处提出的批评意见，容易让我的回应陷入意识形态性之争中，而这种性质争论是我个人一直都自觉抵御的，因为它极易遮蔽更值得我们深入思考的学理问题。不过，既然选民把争论的方向引向了这种意识形态，我不妨采用官方意识形态话语来回应他的第一个质疑。就此而言，无论是国家治理体系和治理能力现代化的政治愿景，还是第二个"百年奋斗目标"（"把我国建成富强民主文明和谐美丽的社会主义现代化强国"），事实上已清楚地表明：当前中国仍处于我所谓的"社会转型"阶段——我所谓的"社会转型"是指现代转型，即现代化建设或现代国家建设。从这样的历史方位来看，现代化或现代转型仍是我们这一代人的历史宿命。选民的第二和第三个理据，颇让我感到困惑：一个学者，如果不是陷入学术上的"精神分裂"，怎么会一方面"欲追求一种'西方化的'法治图景"，一方面又"浮现出了一种'中华文明'正义秩序"？我想，这里的关键是：选民可能有着过于强烈的文化本质主义乃至文明民族主义的心智，只能接受中西文化的二元对立或非此即彼（all or nothing），无法想象和接受中西文明的交融，或我所谓的中华文明对现代文明秩序的"接榫、吸纳、转化乃至超越"。我愿意重申我借用慈继伟的一个表达所表明的文化立场：就中国的现代转型来说，我们所需要的文化资源是"切己"的，而不是"排他"的。换言之，我们应根据我们所面临的问题，找寻可以回应此问题的文化资源，而不是预先占据某种文化民族主义立场，去选择适合——自己建构的，但不具有公共证成前景的——某种"文化认同"的文化资源。

之所以主张这样的文化立场，在根本上是因为：就我们正在努力探索的兼具现代性和中国性的"他种现代性"（alternative modernity）道路来说，所谓的"中西马"都不是可以直接拿来就用的文化资源，而需置于中国现代转型之价值理想/政治理想与实践约束条件的"反思性平衡"中，予以创造性转化和创新性发展。大体来说，就古典文化资源来说，由于它是与前现代的政治和社会—历史条件相适应的，其在现代条件下面临着"转进新生"的问题，即需通过现代性基本精神和基本原则的检验。就西方文化来说（更确切地说，对发源于西方并以当代西方发达国家为表征的现代文明来说），由于它具有自己特有的犹太—基督教文化渊源，尽管它是成熟现代性的典型形态，但在中国情境中仍面临我在拙著中强调的"学理格义"难题，即以中国现代转型之价值理想/政治理想与实践约束条件的"反思性平衡"，对之进行"接榫、吸纳、转化乃至超越"的问题。就经典马克思主义来说，由于它主要是针对先发现代化国家的"超现代"论说，因此，它不仅面临"中国化"的问题，事实上亦面临"现代化"的问题（在把现代市场经济和现代政治文明建设理解为"中国化"之内涵的意义上，后者仍可为"中国化"吸纳）——如果说毛泽东开创了马克思主义的中国化，并以马克思主义理论为理论武器完成了中国在现代条件下的民主建国，那么，邓小平所开启的改革开放和当下正在推进的国家治理现代化，则进一步深化了马克思主义的中国化问题，即以马克思主义服务于中国全面推进现代转型的历史事业，使其分别与现代市场经济、现代政治文明相契合。

据我个人体会，选民之所以一会儿批评我过于西方化，一会儿又指责我过于中国化，是因为他对我中道理性的"反思性情境主义"的立场，缺乏足够的"同情性理解"。我关于"作为转型法哲学的公共法哲学"的第四个核心理论主张，建议把对"政治/法律价值"与"政治/法律价值观"的区分，作为我们推进中国情境中政治哲学和法哲学介入性学理分析和实体性理论建构的逻辑起点。简言之，"政治/法律价值"是指自由、平等、民主、法治、正义等现代性价值本身，其属于具有普遍适用性的政治/法治文明范畴；"政治/法律价值观"则属于具有情境依赖性的政治/法律文化范畴，是指基于中国现代转型之价值理想/政治理想与实践约束条件的"反思性平衡"，我们所形成的关于自由、平等、民主、法治、正义等现代性价值的具体观点，即对现代性价值之具体规范性要求及相应的制度和实践模式的看法。显然，基于中国现代转型之价值理想/政治理想与实践约束条件的"反思性平衡"，推进对自由、平等、民主、法治、正义等现代性价值之具体规范性要求及相应的制度和实践模式的学理阐释，既是我所谓的"学理格义"的关键之所在，亦是中国政治哲学家和法哲学家基于中国情境推进介入性学理分析和实体性理论建构的使命之所在。一旦把"政治/法律价值"与"政治/法律价值观"区分开来，我们既从学理上否弃了"现代化＝西化"的一元现代性论说，亦开辟了中国探索适合自己的"多元现代性"道路的想象空间，也即是基于中国现代转型之价值理想/政治理想与实践约束条件的"反思性平衡",探索适合中国现代转型之具有政治哲学承诺与政治制约性、社会制约性、历史/文化制约性的"他种现代性"道路。我的上述主张,是与我所主张的"反思性情境主义"立场相一致的:就西方既有的现代化模式来说,转型中国的结构化情境(如具有轴心文明遗产的文明型国家的历史条件、具有大一统传统的超大规模型国家的社会条件和社会主义政党—国家的政治条件),是我们对之进行反思的凭借;但就中国现代转型的价值理想和政治理想来说,这些结构化情境也不能被豁免反思——质言之,我们应基于中国现代转型之价值理想/政治理想(政治哲学承诺)与实践约束条件(政治制约性、社会制约性和历史/文化制约性)的"反思性平衡",推进对自由、平等、民主、法治、正义等现代性价值之具体规范性要求及相应的制度和实践模式的"学理格义",从而为中国"现代政治/法律价值观"的历史性形成奠定学理基础。我的这种"反思性情境主义",与两种典型的公共言说立场——新左派或新儒家乐于采用的"封闭的中国特殊论",自由主义论者惯于采用的"去情境化的普遍主义"区分了开来。

有必要指出的是,选民在"代结语"中对我不重视学术批判的批评,其实是对我的一个误解,当然这可能是由我个人表达不清所致。在此,我愿意重申:相比于"为批判而批判"的学术批判("指出错的"),推进实体性理论建构("说出对的")是更具有学术增量的研究,亦是我个人矢志努力的方向。

二 "公共"者何?

在《公共知识分子的重新言说》一文中,马华灵将拙著与任剑涛的《公共的政治哲学》(以下简称"任著")相提并论,断定我们都呈现了"没有公共的公共性"。华灵将我和任著等而视之的这一评断,让我有些意外。事实上,我在拙著中明确提到了任著,并强调了我们两者之间的区别:

> 在本书已完稿之时,我又读到任剑涛晚近出版的《公共的政治哲学》一书。该书主要是一本"照着讲"的论著,即是一本对"公共"或"公共性"进行政治哲学研究的论著,而不是一本"自己讲"的论著,即不是针对中国情境的政治哲学主张。……尽管这种学究化的研究颇有价值,但由于未阐明并形成自己独特的研究取径或研究取向,与本

书阐发的"公共法哲学"分属不同的学术旨趣，在此不拟申论。①

由于与任著有关，拙著完稿后曾发给他，并从他那里获得了如下推荐评语："本书以转型法哲学的理论模式承载公共法哲学的思想立场，着力展示建构中的中国现代法哲学的基本轮廓，将法哲学及政治哲学的现代论题凸现出来，问题意识突出，论述进路自成一格，有力推动读者针对中国情境进行规范思考，是一本富有学术锐气、值得认真对待的著作。"事实上，"有力推动读者针对中国情境进行规范思考"（即我所努力达致的基于中国情境的"介入性学理分析"和"实体性理论建构"），不但是我力图在拙著中完成的工作，抑且是我与任著相区别的地方。

华灵在把我和任著归结为"没有公共的公共性"时，主要陈述了两个理由：一是我们"所使用的语言都是缺乏公共性的学术术语"；二是我们"实际上都是关于公共性的公共哲学，而不是具有公共性的公共哲学"。我想首先沿着他的逻辑提出如下问题，供他及读者诸君思考：如果学术表达的非学术化是评判公共性的标准，如果关注他所谓的"公共议题"才是公共言说具有公共性的标志，那么，学者和记者的区别和界限在哪里？难道学者比记者更有能力以非学术化语言关注所谓的"公共议题"吗？

在关于公共法哲学的研究中，我的自我期许包括互相联系的两个方面："不泥学究，不做公知，努力创新"，"不师新左，不法老右，自主求索"。之所以有这种自我期许，其中的一个出发点就是试图通过自己的努力，使"公共性"从"公知"或所谓"公共知识分子"所限定的公共性中解脱出来，从而重新拓展和塑造我们关于"公共性"的自我理解。其实质就是通过学者所代表的"理性之公共运用"（public use of the reason），引领社会成员不断追问：在把中国现代转型的价值理想/政治理想与实践约束条件通盘考虑，并达致"反思性平衡"之后，什么是中国作为政治共同体应当追求的"公共善"？

正是基于上述立场，我在拙著"跋：关于公共法哲学的虚拟对话"中，已预先回应了可能来自"公知"或"类公知"路向的诘难。我说道：

> 学术或思想的价值，绝不是依据他的阅读量来评价的。必须承

---

① 孙国东：《公共法哲学：转型中国的法治与正义》，中国法制出版社，2018，第102页注[1]。下文对该书的引用，随文标注页码。

认，在我们这个时代，观看艺术电影的人，肯定会比观看商业电影的人要少得多；阅读孔子和康德的人，肯定会比阅读韩寒和郭敬明的人要少得多。但我们显然不能说，韩寒比孔子更伟大。一般来说，"公知"是以大众化的方式关心一些大众话题；学者要么关心"小众"的问题，要么以"小众"的方式关心大众话题。两者之间，各有各的存在价值，应该互相尊重、相互支援。（第514页）

在其他场合，我曾对学术言说的自主性和公共性（特别是政治哲学的"公共阐释"）进行过较为系统的论述。我的基本观点是，社会科学的自主性包括两个向度：1. 外在向度的自主性，即相对于经济（市场逻辑）、政治（权力逻辑）和社会（传媒逻辑）等其他场域运行逻辑的自主性；2. 内在向度的自主性，即相对于个人偏好的自主性。[①] 与之相适应，政治哲学和法哲学的公共阐释，应包含两个紧密相关的认知性原则：1. 确保阐释立场具有公共性的公道性（impartiality）原则，这意味着我们需采用独立于权力逻辑、市场逻辑、传媒逻辑等的自主学术立场，基于政治共同体的公共善，对适合于中国情境的政治/法律价值的具体规范性要求进行公共阐释；2. 确保阐释内容具有公共性的可证成性（justifiability）原则，这意味着，我们要以那种超越个人价值偏好且具有公共证成前景的实体性内容，对中国情境中政治/法律价值的具体规范性要求进行公共阐释。[②] 按照上述分析框架，华灵与我同样评价不高的"公知"（华灵贬之为"公共知道分子"），基本上是以社会场域的传媒逻辑代替学术逻辑，即他们进行的是我所谓的"迎合传媒风尚的公共言说"。然而，华灵所寄望的，却是把"公共知识分子从公知的污名化中抢救出来"；但他所界定的"公共知识分子"与"公知"（唯一）的区别是，前者"从专业出发，走向公共"，后者常常进行"跨界发言"，"公共太多，而知识太少"。依鄙见，华灵并未深刻洞察到"公知"被污名化的背后所潜藏的"公知式"公共言说之病理所在。表面上看起来，"公知"被污名化得以产生的直接诱因，的确与他们"公共太多，而知识太少"有关，但真正使得其被污名化可以获得证成的，恰恰是其"公知式"的公共言说取向本身，即我所谓的"迎合传媒风尚的公共言说"。在拙著中，我曾强调："当下中国的公共领域

315

[①] 参见孙国东《公共商谈与学术研究的公共性：兼谈社会科学自主性的两个向度》，《中国社会科学评价》2018年第1期。

[②] 参见孙国东《阐释学与政治哲学的公共阐释》，《探索与争鸣》2019年第12期。

（特别是网络公共领域）已被我所谓的'基于直觉主义的民粹主义'裹挟，甚至已经成了部分民众激情狂欢的舞台，在公共领域受欢迎的言论常常是那些比较极端、出格和具有鼓动性的言论。这当然是十分不理性的。"（第516页）然而，我们所依赖的道德直觉、伦理自觉和政治直觉可靠吗？"这种集体不理性的局面是如何产生的？它是在怎样的历史逻辑、社会背景和政治结构中产生的？……诸如此类的问题，本身就应该成为深入研究的对象。一个严肃的学者或理性的思想者，不但不去对它进行分析和批判，反而去迎合它，是不可思议的。"（第517页）作为严肃的学者和理性的思想者，我们理应洞察到以传媒为代表的社会场域本身的病理之所在。正如我在其他地方指出的，

> 就社会场域来说，尽管它相对政治场域（国家）和学术场域具有某种本原地位，甚至在很大程度上是国家权力和学术研究的服务对象，但所谓"后真相/真理时代"的到来恰恰表明，在现代传播（特别是互联网传播）技术条件下，社会通过传媒表达其诉求时常常具有显见的民粹主义和非理性主义倾向。而如何调和社会场域（传媒）所表达的"众意"（will of all）与政治共同体的"公意"（general will）——短期利益与长远利益、局部利益与整体利益——之间的关系，则有赖于学术场域不激不随的公道研究。①

明白了上述背景，就可以理解我为什么要聚焦于所谓的"结构化情境"了。我所谓的"结构化情境"，是指"经由历史的积淀、社会的演化和政治的博弈而形成的某些相对固化的情境"。它是相对"碎片化情境"来说的。在拙著中，我曾借用法律学者把握舆论与司法之间关系的一段经典名言："法官……不应当为某一天的天气（weather）所影响，但他们必然会被某个时代的气候（climate）影响。"大致说来，"结构化情境"就

---

① 孙国东：《公共商谈与学术研究的公共性：兼谈社会科学自主性的两个向度》，《中国社会科学评价》2018年第1期。从学理上看，即使以大众传媒为言说平台的市民社会，也绝不像我们想象的那么美好。正如艾丽斯·M. 杨（Iris M. Young）指出的，尽管市民社会"限制了国家和经济体系对生活世界进行殖民化的能力"，但市民社会的许多活动也可能会加剧不平等、边缘化、妨碍各种可行能力的发展等问题。导致这种状况的原因在于，各种具有更多物质资源和组织资源的人和群体，更容易借助社团活动来维持甚至扩大他们的社会优势。特别是当这些优势者的社团生活是私人性的而不是公共导向的时候，他们的社团活动在发展可行能力方面通常会强化各种不平等的机会。参见 Iris M. Young, *Inclusion and Democracy*, Oxford：Oxford University Press, 2000, pp. 185 – 186。

相当于一个时代的"气候";相应地,"碎片化情境"则相当于某个时刻的"天气"。"结构化情境"与特定时代的政治时势有关,但与特定时期的政治时局无涉,换言之,它是超越于当政者的自然生命而内在于中国现代转型之实践约束条件的根本问题。不同于"迎合传媒风尚的公共言说"和社会科学(特别是"智库化"导向的社会科学研究)更关注转型中国的各种"碎片化情境",我所主张的公共法哲学聚焦于那些关乎中国现代转型之历史进程的"结构化情境",即制约中国现代转型之理念形态及制度和实践模式的"结构化情境"(参见第 180~181 页)。

在所有"结构化情境"中,对中国现代转型构成整全性制约的是"元结构化情境"。它又可区分为两种不同类型。(1)历时性的"元结构化情境",即依循历时性脉络形成的"元结构化情境"。此类"元结构化情境"概有三端:"文明型国家"(civilization-state)的文化/历史遗产、超大规模型国家的社会结构及社会主义政党—国家(party-state)的政治架构。它们在性质上均属具有不同时间性和属性的"传统",可以比较具象地呈现在研究者面前,并直接制约着所有(特别是西方)既有法哲学和政治哲学理论模式之于中国问题的可适用性和解释力。(2)共时性的"元结构化情境",即依循共时性逻辑形成的"元结构化情境"。此种类型的"元结构化情境"大致体现为互相关联的两个方面:中国现代性问题的共时性与整体性。其"共时性",一方面是指西方在不同历史时期面对和回应的现代性问题,在当下中国是共时性地存在的;另一方面是指前述具有不同时间性和性质的"传统",在现时中国也是共存互嵌而产生影响的。与之相适应,中国现代性问题亦具有整体性:一方面,由现代性问题的共时性存在所带来的现代性问题的整体性;另一方面,由具有不同时间性和性质的"传统"之共存互嵌所带来的现代性问题的整体性。更为重要的是,这两种不同渊源的整体性又是相互交缠在一起的,由此为我们带来了中国现代性问题的高度复杂性——在很大程度上可以说,中国现代性问题这种相互交缠的整体性,既是其真正的特质和复杂性之所在,亦是其面临的最大挑战。(参见第 8~9 页)

显然,马华灵所谓的"公共议题",不但只是一种"碎片化情境",抑且在根本上受制于我在上面提到的这些"元结构化情境"。如果只满足于对某些公共议题的评议,我们不仅难以避免公知式的"迎合传媒风尚的公共言说",亦极易滑向"基于个人偏好的公共言说",从而在阐释立场上有违"公道性原则",在阐释内容上违背"可证成性原则"。更为重要的是，它也因仅仅满足于与本就为直觉主义、非理性主义乃至民粹主义等所左右的公众直接对话，而无法洞察到实践病态的深层生成机理。如果说在秉持君主制的前现代条件下，我们需要"驯化君主"，那么在实行民主制的现代条件下，我们同样需要"醇化民众"——尽管不必是"教化"或"驯化"。借用哈贝马斯的话来说，现代条件下的公众不应仅仅是"文化消费的公众"，更应成为"文化批判的公众"，而后者有赖于"理性之公共运用"所达致的"学习过程"来实现。在民粹主义席卷全球的时代条件下，我们更应当思考的是如何避免"人民出场"的碎片化、非理性化，进而建构确保"人民"以理性之公共运用"出场"的经济、社会和政治机制。无论是西方近世的纳粹暴政，还是中国的那段"大民主"的民族灾难，于我们都殷鉴不远。

三　关于功能主义法治观及其他

在题为《转型法哲学何以可能？》的书评中，刘小平对我提出的"功能主义法治观"进行了批评，认为我关于功能主义法治观的研究"过于宏大和粗糙"，它是否足以支撑"转型法哲学"的理论建构，亦是存疑的。构成其批评意见之基础的，其实是对我关于在中国现代转型的政治理想与实践约束条件之间保持"反思性平衡"之可能性的疑问。正如他指出的，中国所具有的文明型国家、超大规模型国家和社会主义政党—国家等实践约束条件，不但没有承诺我所主张的"法律的不可随意支配性"，抑且常常预设了其对立面：法律的工具化。在这样的条件下，"功能主义法治观如何确保'不可随意支配性'？在强调实在法对于特定目标和社会整体的功能性意义的同时，如何让它在整体上仍然具备某种约束特征？"

刘小平的上述质疑，是我在各种场合遇到最常见的几种质疑意见之一。首先，我甚至可以给出一个可能引发争议的全称判断：任何成功的现代化模式，都是其现代转型的政治理想与其实践约束条件之间"反思性平衡"的产物。这一全称判断，甚至在很大程度上可视为一个结论蕴含在前提之中的"分析命题"：如果说"现代化"意味着对现代转型之政治理想的追求，那么，"成功的现代化"则必然是兼顾了政治理想之正当性与政治举措之可行性的现代化，即是现代转型的政治理想与其实践约束条件之间"反思性平衡"的现代化。正如马克思指出的，"人们自己创造自己的历史，但是他们并不是随心所欲地创造，并不是在他们自己选定的条件下创造，而是在直接碰到的、既定的、从过去承继下来的条件下创造"①。

　　当然，刘小平的质疑，并不是质疑我提出的这种一般性论述，而是对我关于功能主义法治观这一具体理论模式的质疑，认为它所赖以为基的分析框架（现代性的普遍要求和中国特定的实践约束条件之间的"反思性平衡"）未能充分确保我所主张的"法律的不可随意支配性"。他之所以会有这样的疑问，包含着他的部分误解，但亦与我未能更细致、更明确地阐明我的一个相对复杂的致思理路——试图融合哈贝马斯式的程序主义民主观与罗尔斯的政治建构主义的致思理路——有着紧密的关联。

　　在拙著"代序"中，我开宗明义地阐述了"作为转型法哲学的公共法哲学"的四个核心理论主张，它们分别涉及法哲学在现代转型中的地位、转型法哲学的研究对象、程序主义民主观及推进转型法哲学介入性学理分析和实体性理论建构的逻辑起点。其中，第三和第四个主张，便涉及我力图把哈贝马斯式的程序主义民主观与罗尔斯的政治建构主义相融合的致思理路。简言之，一方面，作为"公共法哲学"思想立场的集中体现，我主张把公共参与和公共证成纳入中国现代法律秩序的建构之中——这体现了我对哈贝马斯式程序主义民主观的承诺；另一方面，作为建构"转型法哲学"理论模式的要求，我主张沿着中国现代转型的政治理想与实践约束条件之间"反思性平衡"的方向，推进介入性学理分析和实体性理论建构，从而为公共参与和公共证成提供认知前提和学理基础——这体现了我对罗尔斯式政治建构主义的践习。因此，所谓的"功能主义法治观"，就体现了这种程序主义民主观与政治建构主义的结合。一方面，它力图在法治中国之政治理想与实践约束条件之间"反思性平衡"的基础上，推进实体性的理论建构，即通过"规范性功能主义"② 视角，把握法治在现代条件下"是其应是"（what is a sit should be）的普适性政治功能（我将其归结为"建构基于共识政治的公意政治"和"形成基于规则政治的常态政治"），从而阐述有助于法治发挥上述政治功能的法治观（包括政治目标、基本理念、法律特性、法律与政治的关系、合理性基础等）。另一方面，我对功能

① 《马克思恩格斯选集》第 1 卷，人民出版社，2012，第 669 页。

② 此处的"规范性功能主义"这一术语，借自法兰克福学派第三代领袖霍耐特（Axel Honneth）。他在《自由的权利》一书中论述市场与道德的关系时，引入了"规范性功能主义"。根据他的界定，所谓"规范性功能主义"，"其参照点不是某个制度化领域的纯然实存，而是它所包含的诸种价值和规范，只要这些价值和规范被社会成员视为他们能够认肯经济秩序的一个条件"。参见 Axel Honneth, *Freedom's Right: The Social Foundations of Democratic Life*, trans. Joseph Ganahl, New York: Columbia University Press, 2014, p. 183。

主义法治观的理论建构，不仅为公共参与和公共证成保留了充分的程序化空间（如我把立法过程中的沟通理性视为与功能主义法治观相适应的理性基础，我把建构公共领域的公共商谈机制作为"中国式法治"建构的政治基础秩序，等等），并且这种带有共和主义色彩的程序主义民主观本身，亦充分观照了法治中国之政治理想与实践约束条件之间的"反思性平衡"：正因对这种"反思性平衡"之复杂性的体认，我主张把它们最终交由社会成员作为公民的公共商谈和公共证成来解决。正如我在拙著中指出的，

> 一旦在公共领域建构了完善的公共商谈机制，与"中国式法治"建构相关的具体政治和法律课题，便会借助政治共同体成员的集体智慧，并以"公意"的名义获得历史性的回应。这些更为具体的政治和法律课题包括（但不限于）：中国应当建构何种有助于实现社会正义和国家能力的民主制度？如何基于永续国家的政治运行机理，使既有的立宪、立教、立人、立法成果通过当下世代及未来世代之"公意"的进一步审查和检验？如何在政党—国家的政治架构中，探索可确保法律具有"不可随意支配性"的政治机制和实践举措？如何基于永续国家建构的政治理想，进一步推进中国现代司法制度的建构和司法体制的改革？等等。（第 250~251 页）

> 如果所有关涉"中国式法治"建构的历史课题，都能通过公共商谈获得积极而有效的回应，并体现为因时随势、与时俱进的立宪、立教、立人和立法成果，那么法治同时且充分发挥建构（基于共识政治的）公意政治、形成（基于规则政治的）常态政治之政治功能，从而实现中国式永续国家之政治理想，便足可期待了。（第 251 页）

如果说，拙著第四章关于"功能主义法治观"的建构旨在从总体上呈现与中国情境相适应的法治观，因而并没有过多阐述关于确保法律之"不可替代性"的制度化举措，那么第五章关于"法治之中国结"之第一个面向（法治社会层面的"差序格局"）的论述，以及原拟作为第六章，后因故删除的关于第二个面向（法治国家层面的"政党—国家"）的论述①，

---

① 有兴趣的读者，可参见我关于此论题的早期论述《改革时代"政党—国家"的法治化》，载《探索与争鸣》2015 年的第 2 期；原拟收入拙著第六章的文本，题为"改革时代法治中国的政治基础：政党—国家的法治建构"，全文见于"公共法哲学"微信公众号，2019 年 12 月 5 日。

则体现了我试图以自己的介入性学理分析，为公共参与和公共证成提供学理基础的学术努力。由此可见，我所谓的"功能主义法治观"是一个充分容纳了程序主义民主观和程序性道德普遍主义的实体性理论建构。

在题为《现代中国法律秩序的生成机理与公共法哲学的理论建构》的书评中，魏敦友未对拙著提出任何批判性意见，却对我大加赞赏。尤其令我感到不安的，是他从师承关系的角度，把邓正来老师和我的学术努力并称为"邓正来—孙国东"范式，并将其与"钱穆—余英时"范式、"李泽厚—赵汀阳"范式相媲美。他写道：

> 如果说"钱穆—余英时"范式是中国处于中西对立结构之中的一种学统建构，其旨趣在于现代中国的文化认同，如果说"李泽厚—赵汀阳"范式是在中国走向世界结构的历史性时刻的一种学统建构，其旨趣在于现代中国的道统重建，那么我似乎可以认为，"邓正来—孙国东"范式是现代中国已然处于全球结构或世界结构之中的一种学统建构，其旨趣在于立基于现代中国的文化认同与道统重建之上，去深入阐发现代中国法律秩序建构的法哲学原理，它因此而比前面两种范式更实在，更具学理性，同时也更具思想性。

面对这无以复加的过誉之辞，我很是惶恐，因为除我之外的五位先贤和时贤都代表着中国最聪慧的心智。钱穆和余英时是中国最后一批具有古典史学遗风的史学大家，他们在以史为魂的中国学术传统中具有崇高的学术地位，除非是难分轩轾的类似史家或开时风之先的大思想家，其他学人罕有其匹。包括我在内的四位当代学人，都是有"醒客"（"thinker"的音译）情怀的学者，但只有李泽厚真正完成了他作为思想家的工作，成为过去四十年来无可争议的大思想家；赵汀阳近年来孜孜于对中国文化—历史的哲学分析，学问做得越来越像醉心于中国文化—历史的"学术收藏家"，从而也就越来越没有公共性，特别是越来越缺乏对时代病理的观照、对实践病态的介入；由于英年早逝，加上学术组织者、翻译家和学者的身份分散了他的精力，邓正来师作为思想者所做的工作其实颇为有限，很多他意识到的问题都未及或无力展开就溘然长往。至于我这样一个仍在砥砺前行的青年学者，实在不敢与上述诸贤相提并论——事实上，我并不关心自己能否达到或接近他们所达致的学问高度。可能是敝帚自珍的缘故，于我个人来说，过一种令自己满意的人生，要比过一种赢得他人充分承认的

321

人生更值得追求——即使要获得他人的承认，承认的主体（谁承认？）也要比承认的内容（承认什么？）更重要。因此，我更关心的是，我是否回答了我个人的学术疑惑，是否完成了自我设定的学术目标。过去近二十年来，特别是过去十年来，一直激励我进行学术探索的一个学术疑惑是：有无可能在西方强势现代性话语（及相应的理念形态、制度和实践模式）之外，在中国现代转型的实践困境之上，围绕中国现代性问题（中国现代政治/法律秩序的建构），推进真正具有学术增量的实体性理论建构？为此，我为自己设定的学术目标是，为中国以自己独特的实践约束条件（政治与社会—历史条件）"接榫、吸纳、转化乃至超越"现代文明秩序（现代政治/法律秩序）做思想和理论上"清理地基"的工作。这是我经历近二十年思想求索历程而愈加明晰和坚定的学术工作，我会一如既往地笃志于斯，切问于斯，聚心力于斯，至于它是否获得公众（像前述马华灵期待的那样）乃至同行（像大多数学者期待的那样）的认可、获得他们多大程度的认可，并不是我的关切所在。在这个反智主义和民粹主义甚嚣尘上的大众文化时代，在学术被权力逻辑、市场逻辑和传媒逻辑三重逻辑裹挟的当下，一个真正的思想者首先要具备的品格，不是学术或思想品格本身，而是一种英雄主义品格，即"虽千万人吾往矣"的孤往精神。

在学术会议或其他场合，有论者常常囿于"法学内在视角"提出诸如此类的疑问：法律本来就具有公共性，为什么还要提倡"公共法哲学"？你所谓的"公共法哲学"，与法学中的"公法"是什么关系？现代法学的研究对象主要包括规范（分析实证法学）、事实（社会学法学）和价值（自然法学），你所主张的"公共法哲学"是不是要综合三大法学派，最终走向"综合法学"？……

在此，我想强调的是：法律内在地具有公共性，但并不代表着我们真的就把它视为公共治理秩序。只要看看当下中国法学界把法学问题还原为一个个匠气十足的技术性问题，实务界把立法（包括像《民法典》这样基本法律的制定）仅仅视为"法律人共同体"的内部事务，就不难知晓。

至于"公法"（特别是宪法），当然比"私法"更具有公共性；"公共法哲学"所呼吁的公共参与和公共证成，亦有待于公法对公民基本权利（特别是言论自由）的切实且充分的保障。但"公共法哲学"与"公法"并不是完全对应的，因为它主张包括"私法"在内的基本法律秩序的建构，有赖于公共参与和公共证成（当然，法律学人可以为社会成员作为公民的公共参与和公共证成，提供认知前提和学理基础）。

法律思想史中的所谓"三大法学派",有两个学派(分析实证法学和社会学法学)是 19 世纪以后才登上历史舞台的,而 19 世纪亦是以英美为代表的法制现代化先发国家现代法律秩序初创完成的历史时期。这种历史节点的共契,其实表明:所谓的"三大法学派",是在西方现代法律秩序初创完成后才完整地呈现在学术史上的。其中的道理很简单:只有在现代法律秩序基本建立起来以后,我们才谈得上对其法律体系进行实证分析或教义学研究,进而始能推进聚焦于其实效的社会学分析;在现代法律秩序仍待建构的社会,聚焦于"规范"(分析实证法学或法教义学)和"事实"(社会学法学或社科法学)的研究,只有服务于现代法律秩序的建构时,方始具有更大的意义——否则,它们只会沦为自娱自乐的匠人游戏。面对像中国这样现代法律秩序仍待建构和收束的国家,由"时空错位"所导致的"情境错位",是任何思想者都应深入思考的问题:我们应"倒果为因"地从"三大法学派"分别聚焦的价值、规范和事实这三个方面,推进中国现代法律秩序的建构吗?如何对待历史(历史法学)的维度?它是第四个维度吗?还有没有其他维度(譬如政治维度)?……这些设问,已经隐含地表明了我的立场:我们更应当从西方现代法律秩序初创时期所依赖的认知视角(而不是现代法律秩序成熟后的分析视角),把握中国现代法律秩序的建构。归结起来,这种认知视角主要包括三个维度:政治维度(包括两个方面——法律的政治哲学承诺和法律的政治制约性)、社会维度(法律的社会制约性)和历史/文化维度(法律的历史/文化制约性)。三者合起来,就是我通过"一进一退"(即"进一步"看到法律的政治之维,"退一步"看到法律的社会—历史之维)所强调的"法律的政治与社会—历史之维"。之所以把社会维度和历史/文化维度合称为"社会—历史之维",乃因为至少在中国,它们两者常常是缠绕在一起的,需要通过(侧重社会维度的)社会—历史分析或(侧重历史维度的)历史社会学分析,完整地把握它们,如差序格局、中华民族多元一体格局等。

一本著作能够得到读者的认真阅读和严肃批评,大概是它能获得的最佳待遇了。因此,在本文的最后,我想对姚选民、马华灵、刘小平和魏敦友等诸位师友致以由衷的敬意和谢意。

稿　约

《法律与伦理》是由常州大学史良法学院创办、社会科学文献出版社出版的集刊。每年出版两期（1月和7月）。现面向海内外专家、学者真诚约稿。

一　刊物栏目设置

本刊主要栏目有：
（1）自然法专题；
（2）法律与环境伦理专题；
（3）法律、科技与伦理研究专题；
（4）法律与人性关系研究专题；
（5）法政治学研究专题；
（6）法律职业道德研究专题；
（7）部门法学研究专题；
（8）书评；
（9）人物访谈；
（10）学术通信。

二　注释体例

（一）本刊提倡引用正式出版物，根据被引资料性质，在作者姓名后加"主编""编译""编著""编选"等字样。

（二）文中注释一律采用脚注，每页单独注码，注码样式为：①②③等。

（三）非直接引用原文时，注释前加"参见"；非引用原始资料时，应注明"转引自"。

（四）数个注释引自同一资料时，体例与第一个注释相同。

（五）引用自己的作品时，请直接标明作者姓名，不要使用"拙文"等自谦辞。

（六）具体注释举例：

1. 著作类

①王泽鉴：《民法总则》，北京大学出版社，2009，第 80 页。

2. 论文类

①朱庆育：《法律行为概念疏证》，《中外法学》2008 年第 3 期。

3. 文集类

①〔美〕杰里米·沃尔德伦：《立法者的意图和无意图的立法》，〔美〕安德雷·马默主编《法律与解释：法哲学论文集》，张卓明等译，法律出版社，2006，第 115 页。

4. 译作类

①〔德〕维尔纳·弗卢梅：《法律行为论》，迟颖译，法律出版社，2013，第 155 页。

5. 报纸类

①刘树德：《增强裁判说理的当下意义》，载《人民法院报》2013 年 12 月 27 日第 5 版。

6. 古籍类

①《汉书·刑法志》。

7. 辞书类

①《元照英美法词典》，法律出版社，2003，第 124 页。

8. 外文注释基本格式为：

author, *book name*, edn. , trans. , place：press name , year , pages.

author, "article name", *journal name*, vol. (no.), year, pages.

三　审稿期限

期刊实行审稿制，审稿期限为两个月。谢绝一稿多投。

四　投稿邮箱

投稿邮箱：lawethics@ sina. com

《法律与伦理》编辑部

图书在版编目（CIP）数据

法律与伦理. 第六辑／侯欣一主编. -- 北京：社
会科学文献出版社，2020.9
ISBN 978 - 7 - 5201 - 7400 - 8

Ⅰ. ①法⋯ Ⅱ. ①侯⋯ Ⅲ. ①法律 - 伦理学 - 研究
Ⅳ. ①D90 - 053

中国版本图书馆 CIP 数据核字（2020）第 186846 号

法律与伦理　第六辑

主　　编／侯欣一
执行主编／夏纪森

出 版 人／谢寿光
组稿编辑／刘骁军
责任编辑／易　卉
文稿编辑／侯婧怡

出　　版／社会科学文献出版社·集刊分社（010）59367161
　　　　　地址：北京市北三环中路甲29号院华龙大厦　邮编：100029
　　　　　网址：www. ssap. com. cn
发　　行／市场营销中心（010）59367081　59367083
印　　装／三河市龙林印务有限公司

规　　格／开 本：787mm × 1092mm　1/16
　　　　　印 张：20.5　字 数：351千字
版　　次／2020 年 9 月第 1 版　2020 年 9 月第 1 次印刷
书　　号／ISBN 978 - 7 - 5201 - 7400 - 8
定　　价／98.00 元